中等职业教育建筑工程施工专业规划教材

建筑工程施工项目管理

主　编　王庆刚　李　静
副主编　曹玉梅　刘淑英

武汉理工大学出版社
·武　汉·

内 容 提 要

本书共12个单元，主要包括建筑工程施工项目管理基础知识及相关内容、施工项目招投标与合同管理、施工项目管理组织、施工项目质量控制、施工项目进度控制、施工项目成本控制、施工项目职业健康安全与环境管理、施工项目资源管理、施工项目信息管理、施工项目风险管理、施工项目的组织与协调、施工项目收尾管理等内容。

本书可作为中等职业学校建筑工程施工、工程造价等专业课程教材，也可作为在职职工岗位培训教材，还可供建筑工程管理人员参考。

图书在版编目(CIP)数据

建筑工程施工项目管理/王庆刚，李静主编. —武汉：武汉理工大学出版社，2011.8
(2019.1 重印)
中等职业教育建筑工程施工专业规划教材
ISBN 978-7-5629-3554-4

Ⅰ.①建…　Ⅱ.①王…　②李…　Ⅲ.①建筑工程-工程施工-项目管理-中等专业学校-教材
Ⅳ.①TU71

中国版本图书馆 CIP 数据核字(2011)第 170191 号

项目负责人：张淑芳　　**责任编辑**：张淑芳
责任校对：丁　冲　　**封面设计**：牛　力
出版发行：武汉理工大学出版社
社　　址：武汉市洪山区珞狮路 122 号
邮　　编：430070
网　　址：http://www.wutp.com.cn
经　　销：各地新华书店
印　　刷：荆州市精彩印刷有限公司
开　　本：787×1092　1/16
印　　张：19.5
字　　数：487 千字
版　　次：2011 年 8 月第 1 版
印　　次：2019 年 1 月第 4 次印刷
定　　价：32.00 元

凡购本书，如有缺页、倒页、脱页等印装质量问题，请向出版社发行部调换。
本社购书热线电话：027-87515778　87515848　87785758　87165708(传真)

中等职业教育建筑工程施工专业规划教材
出 版 说 明

为了贯彻《国务院关于大力发展职业教育的决定》精神，落实《教育部关于进一步深化中等职业教育教学改革的若干意见》，适应中等职业教育对建筑工程施工专业的教学要求和人才培养目标，推动中等职业学校教学从学科本位向能力本位转变，以培养学生的职业能力为导向，调整课程结构，合理确定各类课程的学时比例，规范教学，促使学生更好地适应社会及经济发展的需要，武汉理工大学出版社经过广泛的调查研究，分析了图书市场上现有教材的特点和存在的问题，并广泛听取了各学校的宝贵意见和建议，组建了“中等职业教育建筑工程施工专业规划教材编委会”，组织编写了一套高质量的中等职业教育建筑工程施工专业规划教材。

本套教材具有如下特点：

1. 坚持以就业为导向、以能力为本位的理念，兼顾项目教学和传统教学课程体系；

2. 理论知识以“必需、够用”为度，突出实践性、实用性和学生职业能力的培养；

3. 基于工作过程编写教材，将典型工程的施工过程融入教材内容之中，并尽量体现近几年国内外建筑新技术、新材料和新工艺；

4. 采用最新颁布的《房屋建筑制图统一标准》、《混凝土结构设计规范》、《建筑抗震设计规范》、《建设工程工程量清单计价规范》等最新的国家标准和相关技术规范；

5. 借鉴高职教育人才培养方案和教学改革成果，加强中职、高职教育的课程衔接，以利于学生的可持续发展；

6. 体现工学结合的办学理念，由骨干教师和建筑施工企业工程技术人员共同参与编写工作，以保证教材内容符合工程实际。

本套教材适用于中等职业学校建筑工程施工、工程造价、建筑装饰、建筑设备等专业相关课程教学和实践性教学，也可作为职业岗位技术培训教材。

教材建设是我们全体编写者、出版者共同的事业和追求，出版高质量的教材是我们共同的责任和义务。我们诚挚地希望广大专家、学者和读者在使用这套教材的过程中提出宝贵意见和建议，以便今后不断地修订和完善。

中等职业教育建筑工程施工专业规划教材编委会

武汉理工大学出版社

2011 年 7 月

中等职业教育建筑工程施工专业规划教材

编委会名单

前　言

施工项目管理是集工程技术与经济管理等多学科门类于一体，以质量、进度、成本三大目标控制，合同、信息、安全三项管理及协调为主要内容，不断提高资源的最佳配置和最佳效益，专门研究施工项目管理理论和管理方法的一门交叉学科。二十多年来，我国诸多专家、学者通过学习借鉴和实践创新等方式逐渐创立了符合我国国情的工程项目管理理论体系，这些理论和方法的形成对我国施工项目的管理实践活动起着越来越重要的指导作用。

我国国民经济建设和社会发展对中等职业教育建筑工程施工专业如何培养面向21世纪的技能型人才提出了新的要求，建筑工程施工专业教学内容和课程体系的改革成果必然要反映和落实到教材建设上来。本教材是严格遵照国家教育部对中等职业教育建筑工程施工专业的培养目标要求进行编写的。充分体现职业技术教育以素质教育为基础、以能力为本位、以技能为核心、以胜任岗位为特征的教育观念；注重科学性、规范性、实用性；体现了建筑工程领域的最新知识和成果。本教材按照施工的过程对施工项目的招投标与合同管理、管理组织、质量控制、成本控制、进度控制、职业健康安全与环境管理、资源管理、信息管理、风险管理、组织与协调、收尾管理进行了重点阐述，每单元都有一定数量的实践训练项目，以强化对学生实践技能的培养。

本书由王庆刚、李静担任主编，曹玉梅、刘淑英担任副主编，王庆刚负责全书的统稿工作。全书共12个单元，具体编写分工为：聊城高级工程职业学校王庆刚编写单元1、2、12；山西省城乡建设学校李静编写单元5、6、11；刘淑英编写单元4、9；曹玉梅编写单元8；上海市康业建筑装饰工程有限公司韩淑萍编写单元3、7；天津市建筑工程学校杨莹编写单元10。

由于编者水平有限，书中难免有疏漏、不当之处，敬请专家、学者和广大读者批评指正！

编　者

2011年6月

目　　录

单元1 建筑工程施工项目管理基础知识及相关内容

教学目标

1. 了解项目的概念和特征，掌握施工项目的概念和特征；
2. 了解建设工程项目管理的概念、内容以及分类；
3. 掌握施工项目管理的概念、特征、目标、任务和工作程序；
4. 熟悉施工项目管理规划的编制；
5. 掌握施工项目管理目标控制的原理、目标、措施和方法；
6. 了解建设工程监理的概念、任务和工作方法。

1.1 施工项目

1.1.1 项目

1.1.1.1 项目的概念

项目是指在一定的约束条件下（如限定资源、限定时间、限定质量、限定标准等），具有明确目标的一次性活动或任务。项目的范围非常广泛，常见的有：科学研究项目，如基础学科研究项目、应用学科研究项目、科技攻关项目等；开发项目，如资源开发项目、新产品开发项目、小区开发项目等；建设项目，如工业与民用建筑项目、交通工程、水利工程等。

1.1.1.2 项目的特征

项目具有以下基本特征：

(1)项目的一次性。就项目整体而言，项目不可重复操作，要求一次完成。项目过程的这种特性带来了较大的风险性和管理的特殊性。

(2)独特性，又称唯一性或单件性。没有两个项目是完全相同的，往往没有完全可以照搬的先例，因此，做项目是一种极富创造性和挑战性的工作任务。

(3)目标的确定性。项目目标包括成果目标和约束目标。项目必须在签订的项目承包合同工期内按规定的预算数量和质量标准等约束条件完成。任何项目都具有特定的目标，不存在没有目标的项目。项目还具有多目标的属性。如图1.1所示，项目的总目标是多维空间的一个集合。

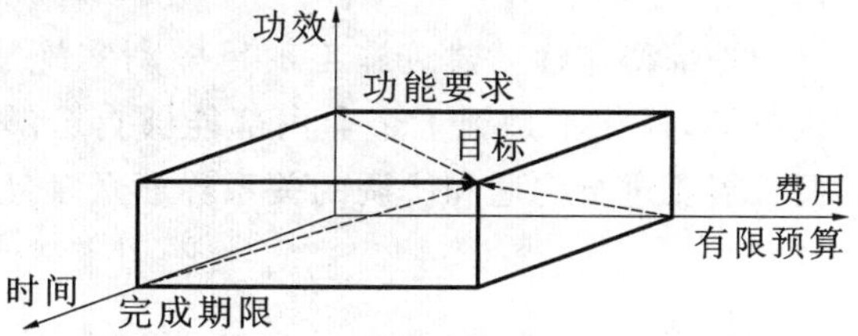

图1.1 项目的多目标属性示意图

(4)项目的系统性。系统论认为,一个项目系统是由人、技术、资源、时间、空间和信息等多种要素组合而成,为实现特定系统目标而形成的一个有机整体。项目系统还是一个复杂而特殊的开放系统,开放系统与其外部环境之间不断有能量、物质和信息的交换,并通过所谓的“内环境稳定过程”来不断实现其与外部环境的平衡。特别是像露天作业的施工项目等。

(5)组织的临时性和开放性。项目总是要通过一定形式的组织来实现的。如施工项目在开始时要组建项目管理班子,项目结束时一般又要解散,人员要转移。有时参与项目的社会经济组织往往有多个,它们通过合同、协议组合在一起。

1.1.2 建设项目

1.1.2.1 建设项目的概念

建设项目是指为完成依法立项的新建、扩建、改建等各类工程而进行的,有起止日期的,达到规定要求的一组相互关联的受控活动组成的特定过程。它包括策划、勘察、设计、采购、施工、试运行、竣工验收和考核评价等。

1.1.2.2 建设项目的建设程序

我国的建设程序可以分为以下几个阶段:项目建议书阶段;可行性研究阶段;设计工作阶段;建设准备阶段;建设实施阶段;竣工验收阶段。

1.1.3 施工项目

1.1.3.1 施工项目的概念

施工项目是指建筑施工企业自工程施工投标开始到保修期满为止的全过程中完成的项目。施工项目可以是建设项目或其中的单项工程、单位工程的施工活动过程,施工项目的任务范围由施工合同界定。

1.1.3.2 施工项目的特征

施工项目除具备一般项目的特征外,还具有以下自身特性:

(1)地域的固定性。施工项目必须按施工合同规定的地点组织实施建设。

(2)过程的开放性。施工项目作业条件常常是露天的,易受环境、天气等的干扰影响,不确定性影响因素多。

(3)生产的规律性。建筑施工产品的生产有其特定的工艺规范要遵守,要按科学的施工程序和工艺流程组织实施,需使用各种专用的设备和工具,是一种专业性强的有专门的知识和技术支撑的工作任务。

(4)品质的强制性。建筑施工产品是被列入国家政府监控范围内的。从报建到施工过程,再到交工验收等,都会受到政府及相关机构的管理和监督,要在这种管理和监督机制之下进行。

(5)外部协作性。建筑施工项目顺利实施需要外部诸多方面的协作和配合,如施工的供水、供电等,往往不是施工企业内部能够自己解决的,因此,需要与外部进行良好的沟通和协调,而且需要进行沟通和协调的关系界面众多且又复杂。

1.2　建设工程项目管理

1.2.1　建设工程项目管理的概念

建设工程项目管理是指建设单位在建设项目的生命周期内，用系统工程的理论、观点和方法进行有效的规划、决策、组织、协调、控制等系统的、科学的管理活动，从而按既定目标完成建设项目。建设工程项目管理是项目管理的一类，其管理对象是建设项目。

1.2.2　建设工程项目管理的内容

根据《建设工程项目管理规范》(GB/T 50326－2006)的规定，建设工程项目管理主要包括在项目管理规划的指导下，建立项目管理组织和项目经理责任制，从而进行项目合同管理、项目采购管理、项目进度管理、项目质量管理、项目职业健康安全管理、项目环境管理、项目成本管理、项目资源管理、项目信息管理、项目风险管理、项目沟通管理和项目收尾管理。

1.2.3　建设工程项目管理的分类

按建设工程项目不同参与方的工作性质和组织特征划分，项目管理有以下几种类型：

(1)业主方的项目管理；

(2)设计方的项目管理；

(3)施工方的项目管理；

(4)供货方的项目管理；

(5)建设项目总承包方的项目管理。

投资方、开发方和由咨询公司提供的代表业主方利益的项目管理服务都属于业主方的项目管理。施工总承包方和分包方的项目管理都属于施工方的项目管理。材料和设备供应方的项目管理都属于供货方的项目管理。建设项目总承包有多种形式，如设计和施工任务综合的承包，设计、采购和施工任务综合的承包(简称 EPC 承包)等，它们的项目管理都属于建设项目总承包方的项目管理。

1.3　施工项目管理

1.3.1　施工项目管理的概念

施工项目管理是施工企业运用系统的观点、理论和科学技术对施工项目进行的计划、组织、监督、控制、协调等全过程的管理。它是整个建设工程项目管理的一个重要组成部分，要服从于建设项目管理所确定的目标。施工项目管理的对象是施工项目。

1.3.2　施工项目管理的特征

(1)施工项目管理的主体是建筑施工企业

项目业主、监理单位和设计单位都不进行施工项目管理，一般情况下，建筑施工企业也不委托咨询公司进行施工项目管理。项目业主在建设工程项目实施阶段进行建设项目管理时涉及施工项目管理,但这只是建设工程项目发包方对承包方履行合同义务的一种检查方式,不能算作施工项目管理。监理单位受项目业主委托,在建设工程项目实施阶段进行建设工程监理,把施工单位作为监督对象,虽与施工项目管理有关,但也不是施工项目管理。

(2)施工项目管理的对象是施工项目

施工项目管理的周期包括工程投标、签订工程项目承包合同、施工准备、工程施工、交工验收及保修服务等阶段。施工项目管理的特殊性是生产活动与市场交易活动不能同时进行,先有施工合同双方的交易活动,后才有建设工程施工,是在施工现场预约、订购式的交易活动,买卖双方都投入生产管理。所以,施工项目管理是对特殊的商品、特殊的生产活动在特殊的市场上进行的特殊的交易活动的管理,其复杂性和艰难性都是其他生产管理所不能比拟的。

(3)施工项目管理的内容是按阶段变化的

施工项目必须按施工程序进行施工和管理。从工程开工到工程结束,要经过一年甚至数年的时间,工程经历了从无到有的过程,经历了准备、基础施工、结构施工、装修施工、安装施工、验收交工等多个阶段,每一个工作阶段的工作任务和管理的内容均不相同,差异很大。因此,管理者必须预先制定管理规划,提出措施,进行有针对性的动态管理,使资源能优化组合,以提高施工效率和施工效益。

(4)施工项目管理要求强化组织协调工作

由于施工项目生产周期长,参与施工的人员在不断流动,各阶段所需要的资源各不相同,而且施工活动涉及许多复杂的经济关系、技术关系、法律关系、行政关系和人际关系等,所以施工项目管理中的组织协调工作最为艰难、复杂、多变,必须采取强化组织协调的措施才能保证施工项目顺利实施。强化组织协调的措施主要有优选项目经理、建立调度机构、配备称职的调度人员、努力使调度工作科学化和信息化、建立动态的控制体系等。

1.3.3 施工项目管理的程序

(1)投标、中标谈判与签订合同阶段

建筑施工企业积极参与工程投标获取建筑施工项目是积极面对市场竞争,求得企业生存和发展的重要途径。施工单位看到招标公告或邀请函后,从做出投标决策至中标签约,实质上便是在进行施工项目的工作,本阶段的最终管理目标是签订工程承包合同,并主要进行以下工作:

①建筑施工企业从经营战略的高度做出是否投标争取承包该项目的决策。

②决定投标以后,从多方面(企业自身、相关单位、市场、现场等)掌握大量信息。

③编制有竞争力的标书。

④如果中标,则与招标方谈判,依法签订工程承包合同,使合同符合国家法律、法规和国家计划,符合平等互利原则。

(2)施工准备阶段

施工单位与招标单位签订了工程承包合同,交易关系正式确立以后,便应组建项目经理部。然后以项目经理为主,与企业管理层、建设(监理)单位配合,进行施工准备,使工程具备开工和连续施工的基本条件。这一阶段主要进行以下工作:

①成立项目经理部,根据工程管理的需要建立机构,配备管理人员。

②制定施工项目管理实施规划,以指导施工项目管理活动。

③进行施工现场准备，使现场具备施工条件，利于进行文明施工。

④编写开工申请报告，等待批准开工。

(3)施工阶段

这是建筑施工项目管理过程的主体阶段。这一阶段的目标是完成合同规定的全部施工任务，达到验收、交工的条件。主要进行以下工作：

①执行项目计划，进行施工。

②做好项目目标的动态控制工作，保证质量目标、进度目标、造价目标、安全目标、节约目标的实现。

③做好施工现场管理，确保文明施工。

④严格履行施工合同，管理好合同变更及索赔。

⑤处理好与建设单位、设计单位、监理单位等的沟通与交往。

⑥做好记录、检查、分析工作。

(4)验收、交工与结算阶段

这一阶段是建筑施工项目管理过程的结束阶段，与建设项目的竣工验收阶段协调同步进行。其任务是对成果进行总结、评价，对外结清债权债务，结束交易关系。本阶段主要进行以下工作：

①工程结尾。

②进行试运转。

③接受正式验收。

④整理、移交竣工文件，进行工程款结算；总结工作，编制竣工总结报告。

⑤办理工程交付手续，项目经理部解体。

(5)使用后服务阶段

这是施工项目管理的最后阶段。即在竣工验收后，按合同规定的责任期进行使用后服务、回访与保修，其目的是保证使用单位正常使用、发挥效益。该阶段主要进行以下工作：

①为保证工程正常使用而做的必要的技术咨询和服务。

②进行工程回访，听取使用单位的意见，总结经验教训，观察使用中的问题，进行必要的维护、维修和保修。

③进行沉陷、抗震等性能观察。

1.3.4　建设工程项目管理与施工项目管理的区别

建设工程项目管理与施工项目管理在管理的主体、目标、内容、范围等方面均不相同，两者的区别见表1.1。

表1.1　建设工程项目管理与施工项目管理的区别

区别项目	施工项目管理	建设工程项目管理
管理目标	生产建筑产品，取得利润	取得符合要求的、能发挥应有效益的固定资产
管理范围	由承包合同规定的承包范围，即建设项目中单项工程或单位工程的施工	由可行性研究报告确定的所有工程内容，是一个建设项目

续表 1.1

区别项目	施工项目管理	建设工程项目管理
管理内容	涉及从投标开始到交工为止的全部生产组织与管理及维修工作	涉及项目的全寿命周期(决策期、实施期、使用期)的建设管理
管理主体	施工企业	建设单位或其委托的咨询监理单位

1.4 施工项目管理的基本内容

项目管理的内容取决于项目管理的目的、对象和手段。目的就是为实现质量、成本、工期和安全的预期目标;对象就是生产要素;手段就是进行管理规划、组织协调、合同管理和信息管理等。建筑施工项目管理的内容一般应包括:建立施工项目管理组织,编制施工项目管理规划,施工项目合同管理,施工项目质量控制,施工项目进度控制,施工项目成本控制,施工项目职业健康安全与环境管理,施工项目资源管理,施工项目信息管理,施工项目风险管理,与施工有关的组织与协调,施工项目收尾管理等。应当强调的是,施工项目管理的主体是以施工项目经理为首的项目经理部,管理的客体是具体的施工过程。

1.4.1 建立施工项目管理组织

施工项目管理组织工作是开展施工项目管理的前提和关键因素。主要工作有:选聘项目经理;根据项目特点,组建项目管理机构;建立和不断完善组织运行的体制等。

1.4.2 编制施工项目管理规划

施工项目管理规划是对施工项目管理的目标、组织、内容、方法、步骤、重点等进行预测和决策,做出具体安排的文件。

根据施工项目管理的需要,施工项目管理规划文件可分为施工项目管理规划大纲和施工项目管理实施规划两类。

施工项目管理规划大纲要在投标前进行编制,其作用是对施工项目的总目标、施工项目的管理过程和投标过程进行全面规划,争取中标,并签订一个既符合发包方要求,承包商又能够取得综合效益的承包合同。它具有战略性、全局性和宏观性,又显示投标人的技术和管理方案的可行性与先进性。应由施工单位主持编制,与招标文件的要求相一致,为编制投标文件提供资料,为签订合同提供依据。

施工项目管理实施规划是在施工合同签订后,用以策划施工项目计划目标、管理措施和实施方案,保证施工合同顺利实施的具体文件。它相当于标后的施工组织设计。

施工项目管理实施规划是对施工项目管理规划大纲的细化,使其具有可操作性。施工项目管理实施规划必须由项目经理主持,在施工合同签订之后、工程开工之前编制完毕,也可以用施工组织设计或质量计划代替,但应能够满足项目管理的要求。

编制项目管理实施规划应遵循下列程序:了解项目相关各方的要求;分析项目条件和环境;熟悉相关的法规和文件;组织编制;履行报批手续。

施工项目管理实施规划编制的依据主要有:施工项目管理规划大纲、施工项目条件和环境分析资料、施工合同、同类施工项目的相关资料等。

施工项目管理实施规划的基本内容如下：

(1)工程概况。施工项目概况应包括项目的功能、投资、设计、环境、建设要求、实施条件(合同条件、现场条件、法规条件、资源条件)等。

(2)总体工作计划。它是将施工项目管理目标、项目的实施总时间和阶段划分明确,对各种资源的总投入做出安排,提出技术路线、组织路线和管理路线。

(3)组织方案。包括编制项目的项目结构图、组织结构图、合同结构图、编码结构图、重点工作流程图、任务分工表、职能分工表并进行必要的说明。

(4)技术方案。主要是指技术性或专业性的实施方案。

(5)进度计划。

(6)质量计划。

(7)施工项目职业健康安全与环境管理计划。

(8)成本计划。

(9)施工项目资源需求计划。

(10)施工项目风险管理计划。

(11)施工项目信息管理计划。

(12)施工项目沟通管理计划。

(13)施工项目收尾管理计划。

(14)施工项目现场平面布置图。

(15)施工项目目标控制措施。应针对项目目标进行编制,具体包括技术措施、经济措施、组织措施及合同措施。

(16)施工项目技术经济指标。

项目管理实施规划编制完成后,由项目经理签字并报企业主管领导审批;当监理机构对项目管理实施规划有异议时,经协商后可由项目经理主持修改;项目管理实施规划应按专业和子项目进行交底,落实执行责任;执行项目管理实施规划过程中应进行跟踪检查和必要的调整;项目管理结束后,必须对项目管理实施规划的编制与执行的经验和问题进行总结分析,并归档保存。

1.4.3　施工项目合同管理

施工项目管理是在市场条件下进行的特殊交易活动的管理,这种交易活动从招标、投标工作开始,并持续于项目管理的全过程,因此必须依法签订合同,履行好合同。合同管理体制的好坏直接涉及项目管理及工程施工的技术经济效果和目标实现,因此,要从招标、投标开始,加强过程承包合同管理。施工项目合同管理涉及合同订立、履行、变更、终止、违约、索赔、争议处理等管理活动,还包括相关的分包合同、买卖合同、租赁合同、借款合同等的管理。项目经理应按照承包人订立的施工合同认真履行所承接的任务,依照施工合同的规定行使权利、履行义务。

1.4.4　施工项目质量控制

工程质量控制是指在项目的建设过程中致力于满足工程质量的要求,也就是为了保证工程质量满足工程合同、规范标准所采取的一系列措施、方法和手段。按工程质量的控制主体可以分为政府的工程质量控制，工程监理单位的质量控制，勘察、设计单位的质量控制，施工单位的质量控制。施工单位的质量控制必须坚持以人为核心、质量第一、预防为主的原则，建立科学的施工质量管理体系，严格过程质量控制，以确保施工质量目标的实现。

1.4.5　施工项目进度控制

施工项目进度控制是指在既定的工期内，编制出最优的施工进度计划并付诸实施，在施工进度计划实施过程中，经常检查施工实际进度情况，并与计划进度进行比较，对出现的偏差分析原因和对整个工期的影响程度，采取必要的补救措施或调整、修改原计划后再付诸实施，不断地如此循环，直至工程竣工验收交付使用。

1.4.6　施工项目成本控制

施工项目成本控制就是要保证项目在工期和施工质量满足要求的情况下，利用组织措施、经济措施、技术措施、合同措施把项目成本控制在计划范围以内，并进一步寻求最大程度的施工成本节约。项目成本控制是反映一个企业施工技术水平和经营管理水平的一个综合性指标，因此，建立健全企业的项目成本管理组织机构，配备强有力的施工成本管理专门人员，制定科学的、切实可行的项目成本管理措施、方法、制度，调动广大职工的积极性、主动性和创造性，可以使企业提高经济效益，增加利润，积累扩大再生产资金，对于发展我国社会主义经济具有重大的意义。

1.4.7　施工项目职业健康安全与环境管理

建立并实施职业健康安全与环境管理体系是体现企业现代化的重要标志，建筑施工企业必须承担职业健康安全与环境管理的责任，掌握职业健康安全与环境管理的基本理论知识和方法，坚持以预防为主，遵守国家职业健康安全和环境法律法规等有关要求，注重过程控制，有针对性地改善企业职业健康安全和环境管理行为，以达到对职业健康安全和环境绩效的持续改进，保护生产者和使用者的健康和安全。

1.4.8　施工项目资源管理

施工项目的基本资源通常有人力、材料、机械设备、技术和资金等，施工项目资源的管理有其独特的复杂性。

项目人力资源管理要求项目经理部根据施工进度计划和作业特点优化配置人力资源，制定劳动力需求计划，对劳动力进行动态管理，及时对施工现场的劳动力进行合理调度和安排，充分激发职工工作的积极性，做到人尽其才、才尽其用。

施工材料管理是企业生产经营管理的一个重要环节，项目经理部要做好施工过程中所需各种材料采购、供应、保管、使用等的一系列组织与管理工作。

项目施工机械设备是建筑生产力的重要组成因素，现代建筑企业的重要特征就是运用机器和机械体系进行工程施工。施工机械设备管理要按照建筑生产的特点和机械运转的规律，做好对机械设备的选择评价、有效使用、维护修理、改造更新和报废处理等管理工作，不断提高施工机械化水平，提高施工机械设备的完好率、利用率和工作效能。

项目技术管理要求项目经理部根据项目规模选拔项目技术负责人，建立技术管理体系，分工到位，明确职责。项目经理部的技术管理应执行国家技术政策和企业的技术管理制度，经总工程师批准，项目经理部可自行制定特殊的技术管理制度。

项目资金管理就是在项目运作过程中保证收入、节约支出、防范风险和提高经济效益的过程。

1.4.9 施工项目信息管理

现代化管理要依靠信息。施工项目管理是一项复杂的现代化的管理活动。进行施工项目管理、施工项目目标控制、动态管理，必须依靠信息管理，而信息管理又要依靠电子计算机进行辅助。

1.4.10 施工项目风险管理

工程承包事业是一项风险事业，承包人和项目经理要面临一系列风险，因此施工项目风险管理意义重大。施工项目的风险管理包括对风险的预测、辨识、分析、判断、评估并采取风险回避、控制、分隔、分散、转移、自留及利用措施等活动，这些工作对施工项目目标的实现往往至关重要，因此，必须建立风险管理制度和方法体系。

1.4.11 与施工有关的组织与协调

施工项目的组织协调为施工项目的目标控制服务，其内容包括人际关系的协调、组织关系的协调、配合关系的协调、供求关系的协调、约束关系的协调等方面。项目经理和施工承包人必须处理好发生在施工项目管理组织内部、施工项目管理组织与其外部相关单位之间的关系(特别是建设单位和监理单位的关系)，并掌握相关的方式和方法，以确保施工项目的顺利实施。

1.4.12 施工项目收尾管理

项目收尾阶段管理是项目管理全过程的最后阶段，应制定该阶段的工作计划，提出各项管理要求。施工项目收尾管理工作是项目收尾工作的一个重要组成部分，项目经理部和承包人应按照业主对收尾工作的整体要求做好竣工收尾、验收、结算、决算、回访保修、考核评价等施工项目收尾管理工作。

应当注意：施工方是承担施工任务的单位的总称谓，它可能是施工总承包方、施工总承包管理方、分包施工方、建设项目总承包的施工任务执行方或仅仅提供施工劳务的参与方。当施工方担任的角色不同，其项目管理的内容和工作重点也会有差异。

1.5 施工项目控制

1.5.1 施工项目控制的概念

项目控制也常被称为项目目标控制。施工项目控制是指在实现项目管理对象目标过程中，通过对按原计划实施活动的检查，收集到的实施信息，将它与原计划(标准)进行比较，发现偏差在允许偏差范围之外时，采取措施纠正偏差，以保证按原计划正常实施的活动过程。

项目目标控制主要包括项目进度控制、项目质量控制和项目成本控制。

项目目标控制的类型主要有：事前控制、事中控制、事后控制；主动控制和被动控制等。

1.5.2　施工项目控制的对象

施工项目控制的对象应该涵盖影响项目目标和规划实现的所有方面和各种因素。

(1)工程项目的各单元,直到最小的施工过程,即从宏观到微观方面都是控制对象。只有控制到最小单元才能真正控制项目的成本、工期、质量,才能真正找出偏差的原因;只有小的单元偏差得以控制,才能避免由于偏差的隐蔽而造成大的损失。

(2)施工项目的各生产要素。施工项目的生产要素包括劳动力、技术、材料、设备、资金等。每个要素出现偏差,都直接干扰计划的实现。

(3)施工项目管理的任务方面,如成本、质量、工期、安全和合同等也是控制的对象。这是施工项目控制的最基本内容。

(4)项目施工过程中的环境、秩序、安全、现场、文明施工、稳定性等也是控制对象。

1.5.3　施工项目控制的原理

对施工项目经理来说,对施工项目的控制过程就是决策过程。为施工项目经理提供决策的依据是合同、进度计划、成本计划、质量标准等。控制应是:在施工中不断检查和监督各种计划执行情况,通过连续的报告、审查、计算比较,力争实际执行结果与控制标准之间的偏差减小到最低限度,保证项目目标的实现。

施工项目目标动态控制原理如图 1.2 所示。

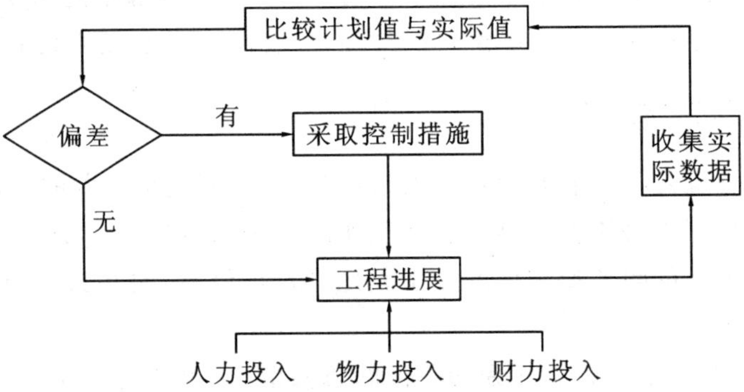

图 1.2　施工项目目标动态控制原理图

(1)对施工项目质量、成本和进度目标等进行分解,以确定用于目标控制的计划值(如成本、计划进度和质量标准等)。

(2)在项目实施过程(招投标过程和施工过程等)中对项目目标进行动态跟踪和控制,并做好如下工作:

①收集项目目标的实际值,如实际成本、实际施工进度和施工的质量状况等;

②定期(如每两周或每月)进行项目目标的计划值和实际值的比较;

③通过项目目标的计划值和实际值的比较,看是否有偏差存在。如有偏差,则采取纠偏措施进行纠偏。如有必要(如原定的项目目标不合理,或原定的项目目标无法实现),进行项目目标的调整,目标调整后控制过程再回到上述的第一步。

可见,施工项目控制的过程是一个不断循环的过程。由于施工项目实施过程中主、客观条件是不断变化的,因此必须随着情况的变化进行项目目标的动态控制,它是项目管理最基本的方法论。

1.5.4　施工项目实施控制系统

施工项目控制是个综合的大系统，这是由施工项目系统性决定的。施工项目的控制系统包括对象系统、组织系统、目标系统、方法系统、措施系统和信息系统等，如图 1.3 所示。

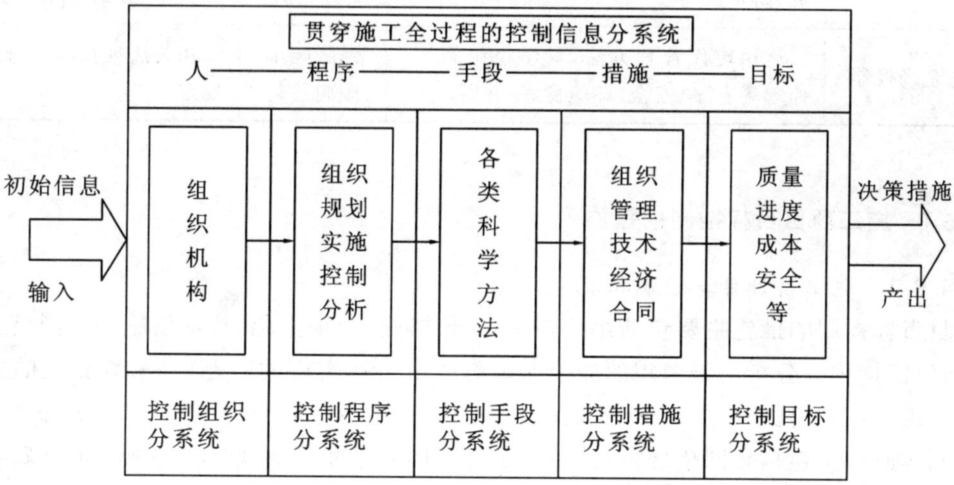

图 1.3　施工项目控制系统示意图

1.5.5　施工项目控制的内容

一般认为，施工项目目标控制包括质量控制、成本控制和进度控制三大控制，这是由项目管理的三大目标引导出来的，这三大目标控制的内容包括了施工项目目标控制的主要工作。

从系统工程的角度来讲，施工项目目标控制还包括安全控制目标、合同控制目标、风险控制目标、现场控制目标等。

施工项目控制目标、控制的目的、各控制目标的内容和控制的依据见表 1.2。

表 1.2　施工项目控制内容、目的、目标和控制依据

序号	控制内容	控制目的	控制目标	控制依据
1	质量控制	使分部分项工程达到质量检验评定标准的要求，保证按合同规定的数量和质量完成工程，使工程顺利通过验收，交付使用	规定的质量标准	施工图样、工程说明、规范，各种技术标准、合同
2	成本控制	实现降低成本措施，按计划成本完成工程，防止成本超支和费用增加，达到盈利目标	计划成本	各分项、分部、单位、总工程计划成本，生产要素计划成本，计划成本曲线等
3	进度控制	使项目施工有节奏、均衡、连续，按计划进行，按合同规定工期交付工程，防止工期延误	合同规定工期	批准的施工进度计划(网络图或横道图)
4	安全控制	实现安全措施，保证人的行为安全、物流状态安全、环境安全，实现安全目标	管理规划规定的安全目标	建筑法、安全法规及施工企业安全管理制度

续表 1.2

序号	控制内容	控制目的	控制目标	控制依据
5	合同控制	严格、全面履行合同，完成自己的义务，防止违约	合同规定义务、责任	合同范围内各种文件，相关法律、法规，合同分析资料
6	现场控制	运用现代管理方法，科学组织施工，使现场有序、安全，环境良好、文明	保障施工顺利进行	相关法规及施工现场管理规定

1.5.6 施工项目目标控制的措施

1.5.6.1 施工项目目标控制措施

项目目标控制的措施主要包括组织措施、管理措施、经济措施、技术措施和合同措施。

(1)组织措施。分析由于组织的原因而影响项目目标实现的问题，并采取相应的措施，如调整项目组织结构、任务分工、管理职能分工、工作流程组织和项目管理班子人员等。

(2)管理措施(包括合同措施)。分析由于管理的原因而影响项目目标实现的问题，并采取相应的措施，如调整进度管理的方法和手段，改变施工管理和强化合同管理等。

(3)经济措施。分析由于经济的原因而影响项目目标实现的问题，并采取相应的措施，如落实加快工程施工进度所需的资金等。

(4)技术措施。分析由于施工技术的原因而影响项目目标实现的问题，并采取相应的措施，如改进施工工艺、施工技术、施工方案、施工措施和改变施工机具等。

(5)合同措施。施工项目管理中涉及的合同有建设项目施工安装合同、主要材料及设备的供应合同、分包合同、劳务合同、内部承包合同等。控制主要目标是工程承包合同产生的，但其他各种与项目有关合同都与控制目标有着密切关系，且其他各种合同的另一方主体也负有相应的责任。

在众多目标控制措施中，应优先选用组织措施和管理措施。组织论的一个重要结论是:组织是目标能否实现的决定性因素，组织措施往往是最有效且最经济的控制措施，应充分重视组织措施对项目目标控制的作用。

在项目实施的过程中，为尽可能避免项目目标偏离的发生，还应重视事前的主动控制，即事前分析可能导致项目目标偏离的各种影响因素，并针对这些影响因素采取有效的预防措施。

1.5.6.2 施工项目目标的综合控制

施工项目控制是按照系统结构分析的方法，将控制分解为若干个控制职能，但实际控制工作中它是系统的、综合的。施工项目是系统工程，各重要目标之间存在着相互依存、相互影响、相互联系的关系，所以要强调综合控制。

(1)在发现偏差进行分析时，要综合分析工期、成本、质量、工作效率状况，并有综合评价，才能找到影响偏差的真正因素。若仅控制分析一个或两个参数，很可能造成误导，或引起不应有的损失。

(2)在考虑调整方案时，一般要求采取综合的组织管理、技术、经济、合同措施，对质量、成本、进度进行综合调整。

1.6　建设工程监理

1.6.1　建设工程监理的概念

建设工程监理是指具有相应资质的工程监理企业，接受建设单位的委托授权，承担其项目管理工作，并代表建设单位对承包单位的建设行为进行监督管理的专业化服务活动。

1.6.2　建设工程监理的性质和作用

1.6.2.1　建设工程监理的性质

建设工程监理的工作性质有如下几个特点：

(1)服务性

建设工程监理的服务性表现为监理人员利用自己的知识、技能和经验、信息以及必要的试验、检测手段，为建设单位提供管理和技术服务。建设工程监理的主要方法是规划、控制、协调，主要任务是控制建设工程的投资、进度和质量，最终目的是协助建设单位在计划的目标内将建设工程建成并投入使用。

(2)科学性

科学性主要表现在工程监理企业应用所掌握的工程监理科学的思想、组织、方法和手段从事工程监理活动，它是由建设工程监理要达到的基本目的决定的。

(3)独立性

独立性是指工程监理企业的工作在组织上和经济上不能依附于监理工作的对象(如承包商、材料和设备的供货商等)。工程监理企业应当严格地按照有关法律、法规、规章、工程建设文件、工程建设技术标准、建设工程委托监理合同、有关的建设工程合同等的规定实施监理；在委托监理的工程中，与承建单位不得有隶属关系和其他利害关系；在开展工程监理的过程中，建立自己的组织，按照自己的工作计划、程序、流程、方法、手段，根据自己的判断，独立地开展工作。

(4)公正性

工程监理企业虽然受业主的委托，但在工作中应公正地对待监理的委托单位和承建单位。特别是当业主方和承包商发生利益冲突或矛盾时，工程监理企业更应以事实为依据，以法律和有关合同为准绳，在维护业主的合法权益时，不损害承包商的合法权益，这体现了建设工程监理的公正性。

1.6.2.2　工程监理单位与建设单位和施工单位之间的关系

工程监理单位与建设单位和施工单位之间的关系如图1.4所示。

(1)工程监理单位、建设单位和施工单位都是平等的市场主体。

(2)建设单位和工程监理单位之间是委托与被委托、授权与被授权的关系，又是平等的合同关系。

(3)建设单位和施工单位之间是发包与承包的关系，又是平等的合同关系。

(4)工程监理单位和施工单位之间是监督和被监督、管理与被管理的关系。

1.6.2.3　建设工程监理的作用

(1)有利于提高建设工程投资决策科学化水平；

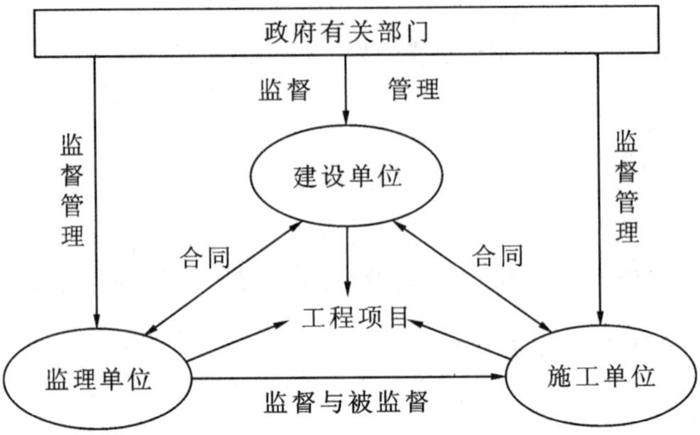

图 1.4 工程监理单位与建设单位和施工单位的关系示意图

(2)有利于规范工程建设参与各方的建设行为；

(3)有利于促使承建单位保证建设工程质量和使用安全；

(4)有利于实现建设工程投资效益最大化。

1.6.3 建设工程监理的工作程序和方法

工程监理开始前，建设单位应当将委托的工程监理单位、监理的内容及监理权限书面通知被监理的建筑施工企业。

1.6.3.1 建设工程监理的工作程序

(1)编制工程建设监理规划；

(2)按工程建设进度、分专业编制工程建设监理实施细则；

(3)按照建设监理细则进行建设监理；

(4)参与工程竣工预验收，签署建设监理意见；

(5)建设监理业务完成后，向项目法人提交工程建设监理档案资料。

1.6.3.2 建设工程监理的工作方法

建设工程监理的方法是由五个相互联系、相互支持、共同运行的子系统组成的一个完整方法体系，它们分别是目标规划、动态控制、组织协调、信息管理和合同管理。

(1)目标规划

目标规划是以实现目标控制为目的的规划和计划，它是围绕工程项目投资、进度和质量目标进行研究确定、分解综合、安排计划、风险管理、制定措施等项工作的集合。目标规划工作包括以下几方面内容：

①正确地确定投资、进度、质量目标或对已初步确定的目标进行论证。

②按照目标控制的需要将各目标进行分解，使每个目标都形成一个既能分解又能综合地满足控制要求的目标划分系统，以便实施控制。

③把工程项目实施的过程、目标和活动编制成计划，用动态的计划系统来协调和规范工程项目的实施，为实现预期目标构建一座桥梁，使工程建设项目协调有序地达到预期目标。

④对计划目标的实现进行风险分析和管理，以便采取针对性的有效措施实施主动控制。

⑤制定各工程项目目标的综合控制措施，确保工程项目目标的实现。

工程项目目标规划的过程是一个由粗到细不断深化的过程，是随着工程的进展，分阶段地根据可能获得的各种工程信息对前一个阶段的规划进行必要的细化、补充和完善的过程。目标规划是工程建设项目目标控制的基础和前提，只有做好目标规划的各项工作才能有效实施目标控制。目标规划得越好，工程建设项目目标控制的基础就越牢固，目标控制的前提条件也就越充分。

(2)动态控制

动态控制就是监理工程师在建设工程监理过程中，通过对过程、目标和活动的跟踪，全面、及时、准确地掌握工程建设信息，将工程建设实际状况与计划目标进行对比，如果偏离了计划和标准的要求，就采取措施加以纠正，以实现计划总目标。这是一个不断循环的过程，直到工程建设项目建成交付使用。动态控制是一个在不断的反复中进行完善的过程，是开展建设工程监理活动时采用的基本方法，它贯穿于工程项目的整个监理过程。

(3)组织协调

组织协调的目的就是为了实现工程建设项目的预定目标。组织协调包括两方面的内容：一是工程项目监理组织内部人与人、机构与机构之间的协调。包括建设工程监理组织内总监理工程师与各专业监理工程师之间的协调，各专业监理工程师之间的协调，纵向建设工程监理部门与横向建设工程监理部门之间的协调。二是建设工程监理组织与其他工程建设相关组织之间的协调。例如：在建设工程监理的过程中，当设计概算超过投资估算时，监理工程师要与设计单位进行协调，使设计与投资限额之间达成妥协，既要满足业主对工程建设项目的功能和使用要求，又要力求工程费用不超过限定的投资额度；当施工进度影响到工期目标时，监理工程师就要与施工单位进行协调，或改变物资投入，或修改施工计划，或调整工期目标，直到制定出一个解决问题的较理想方案为止；当发现承包单位的管理人员不称职，给工程质量造成影响时，监理工程师要与承建单位协调，以便更换人员，确保工程质量。

为了开展好建设工程监理工作，要求工程项目监理组织内的所有监理人员都能主动地在自己的职责范围内采用科学有效的方法进行协调。

(4)信息管理

建设工程监理活动离不开各种工程信息，信息是目标控制的基础。在建设工程监理的实施过程中，监理工程师对所需要的工程建设信息进行收集、整理、处理、存储、传递、应用等一系列工作，称为信息管理。

项目监理机构的控制部门必须随时掌握工程建设项目实施过程中的反馈信息，以便在必要时采取纠正措施。例如，当材料供应推迟，设备或管理费用增加，致使承建单位不能满足规定的工期要求时，都有可能修改工作计划。而工作计划又以变更通知的形式传递给有关方，然后对相关要素采取措施，才能起到控制的作用。所以，工程建设项目的各个要素必须通过适当的信息流通渠道才能与控制功能发生联系。

由于建设工程监理工作中需要的信息数量极大，而且这些工程信息一般都要尽快传送出去，为了做好这些信息的收集、加工、处理、传递工作，应该选派专门的人员组建专门的机构来从事这项工作，而且还需要通过现代化的计算机系统来辅助做好这项工作。

(5)合同管理

监理工程师在工程建设监理过程中的合同管理主要是根据监理合同的要求对工程承包合同的签订、履行、变更和解除进行监督、检查，对合同双方的争议进行调解和处理，以保证合同的依法签订和全面履行。

工程监理企业和监理工程师应着重做好以下几方面的工作：

①合同分析。即对合同各条款进行分门别类的认真研究和解释，发现和提出需要解决的问题。同时，对引起合同变化的事件进行分析研究，以便采取相应的措施。

②建立合同目录、编码和档案。合同目录和编码是采用图表方式进行合同管理的很好工具，它为合同管理自动化提供了方便条件，使计算机辅助合同管理成为可能。并为查询、检索合同条款，分解和综合合同条款提供了方便。

③合同履行的监督、检查。通过检查发现合同存在的问题，并根据法律、法规和合同的规定加以解决，以提高合同的履约率，使工程建设项目能顺利地完成。对合同监督、检查中所获得的信息进行统计分析，以发现费用金额、履约率、违约原因、纠纷数量、变更情况等问题，向有关监理部门提供情况，为目标控制和信息管理服务。

④索赔。索赔是合同管理中的重要工作，关系到合同双方切身利益。监理工程师应当首先协助业主制定并采取防止索赔的措施，最大限度地减少无理索赔的数量和索赔影响。其次，要处理好索赔事件。对于索赔，监理工程师应当持公正的态度对待，同时按照事先规定的索赔程序做好处理索赔的工作。

根据国外经验，合同管理产生的经济效益往往大于技术优化所产生的经济效益。一项工程合同，应当对参与建设项目各方建设行为起到控制作用，同时具体指导一项工程如何操作完成。所以，从这个意义上讲，合同管理起着控制整个项目实施的作用。

1.6.4 建设工程监理的工作任务

建设工程监理应当依照法律、行政法规及有关的技术标准、设计文件和建筑工程承包合同，对承包单位在施工质量、建设工期和建设资金使用等方面，代表建设单位实施监督。

1.6.4.1 设计阶段建设监理工作的主要任务

以下工作内容视业主的需求而定，国家并没有做出统一的规定：

(1)编写设计要求文件；组织建设工程设计方案竞赛或设计招标，协助业主选择勘测设计单位；

(2)拟订和商谈设计委托合同；

(3)配合设计单位开展技术经济分析，参与设计方案的比选；

(4)参与设计协调工作；

(5)参与主要材料和设备的选型(视业主的需求而定)；

(6)审核或参与审核主要材料和设备的清单；

(7)审核或参与审核工程估算、概算和施工图预算；

(8)参与检查设计文件是否满足施工的需求；

(9)设计进度控制；

(10)参与组织设计文件的报批。

1.6.4.2 施工招标阶段建设监理工作的主要任务

以下工作内容视业主的需求而定，国家并没有做出统一的规定：

(1)拟订或参与拟订建设工程施工招标方案；

(2)准备建设工程施工招标条件；

(3)协助业主办理招标申请；

(4)参与或协助编写施工招标文件；

(5)参与建设工程施工招标的组织工作；

(6)参与施工合同的商签。

1.6.4.3 材料和设备采购供应的建设监理工作的主要任务

对于由业主负责采购的材料和设备物资，监理工程师应负责制定计划，监督合同的执行。具体内容包括：

(1)制定(或参与制定)材料和设备供应计划和相应的资金需求计划；

(2)通过材料和设备的质量、价格、供货期和售后服务等条件的分析和比选，协助业主确定材料和设备等物资的供应单位；

(3)起草并参与材料和设备的订货合同；

(4)监督合同的实施。

1.6.4.4 施工准备阶段建设监理工作的主要任务

(1)审查施工单位选择的分包单位的资质；

(2)监督检查施工单位质量保证体系及安全技术措施，完善质量管理程序与制度；

(3)参与设计单位向施工单位的设计交底；

(4)审查施工组织设计；

(5)在单位工程开工前检查施工单位的复测资料；

(6)对重点工程部位的中线和水平控制进行复查；

(7)审批一般单项工程和单位工程的开工报告。

1.6.4.5 施工阶段建设监理工作的主要任务

(1)施工阶段的质量控制

①对所有的隐蔽工程在进行隐蔽以前进行检查和办理签证，对重点工程由监理人员驻点跟踪监理，签署重要的分项、分部工程和单位工程质量评定表；

②对施工测量和放样进行检查，对发现的质量问题应及时通知施工单位纠正，并做监理记录；

③检查和确认运到施工现场的材料、构件和设备的质量，并应查验试验和化验报告单，监理工程师有全权禁止不符合质量要求的材料和设备进入工地和投入使用；

④监督施工单位严格按照施工规范和设计文件要求进行施工；

⑤监督施工单位严格执行施工合同；

⑥对工程主要部位、主要环节及技术复杂工程加强检查，检查和评价施工单位的工程自检工作；

⑦对施工单位的检测仪设备、度量衡定期检验，不定期地进行抽验，以确保度量资料的准确；

⑧监督施工单位对各类土木和混凝土试件按规定进行检查和抽查；

⑨监督施工单位认真处理施工中发生的一般质量事故，并认真做好记录；将大的和重大的质量事故以及其他紧急情况报告业主。

(2)施工阶段的进度控制

①监督施工单位严格按照施工合同规定的工期组织施工；

②进行施工进度的动态控制；

③建立工程进度台账，核对工程形象进度，按月、季和年度向业主报告工程执行情况、工程进度以及存在的问题。

(3)施工阶段的投资控制

①审查施工单位申报的月度和季度计量表，认真核对其工程数量，不超计、不漏计，严格按合同规定进行计量支付签证；

②建立计量支付签证台账，定期与施工单位核对清算；

③从投资控制的角度审核设计变更。

1.6.4.6　施工验收阶段建设监理工作的主要任务

(1)督促和检查施工单位及时整理竣工文件和验收资料，受理单位工程竣工验收报告并提出意见；

(2)根据施工单位的竣工报告，提出工程质量检验报告；

(3)组织工程预验收，参加业主组织的竣工验收。

1.6.4.7　施工合同管理方面的工作

(1)拟订合同结构和合同管理制度，包括合同草案的拟订、会签、协商、修改、审批、签署和保管等工作制度及流程；

(2)协助业主拟订工程的各类合同条款，并参与各类合同的商谈；

(3)合同执行情况的分析和跟踪管理；

(4)协助业主处理与工程有关的索赔事宜及合同争议事宜。

知识拓展

项目管理的产生和发展

项目管理主要是工程项目管理，从实践角度讲自古有之，如中国的古长城、都江堰，埃及的金字塔等都是古代的工程项目。这些工程项目反映了古代项目管理的水平和成就，只是最初的管理往往是凭个人的经验来进行的。

近代项目管理的萌芽是在19世纪末20世纪初“科学管理”与经济学领域发展成就的基础上产生的。20世纪40年代，美国的“曼哈顿”计划作为一个项目进行管理，当时的项目管理着重计划和协调。20世纪50年代后期美国出现了关键路线法和计划评审技术。20世纪60年代，这类方法在有42万人参加、耗资400亿美元的“阿波罗”载人登月计划中应用，取得了巨大成功。此时项目管理有了科学的系统方法。近代项目管理走向成熟。当时主要应用在国防和建筑业，项目管理的任务主要是项目的执行。

20世纪70～80年代项目管理迅速传遍了世界各地。其特点是面向市场，迎接竞争。项目管理除了计划和协调外，对采购、合同、进度、费用、质量、风险等给予了更多的重视，初步形成了现代项目管理的框架。如1983年美国出版了由许多专家和高级管理人员撰写的《项目管理手册》；同年，美国国防部防务系统管理学院组织编写了《系统工程管理指南》；美国项目管理协会于1987年出版了《项目管理概览》。

进入20世纪90年代以后，项目管理有了新的发展。项目管理更加注重人的因素，注重顾客，注重柔性管理，力求在变革中生存和发展。应用领域进一步扩大，尤其在电信、软件、信息、金融、医药等新兴产业中得到了迅速发展。项目管理逐步走向现代化，主要体现在项目管理思想的现代化、项目管理组织的现代化、项目管理方法和手段的现代化。

我国在20世纪60年代初，老一辈科学家如钱学森等致力于推广系统工程理论和方法，十分重视重大科技工程的项目管理。完整意义上的项目管理在我国的出现是在20世纪80年代初期云南鲁布格工程的兴建。期间，同济大学丁士昭《工程项目管理》一书开始把国外的工程项目管理理论和方法介绍到国内，很快项目管理就被应用于更为广泛的领域。

云南鲁布格水电站引水系统工程是我国第一个利用世界银行贷款，并按世界银行规定进行国际性招标和项目管理的工程。1982年国际招标，1984年11月正式开工，1988年7月竣工，创造了著名的"鲁布格工程项目管理经验"，并在全国进行推广。1987年，建设部提出了在全国推行的项目法施工的理论，并开展了广泛的实践活动，重点一是转换建筑施工企业的经营机制，二是加强工程项目管理。

进入20世纪90年代以后，我国国内特别是国际合作项目的不断上马，也极大促进了项目管理理论研究和学科的发展。

建设部1992年印发了《施工企业项目经理资质管理试行办法》，决定对项目经理进行培训，实行持证上岗制度。2002年由建设部和国家质监总局联合发布了《建设工程项目管理规范》(GB/T 50326—2001)，以促进国内建设工程施工项目管理科学化、规范化和法制化。2005年建设部和国家质监总局还发布了《建设项目工程总承包管理规范》(GB/T 50358—2005)等相关联的规范，并组织进行《建设工程项目管理规范》的修订工作，以提高国内建设工程项目管理水平，适应市场经济发展的需要，这标志着我国的施工项目管理走上了规范化的道路。

实践与能力训练

【实训1】 某机械厂铸造车间改造项目，由于工期紧张，在确定施工单位的第二天，施工单位还未来得及组建项目经理部，建设单位要求施工单位提供项目管理实施规划，施工单位在不情愿的情况下提供了一份针对该项目的施工组织设计，其内容深度满足施工项目管理实施规划的要求，未来得及经过监理工程师的审核。但建设单位不接受，要求施工单位提供项目管理规划。

问题：

1. 施工项目管理规划分为哪些类别？它们的作用是什么？该项目应编制哪一类？
2. 施工单位编制施工组织设计的程序是否正确？正确程序是什么？
3. 业主一定要求施工单位提供项目管理实施规划，其要求是否正确？
4. 施工项目管理实施规划编制的依据有哪些？
5. 该施工项目管理实施规划中目标控制的内容有哪些？有哪些控制措施？
6. 请你为该施工单位项目管理实施规划的内容编写一个提纲。

思考题

1. 什么是项目？它有哪些特征？
2. 什么是建设工程项目和施工项目？二者有何区别与联系？
3. 什么是施工项目管理？施工项目管理的特征有哪些？
4. 施工项目管理的目标和任务是什么？其程序是什么？
5. 建设工程项目管理和施工项目管理有何区别？
6. 什么是建设工程监理？监理的性质有哪些？
7. 工程监理在施工阶段的工作任务是什么？
8. 建设工程监理的工作方法有哪些？

单元2 施工项目招投标与合同管理

教学目标

1. 掌握施工项目招标与投标的定义；熟悉招标与投标的法律性质；了解招标工作实施的程序。

2. 熟悉建筑工程施工合同的含义；熟悉施工项目合同管理的定义和特点；掌握施工项目合同管理的程序、任务和方法。

3. 了解施工合同订立的条件和程序；熟悉施工合同类型的选择。

4. 掌握施工合同实施过程的管理。

5. 掌握施工合同的变更、索赔、违约与争议。

2.1 施工项目招标与投标

2.1.1 施工项目招标与投标概述

2.1.1.1 施工项目招标与投标的定义

招标与投标是国际经济往来中广泛采用的一种形式，是市场经济的一种竞争方式，也是引入竞争机制订立合同(契约)的一种特殊形式。

工程招标是指招标人在发包建设项目之前，公开招标或邀请投标人，根据招标人的意图和要求提出报价，择日当场开标，以便从中择优选定中标人的一种经济活动。招标是利用报价的经济手段择优选购商品的购买行为。

工程投标是工程招标的对称概念，指具有合法资格和能力的投标人根据招标条件，经过初步研究和估算，在指定期限内填写标书，提出报价，并等候开标的经济活动。投标是利用报价的经济手段销售商品的交易行为。

2.1.1.2 施工项目招标与投标的法律性质

招标投标的目的在于选择中标人，并与之签订合同。因此，招标是签订合同的具体行为，是要约与承诺的特殊表现形式。招标投标中主要的具体法律行为有招标行为、投标行为和确定中标人行为。

(1)招标行为的法律性质是要约邀请。依据合同订立的一般原理，招标人发布招标通告或投标邀请书的直接目的在于邀请投标人投标，投标人投标之后并不当然要订立合同，因此，招标行为仅仅是要约邀请，一般没有法律约束力。

(2)投标行为的法律性质是要约行为。投标文件中包含有将来订立合同的具体条款，只要招标人承诺(宣布中标)就可签订合同。作为要约的投标行为具有法律约束力，表现在投标是一次性的，同一投标人不能就同一招标项目进行一次以上的投标；各个投标人对自己的报价负责；在投标文件发出后的投标有效期内，投标人不得随意修改投标文件的内容和撤回投标文件。

(3)确定中标人行为的法律性质是承诺行为。招标人一旦宣布确定中标人，就是对中标人的承诺。招标人和中标人各自都有权利要求对方签订合同，也有义务与对方签订合同。另外，在确定中标结果和签订合同前，双方不能就合同的内容进行谈判。

2.1.1.3　施工项目招标的方式

《中华人民共和国招标投标法》(以下简称《招标投标法》)规定，工程项目招标的方式有公开招标和邀请招标两种方式。

(1)公开招标

公开招标又称为无限竞争性招标，是一种由招标人通过报刊、广播、电视等方式发布招标公告，有投标意向的承包商均可参加投标资格审查，审查合格的承包商可购买或领取招标文件，参加投标的招标方式。公开招标是最具竞争性、程序最完整、最规范、最典型、所需费用最高、花费时间最长的招标方式。

(2)邀请招标

邀请招标又称为有限竞争性招标。这种方式不发布广告，业主根据自己的经验和所掌握的各种信息资料，向有能力承担该项工程施工的三个以上(含三个)承包商发出投标邀请书，收到邀请书的单位有权利选择是否参加投标。

公开招标和邀请招标在发布信息的方式、选择的范围、竞争的范围、公开的程度、时间和费用的方面存在区别。

2.1.1.4　施工项目招标与投标的程序及相互关系

施工项目的招标与投标可以分为招标准备、招标投标和决标成交三个阶段。施工项目招标与投标的基本程序及招投标之间的相互关系如图 2.1 所示。

2.1.2　施工项目招标

2.1.2.1　招标准备工作

(1)招标人向政府招标投标管理机构提交招标申请书。

(2)招标人组建招标工作机构，或者委托具有相应资质的咨询、监理单位代理招标。

组织招标的单位应具备以下条件：

①具有法人资格或是依法成立的其他经济组织；

②有与招标工作相应的经济、技术管理人员；

③有组织编制招标文件的能力；

④有审查投标人资质的能力；

⑤有组织开标、评标、定标的能力。

具备上述条件的建设单位可以组织相应的招标工作机构。不具有②～⑤项条件的单位，必须委托招标机构代理进行招标。招标代理机构是依法设立、从事招标代理业务并提供相应服务的社会中介组织。

(3)编制资格预审文件

若在公开招标过程中采用资格预审程序的，可以用资格预审公告代替招标公告，资格预审后不再单独发布招标公告。资格预审文件主要内容有：资格预审申请人须知、资格预审申请书格式、资格预审评审标准或方法等。

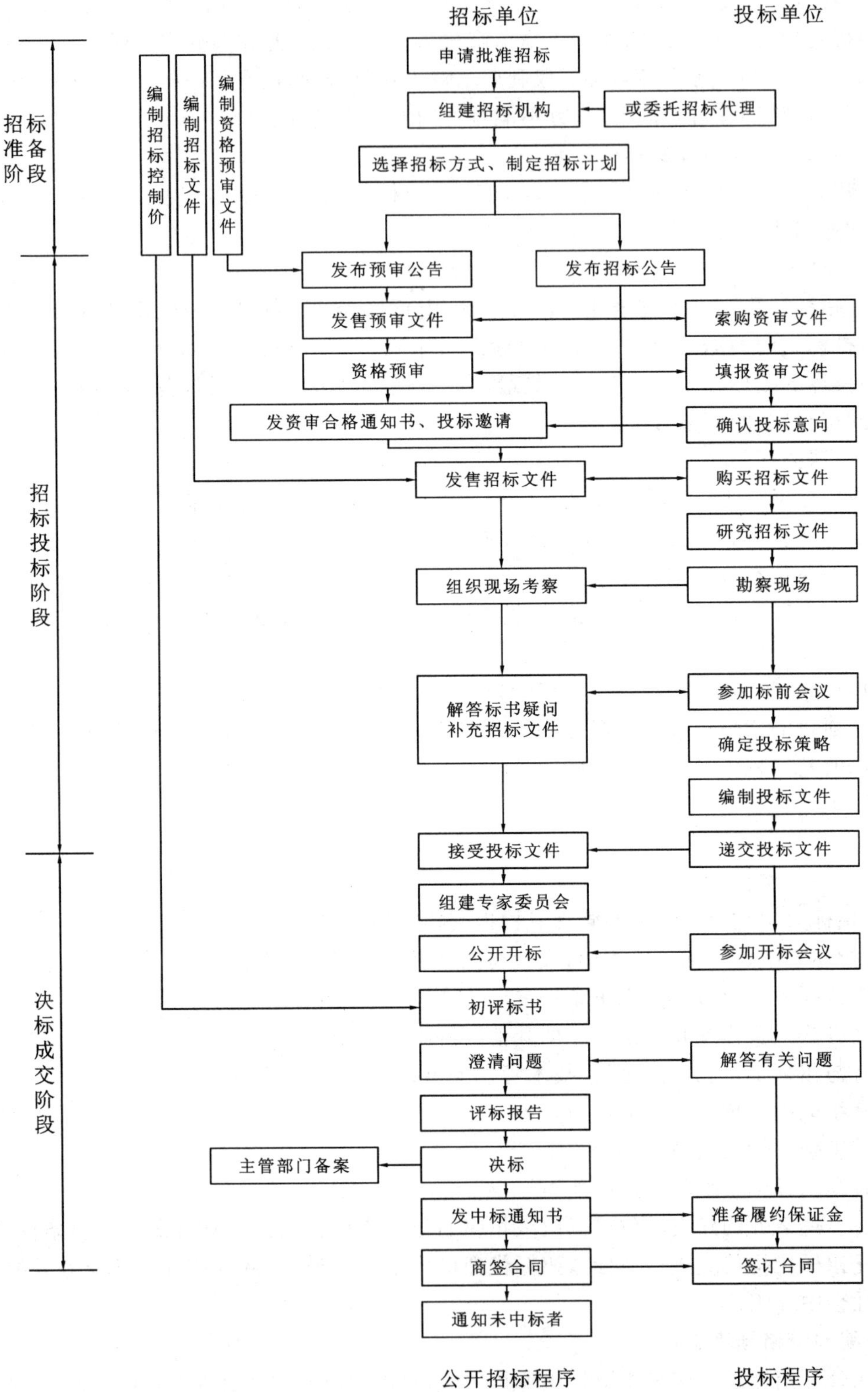

图 2.1　施工项目招标与投标基本程序及相互关系

(4)编制招标文件

招标文件一般应当载明下列事项:投标人须知;招标项目的性质、数量;技术规格;投标价格的要求及其计算方式;评标的标准和方法;交货、竣工或提供服务的时间;投标人应当提供的有关资格和资信证明文件;投标保证金的数额或其他形式的担保;投标文件的编制要求;提供投标文件的方式、地点和截止日期;开标、评标、定标的日程安排;合同格式及主要合同条款;需要载明的其他事项。

招标文件可以由招标人编制,也可以委托有资格的咨询单位编制,由招标人审定。

(5)编制招标控制价

2008年12月1日起,《建设工程工程量清单计价规范》(GB 50500—2008)正式实施,标底淡出人们的视野,普遍采用招标控制价方式控制工程造价。

招标控制价是招标人或招标人委托的造价咨询机构编制的,依据招标图纸、市场材料价格、当地的规费取费标准等,编制的该项目的工程最高限价。

招标控制价应由具有编制能力的招标人或受其委托具有相应资质的工程造价咨询人编制。

国有资金投资的工程建设项目应实行工程量清单招标,并应编制招标控制价。

招标控制价应在招标文件中注明,不应上调或下浮,招标人应将招标控制价及有关资料报送工程所在地工程造价管理机构备查。招标控制价超过批准的概算时,招标人应将其报原概算审批部门审核。

招标控制价的作用有两个:一是控制工程造价,它是招标人对招标项目所能接受的最高价格,超过该价格的,招标人不予接受;二是防止投标人围标,无限制地哄抬标价,给招标人造成损失。

2.1.2.2 招标实施

(1)发布招标公告或发出投标邀请书

招标公告和投标邀请书应当载明招标人的名称和地址,招标项目的性质、数量、实施地点和时间以及获取招标文件的办法等事项。

(2)投标人申请投标

投标人通过各种途径了解到招标信息,结合自身实际情况,做出是否投标的决定,向招标人申请投标。

(3)对投标人进行资质审查并将审查结果通知各申请投标者

招标人收到投标人的申请后,即进行资格审查。审查投标企业的等级、承包任务的能力、财务赔偿能力及保证人资信等,确定投标企业是否具有投标的资格。

(4)向合格的投标人发售招标文件及有关技术资料。

(5)组织投标人踏勘现场,并对招标文件进行答疑,按照规定程序进行必要的澄清与修改

投标人收到招标文件后,若有疑问或不清楚的问题需澄清解释,应在收到招标文件后7日内以书面形式向招标人提出,招标人应以书面形式或投标预备会形式予以解答。进行答疑的目的在于澄清招标文件中的疑问,解答投标人对招标文件和勘察现场中所提出的疑问和问题。

招标文件一经发出,招标人不得擅自变更其内容或增加附加条件。必要的澄清或修改,应在招标文件要求的提交投标文件截止时间至少15日前以书面形式通知所有招标文件收受人,该澄清或修改的内容作为招标文件的组成部分,对投标人起约束作用。

(6)接受投标文件。

(7)遴选评标专家,组建评标委员会。

(8)召开开标会议,审查投标书。

(9)组织评标,决定中标单位。

(10)向中标单位发出中标通知书。

(11)建设单位与中标单位签订承包合同。

2.1.3 施工项目投标

2.1.3.1 投标的实施

(1)投标人了解招标信息,做出投标决策

施工企业(承包商)根据招标公告或邀请书,对符合本企业经营目标和投标条件,并具备承包能力的招标项目,做出参加投标决策后,应在招标文件规定的期限内报名参加投标。

(2)报送投标申请书

在投标之前,投标申请方应向招标人递交全面阐述自己的财务状况、技术能力、企业信誉、施工经验等方面情况的书面文件。该申请书必须按照招标人发售的投标申请文件(或资格审查文件)要求填报,做到实事求是、简明扼要、符合要求。

(3)接受招标人资格审查

为了了解投标人的承包能力和信誉,以便限制不具备承包条件的单位盲目投标,造成不必要的麻烦,投标人要接受招标人的资格审查。审查的主要内容有:

①营业执照、所有制类别、技术等级。

②投标人的简历和以往业绩,包括开业的时间,承担过哪些主要工程项目以及达到的质量等级,是否发生过重大质量、安全事故等。

③技术装备情况,主要机械设备的情况、性能和台数,附属生产部门及其生产能力。

④资金及财务状况和开户银行出具的投标保证书。

⑤职工总人数,工程技术人员的水平和人数,技术工人的人数和平均技术等级。

⑥社会信誉及已完成工程的评价。

(4)购买招标文件及有关技术资料

企业通过资格预审获得投标资格后,要购买招标文件并研究和熟悉其内容,在此过程中,应特别注意对标价计算可能产生重大影响的因素。

招标文件是编制标书的基本依据。承包商在领取招标文件后,应认真掌握招标文件的内容。如果发现招标文件中存在模糊概念和把握不准之处,应认真做好记录,以便在招标人组织的标前会上提出,以得到澄清。

(5)参加现场勘察与标前会议

现场勘察主要指去工地现场进行勘察。目的是让投标人对工程项目所在地的地理、地质、水文、材料和周围的环境有充分的了解,并据此进行投标报价和制定施工规划。招标人一般在招标文件中注明现场勘察的时间和地点。

现场勘察是投标人必须经过的投标程序。投标人提出的报价单一般被认为是在现场勘察的基础上编制的。一旦报价单提出之后,投标人就无权因为现场勘察不周、情况了解不详细或因素考虑不全面而提出修改投标、调整报价或提出补偿等要求。因此,投标人在报价以前必须认真地进行施工现场勘察,全面、仔细地调查了解工地及其周围的政治、经济、地理等情况。

现场踏勘完成后，为了解答各投标人对招标文件、图纸和现场踏勘等各方面的疑问，要组织标前会议。投标人要充分利用这次会议，提出自己关心的问题，作为以后报价的基础。

(6)确定投标策略，编制投标书

施工项目投标策略就是对投标对象制定报价策略，核心是编制有竞争力的投标价格。

投标文件是对招标文件提出的实质性要求和条件做出的响应。投标人应当按照招标文件的规定编制投标文件。投标文件应当载明下列事项：

①投标人资格、资信证明文件；

②投标项目方案及说明；

③投标价格；

④投标保证金或者其他形式的担保；

⑤招标文件要求具备的其他内容。

(7)参加开标会议。

(8)接受中标通知书，与招标人签订合同。

2.1.3.2　投标报价

投标报价是投标人给投标工程制定的价格，是投标企业的竞争价格，它反映企业的经营管理水平，体现企业产品的个别价值。报价的高低直接影响企业能否中标，报价过高，投标企业不能中标；报价过低，又影响企业的利润。

投标人为做好报价工作，应做好以下工作：

(1)组织投标报价班子

组织一个专业水平高、经验丰富、精力充沛的投标报价班子是投标获得成功的基本保证。班子中应包括企业决策层人员、估价人员、工程计量人员、施工计划人员、采购人员、设备管理人员、工地管理人员等。各类专业人员之间应分工明确、密切配合，协调发挥各自的主动性、积极性和专长，完成投标报价工作。

(2)认真研究招标文件

为保证工程量清单报价的合理性，应对投标人须知、合同条件、技术规范、图纸和工程量清单等重点内容进行分析，深刻而正确地理解招标文件和业主的意图。

①投标人须知反映了招标人对投标的要求，特别要注意项目的资金来源、投标书的编制和递交、投标保证金、更改或备选方案、评标方法等，重点在于防止废标。

②合同分析

A. 合同背景分析。投标人有必要了解与自己承包的工程内容有关的合同背景，了解监理方式，了解合同的法律依据，为报价和合同实施及索赔提供依据。

B. 合同形式分析。主要分析承包方式(如分项承包、施工承包、设计与施工总承包和管理承包等)和计价方式(如固定合同价格、可调合同价格和成本加酬金确定的合同价格等)。

C. 合同条款分析。主要包括：a. 承包商的任务、工作范围和责任；b. 工程变更及相应的合同价款调整。c. 付款方式、时间，应注意合同条款中关于工程预付款、材料预付款的规定。根据这些规定和预计的施工进度计划，计算出占用资金的数额和时间，从而计算出需要支付的利息数额并计入投标报价。d. 施工工期。合同条款中关于合同工期、竣工日期、部分工程分期交付工期等规定，是投标人制定施工进度计划的依据，也是报价的重要依据。要注意合同条款中有无工期奖罚的规定，尽可能做到在工期符合要求的前提下报价有竞争力，或在报价合理的前提下工期有竞争力。e. 业主责任。投标人所制定的施工进度计划和做出的报价都是以业主履行责任为前提的,所以应注意合同条款中关于业主责任措辞的严密性,以及关于索赔的有关规定。

③技术标准和要求分析

工程技术标准是按工程类型来描述工程技术和工艺内容特点,对设备、材料、施工和安装方法等规定技术要求,有的是对工程质量进行检验、试验和验收所规定的方法和要求,它们与工程量清单中各子项工作密不可分,报价人员应在准确理解招标人要求的基础上对有关工程内容进行报价。任何忽视技术标准的报价都是不完整、不可靠的,有时可能导致工程承包重大失误和亏损。

④图纸分析

图纸是确定工程范围、内容和技术要求的重要文件,也是投标者确定施工方法等施工计划的主要依据。图纸的详细程度取决于招标人提供的施工图设计所达到的深度和所采用的合同形式。详细的设计图纸可使投标人比较准确地估价,而不够详细的图纸则需要估价人员采用综合估价方法,其结果一般不精确。

(3)工程现场调查

招标人在招标文件中一般会明确进行工程现场踏勘的时间和地点。投标人对一般区域调查重点注意以下几个方面:

①自然条件调查,如气象资料,水文资料,地震、洪水及其他自然灾害情况,地质情况等。

②施工条件调查,主要包括:工程现场的用地范围、地形、地貌、地物、高程,地上或地下障碍物,现场的三通一平情况;工程现场周围的道路、进出场条件、有无特殊交通限制;工程现场施工临时设施、大型施工机具、材料堆放场地安排的可能性,是否需要二次搬运;工程现场邻近建筑物与招标工程的间距、结构形式、基础埋深、新旧程度、高度;市政给水及污水、雨水排放管线位置、高程、管径、压力,废水、污水处理方式,市政、消防供水管道管径、压力、位置等;当地供电方式、方位、距离、电压等;当地煤气供应能力,管线位置、高程等;工程现场通信线路的连接和铺设;当地政府有关部门对施工现场管理的一般要求、特殊要求及规定,是否允许节假日和夜间施工等。

③其他条件调查,主要包括各种构件、半成品及商品混凝土的供应能力和价格,以及现场附近的生活设施、治安情况等。

(4)调查询价

投标报价之前,投标人必须通过各种渠道,采用各种手段对工程所需各种材料、设备等的价格、质量、供应时间、供应数量等进行系统全面的调查,同时还要了解分包项目的分包形式、分包范围、分包人报价、分包人履约能力及信誉等。询价是投标报价的基础,它为投标报价提供可靠的依据。询价时要特别注意两个问题,一是产品质量必须可靠,并满足招标文件的有关规定;二是供货方式、时间、地点,有无附加条件和费用。

(5)复核工程量

在实行工程量清单计价的施工工程中,工程量清单应作为招标文件的组成部分,由招标人提供。工程量的多少是投标报价最直接的依据。复核工程量的准确程度,将影响承包商的经营行为:一是根据复核后的工程量与招标文件提供的工程量之间的差距而考虑相应的投标策略,决定报价尺度;二是根据工程量的大小采取合适的施工方法,选择适用、经济的施工机具设备，确定投入使用的劳动力数量等。

复核工程量，要与招标文件中所给的工程量进行对比，注意以下几方面：

①投标人应认真根据招标说明、图纸、地质资料等招标文件资料，计算主要清单工程量，复核工程量清单。其中特别注意，按一定顺序进行，避免漏算或重算；正确划分分部分项工程项目，与清单计价规范保持一致。

②复核工程量的目的不是修改工程量清单（即使有误，投标人也不能修改工程量清单中的工程量，因为修改了清单就等于擅自修改了合同）。对工程量清单存在的错误，可以向招标人提出，由招标人统一修改，并把修改情况通知所有投标人。

③针对工程量清单中工程量的遗漏或错误，是否向招标人提出修改意见取决于投标策略。投标人可以运用一些报价的技巧提高报价的质量，争取在中标后能获得更大的收益。

④通过工程量复核还能准确地确定订货及采购物资的数量，防止由于超量或少购等带来浪费、积压或停工待料。

在核算完全部工程量清单中的细目后，投标人应按大项分类汇总主要工程总量，以便获得对整个工程施工规模的整体了解，并据此研究采用合适的施工方法，选择适用的施工设备等。

(6)制定项目管理规划

项目管理规划是工程投标报价的重要依据，项目管理规划应分为项目管理规划大纲和项目管理实施规划。

(7)投标报价的编制依据

《建设工程工程量清单计价规范》规定，投标报价应根据下列依据编制：

①工程量清单计价规范。

②国家或省级、行业建设主管部门颁发的计价办法。

③企业定额，国家或省级、行业建设主管部门颁发的计价定额。

④招标文件、工程量清单及其补充通知、答疑纪要。

⑤建设工程设计文件及相关资料。

⑥施工现场情况、工程特点及拟定的投标施工组织设计或施工方案。

⑦与建设项目相关的标准、规范等技术资料。

⑧市场价格信息或工程造价管理机构发布的工程造价信息。

⑨其他的相关资料。

(8)投标报价内容

投标报价的编制过程，应首先根据招标人提供的工程量清单编制分部分项工程量清单计价表、措施项目清单计价表、其他项目清单计价表、规费、税金项目清单计价表，计算完毕之后，汇总而得到单位工程投标报价汇总表，再层层汇总，分别得出单项工程投标报价汇总表和工程项目投标总价汇总表，全部过程如图 2.2 所示。在编制过程中，投标人应按招标人提供的工程量清单填报价格。填写的项目编码、项目名称、项目特征、计量单位、工程量必须与招标人提供的一致。

(9)投标报价的策略

投标策略是指投标人在投标竞争中的系统工作部署及其参与投标竞争的方式和手段。投标策略作为投标取胜的方式、手段和艺术，贯穿于投标竞争的始终，内容十分丰富。常用的投标策略主要如下：

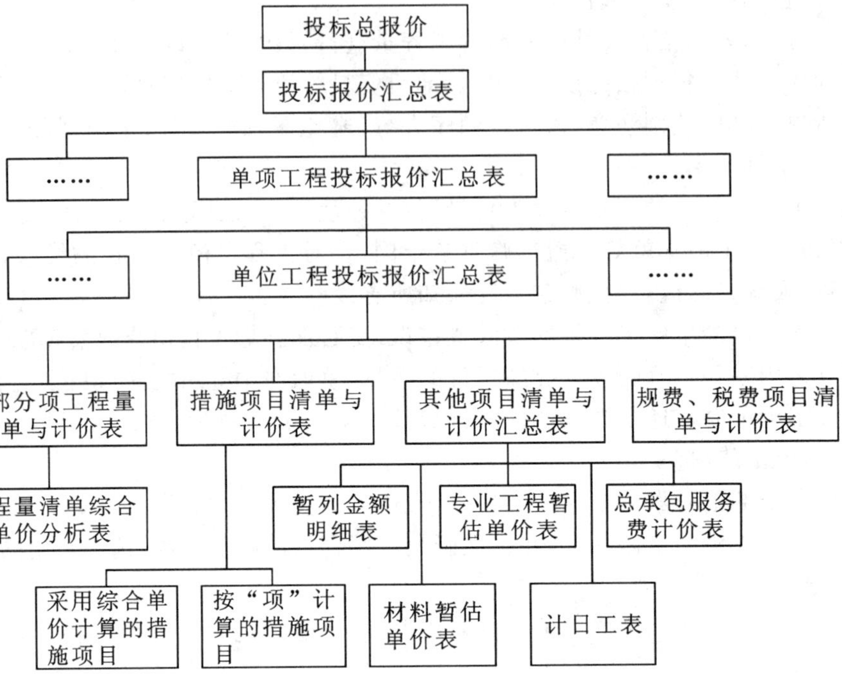

图 2.2　施工项目投标工程量清单报价流程图

①根据招标项目的不同特点采用不同报价

遇到如下情况报价可高一些：施工条件差的工程，专业要求高的技术密集型工程，而投标人在这方面又有专长，声望也较高；总价低的小工程，以及自己不愿做、又不方便不投标的工程；特殊的工程，如港口码头、地下开挖工程等；工期要求急的工程；投标对手少的工程；支付条件不理想的工程。

遇到如下情况报价可低一些：施工条件好的工程；工作简单、工程量大而其他投标人都可以做的工程；投标人目前急于打入某一市场、某一地区，或在该地区面临工程结束，机械设备等无工地转移时；投标人在附近有工程，而本项目又可利用该工程的设备、劳务，或有条件短期内突击完成的工程；投标对手多，竞争激烈的工程；非急需工程；支付条件好的工程。

②不平衡报价法

这一方法是指一个工程项目总报价基本确定后，通过调整内部各个项目的报价，以期既不提高总报价、不影响中标，又能在结算时得到更理想的经济效益。一般可以考虑在以下几个方面采用不平衡报价：

能够早日结算的项目(如前期措施费、基础工程、土石方工程等)可以适当提高报价，以利资金周转，提高资金时间价值。后期工程项目如设备安装、装饰工程等的报价可适当降低。

经过工程量核算，预计今后工程量会增加的项目，单价适当提高，这样在最终结算时可多盈利，而将来工程量有可能减少的项目单价降低，工程结算时损失不大。

但是，上述两种情况要统筹考虑，即对于清单工程量有错误的早期工程，如果工程量不可能完成而有可能降低的项目，则不能盲目抬高价格，要具体分析后再定。

设计图纸不明确、估计修改后工程量要增加的，可以提高单价，而工程内容说明不清楚的，则可以降低一些单价，在工程实施阶段通过索赔再寻求提高单价的机会。

暂定项目又叫任意项目或选择项目，对这类项目要作具体分析。因这一类项目要开工后由发包人研究决定是否实施，以及由哪一家投标人实施。如果工程不分标，不会另由一家投标人施工，则其中肯定要施工的单价可高些，不一定要施工的则应该低些。如果工程分标，该暂定项目也可能由其他投标人施工时，则不宜报高价，以免抬高总报价。

单价与包干混合制合同中，招标人要求有些项目采用包干报价时，宜报高价。一则这类项目多半有风险，二则这类项目在完成后可全部按报价结算，即可以全部结算回来。其余单价项目则可适当降低。

有时招标文件要求投标人对工程量大的项目报“综合单价分析表”，投标时可将单价分析表中的人工费及机械设备费报得较高，而材料费报得较低。这主要是为了在今后补充项目报价时，可以参考选用“综合单价分析表”中较高的人工费和机械费，而材料则往往采用市场价，因而可获得较高的收益。

③计日工单价的报价

如果是单纯报计日工单价，而且不计入总价中，可以报高些，以便在业主额外用工或使用施工机械时可多盈利。但如果计日工单价要计入总报价时，则需具体分析是否报高价，以免抬高总报价。总之，要分析业主在开工后可能使用的计日工数量，再来确定报价方针。

④可供选择项目的报价

所谓“可供选择项目”并非由承包商任意选择，而是业主才有权进行选择。因此，承包商虽然适当提高了可供选择项目的报价，并不意味着肯定可以取得较好的利润，只是提供了一种可能性，一旦业主今后选用，承包商即可得到额外加价的利益。

⑤暂定工程量的报价

暂定工程量有三种：

一种是业主规定了暂定工程量的分项内容和暂定总价款，并规定所有投标人都必须在总报价中加入这笔固定金额，但由于分项工程量不很准确，允许将来按投标人所报单价和实际完成的工程量付款。投标时应当对暂定工程量的单价适当提高。

另一种是业主列出了暂定工程量的项目的数量，但并没有限制这些工程量的估价总价款，要求投标人既列出单价，也应按暂定项目的数量计算总价，当将来结算付款时可按实际完成的工程量和所报单价支付。一般来说，这类工程量可以采用正常价格。

第三种是只有暂定工程的一笔固定总金额，将来这笔金额做什么用，由业主确定。这种情况对投标竞争没有实际意义，按招标文件要求将规定的暂定款列入总报价即可。

⑥多方案报价法

对于一些招标文件，如果发现工程范围不很明确，条款不清楚或很不公正，或技术规范要求过于苛刻时，则要在充分估计投标风险的基础上，按多方案报价法处理。即按原招标文件报一个价，然后再提出，如某某条款作某些变动，报价可降低多少，由此可报出一个较低的价。这样，可以降低总价，吸引业主。

⑦增加建议方案

有时招标文件中规定，可以提一个建议方案，即可以修改原设计方案，提出投标者的方案。投标者这时应抓住机会，组织一批有经验的设计和施工工程师，对原招标文件的设计和施工方案仔细研究，提出更为合理的方案以吸引业主，促成自己的方案中标。建议方案不要写得太具体，要保留方案的技术关键，防止业主将此方案交给其他承包商。同时要强调的是，建议方案一定要比较成熟，有很好的可操作性。

⑧分包商报价的采用

总承包商在投标前找2～3家分包商分别报价，而后选择其中一家信誉较好、实力较强和报价合理的分包商签订协议，同意该分包商作为本分包工程的唯一合作者，并将分包商的姓名列到投标文件中，但要求该分包商相应地提交投标保函。如果该分包商认为这家总承包商确实有可能得标，他也许愿意接受这一条件。这种把分包商的利益同投标人捆在一起的做法，不但可以防止分包商事后反悔和涨价，还可能迫使分包时报出较合理的价格，以便共同争取得标。

⑨许诺优惠条件

投标报价附带优惠条件是一种行之有效的手段。招标人评标时，除了主要考虑报价和技术方案外，还要分析别的条件，如工期、支付条件等。所以在投标时主动提出提前竣工、低息贷款、赠给施工设备、免费转让新技术或某种技术专利、免费技术协作、代为培训人员等，均是吸引招标人、利于中标的辅助手段。

⑩无利润报价

缺乏竞争优势的承包商，在不得已的情况下，只好在报价时根本不考虑利润而去夺标。这种办法一般是处于以下条件时采用：

有可能在得标后，将大部分工程分包给索价较低的一些分包商；

对于分期建设的项目，先以低价获得首期工程，而后赢得机会创造第二期工程中的竞争优势，并在以后的实施中盈利；

较长时期内，投标人没有在建的工程项目，如果再不得标，就难以维持生存。因此，虽然本工程无利可图，但只要能有一定的管理费维持公司的日常运转，就可设法渡过暂时的困难，以图将来东山再起。

2.1.4 开标、评标、定标和受标

(1)开标

我国《招标投标法》规定，开标应当在招标文件确定的提交投标文件截止时间的同一时间公开进行。

开标由招标人主持，并邀请所有投标人的法定代表人或其委托代理人准时参加。开标在建设行政主管部门的监督下，按招标文件规定的日期、地点进行。按照宣布的开标顺序当众开标，公布投标人名称、标段名称、投标保证金的递交情况、投标报价、质量目标、工期及其他内容，并记录在案。国内建设工程施工开标，一般应按规定邀请当地公证机关代表到会公证。由公证人员检查并确认标书的有效性和合法性。开标时，如发现标书属于下列情况之一者，招标人应在公证人的监督下，当场宣布为废标。

①投标书未密封。

②投标书无单位和法定代表人或法定代表人委托的代理人的印鉴。

③投标书未按规定的格式填写，内容不全或字迹模糊，辨认不清。

④投标书逾期送达。

⑤投标人未参加开标公议。

⑥投标书未说明采取特殊有效措施，并超过许可幅度的。

(2)评标组织评标，决定中标单位

评标活动应遵循公平、公正、科学、择优的原则，招标人应当采取必要的措施，保证评标在严格保密的情况下进行。

为了保证评标工作的科学性和公正性，招标人应按规定组建评标委员会。评标委员会由招标人或其委托的招标代理机构熟悉相关业务的代表以及有关技术、经济等方面的专家组成，成员人数为5人以上的单数，其中技术、经济等方面的专家不得少于成员总数的2/3。

评标委员会的专家成员应当从省级以上人民政府有关部门提供的专家名册或者招标代理机构专家库内的相关专家名单中确定。

评标不仅比较投标人的投标报价，还应从多方面进行综合比较进行评定。其主要条件是：

①投标报价合理。比较投标报价，既要比较总价，也要分析单价。

②建设工期适当。满足招标文件中提出的工期要求。

③施工方案先进可行。应做到先进合理、切实可行，能够在技术上保证工程质量达到需求的质量标准或质量等级，主要材料的耗用量经济合理。

④企业质量业绩充分、社会信誉良好。企业承担过较多的类似工程，质量可靠、履行情况良好等。

(3)定标

中标人的投标应当符合下列条件之一：一是能够最大限度满足招标文件中规定的各项综合评价标准；二是能够满足招标文件的实质性要求，并且经评审的投标价格最低，但是投标价格低于成本的除外。

除招标文件中特别规定了授权评标委员会直接确定中标人外，招标人应依据评标委员会推荐的中标候选人确定中标人，评标委员会推荐中标候选人的人数应符合招标文件的要求，一般应当限定在1～3人，并标明排列顺序，由招标人择优选定中标单位。

(4)向中标单位发出中标通知书

中标单位确定后，招标人应当向中标单位发出中标通知书，并同时将中标结果通知所有未中标的投标人。未中标的投标人应在接到通知7天内退回招标文件及有关资料，招标人同时退还投标保证金。

中标通知书对招标人和投标人具有法律效力。中标通知发出后，招标人改变中标结果的，或者中标单位放弃中标项目的，应当依法承担法律责任。

(5)建设单位与中标单位签订承包合同

招标人将招投情况书面报告建设行政主管部门备案无异议，发出中标通知书。中标通知书发出后，招标人和中标单位应当自中标通知书发出30日内就承发包合同进行磋商，双方在合同条款协商一致、达成协议后，立即签订合同。至此，中标单位即改变为承包单位，并对承包的工程负有经济和法律责任，建设项目的施工招标也即告结束。

2.2　施工项目合同管理基础

2.2.1　建设工程施工合同

2.2.1.1　建设工程合同和建设工程施工合同的概念

建设工程合同是一种双务、有偿合同。承包人的主要义务是进行工程建设，权利是得到工程价款。发包人的主要义务是支付工程价款，权利是得到完整、符合约定的建筑产品。建设工程合同也是一种诺成合同，合同订立生效后，双方应当严格履行。建设工程合同按工程建设阶段划分，可以分为建设工程勘察合同、建设工程设计合同和建设工程施工合同。

建设工程施工合同即建筑安装工程承包合同（简称施工合同），是建设工程的主要合同之一，是发包人与承包人为完成商定的建筑安装工程，明确双方权利和义务的协议。施工合同的当事人是发包人和承包人，双方是平等的民事主体。施工合同有施工承包合同、专业分包合同和劳务作业分包合同之分。施工承包合同的发包人是建设工程的建设单位或项目总承包单位，承包人是施工单位。专业分包合同和劳务作业分包合同的发包人是取得施工承包合同的施工单位，一般仍称为承包人。而专业分包合同的承包人是专业工程施工单位，一般称为分包人；劳务作业分包合同的承包人是劳务作业单位，一般称为劳务分包人。

2.2.1.2 建设工程施工合同的特点

(1)合同主体的严格性

施工合同主体一般只能是法人。发包人一般是经过批准的进行工程项目建设的法人，须有国家批准的建设项目，落实投资计划，并具备相应的协调能力。承包人必须具备法人资格，而且具备相应的从事工程施工的资质。无营业执照或无承包资质的单位不能作为建设工程施工合同的主体，资质等级低的单位不能越级承包建设工程。

(2)合同标的物的特殊性

施工合同的标的是各类建筑产品，建筑产品是不动产，其基础部分与大地相连，不能移动，具有固定性特点，这就决定了每个施工合同的标的都是特殊的，相互间不可替代。另外，每一个建筑产品都需要单独设计和施工，即单件性生产，这也决定了施工合同标的的特殊性。

(3)合同履行时间长

建筑物的施工由于结构复杂、体积大、建筑材料类型多、工作量大，使得合同履行期限都较长。并且施工合同的订立和履行一般都需要较长的准备期，在合同的履行过程中，还可能因为不可抗力、工程变更、材料供应不及时等原因而导致合同期限顺延。所有这些情况，决定了施工合同履行时间长。

(4)合同条款内容的多样性和复杂性

施工合同条款内容除合同法规定的条款外，还有很多具体内容，如有关工程范围和内容、涉及保证工程质量方面的规定等。此外还应对安全施工、工程分包、不可抗力、工程设计变更、材料设备的供应、运输、验收等内容做出规定，所有这些都决定了施工合同的内容具有多样性和复杂性。

(5)合同涉及面的广泛性

施工合同除了在法律、行政法规方面涉及面广外，在施工合同监督方面还涉及许多部门，如工商行政管理部门、建设行政主管部门，合同履行中产生纠纷还要涉及仲裁委员会或人民法院、税务部门及公证部门。

2.2.2 施工项目合同管理

2.2.2.1 施工项目合同管理的定义

施工项目合同管理，是指参与施工项目的各方当事人为完成施工项目依照施工项目合同设立、变更、终止民事权利义务关系所从事的计划、组织、控制和激励的活动，或者说是对施工合同的编制、订立、履行、变更、终止、违约、索赔、争议处理等进行的管理。

施工项目合同管理的定义包含三个要点：

(1)施工项目合同管理的主体。虽然合同的签约人只有发包人和承包人，但在合同实施和管理中却要涉及各个方面的关系人。如发包人的咨询公司、监理公司、发包人代表；承包人的项目经理和项目经理部、分包人、联合体的合伙人、各类材料和设备供应人；在发包人和承包人之间还有建设行政主管部门及其委托机构、银行和保险公司等。

(2)合同的客体即施工项目。承包人应按合同约定的标准、规范或条件全面履行合同。

(3)合同管理的内容主要包括计划、组织、控制和激励等活动。

2.2.2.2　施工项目合同管理的特点

(1)施工项目的完成是一个渐进的过程。在这个过程中，完成工程项目持续的时间要比完成其他合同时间长，特别是建设工程承包合同的有效期最长，一般的建设项目要一两年的时间，有的工程长达五年甚至更长。以施工合同为例，施工合同不仅包括施工期限，还包括保修期。如果加上招标投标期和合同谈判与签订期，施工合同的生命期会更长。可见，施工项目合同的管理是个较长的过程。

(2)因为工程价值量大、合同价格高，所以合同管理对经济效益影响较大。

(3)施工项目合同变动较为频繁，这主要是由于工程在完成过程中内部与外部干扰的事件多造成的，因此，加强合同控制与变更管理就十分重要。

(4)施工项目合同管理工作极为复杂，所以对施工合同必须进行严密、细致、准确的管理。因工程体积庞大、结构复杂，要求的技术标准和质量标准很高，工程项目的参加单位和协作单位多，涉及的合同文件也很多，这就更需要进行科学合理的协调和管理，保证工程的有序进行。

(5)合同风险大。由于合同实施时间长，变动大，涉及面广，导致合同受外界环境(如经济条件、社会条件、法律和自然条件等)影响大，引起的风险也大，所以加强施工项目合同管理对减少和降低风险是至关重要的。

(6)施工项目合同管理是综合性、高层次的管理工作。由于合同中包括了项目的整体目标，所以合同管理对项目的进度控制、质量管理、成本管理有总控制和总协调作用，是施工项目管理的核心和灵魂。

(7)合同管理要处理与业主及其他方面的经济关系，所以必须服从企业经营管理和企业战略。特别在投标报价、合同谈判、制定合同执行战略和处理索赔问题时，更要注意这个问题。

2.2.3　施工项目合同管理的程序、任务和方法

2.2.3.1　施工项目合同管理的程序

施工项目合同管理应遵循下列程序：

(1)项目合同评审

项目合同评审的主要工作有：招标工程和合同的合法性审查；招标文件和合同条款的完备性审查；合同双方责任、权益和项目范围认定；与产品有关要求的评审；投标风险和合同风险评价。

(2)项目合同订立

承包人对建设单位和建设项目进行了解和分析，对招标文件和合同条件进行审查、认定和评价，中标后还需与发包人进行谈判，双方达成一致意见后，即可正式签订合同。

(3)合同实施计划编制

施工合同签订后，承包人必须就合同履行作出具体安排，制定合同实施计划。合同实施计划应包括合同实施的总体策略、合同实施总体安排、工程分包策划以及合同实施保证体系的建立等内容。

(4)合同实施控制

施工项目合同实施控制包括合同交底、合同实施监督、合同跟踪、合同实施诊断、合同变更管理和索赔管理等工作。

(5)项目合同终止和综合评价

合同履行结束即合同终止。承包人在合同履行结束时，应及时进行合同综合评价，总结合同签订和执行过程中的得失利弊、经验教训，提出总结报告。

2.2.3.2 施工项目合同管理的方法

(1)设立合同管理机构和配备合同管理人员。

(2)做好完善合同文件、记录往来函件、建立文档管理系统等基础工作。

(3)建立合同管理目标制度。

(4)推行合同示范文本制度。

(5)加强并规范变更和索赔管理。

(6)实施合同执行的统筹。

(7)严格执行建设工程合同管理法律法规。

合同管理必须协调和处理各方面的关系，使相关的各合同和合同规定的各工程活动之间不相互矛盾，在内容、技术、组织、时间上协调一致，形成一个完整、周密、有序的体系，以保证工程有秩序、按计划地实施。

2.3 施工合同的订立

2.3.1 施工合同订立的条件和程序

2.3.1.1 施工合同订立的条件

签订工程施工合同必须遵守国家法律，符合国家基本建设的方针和政策，同时应具备以下条件：

(1)承包工程的初步设计和总概算已经批准，施工图能满足施工进度的要求。

(2)承包工程所需的投资和统配物资已列入国家基本建设计划。

(3)签订合同的当事人双方均具有法人资格和均有履行合同的能力。

(4)施工用地已征购，施工队伍可随时进入施工现场。

2.3.1.2 施工合同订立的程序

合同的订立必须经过要约和承诺两个阶段。要约是希望与他人订立合同的意思表示，承诺是受要约人接受要约的意思表示。承诺生效时合同成立，也就是说承诺生效的时间即为合同成立的时间。

与一般合同的订立过程一样，施工项目合同的订立也应经过要约和承诺两个阶段。其订立方式有两种：直接发包和招标发包。这两种方式实际上都包含要约和承诺的过程。除某些特殊工程外，工程建设的施工都应通过招投标的方式选择承包人及签订施工合同。

工程招标投标过程中，投标人根据发包人提供的招标文件在约定的报送期内发出的投标文件即为要约，招标人通过评标，向投标人发出中标通知书即为承诺。中标通知书发出 30 日内，中标人应与建设单位依据招标文件、投标文件等签订施工合同。签订合同的承包人必须是中标人，投标文件中确定的合同条款在签订合同时不得更改，合同价应与中标价相一致。如果中标人拒绝与建设单位签订合同，则建设单位将不再返还其投标保证金。

2.3.2　施工合同类型的选择

施工合同是发包人与承包人就完成特定工程项目的建筑施工、设备安装、工程保修等工作内容，确定双方权利和义务的协议。建设工程施工合同是建设工程的主要合同之一，是工程建设质量控制、进度控制、投资控制的主要依据。根据合同计价方式的不同，建设工程施工合同可以分为总价合同、单价合同和成本加酬金合同三种类型。

2.3.2.1　总价合同

总价合同是指在合同中确定一个完成项目的总价，承包人据此完成项目全部内容的合同。这种合同类型能够使发包人在评标时易于确定报价最低的承包人，易于进行支付计算。但这类合同仅适用于工程量不太大且能精确计算、工期较短、技术不太复杂、风险不大的项目，因而采用这种合同类型要求发包人必须准备详细而全面的设计图纸（一般要求施工详图）和各项说明，使承包人能准确计算工程量。总价合同又可以分为固定总价合同和可调总价合同。

(1)固定总价合同。这是建设工程施工经常使用的一种合同形式。总价被承包人接受以后，一般不得变动。所以在招标签约前，必须已基本完成设计工作（达 80%～100%），工程量和工程范围已十分明确。但工程范围不宜过大，以减少双方风险。也可阐明分期完成和分期付款办法。这种形式适用于工期较短（一般不超过一年）、对工程要求十分明确的项目。

(2)可调总价合同。报价及签订合同时，以招标文件的要求及当时的物价计算合同总价。但在合同条款中双方商定：如果在执行合同中由于通货膨胀引起工料成本增加达到某一限度时，合同总价应相应调整。采用这种合同方式，发包人承担了通货膨胀这一不可预见的费用因素的主要风险，承包人承担通货膨胀因素的次要风险以及通货膨胀因素外的其他风险。工期较长（如一年以上）的工程，适合采用这种合同形式。

2.3.2.2　单价合同

单价合同是承包人在投标时，按招标文件就分部分项工程所列出的工程量表确定各分部分项工程费用的合同类型。这类合同的适用范围比较宽，其风险可以得到合理的分摊，并且能鼓励承包人通过提高工效等手段从成本节约中提高利润。这类合同能够成立的关键在于双方对单价和工程量计算方法的确认。在合同履行中需要注意的问题则是双方对实际工程量计量的确认。单价合同也可以分为固定单价合同和可调单价合同。

(1)固定单价合同。这也是经常采用的合同形式。特别是在设计或其他建设条件（如地质条件）还不太明确的情况下（但技术条件应明确），而以后又需增加工程内容或工程量时，可以按单价适当追加合同内容。在每月（或每阶段）工程结算时，根据实际完成的工程量结算，在工程全部完成时以竣工图的工程量最终结算工程总价款。

(2)可调单价合同。合同单价可调，一般是在工程招标文件中规定。在合同中签订的单价，根据合同约定的条款，如在工程实施过程中物价发生变化等，可作调整。有的工程在招标或签约时，因某些不确定性因素而在合同中暂定某些分部分项工程的单价，在工程结算时，再根据实际情况和合同约定对合同单价进行调整，确定实际结算单价。

2.3.2.3 成本加酬金合同

成本加酬金合同是由发包人向承包人支付工程项目的实际成本，并按事先约定的某一种方式支付酬金的合同类型。在这类合同中，发包人需承担项目实际发生的一切费用，因此也就承担了项目的全部风险。而承包人由于无风险，其报酬往往也较低。这类合同的缺点是发包人对工程总造价不易控制，承包人也往往不注意降低项目成本。成本加酬金合同包括成本加固定费用合同、成本加定比费用合同、成本加奖金合同、成本加保证最大酬金合同、工时及材料补偿合同等多种形式。

2.3.2.4 合同类型选择的因素

各种不同类型的合同有着各自的应用条件，合同各方权利和责任的划分是不同的，合同各方承担的风险也不同，在实践中应根据工程项目的具体情况进行选择。选择合同类型应考虑以下因素：

(1)项目规模和工期长短。如果项目的规模较小，工期较短，则合同类型的选择余地较大，总价合同、单价合同及成本加酬金合同都可选择。由于选择总价合同发包人可以不承担风险，发包人较愿选用；对这类项目，承包人同意采用总价合同的可能性也较大，因为这类项目风险小，不可预测因素少。如果项目规模大、工期长，则项目的风险也大，合同履行中的不可预测因素也多，这类项目不宜采用总价合同。

(2)项目的竞争情况。如果在某一时期和某一地点，愿意承包某一项目的承包人较多，则发包人拥有较多的主动权，可按照总价合同、单价合同、成本加酬金合同的顺序进行选择。如果愿意承包项目的承包人较少，则承包人拥有的主动权较多，可以尽量选择承包人愿意采用的合同类型。

(3)项目的复杂程度。如果项目的复杂程度较高，则意味着对承包人的技术水平要求高，项目的风险较大，因此，承包人对合同的选择有较大的主动权，总价合同被选用的可能性较小。如果项目的复杂程度低，则发包人对合同类型的选择拥有较大的主动权。

(4)项目的单项工程的明确程度。如果单项工程的类别和工程量都已十分明确，则可选用的合同类型较多，总价合同、单价合同、成本加酬金合同都可以选择。如果单项工程的分类已详细而明确，但实际工程量与预计的工程量可能有较大出入时，则应优先选择单价合同。如果单项工程的分类和工程量都不甚明确，则无法采用单价合同。

(5)项目准备时间的长短。项目的准备包括发包人的准备工作和承包人的准备工作。不同的合同类型需要不同的准备时间和准备费用。总价合同需要的准备时间和准备费用最高，成本加酬金合同需要的准备时间和准备费用最低。对于一些非常紧急的项目如抢险救灾等项目，给予发包人和承包人的准备时间都非常短，因此只能采用成本加酬金的合同形式。反之，则可采用单价或总价合同形式。

(6)项目的外部环境因素。项目的外部环境因素包括项目所在地区的政治局势是否稳定、经济因素(如通货膨胀、经济发展速度等)、(当地)劳动力素质、交通、生活条件等。如果项目的外部环境恶劣则意味着项目的成本高、风险大，不可预测的因素多，承包人很难接受总价合同方式，而较适合采用成本加酬金合同。

总之，在选择合同类型时，一般情况下是发包人占有主动权。但发包人不能单纯考虑己方利益，应当综合考虑项目的各种因素、承包人的承受能力，确定双方都能认可的合同类型。

2.3.3 施工合同的主要内容及合同文件的组成

2.3.3.1 施工合同的主要内容

国家工商行政管理局、原建设部于1999年12月24日颁布了《建设工程施工合同（示范文本）》（GF－1999－0201），适用于各类公用建筑、民用住宅、工业厂房、交通设施及线路管道的施工和设备安装。

《建设工程施工合同（示范文本）》由协议书、通用条款、专用条款三部分组成，并附有三个附件：承包人承揽工程项目一览表、发包人供应材料设备一览表和工程质量保修书。

协议书是施工合同文本中总纲性的文件，规定了合同当事人双方最主要的权利义务，规定了组成合同的文件及合同当事人对履行合同义务的承诺，并且合同当事人在这份文件上签字盖章，因此具有很高的法律效力。

通用条款是根据有关法律、法规对承发包双方的权利义务作出的规定，除双方协商一致对其中的某些条款作了修改、补充或取消外，双方都必须履行。通用条款是将建设工程施工合同中共性的一些内容抽象出来编写的一份完整的合同文件，具有很强的通用性，基本适用于各类建设工程。通用条款由十一部分47条组成，主要内容包括：词语定义及合同文件；双方一般权利和义务；施工组织设计和工期；质量与检验；安全施工；合同价款与支付；材料设备供应；工程变更；竣工验收与结算；违约、索赔和争议；其他。

专用条款是对通用条款所作的必要的修改和补充。专用条款的条款号与通用条款相一致，但主要是空格，由当事人根据工程的具体情况予以明确或者对通用条款进行修改、补充。

附件则是对施工合同当事人的权利义务的进一步明确，并且使得施工合同当事人的有关工作一目了然，便于执行和管理。

2.3.3.2 施工合同文件的组成及优先顺序

组成合同的各项文件应互相解释，相互说明。但是这些文件有时会产生冲突或含义不清。除专用合同条款另有约定外，解释合同文件的优先顺序如下：

(1)合同协议书；

(2)中标通知书；

(3)投标函及投标函附录；

(4)专用合同条款；

(5)通用合同条款；

(6)标准规范及有关技术文件；

(7)图纸；

(8)已标价工程量清单；

(9)其他合同文件。

2.4 施工合同实施过程管理

2.4.1 施工合同的履行

2.4.1.1 施工合同履行的含义

合同的履行是指工程建设项目的发包方和承包方根据合同规定的时间、地点、方式、内容和标准等要求，各自完成合同义务的行为。合同的履行是合同当事人双方应尽的义务。任何一方违反合同，不履行合同义务，或者未完全履行合同义务，给对方造成损失时，都应当承担赔偿责任。

合同签订以后，当事人必须认真分析合同条款，向参与项目实施的有关责任人做好合同交底工作，在合同履行过程中进行跟踪与控制，并加强合同的变更管理，保证合同的顺利履行。

2.4.1.2 施工合同履行的原则

(1)实际履行原则。即合同当事人应按照合同规定的标的履行。除非由于不可抗力，否则签订合同的当事人应交付和接受标的，不得任意降低标的物的标准、变更标的物或以货币代替实物。

(2)全面履行原则。即合同当事人必须按照合同规定的标的的质量和数量、履行地点、履行价格、履行时间和履行方式等全面地完成各自应当履行的义务。

(3)诚实信用原则。即合同当事人在履行合同时，要诚实守信，以善意的方式履行义务，不得滥用权利、规避法律和曲解合同条款等。

(4)协作履行原则。即合同当事人应团结协作，相互帮助，共同完成合同的标的，履行各自应尽的义务。

2.4.2 施工合同双方的义务

(1)发包人的义务

①办理土地征用、拆迁补偿、平整施工场地等工作，使施工场地具备施工条件。并在开工后继续负责解决以上事项的遗留问题。

②将施工所需水、电、电信线路从施工场地外部接至合同约定地点，保证施工期间的需要。

③开通施工场地与城乡公共道路的通道，以及合同约定的施工场地内的主要道路，满足施工运输的需要，保证施工期间的畅通。

④向承包人提供施工场地的工程地质和地下管线资料，对资料的真实准确性负责。

⑤办理施工许可证及其他施工所需证件、批件和临时用地、停水、停电、中断道路交通、爆破作业等的申请批准手续(证明承包人自身资质的证件除外)。

⑥确定水准点与坐标控制点，以书面形式交给承包人，进行现场交验。

⑦组织承包人与设计单位进行图样会审和设计交底。

⑧协调处理施工场地周围地下管线和邻近建筑物、构筑物(包括文物保护建筑)、古树名木的保护工作，承担有关费用。

⑨双方在合同中约定的发包人应做的其他工作。

发包人可以将上述部分工作委托承包方办理，具体内容由双方在合同中约定，费用由发包人承担。发包人不按合同约定完成以上义务，导致工期延误或给承包人造成损失的，应赔偿承包人的有关损失，延误的工期也相应顺延。

(2)承包人应承担的义务

①根据发包人委托，在其设计资质等级和业务允许的范围内，完成施工图设计或与工程配套的设计，经工程师确认后使用，发包人承担由此发生的费用。

②向工程师提供年、季、月度工程进度计划及相应进度统计报表。

③根据工程需要，提供和维修非夜间施工使用的照明、围栏设施，并负责安全保卫。

④按合同约定的数量和要求，向发包人提供施工场地办公和生活的房屋及设施，发包人承担由此发生的费用。

⑤遵守政府有关主管部门对施工场地交通、施工噪声以及环境保护和安全生产等的管理规定，按规定办理有关手续，并以书面形式通知发包人，发包人承担由此发生的费用；因承包人责任造成的罚款除外。

⑥已竣工工程未交付发包人之前，承包人按合同约定负责已完工程的保护工作，保护期间发生损坏，承包人自费予以修复；发包人要求承包人采取特殊措施保护的工程部位和相应的追加合同价款，双方在合同中约定。

⑦按合同约定做好施工场地地下管线和邻近建筑物、构筑物(包括文物保护建筑)、古树名木的保护工作。

⑧保证施工场地清洁，符合环境卫生管理的有关规定，交工前清理现场达到合同约定的要求，承担因自身原因违反有关规定造成的损失和罚款。

⑨双方在合同中约定的承包人应做的其他工作。

承包人不履行上述各项义务，造成发包人损失的，应对发包人的损失给予赔偿。

2.4.3　施工合同交底

(1)施工合同交底的必要性

合同交底，就是组织大家学习合同和合同总体分析结果，对合同的主要内容作出解释和说明，使大家熟悉合同中的主要内容、各种规定、管理程序，了解承包商的合同责任和工程范围，各种行为的法律后果等，使大家都树立全局观念，工作协调一致，避免执行中的违约行为。

(2)合同交底的内容

①合同的主要内容。主要介绍：承包商的主要合同责任、工程范围和权力；业主的主要责任和权力；合同价格、计价方法、补偿条件；工期要求和补偿条件；工程中一些问题的处理方法和过程，如工程变更、付款程序、工程的验收方法、工程的质量控制程序等；争执的解决；双方的违约责任等。

②在投标和合同签订过程中的情况。

③合同履行时应注意的问题、可能的风险和建议等。

④合同要求与相关方期望、法律规定、社会责任等相关注意事项。

2.4.4　施工合同的跟踪与控制

(1)合同跟踪的依据

合同跟踪的重要依据是合同以及依据合同而编制的各种计划文件；其次还要依据各种实

际工程文件，如原始记录、报表、验收报告等；另外，还要依据管理人员对现场情况的直观了解，如现场巡视、交谈、会议、质量检查等。

(2)合同跟踪的对象

①承包的任务。包括工程施工的质量是否符合合同要求；工程进度是否在预定期限内施工，工期有无延长；工程施工任务的数量是否按合同要求全部完成；工程成本有无增加或减少。

②工程小组或分包人的工程和工作。合同执行者可以将工程施工任务分解交由不同的工程小组或发包给专业分包人完成，因此必须对这些工程小组或分包人及其所负责的工程进行跟踪检查，协调关系，提出意见、建议或警告，保证工程总体质量和进度。

③业主和其委托的工程师的工作。包括业主是否及时、完整地提供了工程施工的实施条件，如场地、图样、资料等；业主和工程师是否及时给予了指令、答复和确认等；业主是否及时并足额地支付了应付的工程价款。

(3)施工合同偏差

通过合同跟踪，可能会发现合同实施中存在着偏差，应及时进行偏差分析。合同实施偏差分析的内容包括：

①产生偏差的原因分析。通过对合同执行实际情况与实施计划的对比分析，不仅可以发现合同实施的偏差，而且可以探索引起差异的原因。

②合同实施偏差的责任分析。即分析产生合同偏差的原因是由谁引起的，应由谁承担责任。责任分析必须以合同为依据，按合同规定落实双方的责任。

③合同实施趋势分析。针对合同实施偏差情况，分析在不同措施下合同执行的结果与趋势，包括最终的工程状况、承包人将承担的后果以及最终工程经济效益水平。

(4)施工合同偏差的控制措施

根据合同实施偏差分析的结果，承包人应该相应采取以下调整措施：

①组织措施。增加人员投入，调整人员安排，调整工作流程和工作计划等。

②技术措施。变更技术方案，采用新的高效率的施工方案等。

③经济措施。增加投入，采取经济激励措施等。

④合同措施。进行合同变更，签订附加协议，采取索赔手段等。

2.5 施工合同的变更、索赔、违约与争议

2.5.1 施工合同的变更

2.5.1.1 施工合同变更的内涵

合同变更是指合同成立以后和履行完毕以前由双方当事人依法对合同价款、工程内容、工程数量、质量要求和标准、实施程序等做出的改变。

工程变更一般是指在工程施工过程中，根据合同约定对施工的程序及工程的内容、数量、质量要求、标准等做出的变更。工程变更属于合同变更，合同变更主要是由于工程变更而引起的，合同变更的管理主要是进行工程变更的管理。

2.5.1.2 施工合同变更的原因

工程变更一般有以下几个方面的原因：

(1)业主新的变更指令,对建筑的新要求。如业主有新的意图,业主修改项目计划、削减项目预算等。

(2)由于设计人员、监理人员、承包商事先没有很好地理解业主的意图或设计的错误导致图纸修改。

(3)工程环境的变化,预定的工程条件不准确,要求实施方案或实施计划变更。

(4)由于产生新技术和新知识,有必要改变原设计、原实施方案或实施计划,或由于业主指令及业主责任的原因造成承包商施工方案的改变。

(5)政府部门对工程新的要求,如国家计划变化、环境保护要求、城市规划变动等。

(6)由于合同实施出现问题,必须调整合同目标或修改合同条款。

2.5.1.3　施工合同变更的程序

一般工程项目施工合同的变更应遵循以下程序:

(1)提出施工合同变更

根据合同实施的实际情况,承包人、业主方、监理方、设计方都可以提出工程变更。

(2)合同变更的批准

承包人提出的合同变更,应该由工程师审查并批准;设计方提出的合同变更,应该与业主协商或经业主审查并批准;业主方提出的合同变更,涉及设计修改的应该与设计单位协商,并一般通过工程师发出;监理方发出合同变更的权力,一般会在施工合同中明确约定,通常在发出变更通知前应征得业主批准。

(3)变更指示的发出及执行

施工合同变更指示的发出有书面和口头两种形式。一般情况下要求用书面形式发布变更指示,如果由于情况紧急而来不及发出书面指示,承包人应该根据合同规定要求工程师书面认可。

根据工程惯例,除非工程师明显超越合同权限,否则承包人应无条件地执行变更指示。即使变更价款没有确定,或者承包人对工程师答应给予付款的金额不满意,承包人也必须一边进行变更工作,一边根据合同寻求解决办法。

2.5.2　施工合同索赔

2.5.2.1　施工索赔的定义

施工索赔是指在施工合同实施过程中,承包人对非自身原因发生合同规定之外的额外工作或损失时,向业主提出费用、时间补偿要求的活动。施工索赔是法律和合同赋予承包人的正当权利。承包人应当树立起索赔意识,重视索赔,善于索赔。

2.5.2.2　施工索赔的分类

(1)按索赔合同依据划分,可分为合同中明示的索赔和合同中默示的索赔。

(2)按索赔的目的划分,可分为工期索赔和费用索赔。

(3)按索赔处理的方式划分,可分为单项索赔和综合索赔。

(4)按索赔事件的性质划分,可分为工期延误索赔、工程变更索赔、合同被迫终止的索赔、意外风险和不可预见因素索赔及其他索赔。

2.5.2.3　施工索赔的原因

在工程实施过程中,常常会由于表2.1所示原因产生索赔。

表 2.1　索赔的原因及表现

原　因	表　现　内　容
业主违约	1. 未能按合同规定时间和要求交付施工场地、道路，提供水电等； 2. 未在规定时间内提供有关工程设计资料、图纸，未及时下达指令、答复请示，使工程延期； 3. 业主提供材料等的延误或不符合合同标准，使工程不能及时开工或造成工程中断； 4. 监理工程师拖延发布各种证书（进度付款签证、工程移交证书），业主未按合同规定按时支付工程款； 5. 业主因各种原因不能再履行合同或业主要求采取加速措施，希望提前交付工程等； 6. 业主要求承包商完成合同规定以外的义务或工作； 7. 监理工程师不恰当的决定。
合同文件缺陷	1. 合同文件规定不严谨甚至矛盾，合同中有遗漏或错误； 2. 合同中各承包单位责任界限划分不明确，造成管理上的失误，殃及其他合作者，影响整个工程实施。
施工条件变化	1. 工程地质与合同规定不一致，出现异常情况（无法预见的地下水、地质断层等，发现未标明的管线、古墓或其他文物等）； 2. 发生不可抗力事件（如洪水、地震等自然灾害，社会动乱、暴乱等社会异常事件）。
工程变更	1. 施工时实际完成的工程量超过或小于工程量中所列的预计工程量； 2. 施工过程中，工程师发现设计、质量标准和施工顺序问题时，发出指令增加新的工作，改换材料，暂停施工或加速施工。
政策及法律、法令变更	1. 合同实施过程中，直接影响到工程价格的某些政策、法律、法令变更（限制进口、外汇管理、汇率变化）； 2. 受政策的影响，建筑市场和建材市场的变化，材料价格和工资大幅度上涨。
其他第三方面因素	因与工程有关的其他第三方面的问题引起的对工程不利的影响，如邮政延误、承包商不能在规定期限内收到工程款等。

2.5.2.4　*施工索赔的程序*

承包人向发包人索赔的一般程序（图 2.3）如下：

（1）索赔事件发生后 28 天内，向工程师（业主代表或监理工程师）发出索赔意向通知。

（2）发出索赔意向通知后 28 天内，向工程师提交一份详细的索赔报告，包括索赔的依据、要求延长工期和（或）追加付款的全部资料。

（3）工程师在收到承包人送交的索赔报告及有关资料后，于 28 天内给予答复，或要求承包人进一步补充索赔理由和证据。工程师在收到承包人送交的索赔报告及有关资料后 28 天内未予答复或未对承包人作进一步要求的，视为该项索赔已经认可。

（4）当该索赔事件持续进行时，承包人应当阶段性地向工程师发出索赔意向，在索赔事件终了后 28 天内，向工程师送交索赔的有关资料和最终索赔报告。

索赔答复程序与(3)、(4)规定相同。

(5)工程师就索赔事项进行处理并就有关事项在承包人和业主之间进行协调，对协商一致的工期延长和(或)追加费用将修改竣工日期和(或)纳入付款证书。对业主不能同意的索赔部分，可以转入争议解决程序。

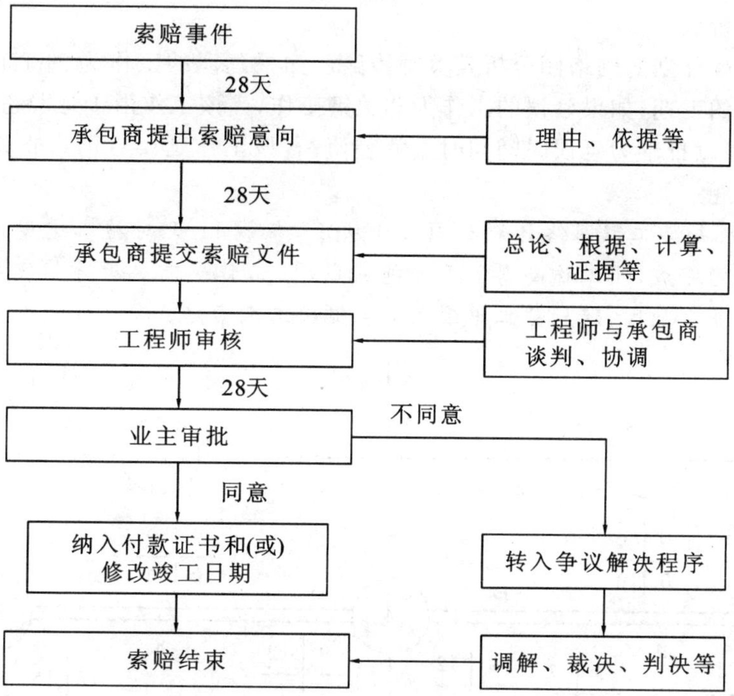

图 2.3 施工项目索赔的程序

2.5.2.5 施工索赔的计算

(1)费用索赔的计算

费用索赔的计算方法有实际费用法、修正总费用法等。

①实际费用法。该方法是按照各索赔事件所引起损失的费用项目分别分析计算索赔值，然后将各费用项目的索赔值汇总后得到总索赔费用值。这种方法以承包商为某项索赔工作所支付的实际开支为依据，仅限于由于索赔事项引起的超过原计划的费用，故也称额外成本法。

②修正总费用法。这种方法是对总费用法的改进，即在总费用计算的原则上，去掉一些不确定的可能因素，对总费用法进行相应的修改和调整，使其更加合理。

【例 2.1】 某施工合同约定，施工现场主导施工机械一台，由施工企业租得，台班单价为 300 元/台班，租赁费为 100 元/台班，人工工资为 40 元/工日，窝工补贴为 10 元/工日，以人工费为基数的综合费率为 35%。在施工过程中，发生了如下事件：①出现异常恶劣天气导致工程停工 2 天，人员窝工 30 个工日；②因恶劣天气导致场外通路中断，抢修道路用工 20 工日；③场外大面积停电，停工 2 天，人员窝工 10 工日。为此，施工企业可向业主索赔费用为多少？

解：各事件处理结果如下：

异常恶劣天气导致的停工通常不能进行费用索赔。

抢修道路用工的索赔额＝20×40×(1＋35%)＝1080(元)

停电导致的索赔额＝2×100＋10×10＝300(元)

总索赔费用＝1080＋300＝1380 元

(2)工期索赔的计算

工期索赔的计算主要有网络图分析法和比例分析法两种。

①网络图分析法

它是利用进度计划的网络图分析其关键线路。如果延误的工作为关键工作，则总延误的时间为批准顺延的工期；如果延误的工作为非关键工作，当该工作由于延误超过时差限制而成为关键工作时，可以批准为延误时间与时差的差值；若该工作延误后仍为非关键工作，则不存在工期索赔的问题。

【例 2.2】 已知某工程网络计划如图 2.4 所示，在第 11 天对施工进度情况进行检查，D 工作尚需 1 天才能完成，G 工作尚需 7 天才能完成，H 工作尚需 2 天才能完成，见表 2.2。以上工作拖延均系业主原因，随后施工单位向业主提出工期索赔。

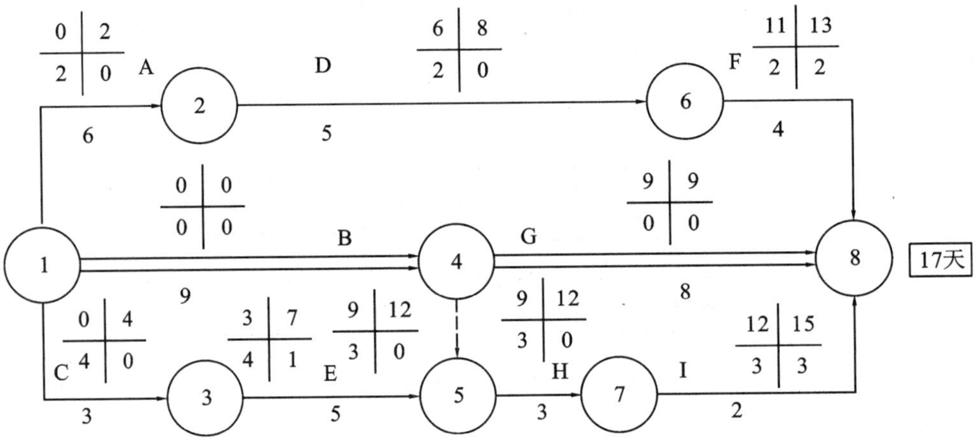

图 2.4　某工程网络计划图

表 2.2　第 11 天网络计划执行情况检查结果

工作代号	检查计划时尚需时间	到计划最迟完成前尚有时间	原有总时差	尚有总时差	结果分析
D	1	13－11＝2	2	2－1＝1	正常
G	7	17－11＝6	0	6－7＝－1	拖延工期 1 天
H	2	15－11＝4	3	4－2＝2	正常

经计算可知，D、H 工作拖延时间均未超过总时差，为正常，不予批准工程延期；G 工作尚有时差为－1 天，已造成工期拖延 1 天。因此，业主能批准的工程延期为 1 天。

②比例分析法

在实际工程中，干扰事件常常仅影响某些单项工程、单位工程或分部分项工程的工期，要分析它们对总工期的影响，可以采用更为简单的比例分析法，即以某个技术经济指标作为比较基础，计算出工期索赔值。该方法主要用于工程量有增加时工期索赔的问题。

$$工期索赔值=\frac{附加工程或新增工程量价格}{原合同总价}\times原合同总工期$$

【例2.3】 在某工程施工中，业主推迟办公楼工程基础设计图纸的批准，使该单项工程延期10周，单项工程合同价为800万元，整个工程合同总价为4000万元。则承包商提出工期索赔为：

工期索赔值＝(800万元/4000万元)×10周＝2周

在工期索赔中特别应当注意以下问题：

a. 划清施工进度拖延的责任。因承包人的原因造成施工进度滞后，属于不可原谅的延期；只有承包人不应承担任何责任的延误，才是可原谅的延期。有时工程延期可能包含有双方责任，此时监理工程师应进行详细分析，分清责任比例，只有可原谅延期部分才能批准顺延合同工期。

b. 被延误的工作应是处于施工进度计划关键线路上的施工内容。只有位于关键线路上工作内容的滞后，才会影响到竣工日期。

2.5.3　违约

2.5.3.1　违约的概念

违约是指合同当事人不履行合同义务或履行义务不符合合同约定条件。当事人一方不履行合同义务或履行义务不符合合同约定的，应当承担违约责任。

2.5.3.2　施工合同违约的情形

(1)承包人违约

在履行合同过程中发生的下列情况属承包人违约：

①承包人私自将合同的全部或部分权利转让给其他人，或私自将合同的全部或部分义务转移给其他人。

②承包人未经监理工程师批准，私自将已按合同约定进入施工场地的施工设备、临时设施或材料撤离施工场地。

③承包人使用了不合格材料或工程设备，工程质量达不到标准要求，又拒绝清除不合格工程。

④承包人未能按合同进度计划及时完成合同约定的工作，已造成或预期造成工期延误。

⑤承包人在保修期内，未能就缺陷清单的内容或保修项目进行修复，而又拒绝按监理工程师指示再进行修补。

⑥承包人无法继续履行或明确表示不履行或实质上已停止履行合同。

⑦承包人不按合同约定履行义务的其他情况。

(2)发包人违约

在履行合同过程中发生的下列情形属发包人违约：

①发包人未能按合同约定支付预付款或合同价款，或拖延、拒绝批准付款申请和支付凭证，导致付款延误的。

②由于发包人原因造成停工的。

③监理工程师无正当理由没有在约定期限内发出复工指示，导致承包人无法复工的。

④发包人无法继续履行或明确表示不履行或实质上已停止履行合同的。

⑤发包人不履行合同约定其他义务的。

2.5.3.3 违约处理方式

违约责任的承担方式有：

(1)继续履行

指当事人一方违约，另一方不愿意解除合同，而坚持要求违约方履行合同约定时，违约方应根据对方的要求，在自己能够履行的条件下，对合同未履行部分继续履行。

(2)采取补救措施

指违约方所采取的旨在消除违约后果的补救措施。这种责任形式主要发生在质量不符合约定的情况下。

(3)赔偿损失

违约方在履行义务或者采取补救措施后，对方还有其他损失的，应当赔偿损失。赔偿损失是违约方给对方造成损失时，依法或者根据合同约定赔偿对方所受损失的行为。损失赔偿额应相当于违约造成的损失。当违约相对方不采取措施致使损失扩大时不予赔偿。

(4)支付违约金

违约金是指当事人一方违反合同时应当向对方支付的一定数量的金钱或财物。合同当事人可以约定一方违约时应当根据违约情况向对方支付一定数额的违约金，也可以约定因违约产生的损失赔偿额的计算方法。

(5)执行定金罚则

定金是指合同当事人为了确保合同的履行，根据双方约定，由一方按合同标的额的一定比例预先给付对方的金钱或其他替代物。定金可以由当事人约定，但最高不得超过主合同标的额的20%。定金罚则是指给付定金的一方不履行约定的债务时，无权要求返还定金；收受定金的一方不履行约定的债务时，应当双倍返还定金。

2.5.4 合同争议

合同当事人在履行施工合同时发生争议，通常有和解、调解、仲裁和诉讼四种解决办法。

(1)和解

和解是指合同纠纷时，当事人在自愿友好的基础上相互沟通、相互谅解，从而解决纠纷的一种方法。合同发生争议时，当事人应首先考虑通过和解的方式解决。事实上，在合同履行过程中，绝大多数争议都可以通过和解的方式解决。和解的办法简便易行，迅速及时，能避免当事人经济损失扩大，不伤和气，有利于合作和继续履行合同。

(2)调解

调解是指当发生争议后，由第三者在查明事实、分清是非的基础上，采取说服动员的方法从中调和，使合同当事人双方相互谅解，得以解决争议的一种活动。

调解的主持人必须是合同当事人以外的第三者。调解的对象是经济争议或民事纠纷，不能是刑事案件。调解只能采取动员的办法，说服当事人平息争端，不能采取强制、欺骗、胁迫等手段。

(3)仲裁

仲裁是当事人双方在争议发生前或争议发生后达成协议，自愿将争议交给第三者做出裁决，并负有自动履行义务的一种解决争议的方式。这种争议解决方式必须是自愿的，因此必须有仲裁协议。在国内外商事交往中，仲裁已成为各国普遍公认的解决争议最有效的手段。仲裁的优越性主要体现在：当事人双方的自治意思得到充分体现；仲裁一般不公开；仲裁省时间。

（4）诉讼

诉讼是指合同当事人依法请求人民法院行使审判权，审理双方之间发生的合同争议，做出有国家强制保证实现其合法权益的审判，从而解决合同争议的活动。合同当事人如果未约定仲裁协议，则只能以诉讼作为解决争议的最终方式。

知识拓展

FIDIC 施工合同条件

FIDIC 是国际咨询工程师联合会（法文 Federation Internationale Des Inginieurs-Conseils）的缩写。FIDIC 创建于 1913 年，是国际工程咨询界最具权威的联合组织，中国工程咨询协会代表我国于 1996 年加入该组织。FIDIC 专业委员会编制了一系列规范性合同条件，国际金融组织及一些国家国际工程的贷款项目常常采用 FIDIC 合同条件。

FIDIC 土木工程施工合同条件第一版于 1957 年颁布。到 1987 年，颁布了 FIDIC 合同条件第四版。1999 年，为了适应国际工程承包模式的发展，FIDIC 又将这些合同条件作了重大修改，以新的第一版的形式颁布了如下合同条件文本：

（1）施工合同条件（Conditions Of Contract for Construction，简称“新红皮书”）。

（2）永久设备和设计—建造合同条件（Conditions Of Contract for Plant and Design-Build，简称“新黄皮书”）。

（3）EPC/交钥匙项目合同条件（Conditions Of Contract for EPC/Turnkey Projects，简称“银皮书”）。

（4）合同的简短格式（Short Form of Contract，简称“绿皮书”）。

其中，在国际工程承包中比较常用的是 FIDIC 施工合同条件，它主要适用于土木工程施工。FIDIC 合同条件由通用合同条件和专用合同条件两部分构成，且附有合同协议书、投标函和争端仲裁协议书。

FIDIC 通用条件是固定不变的，工程建设项目只要是属于房屋建筑或者工程的施工，如工民建工程、水电工程、路桥工程、港口工程等建设项目，都可适用。通用条件共分 20 个方面的问题：一般规定，业主，工程师，承包商，指定分包商，职员与劳工，工程设备、材料和工艺，开工、延误及暂停，竣工检验，业主的接收，缺陷责任，计量与估价，变更与调整，合同价格与支付，业主提出终止，承包商提出暂停与终止，风险与责任，保险，不可抗力，索赔、争端与仲裁。通用条件可以适用于所有土木工程，其条款非常具体而明确。

FIDIC 在编制合同条件时，考虑到工程的具体特点和所在地区的情况可能予以必要的变动而设置了 FIDIC 专用合同条件。通用条件与专用条件一起构成了决定一个具体工程项目各方的权利义务及对工程施工的具体要求的合同条件。

实践与能力训练

【实训 1】

鲁布格水电站招标与投标案例

1. 工程简介

鲁布格水电站位于云贵两省交界的红水河支流黄泥河上，电站装机容量 60 万千瓦，计划于 1989 年第一季度发电。

整个工程由三部分组成：

(1)第一部分为首部枢纽工程，包括 101 m 高的堆石坝，左右岸泄洪洞，左岸溢洪道、排砂洞及引水隧洞进水口。

(2)第二部分为引水系统工程，由电站进水口、引水隧洞、调压井、高压钢管四部分组成。引水隧洞总长 9.38 km，开挖直径 8.8 m；一座带有上室差动式调压井，调压井内径 13 m，井深 63 m；两条内径 4.6 m，倾角 48°，长 468 m 的压力钢管斜井及四条内径 362 m 的压力支管。

(3)第三部分为厂房枢纽，主副厂房设在地下，总长 125 m，宽 18 m，最大高度 39.4 m，安装 15 万千瓦的水轮发电机四台，总容量 60 万千瓦，年发电量 28.2 亿千瓦。

1984 年 4 月，水电部决定在鲁布格工程采用世界银行贷款，贷款总额 1.454 亿美元，其中引水系统土建工程为 3540 万美元。

2. 招标和评标

水电部委托中国技术进出口公司组织本工程面向国际进行竞争性招标。从 1982 年 7 月编制招标文件开始，至工程开标，历时 17 个月。

(1)招标前的准备工作。

(2)编制招标文件

从 1982 年 7 月至 10 月，根据鲁布格工程初步计划并参照国际施工水平，在“施工进度及计划”和工程概算的基础上编制出招标文件。该文件共三卷，第一卷主要包括招标条件、投标条件、合同格式与合同条款；第二卷为技术规范，主要包括一般要求及技术标准；第三卷为设计图纸，另有补充通知等。鲁布格引水系统工程的标底为 14958 万元。上述工作均由昆明水电勘测设计院和澳大利亚 SMEC 咨询组共同完成。水电部有关总局、水电总局等对招标文件与标底进行了审查。

(3)公开招标

首先在国内有影响的报纸上刊登招标广告，对有参加投标意向的承包商发投标邀请书，并发售资格预审须知。提交预审材料的共有 13 个国家的 23 个承包商。

1982 年 9 月至 1983 年 6 月进行资格预审。资格预审的主要内容是审查承包商的法人地位、财务状况、施工经验、施工方案及施工管理和质量控制方面的措施、人员资历、装备状况及商业信誉。经过评审，确定其中 20 家承包厂商具备投标资格，经与世界银行磋商后，通知各合格承包商，并告知他们在 6 月 15 日发售招标文件，每套人民币 1000 元。结果有 15 家中外承包厂商购买了招标文件。7 月中下旬，由云南省电力局咨询工程师组织了一次正式情况介绍会，并分三批到鲁布格工程工地考察。承包商在编标与考察工地的过程中，提出了不少问题，简单的均以口头形式做了答复，涉及对招标文件的解释以及对标书的修订，前后用三次书面补充通知发给所有购买标书并参加情况介绍和工地考察的承包商。这三次补充通知均作为招标文件的组成部分。本次招标规定在投标截止前28天之内不再发补充通知。

我国的三家公司分别与外商联合参加工程的投标。由于世界银行坚持中国公司不与外商联营不能投标，我国某一公司被迫退出投标。

(4)开标

1983年11月8日在中技公司当众开标。根据当日的官方汇率，将外币换算成人民币。

各家厂商标价按顺序排列如下：

A. 日本大成公司，标价8460万元；

B. 日本XX公司，标价8800万元；

C. 意大利XX联营公司，标价9280万元；

D. 中国XX，联邦德国XXX联营公司，标价12000万元；

E. 中国XX，挪威XXX联营公司，标价12120万元；

F. 南斯拉夫XX公司，标价17940万元；

G. 联邦德国XX公司，所投标书系技术转让，不符合投标文件要求，作为废标。

根据投标文件的规定，对和中国联营的厂商标价给予优惠，即对未享有国内优惠的厂商标价各增加7.5%，但仍未能改变原标序。

(5)评标和定标

评标分两个阶段进行。

第一阶段初评，于1983年11月20日至12月6日进行。对七家投标文件进行完善性审查，即审查法律手续是否齐全，各种保证书是否符合要求，对标价进行核实，以确认标价无误。同时对施工方法、进度安排、人员、施工设备、财务状况等进行综合对比。经全面审查比对，七家承包商都是资本雄厚、国际信誉好的企业，均可完成工程任务。

从标价看，A、B、C三家标价比较接近，而居第四位的D标价与前三名则相差2720至3540万元。显然，第四名及以后的四家厂商已不具备竞争能力。

第二阶段终评，于1984年1月至6月进行。终评的目标是从A、B、C三家厂商中确定一家中标。但由于这三家厂商实力相当，标价接近，所以终评工作较为复杂，难度较大。

为了进一步弄清三家厂商在各自投标文件中存在的问题，1983年12月12日和12月23日两次分别向三家厂商电传询问，1984年1月18日前，收到了各家的书面答复。1984年1月18日至1月26日，又分别与三家厂商举行了为时各三天的投标澄清会议。在澄清会谈期间，三家公司都认为自己有可能中标，因此竞争十分激烈。他们在工期不变、标价不变的前提下，都按照我方意愿，修改施工方案和施工布置。此外，还都主动提出不少优惠条件，以达到夺标的目的。

例如，在原标书上，A和B都在进水口附近布置了一条施工支洞，显然这种施工布置就引水系统而言是合理的，但会对首部枢纽工程产生干扰。经过在澄清会上说明，A同意放弃施工支洞。B也同意取消，但改用接近首部的1号支洞，到3月4日，B意识到这方面处于劣势时，又立即电传答复放弃使用1号支洞。从而改善了首部工程的施工条件，保证了整个工程的重点。

关于压力钢管外混凝土的输送方式，原标书上A和B公司分别采用溜槽和溜管，这对倾角 48°、高差达 308.8 m 的长斜井施工质量难以保证，也缺乏先例。澄清会谈之后，为了符合业主的意愿，于 3 月 8 日，A 电传表示改变原施工方法，用设有操作阀的混凝土泵代替，尽管由此增加了水泥用量，也不提高标价。B 也电传表示更改原施工方案，用混凝土运输车沿铁轨送混凝土，仍保证工期，不变标价。

再如，根据投标书，B 投入的施工力量最强，不仅开挖和混凝土施工设备数量多，而且全部是最新的，设备价值最高，达 2062 万元。为了吸引业主，在澄清会上，B 提出在完工后愿将全部施工设备无偿地赠送，并附送 84 万元备件。

C 为缩小和 A、B 在标价上的差距，在澄清会中提出了书面说明，若能中标，可向鲁布格工程提供 2500 万元的软贷款，年利息仅为 2.5%。同时，表示愿与中国的昆水公司实行标后联营，并愿同业主的下属公司联营共同开展海外合作。

日本大成公司(A)为了保住标价最低的优势，也提出以 41 台新设备替换原来标书中所列的旧施工设备，在完工之后也都赠与中国，还提出免费培训中国技术人员和转让一些新技术的建议。

水电部十四工程局在昆明附近早已建成了一座钢管厂，投标的厂商能否将高压钢管的制造与运输分包给该厂，这也是业主十分关心的问题。在原投标中 B 不分包，委托外国的分包商施工。大成公司也只是将部分项目包给十四局。经过澄清会谈，当他们了解到业主的意图后，立即转变态度，表示愿意将钢管的制作、运输甚至安装部分分包给十四局钢管厂，并且主动和十四局洽谈分包事宜。

大成公司听说业主认为他们在水工隧洞方面的施工经验不及 B，立即大量递交大成公司的工程履历，又单方面地做出了与 B 的施工经历对比表，以争取业主的信任。

由于三家实力雄厚的厂商之间激烈竞争，按业主的意图不断改进各自的不足，差距不断缩小，形势发展越来越对业主有利。

在这期间，业主对三家厂商标函进行了认真、全面的比较和分析。

①标价的比较分析，即总价、单价比较及计日工作单价的比较。从商家实际支出考虑，把标价中的工商税扣除作为分离依据，并考虑各家现金流不同及上涨率和利息等因素，比较后相差虽然微弱，但原标序仍未变。

②有关优惠条件的比较分析，即对赠施工设备、软贷款、钢管分包、技术协作和转让、标后联营等问题逐项作具体分析。对此既要考虑国家的实际利益，又要符合国际招标中的惯例和世界银行所规定的有关规则。经反复分析，以为 C 的标后贷款在评标中不予考虑。大成公司和 C 提出的与昆水公司标后联营也不予考虑。而对大成公司和 B 的设备赠与、技术协作和免费培训及钢管分包则应当在评标中作为考虑因素。

③有关财务实力的比较分析，即对三家公司的财务状况和财务指标及外币支付利息进行比较。其结果为三家厂商中大成公司资金最雄厚。但不论哪一家公司，都有足够资金承担本项工程。

④有关施工能力和经历的比较分析，三家厂商都是国际上较有信誉的大承包商，都有足够的能力、设备和经验来完成该工程。如从水工隧洞的施工经验来比较，20 世纪 60 年代以来，C 共完成内径 6 米以上的水工隧洞 34 条，全长 4 万余米；B 是 17 条，全长 1.8 万余米；大成公司为 6 条，全长 0.6 万余米。从投入本工程的施工设备来看，B 最强，在满足施工强度和应付意外情况的能力方面处于优势。

⑤有关施工进度和方法的比较分析，日本两家公司施工方法类似，对引水隧洞都采用全断面圆形开挖和全断面衬砌，而C的开挖按传统的方法分两阶段施工。引水隧洞平均每个工作面的开挖月进尺，大成公司为190 m，B为220 m，C为上部230 m，底部350 m。对于引水隧洞衬砌，日本两家公司都采用针梁式钢模新工艺，每月衬砌速度分别为160 m和180 m，C采用底拱拉模、边顶拱折叠式模板，边顶衬砌速度每月450 m，底拱每月730 m（综合效率280 m/月）。压力钢管斜井开挖方法，三家厂商均采用阿利克爬罐施工及导井，正向扩大的施工方法。

调压井的开挖施工，大成公司和C均采用爬罐，而B采用钻井法。调压井混凝土衬砌，三家都是采用滑模施工。

隧洞施工通风设施中，B在三家中最好，除设备总功率最大外，还沿隧洞轴线布置了5个直径为1.45 m的通风井。

在施工工期方面，三家均可按期完成工程项目。但B主要施工设备数量多，质量好，所以对工期的保证程度与应变能力最高。而C由于施工程序多，强度大，工期较为紧张，应变能力差，大成公司在施工工期方面居中。

通过有关问题的澄清和综合分析，认为C标价高，所提的附加优惠条件不符合招标条件，已失去竞争优势，所以首先予以淘汰。对日本两厂商，评审意见不一。经过有关方面反复研究讨论，为了尽快完成招标，以利于现场施工的正常进行，最后选定最低标价的日本大成公司为中标厂商。

以上评标工作，始终是有组织地进行。以经贸部与水电部组成协调小组为决策单位，下设水电总局为主的评价小组为具体工作机关，鲁布格工程管理局、昆明勘察设计院、水电总局有关处以及澳大利亚SMFC咨询组都参加了这次评标工作。

1984年4月13日评标结束，业主于4月17日正式通知世界银行。同时鲁布格工程管理局、第十四工程局分别与大成公司举行谈判，草签了设备赠与和技术合作的有关协议，以及劳务、当地材料、钢管分包、生活服务等有关备忘录。世界银行于6月9日回电表示对评标结果无异议。业主于1984年6月16日向日本大成公司发出中标通知书。至此评标工作结束。

1984年7月14日，业主和日本大成公司签订了鲁布格电站引水系统工程的承包合同。

1984年7月31日，由鲁布格工程管理局向日本大成公司正式发布了开工命令。

问题：

1. 请根据本单元知识总结本案例的招标和投标的程序。

2. 请根据本案例材料并收集相关材料分析和讨论大成公司投标的策略，并写成书面材料。

【实训2】 某办公楼的招标人于2000年10月11日向具备承担该项目能力的A、B、C、D、E五家承包商发出投标邀请书，其中说明，10月17日和18日9时到16时在该招标人总工程师室领取招标文件，11月8日14时为投标截止时间。该五家承包商均接受邀请，并按规定时间提交了投标文件。但承包商A在送出投标文件后发现报价估算有较严重的失误，遂赶在投标截止时间前10分钟递交了一份书面声明，撤回已提交的投标文件。

开标时，由招标人委托的市公证处人员检查投标文件的密封情况，确认无误后，由工作人员当众拆封。由于承包商A已撤回投标文件，故招标人宣布有B、C、D、E四家承包商投标，并宣读该四家承包商的投标价格、工期和其他主要内容。

评标委员会委员由招标人确定，共由7人组成，其中招标人代表2人，本系统技术专家2人、经济专家1人，外系统技术专家1人、经济专家1人。

在评标过程中，评标委员会要求B、D两投标人分别对施工方案作详细说明，并对若干技术要点和难点提出问题，要求其给出具体、可靠的实施措施。作为评标委员的招标人代表希望承包商B再适当考虑一下降低报价的可能性。

按照招标文件中确定的综合评标标准，四个投标人综合得分从高到低的顺序依次为B、D、C、E，故评标委员会确定承包商B为中标人。由于承包商B为外地企业，招标人于11月10日将中标通知书以挂号方式寄出，承包商B于11月14日收到中标通知书。

由于从报价情况来看，四个投标人的报价从低到高的顺序依次为D、C、B、E，因此，从11月16日至12月11日招标人又与承包商B就合同价格进行了多次谈判，结果承包商B将价格降到略低于承包商C的报价水平，最终双方于12月12日签订了书面合同。

问题：

1. 从招投标的性质分析本案中的要约邀请、要约和承诺的具体表现。

2. 在该项目的招投标程序中在哪些方面不符合《招标投标法》的有关规定？请逐一说明。

【实训3】 某项工程为钢筋混凝土结构，地下2层，地上18层，基础为整体底板，混凝土工程量为840m^3，整体底板的底标高为-6m，钢门窗框、木门，采用集中空调设备。施工组织设计确定，土方采用大开挖放坡施工方案，开挖土方工期20天，浇筑底板混凝土24小时连续施工，需4天。施工过程中发生如下事件：

事件1：施工单位在合同协议条款约定的开工日期前7天提交了一份请求报告，报告请求延期10天开工，其理由是：

(1)电力部门通知，施工用电变压器在开工4天后才能安装完毕。

(2)由铁路部门运输的5台属于施工单位自有的施工主要机械在开工后8天才能运到施工现场。

(3)为工程开工所必需的辅助施工设施在开工后10天才能投入使用。

事件2：基坑开挖进行18天时，发现-6m深地基仍为软土地基，与地质报告不符。监理工程师及时进行了以下工作：

(1)通知施工单位配合勘察单位利用2天时间查明地基情况。

(2)通知业主与设计单位洽商修改基础设计，设计时间为5天交图。确定局部基础深度加深到-7.5m，混凝土工程量增加70m^3。

(3)通知施工单位修改土方施工方案，加深开挖，增大放坡，开挖土方需要4天。

事件3：工程所需的200个钢门窗是由业主负责供货，钢门框运到施工单位工地仓库，并经入库验收。施工过程中进行质量检验时，发现有10个钢门框有较大变形，甲方代表即下令施工单位拆除，检查验收原因属于钢门框使用材料不符合要求。

事件4：由施工单位供货并选择的分包商将集中空调安装完毕，进行联动无负荷试车时需电力部门和施工单位及有关外部单位进行某些配合工作。试车检验结果表明，该集中空调设备的某些主要部件存在严重质量问题，需要更换，分包方增加工作量和费用。

事件5：在基础回填过程中，总包单位已按规定取土样，试验合格。监理工程师对填土质量表示异议，责成总包单位再次取样复验，结果合格。

事件6：结构施工期间，总包单位经总监理工程师同意更换了原项目经理，组织管理一度失调，导致时间延误8天。总包单位以总监理工程师同意为由，要求给予适当工期补偿。

事件7：在基础开挖中遇有地下文物，乙方采取了必要的保护措施。为此，向业主要求索赔。

事件8：由于台风原因施工现场建筑材料损失价值20万元，施工机械10万元。甲方伤1人，乙方伤3人，救治费用6万元。

在施工过程中，发生如下几项事件：

(1)1999年4月，在基础开挖过程中，个别部位实际土质与给定地质资料不符造成施工费用增加2.5万元，相应工序持续时间增加了4天；($TF=5$)

(2)1999年5月，施工单位为了保证施工质量，扩大基础底面，开挖量增加导致费用增加3.0万元，相应工序持续时间增加了3天；($TF=4$)

(3)1999年7月，在主体工程中，因施工图设计有误，实际工程量增加导致费用增加3.8万元，相应工序持续时间增加了2天；($TF=3$)

(4)1999年8月，进入雨季施工，恰逢20年一遇的暴雨，造成施工直接费用损失2.5万元，工期增加了4天。

以上事件中，除第4项外，其余工序均未发生在关键线路上，并对总工期无影响。针对上述事件，施工单位提出索赔增加合同工期13天、增加费用11.8万元的要求。

问题：

1. 施工单位索赔要求成立的条件有哪些？
2. 根据索赔的目的不同，索赔可以分为哪些类别？
3. 简述索赔的程序。
4. 说明事件1至事件8中事件责任方及处理方法。
5. 1999年4月至8月发生的索赔事件如何处理？

【实训4】　某施工单位与建设单位按《建设工程施工合同(示范文本)》签订了固定总价施工承包合同，合同工期390天，合同总价5000万元，企业管理费费率为15%。

施工前施工单位向工程师提交了施工组织设计和施工进度计划(见图2.5)。

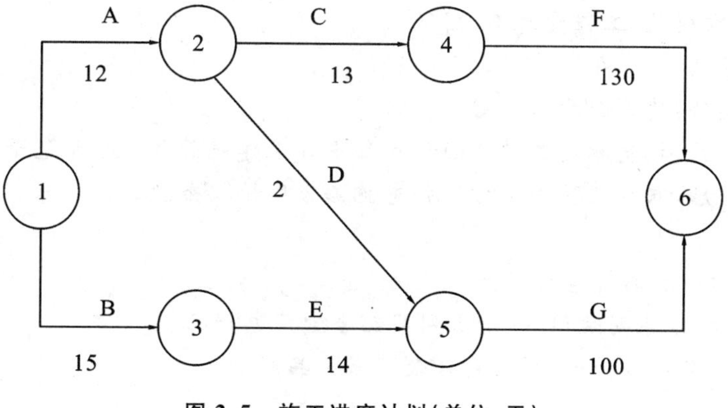

图2.5　施工进度计划(单位：天)

该工程在施工过程中出现了如下事件：

(1)因地质勘探报告不详，出现图纸中未标明的地下障碍物，处理该障碍物导致工作A持续时间延长10天，增加人工费2万元、材料费4万元、机械费3万元。

(2)基坑开挖时因边坡支撑失稳坍塌，造成工作B持续时间延长15天，增加人工费1万元、材料费1万元、机械费2万元。

(3)因不可抗力而引起施工单位的供电设施发生火灾,使工作C持续时间延长10天,增加人工费1.5万元、其他损失费用5万元。

(4)结构施工阶段因建设单位提出工程变更,导致施工单位增加人工费4万元、材料费6万元、机械费5万元,工作E持续时间延长30天。

(5)因施工期间钢材涨价而增加材料费7万元。

针对上述事件,施工单位按程序提出了工期索赔和费用索赔。

问题:

1. 按照图2.5的施工进度计划,确定该工程的关键线路和计算工期,并说明按此计划该工程是否能按合同工期要求完工。

2. 对于施工过程中发生的事件,施工单位是否可以获得工期和费用补偿?分别说明理由。

3. 施工单位可以获得的工期补偿是多少天?说明理由。

4. 施工单位租赁土方施工机械用于工作A、B,租金为1500元/天,则施工单位可以得到的土方租赁机械的租金补偿费用是多少?为什么?

5. 施工单位可得到的企业管理费是多少?

【实训5】 某高校拟建造一栋职工住宅楼,采用招投标方式选中德明建筑公司为施工单位。双方签订的施工合同协议条款摘要如下:

1　工程概况

1.1　工程名称:某高校职工住宅楼

工程内容:砖混结构住宅楼,建筑面积4570m²。

工程范围:某建筑设计院设计的施工图纸所包括的土建、装饰、水电工程。

1.4　合同价款:合同总价为365.5万元,按每平方米建筑面积800元包干。

1.5　合同价款风险范围:当工程变更、材料价格涨落等因素造成工程造价增减幅度不超过合同总价的15%时,合同总价不予调整。

15　施工合同的解释顺序为:合同协议书、投标书及其附件、中标通知书、合同通用条款、合同专用条款、标准规范、工程量清单、图纸。

19　工程价款调整

19.1　调整条件:建筑面积增减变化。

19.2　调整方式:按实际竣工建筑面积和每平方米建筑面积800元包干调整,在上述施工合同协议条款签订后,双方又接着签订了补充施工合同协议条款。

摘要如下:

补1:木门窗均用水曲柳包门窗套。

补2:铝合窗90型系列改用60型系列某铝合金厂家产品。

补3:挑阳台均采用60型系列某铝合金厂家产品封闭。

问题:

1. 施工合同按计价方式不同分为哪些类别?上述合同属于哪种计价方式合同类型?

2. 该合同签订的条款是否妥当?

3. 施工合同纠纷处理的方式有哪些?如果执行上述合同会发生哪些合同纠纷?应该如何处理?

思考题

1. 什么是施工项目的招标与投标？施工项目招标与投标的法律性质是什么？
2. 施工项目招标的方式有哪些？
3. 简述施工项目招标与投标实施的程序。
4. 什么是建设工程施工合同？
5. 什么是施工项目合同管理？其特点有哪些？
6. 施工项目合同管理的任务是什么？
7. 订立施工合同的条件有哪些？
8. 根据计价方式的不同，施工合同有哪些类型？它们各有哪些特点？各自的适用范围是什么？
9. 施工合同的主要内容有哪些？
10. 施工合同双方的义务有哪些？
11. 施工交底的内容有哪些？
12. 施工合同偏差处理的措施有哪些？
13. 什么是施工合同的变更？施工合同变更的原因有哪些？其程序是什么？
14. 什么是施工合同索赔？造成施工索赔的一般原因有哪些？
15. 什么是施工合同违约？施工合同违约的情形有哪些？违约处理的方式有哪些？
16. 解决合同争议的方式有哪些？

单元3 施工项目管理组织

教学目标

1. 了解组织的含义和组织活动的基本原理，熟悉组织职能和组织工具。

2. 了解施工项目管理组织机构的概念及作用，掌握施工项目管理组织机构设置的程序、原则和组织机构的形式。

3. 掌握施工项目管理目标控制的原理、目标、措施和方法。

4. 了解建造师资格及其定位和职责。

3.1 组织概述

为了有效地开展施工项目管理工作，控制工程项目总目标的实现，建立精干、高效的施工项目组织，掌握组织理论的基础知识是非常重要的前提条件。

3.1.1 组织的含义

组织是为了使系统达到特定的目标，使全体参加者经分工与协作以及设置不同层次的权力和责任制度而构成的一种人的组合体。

组织包括以下含义：

(1)目标是组织存在的前提；

(2)没有分工与协作就不是组织，没有不同层次的权力和责任制度就不能实现组织活动和组织目标；

(3)组织的功能在于有计划地组织、指挥、调节和控制各种活动，实现组织目标；

(4)组织生存的最基本条件是必须具备一定的物质和技术基础，并不断地进行变换，使自己适应环境的要求。

3.1.2 组织的职能

组织职能是项目管理的基本职能之一，其目的是通过合理设计职权关系结构来使各方面工作协调一致。项目管理的组织职能包括组织设计、组织联系、组织运行、组织行为与组织调整五个方面。

(1)组织设计

组织设计就是对组织结构和组织活动的设计过程。组织设计是为实现组织目标所设计出的组织结构，是为了实现预期目标而用来联结组织中的技术、任务和人员的分工和协作的手段。组织设计是一个通过把任务、权力和工作流程组合成结构以实现协调的过程。如图3.1所示。

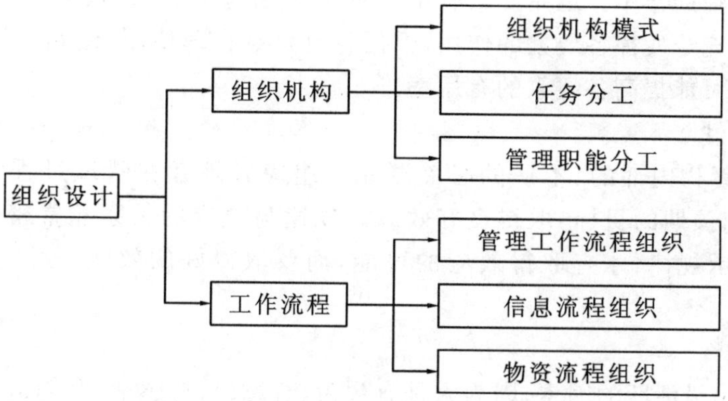

图 3.1　组织设计的基本内容

(2)组织联系

组织联系是规定组织机构中各部门的相互关系，明确信息流通和信息反馈的渠道及它们之间的协调原则和方法。组织联系还包括项目组织与项目相关者组织之间的沟通与协调。

(3)组织运行

组织运行是项目组织的各组成部分按组织设计的组织活动和分摊的责任完成各自的工作，并规定各组织体间的工作顺序和业务管理活动的运行过程。组织运行要抓好三个关键性问题，一是人员配备，二是业务交叉，三是信息反馈。

(4)组织行为

组织行为是指应用组织行为学、行为科学、社会学及社会心理学等科学原理来研究、理解和影响组织中成员的行为、言语、组织过程、管理风格及组织变更等的过程，即通过改善项目组织中人的心理与行为规律，以利于项目目标的实现。

(5)组织调整

组织调整是指根据工作的需要和环境的变化，分析原项目组织系统存在的缺陷、不适应性和低效率性，进而对原组织系统进行调整和重新组合，包括组织结构的变化、组织人员的变动、规章制度的修订或废止、责任分配系统的调整及信息流通系统的调整等。

3.1.3　组织活动基本原理

(1)动态相关性

动态相关性是指组织机构内部各要素之间相互联系、相互制约、相互依存、相互排斥的关系，这种相互作用推动组织活动的进行与发展。这种相互作用的因子，叫做相关因子。充分发挥相关因子的作用是提高组织管理效应的有效途径。事物在组合过程中，由于相关因子的作用，可以发生质变，“三个臭皮匠，顶个诸葛亮”就是相关因子起了积极作用；“一个和尚挑水吃，两个和尚抬水吃，三个和尚没水吃”就是相关因子起了内耗作用。认识要素的动态相关性同时要求认识到组织的作用不是要素之间简单的作用之和。组织在不同的组合方式和运作机制下会产生不同的结果。

(2)要素有用性

任何一个组织机构都由人力、物力、财力、信息、时间等资源构成基本要素，这些要素在不同时间和不同情况下发挥的作用也不同。有的要素作用大，有的要素作用小；有的要素起核心作用，有的要素起辅助作用。运用要素有用性原理，首先应看到人力、物力、财力等因素在组织活动中的有用性，充分发挥各要素的作用，根据各自特点合理使用，做到人尽其才、财尽其利、物尽其用，尽最大可能提高各要素的有用率。

(3)规律效应性

规律是客观事物内部的、本质的必然联系。组织管理者在管理过程中要掌握规律，按规律办事，以达到预期的目标，取得良好效应。规律与效应的关系非常密切，一个成功的管理者只有努力揭示规律，才有取得效应的可能，而要取得好的效应，就要主动研究规律，按规律办事。

(4)主观能动性

人是生产力中最活跃的因素，因为人是有生命、有思想、有感情、有创造力的。人会制造工具，并使用工具进行劳动；在劳动中改造世界，同时也改造自己；能继承和发展前人的知识，使人的能动性得到最大发挥。组织管理中最重要的因素是人，处理好人的因素、充分发挥人的主观能动性具有极其重要的现实意义。

3.1.4 组织工具

组织工具是组织论的应用手段，是用图或表等形式表示各种组织关系，包括项目结构图、组织结构图(管理组织结构图)、工作任务分工表、管理职能分工表、工作流程图。

(1)项目结构图

项目结构图是一种层次化的树状结构，它通过树状图的方式将一个项目的结构逐层分解为可以管理的项目单元，以反映组成该项目的所有工作任务。通过控制这些单元的费用、进度和质量目标，使它们之间的关系协调一致，从而控制整个项目目标。

工作分解结构可以满足各级别的项目参与者的需要。工作分解结构可与项目组织结构有机地结合在一起，有助于项目经理根据各个项目单元的技术要求，赋予项目各部门和各职员相应的职责。这样在项目组织和项目工作之间建立了一种明确的目标责任关系，形成一种职能责任矩阵，如图3.2所示。

(2)组织结构图

具体内容参见第3.2节。

(3)工作任务分工表

每一个建设项目都应编制管理任务分工表，这是项目组织设计文件的一部分。在编制项目管理任务分工表前，应结合项目的特点，对项目实施各阶段的成本费用控制、进度控制、质量控制、合同管理、信息管理和组织与协调等管理任务进行详细分解。如表3.1所示。

表3.1 工作任务分工表

部门 / 工作任务	项目经理部	成本控制部	质量控制部	进度控制部	合同管理部	信息管理部	安全管理部	

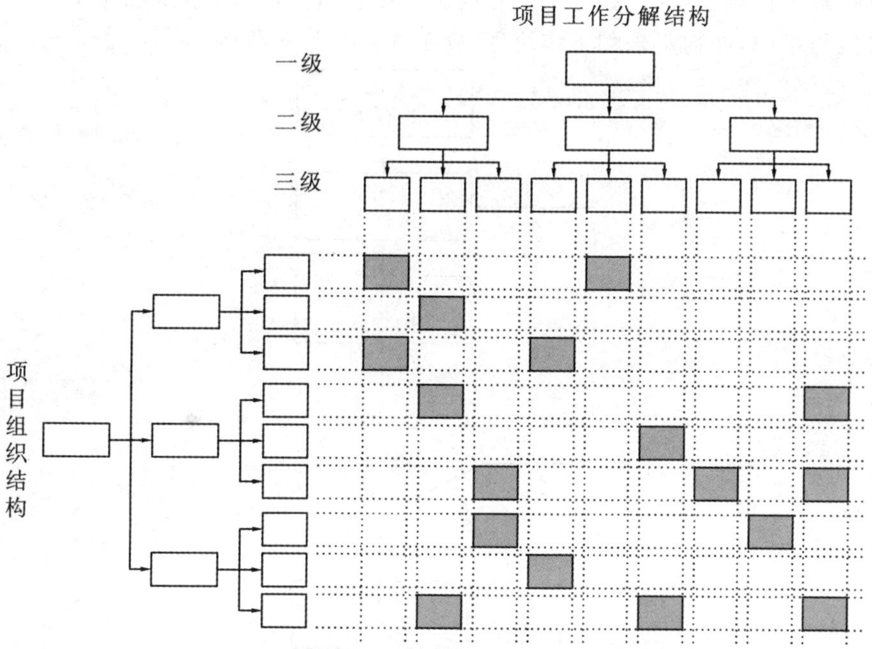

图 3.2　项目结构和项目组织结构职能责任矩阵示意图

在工作任务分工表中应明确各项工作任务由哪个工作部门(或个人)负责(主办),由哪些工作部门(或个人)配合或参与(协办)。在项目实施过程中,还应根据实施的状况对工作任务分工表进行适当的调整。

(4)管理职能分工表

管理的职能有计划、决策、执行、检查等。项目各参与方,如设计单位、施工单位、供货单位和工程管理咨询单位等都有各自的项目管理的任务和管理职能分工,上述各方都应该编制各自的项目管理职能分工表。

管理职能分工表(见表 3.2)是用表格的形式反映项目管理班子内部项目经理、各工作部门和各工作岗位对各项工作任务的职能分工,表中可用拉丁字母表示管理职能。

表 3.2　管理职能分工表

部门 / 工作任务	项目经理部	成本控制部	质量控制部	进度控制部	合同管理部	信息管理部	安全管理部	

表中可填入符号:P——筹划;D ——决策;E——执行;C——检查。

(5)工作流程图

工作流程图是用图的形式反映一个组织系统中各项工作之间的逻辑关系,如图 3.3 所示。

工作流程组织包括:

①各项管理工作流程组织,如投资控制、进度控制、合同管理、付款和工程变更等流程;

②信息处理工作流程组织，如与生成月度进度报告有关的数据处理流程；

③物质流程组织，如物资采购工作流程、施工作业工作流程等。

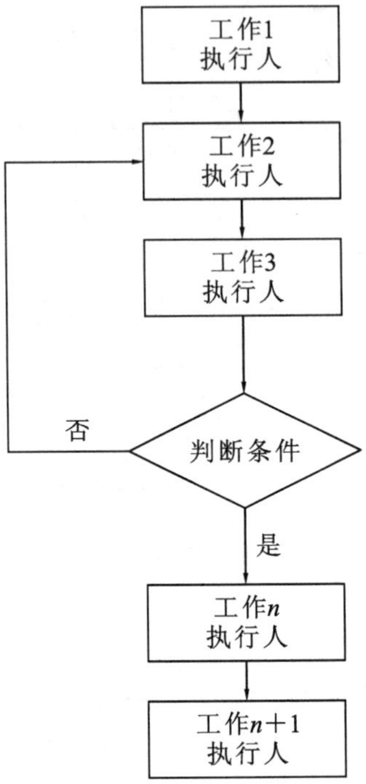

图 3.3　工作流程图例

3.2　施工项目管理组织机构

3.2.1　施工项目管理组织机构的概念

施工项目管理组织机构泛指参与工程项目建设各方的项目管理组织机构，包括建设单位、设计单位、施工单位的项目管理组织机构，也包括工程总承包单位、代建单位、项目管理单位等参建方的项目管理组织机构。

施工项目管理组织机构同参与项目建设的各方的企业管理组织机构是局部与整体的关系。施工项目管理组织机构设置的目的是为了进一步充分发挥施工项目管理功能，提高施工项目整体管理效率，以达到施工项目管理的最终目标。

3.2.2　施工项目管理组织机构的作用

(1)组织机构是施工项目管理的组织保证。项目经理在启动项目管理之前，首先要做好组织准备，建立一个能完成管理任务，使项目经理指挥灵活、运转自如、效率高的项目组织机构——项目经理部，其目的就是为了提供施工项目管理的组织保证。一个好的组织机构可以有效地完成施工项目管理目标，应付环境的变化，满足组织成员的生理、心理和社会需要，使组织系统正常运转，培养集体思想和集体意识，完成项目管理任务。

(2)形成一定的权力系统，以便进行统一指挥。组织机构的建立首先是以法定的形式产生权力。权力是工作的需要，是管理地位形成的前提，是组织活动的反映。没有组织机构，便没有权力，也没有权力的运用。施工项目机构的建立伴随着授权，以便使用权力实现施工项目管理目标。

(3)形成责任制和信息沟通体系

责任制是施工项目组织中的核心问题，没有责任也就不成其为项目管理机构，也就不存在项目管理。一个项目组织能否有效地运转，取决于是否有健全的岗位责任制。施工项目组织的每个成员都应肩负一定的责任，责任是项目组织对每个成员规定的一部分管理活动和生产活动的具体内容。

信息沟通是组织力形成的重要因素。信息产生的根源在组织活动之中，下级(下层)以报告或其他形式向上级(上层)传递信息；同级不同部门之间为了相互协作而横向传递信息。越是高层领导，越需要信息，越要深入下层获得信息。

由此可以看出，组织机构是项目管理的核心。一个项目经理建立了有效的组织系统，他的项目管理就成功了一半。

3.2.3　施工项目管理组织机构设置的程序

施工项目管理组织机构设置的程序如图3.4所示。

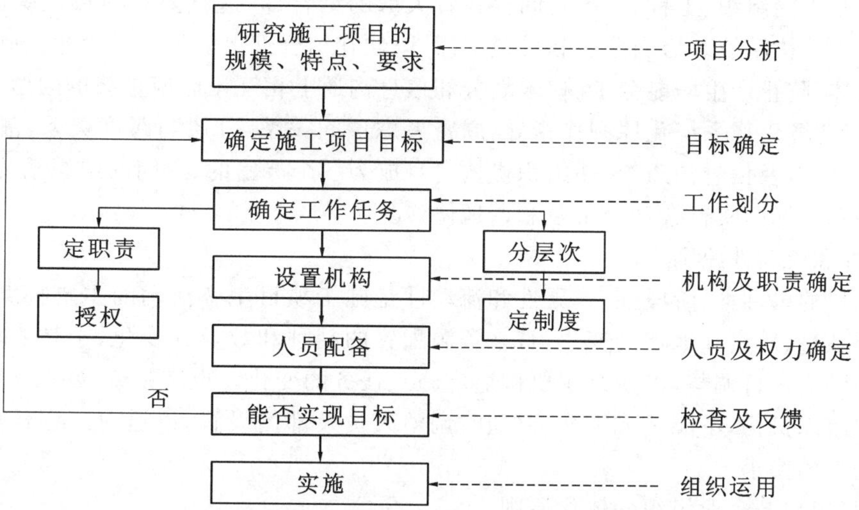

图3.4　施工项目管理组织机构设置程序示意图

3.2.4　施工项目管理组织机构设置的原则

施工项目管理组织机构的设置应遵循以下原则：

(1)目的性原则

施工项目管理组织机构设置的根本目的是为了产生组织功能，实现施工项目管理的总目标。从这一根本目的出发，就会因目标设事，因事设机构、定编制，按编制设岗位、定人员，以职责定制度、授权力。

(2)精干高效原则

施工项目管理组织机构的人员配备，以能实现施工项目所要求的工作任务为原则，尽量简化机构，做到精干高效。人员配备从严控制二线、三线人员，力求一专多能，一人多职。同时还要增加项目管理班子人员的知识含量，着眼于使用和学习锻炼相结合，以提高人员素质。

(3)管理跨度和管理层次相统一的原则

管理跨度是指管理人员直接有效管理下属人员的数量。它是施工项目管理组织机构的横向要素。管理跨度越大，管理人员接触的关系越多，处理人与人之间关系的数量也随之增大。故跨度太大时，领导者及下属常会出现应接不暇之烦。

管理层次是指一个组织系统中从最高领导层到最基层所划分的层数，也称为行政等级。它是施工项目管理组织机构的纵向要素。管理层次体现机构管理信息上下传递的距离和机构的复杂程度。

管理跨度大小与管理层次的多少有直接关系。一般情况下，管理层次多，跨度减小；管理层次少，跨度会加大。管理跨度和层次要根据领导者的能力和施工项目的大小进行权衡，并使两者统一。对施工项目管理层来说，管理跨度应尽量小些，以集中精力于施工管理。项目经理在组建组织机构时，必须认真设计切实可行的跨度和层次，绘出机构系统图，以便讨论、修正，按设计组建。

(4)业务系统化管理原则

由于施工项目是一个开放的系统，由众多子系统组成，各子系统之间、子系统内部各单位工程之间以及不同组织、工种、工序之间存在着大量的结合部，这就要求项目组织也必须是一个完整的组织结构系统。恰当分层和设置部门，以便在结合部上能形成一个相互制约、相互联系的有机整体，防止产生职能分工、权限划分和信息沟通上相互矛盾或重叠的问题。在设计组织机构时，以业务工作系统化原则作指导，周密考虑层间关系，分层与跨度关系，部门划分、授权范围、人员配备及信息沟通等，使组织机构自身成为一个严密的、封闭的组织系统，能够为实现项目管理总目标而实行合理分工及和谐地协作。

(5)弹性和流动性原则

工程项目的单件性、阶段性、露天性和流动性是施工项目生产活动的主要特点，它必然带来生产对象数量、质量和地点的变化，带来资源配置的品种和数量的变化，于是要求管理工作和组织机构随之进行调整，以便组织机构适应施工任务的变化。也就是说，要按照弹性和流动性原则建立组织机构，不能一成不变，要随时调整人员及部门设置，以适应工程任务变动对管理机构流动性的要求。

(6)项目组织与企业组织一体化原则

项目组织是企业组织的有机组成部分，企业是它的母体，归根结底，项目组织是由企业组建的。从管理方面来看，企业是项目管理的外部环境，项目管理的人员全部来自企业，项目管理组织解体后，其人员仍回企业。即使进行组织机构调整，人员也是进出于企业人才市场的，施工项目的组织形式与企业的组织形式有关，不能离开企业的组织形式去谈项目的组织形式。

3.2.5 施工项目管理组织机构的形式

3.2.5.1 常见的施工项目组织形式

施工项目组织形式有多种，主要有直线制式、工作队式、部门控制式、矩阵式和事业部式。

(1)直线制式

这种形式的机构中各职位都按直线排列,项目经理直接进行单线垂直领导。它适用于中小型项目。其优点是人员相对稳定,信息传递迅捷,接受任务快,人事关系容易协调;缺点是专业分工差,横向联系困难。如图 3.5 所示。

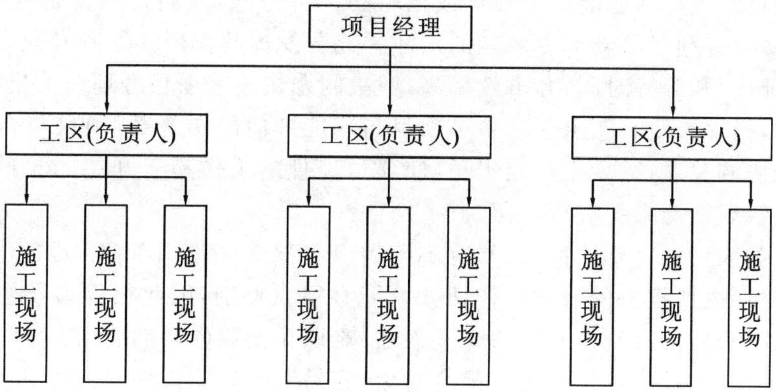

图 3.5　直线制式组织机构示意图

(2)工作队式

工作队式组织机构(图 3.6)是完全按照对象原则组建项目管理机构,可独立地完成任务,相当于一个"实体"。企业职能部门处于服务地位。

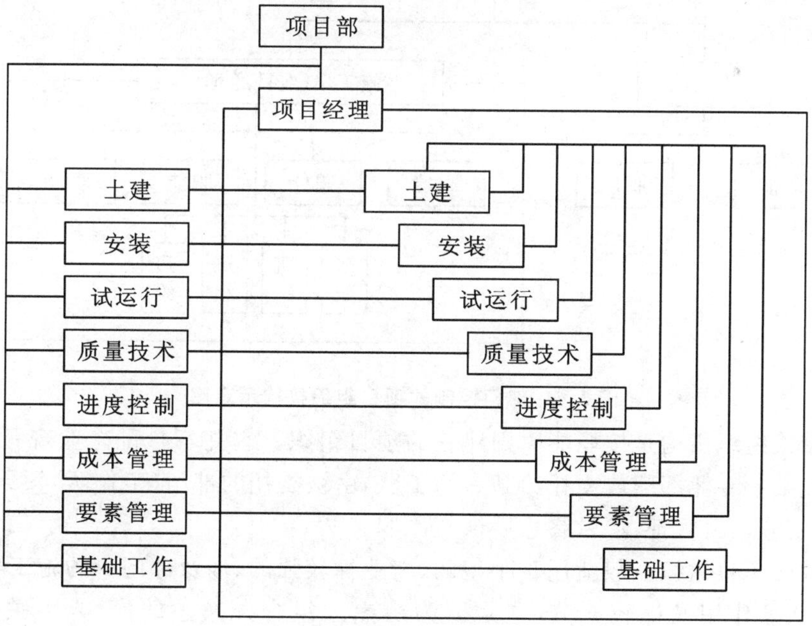

图 3.6　工作队式组织机构示意图

其特征是:

①项目经理在企业内招聘,抽调职能人员组成管理机构(工作队),由项目经理指挥,独立性大。

②项目管理班子成员在工程建设期间与原所在部门停止领导与被领导的关系，原单位负责对其人员进行业务指导及考察，但不能随意干预其工作或调回人员。

③项目管理组织与项目同寿命，项目结束后机构撤销，所有人员仍回原所在部门和岗位。

它适用于大型项目、工期紧迫的项目以及要求多工种多部门密切配合的项目。

优点：①项目经理是从职能部门抽调或招聘的一批专家，他们在项目管理中配合、协同工作，可以取长补短，有利于培养一专多能的人才并充分发挥其作用。②各专业人才集中在现场办公，减少了"扯皮"和等待时间，办事效率高，解决问题快。③项目经理权力集中，受到的干扰少，故决策及时，指挥灵便。④由于减少了项目与职能部门的结合部，项目与企业的结合部关系弱化，故易于协调关系，减少了行政干预，使项目经理的工作易于开展。⑤不打乱企业的原建制，传统的直线职能制组织仍可保留。

缺点：①各类人员来自不同部门，具有不同的专业背景，相互不熟悉，难免配合不好。②各类人员在同一时期内所担负的管理工作任务可能有很大差别，因此很容易产生忙闲不均的现象，可能导致人员浪费。特别是对稀缺专业人才，难以在企业内调剂使用。③职工长期离开原单位，即离开了自己熟悉的环境和工作配合对象，容易影响其积极性的发挥。④职能部门的优势无法发挥。由于同一部门人员分散，交流困难，也难以进行有效的培养、指导，削弱了职能部门的作用。

(3)部门控制式(图 3.7)

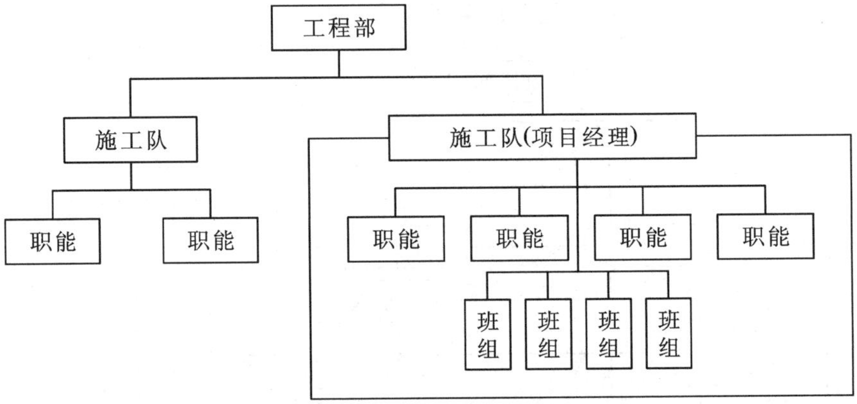

图 3.7 部门控制式项目组织机构示意图

部门控制式组织机构是按职能原则建立的项目组织。它并不打乱企业现行的建制，把项目委托给企业某一专业部门或委托给某一施工队，由被委托的部门(工作队)领导，在本单位选人组合，负责实施项目管理，项目终止后恢复原职。

这种形式的项目组织一般适用于小型的、专业性较强的、涉及部门少的施工项目。

优点：①人才作用发挥较充分，这是因为由熟人组合办熟悉的事，人事关系容易协调。②从接受任务到组织运转启动时间短。③职责明确，职能专一，关系简单。④项目经理无需专门训练便容易进入状态。

缺点：①不能适应大型工程项目管理需要。②不利于对计划体系下的组织体制(固定建制)进行调整。③不利于精简机构。

(4)矩阵式(图 3.8)

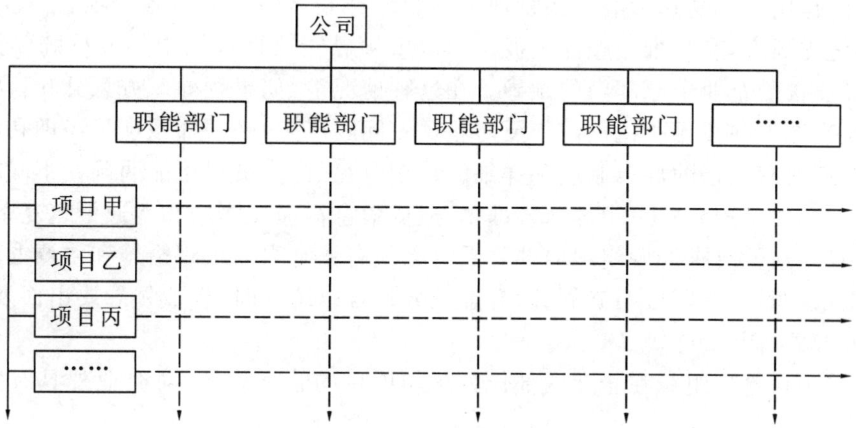

图 3.8　矩阵式项目组织机构示意图

其特征是：

①项目组织机构与职能部门的结合部同公司职能部门数相同，多个项目与职能部门的结合都呈矩阵状。

②把职能原则和对象原则结合起来，既发挥职能部门的纵向优势，又发挥项目组织的横向优势。

③专业职能部门是永久性的，项目组织是临时性的。职能部门负责人对参与项目组织的人员有组织调配、业务指导和管理考察的责任。项目经理把参与项目组织的职能人员在横向上有效地组织在一起，为实现项目目标协同工作。

④矩阵中的每个成员或部门接受原部门负责人和项目经理的双重领导，但部门的控制力大于项目的控制力。部门负责人有权根据不同项目的需要和忙闲程度，在项目之间调配本部门人员。一个专业人员可能同时为几个项目服务，特殊人才可充分发挥作用，免得人才在一个项目中闲置又在另一个项目中短缺，大大提高人才利用率。

⑤项目经理对“借”到本项目经理部来的人员有权控制和使用。当感到人力不足或某些成员不得力时，可以向职能部门求援或要求调换人员。

⑥项目经理部的工作有多个职能部门支持，项目经理没有包袱。但要求在水平方向和垂直方向有良好的信息沟通及良好的协调配合，对整个企业组织和项目组织的管理水平和组织渠道畅通提出了较高的要求。

矩阵式项目组织机构适用于同时承担多个需要进行工程项目管理的企业和大型、复杂的施工项目。

优点：①它兼有部门控制式和工作队式两种组织的优点，解决了传统模式中企业组织和项目组织相互矛盾的状况，把职能原则与对象原则融为一体，求得了企业长期例行性管理和项目一次性管理的一致性。②能以尽可能少的人力，实现多个项目管理的高效率。通过职能部门的协调，一些项目上的闲置人才可以及时转移到需要这些人才的项目上去，防止人才短缺，项目组织因此具有弹性和应变力。③有利于人才的全面培养。可以使不同知识背景的人在合作中相互取长补短，在实践中拓宽知识面，发挥了纵向专业优势，可以使人才成长有深厚的专业训练基础。

缺点：①由于人员来自职能部门，且仍受职能部门控制，故凝聚在项目上的力量减弱，往往使项目组织的作用发挥受到影响。②管理人员如果身兼多职地管理各个项目，往往难以确定管理项目的优先顺序，有时难免顾此失彼。③双重领导。项目组织中的成员既要接受项目经理的领导，又要接受企业中原部门的领导。在这种情况下，如果领导双方意见和目标不一致甚至有矛盾时，当事人往往无所适从。如要防止这一问题产生，必须加强项目经理和部门负责人之间的沟通，还要有严格的规章制度和详细的计划，使工作人员尽可能明确在不同时间内应当干什么工作。④由于矩阵式组织的结合部多，造成信息沟通量膨胀和沟通渠道复杂化，致使信息梗阻和失真。这就要求协调组织内部关系时必须有强有力的组织措施和协调办法去排除难题。为此，层次、职责、权限要明确划分，有意见分歧难以统一时，企业领导要出面及时协调。

(5)事业部式(图 3.9)

事业部式项目管理组织在企业内部作为派往项目的管理班子，对企业外具有独立的法人资格。

①特征

事业部对企业来说是职能部门，对企业外来说享有相对独立的经营权，可以是一个独立单位。事业部可以按地区设置，也以按工程类型或经营内容设置。图 3.9 所示工程部下的工程处可以按事业部对待。事业部能较迅速地适应环境变化，提高企业的应变能力，调动部门积极性。当企业向大型化、智能化发展并实行作业层和经营管理层分离时，事业部式是一种很好的选择，既可以加强经营战略管理，又可以加强项目管理。

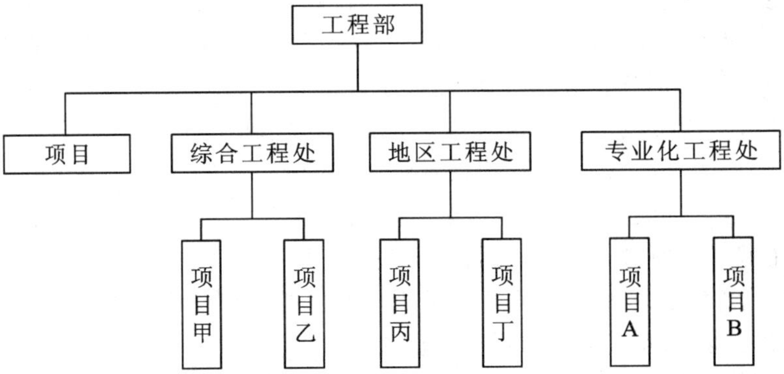

图 3.9　事业部式项目组织机构示意图

在事业部(一般为其中的工程部或开发部，对外工程公司是海外部)下边可设置项目经理部。项目经理由事业部选派，一般对事业部负责，有的可以直接对业主负责，这是由其授权程度决定的。

②适用范围

事业部式项目组织适用于大型经营性企业的工程承包，特别适用于远离公司本部的工程承包。需要注意的是，如果一个地区只有一个项目，没有后续工程时，不宜设立地区事业部，即它适宜于在一个地区内有长期市场或一个企业有多种专业化施工力量时采用，在此情况下，事业部与地区市场同寿命。地区没有项目时，该事业部应予撤销。

③优点

事业部式项目组织有利于延伸企业的经营职能，扩大企业的经营业务，便于开拓企业的业务领域，还有利于迅速适应环境变化以加强项目管理。

④缺点

按事业部式建立项目组织，企业对项目经理部的约束力将减弱，协调指导的机会将减少，故有时会造成企业结构松散，所以必须加强制度约束，加大企业的综合协调能力。

3.2.5.2　施工项目部组织形式的设置

选择什么样的项目组织形式，应由企业作出决策。要将企业的素质、任务、条件、基础与施工项目的规模、性质、内容、要求的管理方式结合起来分析，选择最适宜的项目组织形式，不能生搬硬套某一种形式，更不能不加分析地盲目作出决策。

一般说来，可按下列思路设置项目组织：

(1)大型综合企业人员素质高、管理基础好、业务综合性强，可以承担大型任务，宜采用工作队式、矩阵式、事业部式的项目组织形式。

(2)简单项目、小型项目、承包内容专一的项目，应采用部门控制式项目组织。

(3)在同一企业内可以根据项目情况采用几种组织形式，如将事业部式与矩阵式项目组织结合使用，工作队式与事业部式项目组织结合使用等。但不能同时采用矩阵式及混合工作队式，以免造成管理渠道和管理秩序的混乱。选择项目组织形式时的参考因素见表3.3。

表3.3　选择项目组织形式的参考因素

项目组织形式	项目性质	施工企业类型	企业人员素质	企业管理水平
直线制式	中、小型项目，简单项目	小型建筑企业，任务单一的企业	素质一般、专业分工差	管理水平尚可，管理人员稳定
工作队式	大型项目，复杂项目，工期紧的项目	大型综合建筑企业，有得力项目经理的企业	人员素质较强，专业人才多，职工和技术素质较高	管理水平较高，基础工作较强，管理经验丰富
部门控制式	小型项目，简单项目，只涉及个别少数部门的项目	小型建筑企业，事务单一的企业，大中型基本保持直线职能制的企业	素质较差，力量薄弱，人员构成单一	管理水平较低，基础工作较差，项目经理难找
矩阵式	多工种、多部门、多技术配合的项目，管理效率要求很高的项目	大型综合建筑企业，经营范围很宽、实力很强的建筑企业	文化素质、管理素质、技术素质很高，但人才紧缺，管理人才多，人员一专多能	管理水平很高，管理渠道畅通，信息沟通灵敏，管理经验丰富
事业部式	大型项目，远离企业基地项目，事业部制企业承揽的项目	大型综合建筑企业，经营能力很强的企业，海外承包企业，跨地区承包企业	人员素质高，项目经理能力强，专业人才多	经营能力强，信息手段强，管理经验丰富，资金实力雄厚

3.2.5.3　施工项目组织效果的评价

项目组织确定后，应对其进行评价。基本评价因素如下：

(1)管理层次及管理跨度的确定是否合适，是否能产生高效率的组织。

(2)职责明确程度。是否将任务落实到各基本组织单元。

(3)授权程度。项目授权是否充分,授权保证的程度,授权的范围。

(4)精干程度。在保证工作顺利完成的前提下,项目工作组成员有多少。

(5)效能程度。是否能充分调动人员积极性,高效完成任务。

根据所列各评价因素在组织中的重要程度及对组织的影响程度,分别给予一定的权数,然后对各因素打分,得出总分,以作评价。

3.3 施工项目经理部

3.3.1 施工项目经理部的概念

施工项目经理部是由施工项目经理在施工企业的支持下组建并领导进行项目管理的组织机构。它是施工项目现场管理一次性的施工生产组织机构,负责施工项目从开工到竣工的全过程施工生产经营的管理工作。

对于大、中型施工项目,施工企业必须在施工现场设立施工项目经理部;对于小型施工项目,可由企业法定代表人委托一个项目经理部兼管。施工项目经理部直属项目经理的领导,并接受企业各职能部门指导、监督、检查和考核。

3.3.2 施工项目经理部的作用

(1)施工项目经理部在项目经理领导下,作为项目管理的组织机构,负责施工项目从开工到竣工的全过程施工生产的管理,是企业在某一工程项目上的管理层,同时对劳务作业层负有管理与服务的双重职能。

(2)施工项目经理部是项目经理的办事机构,为项目经理决策提供信息依据,同时又要执行项目经理的决策意图,向项目经理全面负责。

(3)施工项目经理部是一个组织体,应完成企业所赋予的项目管理和专业管理任务。要具有凝聚管理人员的力量并调动其积极性,促进管理人员的合作;协调部门之间、管理人员之间的关系,发挥每个人的作用;贯彻承包或目标责任制,搞好管理;沟通施工项目经理部与企业部门之间、施工项目经理部与作业队之间以及施工项目经理部与建设单位、分包单位、生产要素市场之间的关系。

(4)施工项目经理部是代表企业履行工程承包合同的主体,对项目产品生产的全过程负责。

3.3.3 施工项目经理部设置的要求

(1)要根据所设计的项目组织形式设置施工项目经理部。因为项目组织形式与企业对施工项目的管理方式有关,与企业对施工项目经理部的授权有关。不同的组织形式对施工项目经理部的管理力度和管理职责提出了不同要求,提供了不同的管理环境。

(2)要根据施工项目的规模、复杂程度和专业特点设置施工项目经理部。一般大型施工项目经理部可以设职能部、处;中型施工项目经理部可以设处、科;小型施工项目经理部只需设职能人员即可。如果项目的专业性强,便可设置专业性强的职能部门,如水电处、安装处、打桩处等。

(3)施工项目经理部是一个具有弹性的一次性施工生产组织,应随工程任务的变化而进行调整,不应搞成一级固定性组织,应在项目施工开始前建立。在工程竣工交付使用后,由于项目管理任务已完成,施工项目经理部应解体。项目经理部不应有固定的作业队伍,而是根据施工的需要,在企业内部市场或社会市场吸收人员,进行优化组合和动态管理。

(4)施工项目经理部的人员配备应面向施工项目现场,满足现场的计划与调度、技术与质量、成本与核算、劳务与物资、安全与文明施工的需要,不应设置管理经营与咨询、研究与发展、政工与人事等与项目施工关系较小的非生产性部门。

(5)在项目管理机构建成以后,应建立有益于组织运转的工作制度。

3.3.4　施工项目经理部部门的设置和人员配备

施工项目经理部的部门设置和人员配备与施工项目的规模和项目的类型有关,不能一概而论。施工项目经理部应配备施工项目经理、总工程师、总经济师、总会计师和技术、预算、劳资、定额、计划、质量、保卫、测试、计量以及辅助生产人员 15～45 人,其中一级项目经理部 30～45人,二级项目经理部 20～30 人,三级项目经理部 15～20 人。实行一职多岗,全部岗位职责覆盖项目施工全过程的全面管理,不留死角,亦避免职责重叠交叉。

施工项目经理部可设置以下五个部门:

(1)工程技术部门。主要负责生产调度、技术管理、施工组织设计、劳动力配备及计划统计等工作。

(2)经营核算部门。主要负责预算、合同、索赔、资金收支、成本核算及劳动分配等工作。

(3)监控管理部门。主要负责工程质量、安全管理、消防保卫、文明施工、环境保护等工作。

(4)物资设备部门。主要负责材料工具的询价、采购、计划供应、管理、运输、机械设备的租赁及配套使用等工作。

(5)测试计量部门。主要负责计量、测量、试验等工作。

施工项目经理部的部门也可以按照控制目标进行设置,包括质量控制、进度控制、成本控制、安全控制、合同管理、信息管理、组织协调等部门。

3.3.5　施工项目经理部规章制度

施工项目经理部的规章制度应包括以下各项:

(1)项目管理人员岗位责任制度;

(2)项目技术管理制度;

(3)项目质量管理制度;

(4)项目安全管理制度;

(5)项目计划、统计与进度管理制度;

(6)项目成本核算制度;

(7)项目材料、机械设备管理制度;

(8)项目现场管理制度;

(9)项目分配与奖励制度;

(10)项目例会及施工日志制度;

(11)项目分包及劳务管理制度;

(12)项目组织协调制度；

(13)项目信息管理制度。

施工项目经理部自行制定的规章制度与企业现行的有关规定不一致时，应报送企业或其授权的职能部门批准。

3.3.6 施工项目管理团队

施工项目管理团队是指施工项目经理及其领导下的施工项目经理部和各职能管理部门。

(1)项目团队的精神

由于项目的特殊性，特别需要强调项目的团队精神，团队精神对施工项目经理部的成功运作起关键性作用。

施工项目团队精神主要体现在：有明确的共同目标，这一目标一定是所有项目成员的共同意愿；有合理的分工与合作，通过责任矩阵明确每一个成员的职责，各成员间是相互合作的关系；有不同层次的权力和责任；组织有高度的凝聚力，能使大家积极地参与项目活动；团队成员全身心投入项目团队工作中。

(2)施工项目团队的核心

施工项目经理作为施工项目团队的核心，应起到示范和表率作用，通过自身的言行调动广大成员的工作积极性，并善于用人和激励进取。

(3)施工项目团队建设

项目团队建设是指将肩负项目管理使命的团队成员按照特定的模式组织起来，协调一致，以实现预期项目目标的持续不断的过程，它是项目经理和项目管理团队成员的共同职责。

施工项目团队建设的主体是加强组织成员的团队意识，树立团队精神，统一思想，步调一致，沟通顺畅，运作高效。

施工项目团队建设的主要工作是：进行沟通、加强教育，不断增强组织成员的团队意识；通过各种方式营造集体观念，激发个人潜能，形成积极向上的工作氛围，建设凝聚力强的施工项目管理组织机构。

3.3.7 施工项目经理部解体的条件

施工项目经理部在项目竣工验收、审计完成后即可解体。施工项目经理部解体应具备下列条件：

(1)工程已经竣工验收。

(2)与各分包单位已经结算完毕。

(3)已协助企业管理层与发包人签订了“工程质量保修书”。

(4)“项目管理目标责任书”已经履行完毕，经企业管理层审计合格。

(5)已与企业管理层办理了有关手续。主要是向相关职能部门交接清楚项目管理文件资料、核算账册、现场办公设备、公章保管、领借的工器具及劳动防护用品、项目管理人员的业绩考核评价材料等。

(6)现场最后清理完毕。

3.4　项目经理

3.4.1　项目经理的概念

项目经理是施工企业法人代表在施工项目中派出的全权代理。原建设部颁发的《建筑施工企业项目经理资质管理办法》中指出，“施工企业项目经理是受企业法定代表人委托，对工程项目施工过程全面负责的项目管理者，是建筑施工企业法定代表人在工程项目的代表人”。这就决定了项目经理在项目中是最高的责任者、组织者，是项目决策的关键人物。项目经理在项目管理中处于中心地位。

3.4.2　施工项目经理的地位

施工项目经理是施工项目的管理核心，在整个施工活动中占有举足轻重的地位。确立施工项目经理的地位是搞好施工项目管理的关键。

(1)施工项目经理是建筑施工企业法人代表在项目上的全权委托代理人。从企业内部看，施工项目经理是施工项目全过程所有工作的总负责人，是项目管理的总责任者，是项目动态管理的体现者，是项目生产要素合理投入和优化组合的组织者。从对外关系看，作为企业法人代表的企业经理，不直接对每个建设单位负责，而是由施工项目经理在授权范围内对建设单位直接负责。由此可见，施工项目经理是项目目标的全面实现者，既要对建设单位的成果性目标负责，又要对企业效率性目标负责。

(2)施工项目经理是协调各方面关系，使之相互紧密协作与配合的桥梁和纽带。他对项目管理目标的实现承担着全部责任，即承担合同责任、履行合同义务、执行合同条款、处理合同纠纷、受法律的约束和保护。

(3)施工项目经理对项目实施进行控制，是各种信息的集散和处理中心。自上、自下、自外而来的信息，通过各种渠道汇集到项目经理手中，项目经理对这些信息进行汇总分析，及时做出应对决策，并通过报告、指令、计划和协议等形式，对上反馈信息，对下、对外发布信息。

(4)施工项目经理是施工项目责、权、利的主体。首先，施工项目经理必须是项目实施阶段的责任主体，是项目目标的最高责任者，而且目标实现还应该不超出限定的资源条件。责任是施工项目经理责任制的核心，它构成了施工项目经理工作的压力，是确定施工项目经理利益的依据。其次，施工项目经理必须是项目的权力主体。权力是确保施工项目经理能够承担责任的条件与前提，所以权力的范围必须视施工项目经理所承担的责任而定。如果没有必要的权力，施工项目经理就无法对工作负责。最后，施工项目经理还必须是施工项目的利益主体。利益是施工项目经理工作的动力，是因施工项目经理对负有的相应责任而得到的报酬，所以利益的形式及利益的大小必须与施工项目经理的责任对等。

3.4.3　施工项目经理应具备的素质

3.4.3.1　施工项目经理的素质

根据我国的项目管理实践，施工项目经理应具备以下四个方面的素质：

(1)品格素质。项目经理的品格素质是指项目经理从行为作风中表现出来的思路、认识、品行等方面的特征，如对国家民族的忠诚，良好的社会道德品质，管理道德品质，诚实的态度，坦率的心境及言而有信、言行一致的品格。

(2)能力素质。能力素质是项目经理整体素质体系中的核心素质，它表现为项目经理把知识和经验有机结合起来运用于项目管理的能力。对于现代项目经理来说，知识和经验固然十分重要，但是归根结底要落实到能力上，能力是直接影响和决定项目经理成功与否的因素。概括起来，包括六个方面：

①决策能力。决策能力集中体现在项目经理的战略战术决策能力上，即能够制定出各项决策并付诸实现。从决策程度来看，经理人员的决策能力可分解为收集与筛选信息的能力、确定多种可行方案的能力和选优抉择三种能力。

②组织能力。项目经理的组织能力是指设计组织结构、配合组织成员以及确定组织规范的能力，能够运用现代组织理论，建立科学的、分工合理的、配套完善的、高效精干的组织机构，确定一整套保证组织有效运转的规范，并能够合理配备组织成员，做到知人善任。

③创新能力。项目经理的创新能力可归纳为嗅觉敏锐、想象力丰富、思路开阔、设想多样、提法新颖等特征。项目经理必须具备创新能力，这是由项目活动的竞争性所决定的。

④协调与控制能力。项目经理作为项目的最高领导者，必须具有良好的协调与控制能力，而且，项目的规模越大，对这方面的能力要求越高。项目经理的协调与控制能力是指正确处理项目内外各方面关系、解决各方面矛盾的能力。从项目内部看，项目经理要有较强的能力协调项目中各部门、所有成员的关系，控制项目资源配置，全面实施项目的总体目标。从项目与外部环境的关系来说，项目经理的协调能力还包括协调项目与政府、社会、各方面协作者之间的关系，尽可能地为项目创造有利的外部条件，减少或避免条件不利因素的影响。

在经理的协调能力中，最重要的是协调人与人之间的关系，因为项目的内外部关系很大程度上表现为人与人之间的关系，经理协调能力赖以实施的手段是沟通，应倾听各方意见，通过沟通和交流达到相互间的理解和支持。

⑤激励能力。项目经理的激励能力可以理解为调动下属积极性的能力。从行为科学角度看，项目经理的激励能力表现为其所采用的激励手段与下属士气之间的关系状态。如果采取某种激励手段导致下属士气提高，则认为该项目经理激励能力较强；反之，如果采取某种手段导致下属士气降低，则认为该项目经理激励能力较弱。

⑥社交能力。项目经理的社交能力指和企业内外、上下、左右有关人员打交道的能力。在现代社会中，项目经理仅与内部人员发生交往远远不够，还必须善于同企业外部的各种机构和人员打交道，这种交道不应是一种被动的行为或单纯的应酬，而是在外界树立起良好形象，这关系到项目的生存和发展。那些注重社交并善于社交的项目经理，往往能赢得更多的投资者和合作者，使项目处于强有力的外界支持系统中。

(3)知识素质。法约尔曾经提出，构成企业领导人的专门能力有技术能力、商业能力、财务能力、管理能力、安全能力等。每一种能力都是以知识为基础的。因此，理想的项目经理应该有解决问题所必要的知识。项目经理应具备施工技术、经营和管理、法律和合同、施工项目管理等知识，并懂得在实践中不断深化和完善自己的知识结构。

(4)体格素质。项目经理应保持身体健康、精力充沛。

3.4.4　施工项目经理责任制

3.4.4.1　施工项目经理责任制的含义

施工项目经理责任制是施工项目管理的基本制度，是评价施工项目经理工作绩效的基本依据。施工项目经理责任制的核心是施工项目经理承担实现项目管理目标责任书确定的责任。施工项目经理与施工项目经理部在工程建设中应严格遵守和实行施工项目管理责任制度，确保施工项目目标全面实现。

3.4.4.2　施工项目经理责任制的内容

项目经理责任制的内容主要包括：

(1)企业各层之间的关系；

(2)项目经理的地位和素质要求；

(3)项目经理目标责任书的制定和实施；

(4)项目经理的责、权、利；

(5)项目管理的目标责任体系(包括项目经理的目标责任制、项目经理部内各职能部门的目标责任制、项目经理部各成员的目标责任制)。

3.4.4.3　项目管理目标责任书的特点

项目管理目标责任书是企业法定代表人根据施工合同和经营管理目标要求，明确规定项目经理部应达到的成本、质量、进度和安全等控制目标的文件。其特点主要有：

(1)项目管理目标责任书是企业法定代表人确定的。

(2)项目管理目标责任书的确定是从企业的全局利益出发的。

(3)项目管理目标责任书的主要内容是项目经理部应达到的目标，这些目标包括进度、质量、安全和成本。组织实现各项目标是项目经理的责任。

3.4.4.4　项目管理目标责任书的内容

项目管理目标责任书的内容包括：

(1)企业各业务部门与项目经理部之间的关系。

(2)项目经理部所需作业队伍、材料、机械设备等的供应方式。

(3)应达到的项目进度、质量、安全和成本目标。

(4)在企业制度规定以外的，由法定代表人向项目经理委托的事项。

(5)企业对项目经理部人员进行奖惩的依据、标准、办法及应承担的风险。

(6)项目经理解职和项目经理部解体的条件和方法。

施工项目完成后，施工企业应对施工项目管理目标责任书的完成情况进行考核，根据考核结果和项目管理目标责任书的奖惩规定提出奖惩意见，对施工项目经理部进行奖励或处罚。

3.4.5　项目经理的责权利

3.4.5.1　项目经理的职责

项目经理的主要职责是搞好工程施工现场的组织管理和协调工作，控制工程成本、工期和质量，按时竣工交验。具体内容包括：

(1)代表企业实施施工项目管理，贯彻执行国家法律、法规、方针、政策和强制性标准，执行企业的管理制度，维护企业的合法权益。

(2)履行“项目管理目标责任书”规定的任务。

(3)组织编制项目管理实施规划。

(4)对进入现场的生产要素进行优化配置和动态管理。

(5)建立质量管理体系和安全管理体系并组织实施。

(6)在授权范围内负责与企业管理层、劳务作业层、各协作单位、发包人、分包人和监理工程师等的协调,解决项目中出现的问题。

(7)按“项目管理目标责任书”处理项目经理部与国家、企业、分包单位以及职工之间的利益分配。

(8)进行现场文明施工管理,发现和处理突发事件。

(9)参与工程竣工验收,准备结算资料和分析总结,接受审计。

(10)处理项目经理部的善后工作。

(11)协助企业进行项目的检查、鉴定和评奖申报。

3.4.5.2　项目经理的权限

项目经理应具有下列权限:

(1)参与企业进行的施工项目投标和签订施工合同。

(2)经授权组建项目经理部;确定项目经理部的组织结构,选择、聘任管理人员,确定管理人员的职责,并定期进行考核、评价和奖惩。

(3)在企业财务制度规定的范围内,根据企业法定代表人授权和施工项目管理的需要,决定资金的投入和使用,决定项目经理部的计酬办法。

(4)在授权范围内,按物资采购程度性文件的规定行使采购权。

(5)根据企业法定代表人授权或按照企业的规定选择和使用作业队伍。

(6)主持项目经理部工作,组织制定施工项目的各项管理制度。

(7)根据企业法定代表人授权,协调和处理与施工项目管理有关的内部与外部事项。

3.4.5.3　项目经理的利益

项目经理应享有以下利益:

(1)获得基本工资、岗位工资和绩效工资。

(2)除按“项目管理目标责任书”可获得物质奖励外,还可获得表彰、记功、优秀项目经理等荣誉称号。

(3)考核和审计,未完成“项目管理目标责任书”确定的项目管理责任目标或造成亏损的,按其中有关条款承担责任,并接受经济或行政处罚。

3.5　建造师

3.5.1　建造师的概念

改革开放以来,在我国建设领域内已建立了注册建筑师、注册结构工程师、注册监理工程师、注册造价工程师、注册房地产估价师、注册规划师等执业资格制度。2002年12月5日,人事部、建设部联合印发了《建造师执业资格制度暂行规定》(人发[2002]111号),这标志着我国建立建造师执业资格制度的工作正式展开。该《规定》明确规定,我国的建造师是指从事建设工程项目总承包和施工管理关键岗位的专业技术人员。

建造师执业资格制度起源于英国，迄今已有 150 余年历史。世界上许多发达国家已经建立了该项制度。具有执业资格的建造师已有了国际性的组织——国际建造师协会。我国建筑业施工企业有 10 万多个，从业人员 3500 多万人，从事建设工程项目总承包和施工管理的广大专业技术人员，特别是在施工项目经理队伍中，建立建造师执业资格制度非常必要。这项制度的建立，必将促进我国工程项目管理人员素质和管理水平的提高，促进我们进一步开拓国际建筑市场，更好地实施“走出去”的战略方针。

3.5.2 建造师的资格

建造师分为一级建造师和二级建造师。一级建造师具有较高的标准、较高的素质和管理水平，有利于开展国际互认。同时，考虑我国建设工程项目量大面广，工程项目的规模差异悬殊，各地经济、文化和社会发展水平有较大差异，以及不同工程项目对管理人员的要求也不尽相同，设立二级建造师，可以满足施工管理的实际需求。

一级建造师执业资格实行全国统一大纲、统一命题、统一组织的考试制度，由人事部、建设部共同组织实施，原则上每年举行一次考试；二级建造师执业资格实行全国统一大纲，各省、自治区、直辖市命题并组织的考试制度。考试内容分为综合知识与能力、专业知识与能力两部分。报考人员要符合有关文件规定的相应条件。一级、二级建造师执业资格考试合格人员，分别获得《中华人民共和国一级建造师执业资格证书》、《中华人民共和国二级建造师执业资格证书》。

3.5.3 建造师的定位与职责

建造师是以专业技术为依托、以工程项目管理为主业的执业注册人员，近期以施工管理为主。建造师是懂管理、懂技术、懂经济、懂法规，综合素质较高的复合型人员，既要有理论水平，也要有丰富的实践经验和较强的组织能力。建造师注册受聘后，可以建造师的名义担任建设工程项目施工的项目经理，从事其他施工活动的管理，从事法律、行政法规或国务院建设行政主管部门规定的其他业务。在行使项目经理职责时，一级注册建造师可以担任《建筑业企业资质等级标准》中规定的特级、一级建筑业企业资质的建设工程项目施工的项目经理；二级注册建造师可以担任二级建筑业企业资质的建设工程项目施工的项目经理。大中型工程项目的项目经理必须逐步由取得建造师执业资格的人员担任；但取得建造师执业资格的人员能否担任大中型工程项目的项目经理，应由建筑业企业自主决定。

3.5.4 建造师的注册

取得建造师执业资格证书且符合注册条件的人员，必须经过注册登记后，方可以建造师名义执业。建设部或其授权机构为一级建造师执业资格的注册管理机构；各省、自治区、直辖市建设行政主管部门制定本行政区域内二级建造师执业资格的注册办法，报建设部或其授权机构备案。准予注册的申请人员，分别获得《中华人民共和国一级建造师注册证书》、《中华人民共和国二级建造师注册证书》。已经注册的建造师必须接受继续教育，更新知识，不断提高业务水平。建造师执业资格注册有效期一般为 3 年，期满前 3 个月要再次办理注册手续。

3.5.5　注册建造师和项目经理的关系

建造师与项目经理定位不同，但所从事的都是建设工程的管理工作。建造师执业的覆盖面较大，可涉及工程建设项目管理的许多方面，担任项目经理只是建造师执业中的一项；项目经理则限于企业内某一特定工程的项目管理。建造师选择工作的自主性大，可在社会市场上有序流动，有较大的活动空间；项目经理岗位则是企业设定的，项目经理是企业法人代表授权或聘用的一次性的工程项目施工管理者。

项目经理责任制是我国施工管理体制上一个重大的改革，对加强工程项目管理、提高工程质量起到了很好的作用。建造师执业资格制度建立以后，项目经理责任制仍然要继续坚持。项目经理仍然是施工企业某一具体工程项目施工的主要负责人，他的职责是根据企业法定代表人的授权，对工程项目自开工准备至竣工验收实施全面的组织管理。有变化的是，大中型工程项目的项目经理必须由取得执业资格的建造师担任。注册建造师资格是担任大中型工程项目经理的一项必备条件，是国家的强制性要求，但选聘哪位建造师担任项目经理则由企业决定。小型工程项目的项目经理可以由不是建造师的人员担任。所以，要充分发挥有关行业协会的作用，加强项目经理培训，不断提高项目经理队伍素质。

知识拓展

国外的项目经理资格认证

在国际项目管理中，项目管理人才的认证都是很严格的，特别是项目经理的资格认证。

国际项目管理协会(IPMA)1965 年在瑞士注册，是个非营利性组织。

IPMA 非常重视专业人员的资格认证工作。项目管理人员专业资质分为 A、B、C、D 四个级别，级别之间的档次标准差距很大。其中 A 级是工程主任证书级，简称 CPD，它授予拥有指导一个工程计划或一个公司/分公司全部项目能力的高级项目管理者，也可能是来自不同国际文化背景的主要合作者、管理国际复杂项目能力的人员。如果想得到这个级别的证书，自己先提出申请，申请文件包括有对自己能力的自我评价，还须有已获得该证书人员的推荐文件。在业务方面，有本人撰写的项目建议书及项目管理实际业绩能力的报告等。经过面试通过后方可获得。工程主任证书级资格证书的有效期为 3～5 年，过期后必须重新申请。B 级为项目经理级证书，C 级为项目管理工程师级证书，D 级为项目管理技术员级证书。IPMA 注重于实践方面的能力。

美国项目管理协会(Project Management Institute，PMI)的成员主要以企业、大学、研究机构的专家为主，现在已经有 40000 多会员。PMI 卓有成效的贡献是开发了一套项目管理知识体系。经过几次修订，到 1996 年修改成现在的项目管理知识体系(Project Management Body of Knowledge，PMBOK)。在这个知识体系指南中，把项目管理划分为九个知识领域，即范围管理、时间管理、成本管理、质量管理、人力资源管理、沟通管理、采购管理、风险管理和综合管理。国际标准化组织以该文件为框架，制定了 ISO 10006 关于项目管理的标准。

PMI 的资格认证制度从 1984 年开始，到现在已有 8000 多人通过认证。PMP 项目管理人员的认证较难，原则上必须具有学士学位或同等大学学力，至少 3 年以上 4500 h 的项目管理经验。若无上述学历条件，必须具有至少 5 年以上 7500 h 的项目管理经验。经过考试合格才能取得 PMP 项目管理人员的资格认证。但只有高级项目管理人员才能拥有 PMP 证书。我国目前已有近 200 人通过了资格认证，获得了 PMP 资格证书。

英国特许建造师协会(Chartered Institute of Building，CIOB)是由英国民间从事建筑管理的专业人员组织起来的，于 1834 年成立，至今已有 170 多年的历史。CIOB 目前已有 50000 会员。会员分为六个层次：资深会员、正式会员、毕业会员、助理会员、普通会员、学生会员。其中最高两个层次，即资深会员和正式会员被称为“特许建造师”。

CIOB 的资格已在国际上得到承认，特许建造师资格已成为在欧洲共同体及美国、澳大利亚等国家获得就业机会的通行证。CIOB 特许建造师的申请有一定的手续，可以通过不同的路径来实现。总的要求是在建筑管理理论知识与工作实践方面具有一定的水平和能力。

显然，国际上项目管理人员的资格认证的分类与管理方法是值得借鉴的。

实践与能力训练

【实训 1】 某新建大型会展展馆工程，总占地面积 21968m²，总建筑面积 26865m²，建筑总高度 36.12m，主体结构 4 层，现浇混凝土框架结构体系，外饰全玻璃幕墙。但该施工企业缺乏玻璃幕墙施工经验，对玻璃幕墙施工有难度，而工期要求很紧。

该施工企业为大型综合建筑企业，管理水平较高，企业人员素质高，专业人才多，项目经理具备国家一级建造师执业资格。公司决定委派实践经验丰富和管理水平高的同志担任项目部主要负责人，并选聘技术、管理水平高的技术人员、管理人员、专业工长组建项目部。

此项目管理层由项目经理、项目副经理、技术负责人、安全主管、质量主管、材料主管、保卫主管、机械主管和后勤主管等成员组成。对本工程的工期、质量、安全、成本等实施计划、组织、协调、控制和决策，对各生产施工要素实施全过程的动态管理。施工人员均挑选有丰富施工经验和劳动技能的正式工和合同工，分工种组成作业班组，挑选技术过硬、思想素质好的正式职工带班。为保证项目部管理层指令畅通有效，工作安排采用“施工任务书”的形式。要求签发人和执行人签字，项目经理层作为执行的监督者。施工任务书的工作内容完成后由签发人密封并签字，如未能密封必须找出原因并对执行人进行处罚。

问题：

1. 施工项目管理组织的形式有哪些？各自的适用范围是什么？
2. 为该项目选择合适的项目组织形式并说明理由。
3. 请你根据背景材料为该项目经理部绘制一个组织结构图并说明各部门的主要职责有哪些。

【实训 2】 某建筑公司发展迅速，公司的工程收入由前年的 2000 多万元增长到 15000 多万元。随着业务的迅速发展，公司领导层日益感到项目经理和项目管理人员的工作效率和质量是企业能否继续保持快速稳定发展的关键。为此，公司决定从内部员工中选拔和培养一批业务骨干担任项目经理。公司在最近一年多的时间里，通过考察，从在公司工作超过 5 年的员工中提拔了几位工作表现突出的担任项目经理。原设计部工程师徐晓就是其中的一位。

徐晓承担在经济开发区承建的 M 公司的一个生产基地项目。该项目投资 4000 多万元，工程占地 5.5 亩(3668.5 平方米)，工程建筑面积 10300 平方米。在项目初期，徐晓带领几名项目团队成员刻苦工作，依照公司既有的项目管理流程，项目进展情况顺利。

然而，随着项目的进展，项目团队成员逐步增加，徐晓逐渐感到有些力不从心，在项目团队管理方面遇到很多困难。他领导的团队经常工作效率低下，不能按计划完成项目任务，项目团队成员对发生的错误互相推诿，而且大家都并不觉得这些问题严重，并以各种各样的理由敷衍上级。项目团队成员对徐晓的议论逐渐多了起来。

公司领导层了解到这一情况，为了项目能够顺利进展，提高团队意识和增强团队凝聚力，帮助徐晓调整好工作状态，公司派管理部刘先生到项目部了解情况。

以下是公司管理部刘先生了解到的情况。

管理部刘先生对徐晓的了解情况记录：

(1)项目团队成员不懂装懂，不积极思考。我向大家布置项目任务时，他们好像很迷惑的样子，但也不问就开始去做。对工作情况进行检查时才发现他们并没有领会我的意图，而是按照自己的理解或以前的习惯去做。

(2)项目团队成员的职业素质有待提高。他们经常在上班时聊一些与工作无关的事情，还有一部分人员上网玩游戏。对他们批评时，他们当时不说什么，但过不了多久还是那样。而且，这种风气在项目团队中越来越厉害，可以说到了肆无忌惮的地步，他们还解释说压力太大需要调整一下。

(3)团队成员缺乏团队精神，经常各自为战，大家很难把时间和精力有效地集中在项目的具体问题上来。

(4)我以前设计部的一些关系不错的同事也有意和我疏远，似乎有很多想法不愿和我沟通。

(5)领导对我期望很大，我感到工作压力很大。而且目前项目问题很多，项目团队又搞成这个样子，我经常有辜负领导希望的感觉。

(6)需要处理的事情太多，不仅有许多与项目有关的事情需要处理，同时还要解决与项目关系不大的琐事，整天忙得不可开交，即使加班，工作总也做不完。

(7)项目执行过程中，我常有一种失落感，常常担心自己工作忙会导致专业技术的落后，对管理有了厌倦感，经常想还不如做个设计工程师好。

(8)由于整天忙于工作，家庭生活和个人生活上的许多事情都无暇顾及，感到自己像个机器，对家庭有内疚感。

管理部刘先生对项目团队成员的了解情况记录：

(1)徐晓作为项目经理，工作非常努力，经常加班加点，经常参与项目一线的工作。当项目团队成员在工作中出现问题和失误时，他也尽力去弥补。当我们没有按计划完成工作任务时还主动向上级解释缘由和我们的困难，避免我们个人受罚。

(2)他布置工作任务时，我们感到不够清晰和具体，做完之后又常常要返工，以致大家常有挫败感。在解决项目执行工程中出现的一些问题时，他未做周密思考就匆匆忙忙安排大家去做，发现有更好的解决方法时又重做，害得大家跟着受累。

(3)他一直负责项目中某项重要技术，从不让其他团队成员过问，当他出差不在时，为了不影响项目正常进展，我们不得不从其他项目上借调相关专业技术人员。

(4)作为年轻人，我们愿意多学习一些东西，希望单位能安排相关培训，包括相关管理、专业技术、业务流程、合同法律、成本控制等，我们向徐晓反映了多次，但一直未受到任何培训，使得在工作中遇到问题时不知道怎么样解决和向谁咨询。

(5)在讨论项目执行过程中出现的一些问题时，他偶尔向大家介绍一些自己的技术经验。

(6)有时我们感到工作和生活压力很大，一些年轻人交流一些生活方面的事情，也包括交流一些工作上的事情。有时也上网，或查阅相关资料或看一些轻松的内容，他总是不问青红皂白地横加指责，搞得我们下不来台。

(7)作为项目团队成员，我们对公司的战略和发展规划了解得很少，向徐晓了解，他也不清楚。

(8)在项目执行工程中，一些项目工作需要来自其他部门的支持或更上一层领导的支持，徐晓不出面，而是让团队成员去联系解决。

(9)在日常工作和生活中，他很少向大家谈起他的业余生活，也不参加大家的聚会。

(10)徐晓对自己要求不严，有一次开会大家等他10分钟。

问题：

1. 项目经理的职责是什么？
2. 项目经理应具备哪些素质？
3. 徐晓作为项目经理，请分析其优点和不足。
4. 建筑公司在选任项目经理上有哪些不足？正确做法是什么？

思考题

1. 什么是组织？组织的职能有哪些？
2. 如何理解组织活动的原理？组织工具有哪些？
3. 什么是施工项目管理组织机构？它的作用是什么？
4. 施工项目组织机构设置的程序是什么？应遵循哪些原则？
5. 常见的施工项目管理组织机构形式有哪些？各自的特征、适用范围、优点和缺点是什么？各类组织机构形式选择应考虑哪些因素？
6. 什么是施工项目经理部？其作用是什么？
7. 施工项目经理部设置的要求有哪些？其规章制度有哪些？
8. 什么是施工项目管理团队？
9. 什么是项目经理？他应具备哪些素质？
10. 施工项目经理责任制的内容有哪些？项目管理目标责任书的内容有哪些？
11. 项目经理的责权利有哪些？
12. 什么是注册建造师？其职责是什么？

单元4　施工项目质量控制

教学目标

1. 掌握质量管理与质量控制的关系。
2. 熟悉全面质量管理的基本理论，了解施工项目质量管理的内涵。
3. 掌握施工项目质量控制计划。
4. 掌握施工项目质量控制的目标、过程、方式与内容。
5. 熟悉施工项目质量验收与评定。
6. 了解施工项目质量事故的处理。

4.1　施工项目质量管理概述

4.1.1　质量的含义

质量的含义通常有两种，一是狭义的质量，二是广义的质量。

(1)狭义的质量

狭义的质量是指产品质量。从质量管理的角度来看，产品质量是指产品与特定标准的技术条件的符合程度。从使用角度看，产品质量是指产品所具有的使用价值和特性。一般包括产品内在质量和外观质量两个方面。产品的内在质量是指产品的内在属性，包括性能、寿命、可靠性、安全性、经济性五个方面。

(2)广义的质量

广义的质量除了指产品质量外，还包括工序质量和企业的工作质量。

工序质量是指工序能够稳定地生产合格产品的能力，通常以工序能力表示。或者说是产品形成中设计、施工、检验等各环节以及人员、设备、工艺、材料、环境等各因素对产品质量的影响程度。

工序是产品形成的基本环节，工序质量是构成产品质量的重要因素，因此在产品生产过程中必须对工序质量进行严格控制。工序质量预控法是实现工序质量统计控制的较为简单的一种方法，尤其适用于中小批量的生产。

工作质量是指企业的经营决策、组织管理、生产技术以及后勤服务和培训教育对产品质量的保证程度。

工作质量涉及企业各个层次、各个部门、各个岗位工作的有效性。工作质量取决于企业员工的素质，包括员工的质量意识、责任心、业务水平等。企业决策层(以最高管理者为代表)的工作质量起主导作用，管理层和执行层的工作质量起保证和落实作用。对工作质量，可以通过建立健全工作程序、工作标准和一些直接或间接的定量化指标，使其有章可循，易于考核。

4.1.2　施工项目质量管理

4.1.2.1　施工项目质量的内涵

狭义地讲，施工项目质量是指施工项目实体（产品）质量。广义地说，它是由施工项目实体（产品）质量、功能和价值质量及工作质量三个方面组成。项目实体（产品）质量是指工程满足业主需要，符合国家法律、法规、技术规范、标准、设计文件及合同规定的特性综合。施工项目实体质量通常可区分为工序质量、分项工程质量、分部工程质量、单位工程质量和单项工程质量等各个不同的质量层次单元。项目功能和价值质量是指可用定性或定量指标加以衡量的一系列质量属性，其主要内容包括适用性、经济性、安全性、可信性、可靠性、维修性、美观性及环境的协调性等方面的质量属性。项目的工作质量是指为了保证和提高工程质量而从事的组织管理、生产技术、后勤保障等各方面工作的实际水平。

工程建设中按内容组成，工作质量可区分为社会工作质量和生产过程工作质量，其中前者是指围绕质量课题而进行的社会调查、市场预测、质量回访等各项有关工作的质量，后者则是指生产工人的职业素质、职业道德教育工作质量、管理工作质量、技术保证工作质量和后勤保障工作质量等。

施工项目管理的实践表明：工程质量的好坏是建筑产品形成过程中各阶段、各环节工作质量的综合反映，而不是依靠质量检验检查出来的。要保证工程质量，就要求项目管理实施方有关部门和人员精心合作，对决定和影响工程质量的所有因素加以严格控制，即通过良好的工作质量来保证和提高工程质量。

施工项目质量除了具有上述普遍意义上的质量的含义以外，还具有自身的一些特点。在工程质量中，所说的满足明确或者隐含的需要，不仅是针对客户的，还要考虑到社会的需要和符合国家有关法律、法规的要求。

4.1.2.2　施工项目质量特征

施工项目质量一般体现为设计质量、施工质量和维修服务质量等方面。在设计质量得到保证以后，现场施工质量对建筑工程质量的最终形成具有决定性意义。由于施工项目的单件性、一次性、过程性、重要性和使用寿命的长期性及项目位置固定、生产流动、体积大、整体性强、建设周期长、施工涉及面广、受自然气候条件影响大，且结构类型、质量要求、施工方法均可因项目不同而存在很多的差异等特点，从而使施工项目质量的形成有以下特点：

（1）影响质量的因素多。如设计、材料、机械设备、地形、地质、水文、气象、施工工艺、操作方法、技术措施、管理制度等均可直接影响施工项目的质量。

（2）容易产生质量变异。质量变异是指由于各种质量因素发生作用引起产品质量存在的差异。质量变异可分为正常变异和非正常变异，前者是指由经常发生但对质量影响不大的偶然性因素引起的质量正常波动而形成的质量变异，后者则是指由不常发生但对质量影响很大的系统性因素引起的质量变异。偶然性因素如材料性能的微小差异、机械设备的正常磨损、操作的细小差异、环境的微小波动等，其特点是无法或难以控制，其质量特征值的检验结果服从正态分布。系统性因素如材料的规格品种有误、施工方法不妥、未按规程操作、仪表失灵、设计计算错误等，其特点是可控制、易消除，其质量特征值的检验结果不呈现正态分布。由于工程项目施工不像工业产品生产那样有规范化的生产工艺和完善的检测技术，有成套的生产设备和稳定的生产环境，因此影响施工项目质量的偶然因素和系统性因素多，特别是由系统性因素引起的质量变异，严重时可导致重大工程质量事故。因此，在项目施工中要严防出现系统性因素的质量变异，把质量变异控制在偶然性因素范围内。

(3)容易产生第一、第二判断错误。工程项目在施工中由于工序交接多、中间产品多、隐蔽工程多，若不及时检查实质，事后再看表面，容易产生第二判断错误，也就是说，容易将不合格的产品认为是合格产品；另外，若未检查出测量仪器不准，读数有误，就会产生第一判断错误，也就是说，容易将合格产品认为是不合格的产品。

(4)设计原因引起的质量问题显著。据实际统计资料显示，在我国近年发生的工程质量事故中，由设计原因引起的质量问题已占据40.1%，其他质量问题则分别由施工责任、材料使用等原因引起。因此，设计工作质量已成为引起工程质量问题的主要原因，应严格控制设计质量。

(5)质量受到投资、进度的制约。施工项目的质量通常受到投资、进度目标的制约。一般情况下，投资大、进度慢，质量就好；反之，质量就差。因此，在项目施工中，必须正确处理质量、进度、投资这三者之间的关系，使其达到统一。

(6)工程产品不能解体、拆卸，质量检查局限大。施工项目产品建成后，不可能像某些工业产品那样，再拆卸、解体检查其内在或隐蔽的质量，即使发现质量问题，也不可能采取“更换零件”、“包换”或“退款”方式解决与处理有关质量问题，因此施工项目质量管理必须注重质量的事前、事中控制。

4.1.2.3 施工项目质量管理的概念

参照ISO 8402—86《质量——词汇》所作的术语解释，施工项目质量管理可解释为“围绕施工项目质量要求确定质量方针、目标、职责，并通过质量体系中的质量策划、质量控制、质量保证和质量改进实现全部管理职能的所有活动”。

从定义出发，施工项目质量管理的内涵可以理解为：

(1)施工项目质量管理的全部职能是制定、实施“质量方针、质量目标和质量职责”。

(2)制定质量方针、质量目标的依据是“质量体系”，而“质量体系”又可进一步定义为实施质量管理所需要的组织结构、职责、程序、过程和资源，它实际上是指为了实现质量方针和目标，必须建立专门的组织机构并明确各有关部门和人员应有的职责和权力，规定完成任务所必需的各项程序，并最大限度地调动一切可以使用的人力、物力和财力及信息资源。

(3)定义中的“质量策划”、“质量控制”、“质量保证”、“质量改进”被视为质量管理的“四大支柱”。“质量策划”是指为了确保质量目标和要求的实现所进行的计划和设计活动，这主要体现为质量体系要素的选定过程；“质量控制”是指对质量形成各个阶段进行及时的检验、评定，以便及时发现问题，找出影响产品质量的原因，并通过及时采取纠正措施，防治质量问题的重复发生，或使已发生的质量问题得以及时解决；“质量保证”是指为了使人们确信实体能够满足质量要求，而在质量体系中开展的并按照需要进行证实的有计划、有系统的全部活动，它包括能够促使单位对自身的产品或服务质量形成信任的内部质量保证以及在合同或其他环境中能够使用户或社会对产品或服务形成信任的外部质量保证；“质量改进”是指根据信息的反馈，为满足供需双方的共同利益及时处理质量问题，以提高质量管理的功能效果，达到对可能产生的质量问题进行积极预防的作用，从而使质量体系更趋完善，质量管理各个环节的运转更为畅通。

尤其需要强调，在质量管理所包括的质量策划、质量控制、质量保证、质量改进这四个环节中，质量控制是构成质量管理的最重要的核心环节，尤其在施工项目实施阶段，施工项目质量管理工作主要体现在质量控制。

4.1.3　施工项目质量管理的基本原理

4.1.3.1　PDCA 循环原理

PDCA 循环原理是人们在管理实践中形成的基本理论方法，是确定质量管理和建立质量体系的基本原理。从实践的角度看，管理就是确定任务的目标，并按照 PDCA 循环原理来实现预期目标。每一循环都围绕着实现预期目标进行计划、实施、检查和处置活动，随着对存在问题的克服，不断增强质量能力，提高质量水平。

(1)计划 P(Plan)

可以理解为质量管理的计划阶段，包括确定或明确目标和制定实现质量目标的行动方案。在施工项目的实施中，施工项目质量计划是根据施工合同规定的质量标准和责任，由各相关主体在明确其任务目标、责任范围和质量目标的基础上，制定相应范围质量管理行动方案，包括技术方法、业务流程、资源配置、检验试验要求、质量记录方式、不合格处理、管理措施等具体内容和做法的质量管理文件。同时还须对实现"计划"预期目标的可行性、有效性、经济合理性进行分析论证，并按照规定的程序与权限，经过审批后执行。

(2)实施 D(Do)

实施职能在于将质量的目标值通过生产要素的投入、作业技术活动和产出过程转换为质量的实际值。它包含两个环节，即质量管理计划行动方案的交底和按计划规定的方法与要求展开工程作业技术活动。技术交底的目的在于使具体的作业者和管理者明确计划的意图和要求，掌握质量标准及其实现的程序与方法。在质量活动的实施过程中，要求严格执行计划的行动方案，规范行为，把质量计划的各项规定和安排落实到具体的资源配置和作业技术活动中去。

(3)检查 C(Check)

指对计划实施过程进行各种检查，包括作业者的自检、互检和专职管理者专检。各类检查都包括两方面：一是检查是否严格执行了计划的行动方案，实际条件是否发生了变化，以及不执行计划的原因；二是检查计划执行的结果，即产出的质量是否达到标准的要求，对此进行确认和评价。

(4)处置 A(Action)

指对质量检查中所发现的质量问题或质量不合格，及时进行原因分析，并采取必要的措施予以纠正，保持质量形成处于受控状态。处置分为纠偏和预防改进两个方面。前者是采取应急措施，解决当前的质量偏差、问题或事故；后者是提出目前的质量状况信息，并反馈给管理部门，反思问题症结所在，确定改进目标和措施，为今后类似问题的质量预防提供借鉴。

4.1.3.2　全面质量管理(TQC)

全面质量管理即 TQC 的管理思想，是 20 世纪中期在欧美和日本广泛应用的质量管理理念和方法，我国从 20 世纪 80 年代开始引进和推广全面质量管理的理念与方法。其基本原理就是强调在企业质量方针指导下，实行全方位、全过程和全员参与的质量管理。这一原理对施工项目的质量管理同样具有理论和实践的指导意义。

(1)全方位质量管理

指施工项目各方关系人所进行的施工项目质量管理的总称，其中包括工程（产品）质量和工作质量的全面管理。即指施工项目各参与主体、各层次、各部门所进行的工程质量与工作质量的全面控制。工作质量是产品质量的保证，直接影响产品质量的形成。如业主、监理、勘察、设计、施工总包单位、施工分包单位和材料设备供应商等，任何一方在任何一个环节的怠慢疏忽或质量责任不到位都会影响施工项目质量。

（2）全过程质量管理

指根据工程质量形成规律，从源头抓起，全过程推进。按照 GB/T 19000 强调质量管理的“过程方法”管理原则和基本建设程序进行全程质量控制。主要的过程有：项目策划与决策过程；勘察设计过程；施工采购过程；施工组织与准备过程；检查设备控制与计量过程；施工生产的检验与试验过程；工程质量的评定过程；工程竣工验收与交付过程；工程回访维修服务过程。

（3）全员参与质量管理

按照全面质量管理的思想，无论组织内部的管理者还是作用者，每个岗位都承担着相应的质量职能，组织的最高管理者一旦确定了质量方针目标，就应组织全体员工参与到实施质量方针的系统活动中去，发挥自己的角色作用。全员参与质量管理是全面质量管理不可或缺的重要手段，其实质就是目标管理。根据目标管理理论，将组织的质量总目标逐级进行分解，直到最基层岗位，使之形成自上而下的质量目标分解体系和自下而上的质量目标保证体系，从而发挥组织系统内部各个工作岗位、部门或团队在实现质量总目标过程中的作用。

4.2　施工项目质量计划

4.2.1　施工项目质量计划编制的内容

施工项目质量计划是指确定施工项目的质量目标和如何达到这些质量目标所规定必要的作业过程、专门的质量措施和资源等工作。

根据建筑工程施工的特点，目前我国工程项目施工的质量计划常用施工组织设计或施工项目管理实施规划的文件形式进行编制。在已经建立质量管理体系的情况下，质量计划的内容必须全面体现和落实企业质量管理体系文件的要求（也可引用质量体系文件中的相关条文），同时结合本工程的特点，在质量计划中编写专项管理要求。施工质量计划的内容一般应包括：

（1）工程特点及施工条件分析（合同条件、法规条件和现场条件）；

（2）履行施工承包合同所必须达到的工程质量总目标及其分解目标；

（3）质量管理组织机构、人员及资源配置计划；

（4）为确保工程质量所采取的施工技术方案、施工程序；

（5）材料设备质量管理及控制措施；

（6）工程检测项目计划及方法等。

4.2.2　施工项目质量计划编制的依据

（1）工程承包合同、设计文件；

（2）施工企业的《质量手册》及相应的程序文件；

(3)施工操作规程及作业指导书；

(4)各专业工程施工质量验收规范；

(5)《建筑法》、《建设工程质量管理条例》、环境保护条例及法规；

(6)安全施工管理条例等。

4.2.3 施工项目质量计划编制的主体和范围

施工项目施工任务的组织，无论业主方采用平行承发包还是总分包方式，都将涉及多方参与主体的质量责任。也就是说，建筑产品的直接生产过程是在协同方式下进行的，因此，在施工项目质量控制系统中，按照谁实施、谁负责的原则，明确施工质量控制的主体构成及各自的控制范围。

4.2.3.1 施工项目质量计划的编制主体

施工项目质量计划应由自控主体即施工承包企业进行编制。在平行承发包方式下，各承包单位应分别编制施工项目质量计划；在总分包方式下，施工总承包单位应编制总承包工程范围的施工质量计划，各分包单位编制相应分包范围的施工质量计划，作为施工总承包方质量计划的深化和组成。施工总承包方有责任对分包施工质量计划的编制进行指导和审核，并承担相应的连带责任。

4.2.3.2 施工项目质量计划的编制范围

施工项目质量计划的编制范围应与建筑安装工程施工任务的实施范围相一致，以此保证整个项目建筑安装工程的施工质量总体受控；对具体施工任务承包单位而言，施工质量计划的编制范围应能满足其履行工程承包合同质量责任的要求。施工项目的质量计划应在施工程序、控制组织、控制措施、控制方式等方面形成一个有机的质量计划体系，确保施工项目总目标和分目标及各分解目标的控制能力。

4.2.4 施工项目质量控制点的设置与管理

施工项目质量控制点的设置是施工项目质量计划的组成内容。

质量控制点是施工项目质量控制的重点，凡属关键技术、重要部位、控制难度大、影响大、经验欠缺的施工内容以及新材料、新技术、新工艺、新设备等，均可列为施工项目质量控制点，实施重点控制。

4.2.4.1 施工项目质量控制点的设置

施工项目质量控制点的设置，是根据工程项目施工管理的基本程序，结合项目特点，在制定项目总体质量计划后，列出各基本施工过程对局部和总体质量水平有影响的项目，作为具体实施的质量控制点。如在高层建筑施工质量管理中，基坑支护与地基处理，工程测量与沉降观测，大体积钢筋混凝土施工，工程的防排水，钢结构的制作、焊接及检测，大型设备吊装及有关分部分项工程必须进行重点控制的内容或部位，可列为质量控制点；又如在工程功能检测的控制程序中，可设立建筑物(构筑物)防雷检测、消防系统调试检测、通风设备系统调试等专项质量控制点。

通过质量控制点的设定，质量控制的目标及工作重点就能更加明晰，加强事前预控的方向也就更加明确。事前预控包括明确控制目标参数、制定实施规程(包括施工操作规程及检测评定标准)、确定检查项目数量及跟踪检查或批量检查方法、明确检查结果的判断标准及信息反馈要求。

4.2.4.2　施工项目质量控制点的实施

施工项目质量控制点的实施主要是通过控制点的动态设置和动态跟踪管理来实现的。所谓动态设置，是指一般情况下在工程开工前、设计交底和图纸会审时，可确定一批整个项目的质量控制点，随着工程的展开、施工条件的变化，随时或定期进行控制点范围的调整和更新。动态跟踪是应用动态控制原理，落实专人负责跟踪和记录控制点质量控制的状态和效果，并及时向项目管理组织的高层管理者反馈质量控制信息，保持施工质量控制点的受控状态。

施工质量计划编制完毕，应经企业技术领导审核批准，并按施工承包合同的约定提交工程监理或建设单位批准确认后执行。

4.3　施工项目质量控制

4.3.1　施工项目质量控制概述

4.3.1.1　施工项目质量控制的内涵

施工项目质量控制有两方面的含义：一是指施工项目施工承包企业的施工质量控制，它包括总包的、分包的、综合的和专业的施工质量控制；二是指广义的施工阶段建设工程项目质量控制，即除了承包方的施工质量控制外，还包括业主、设计单位、监理单位及政府质量监督机构在施工阶段对建设工程项目施工质量所实施的监督管理和控制职能。因此，从施工项目管理的角度出发，应把握施工阶段施工项目质量控制。

4.3.1.2　施工项目质量控制的目标

施工项目质量控制的总目标是：贯彻执行建设工程质量法规和强制性标准，正确配置施工生产要素和采用科学管理方法，实现工程项目预期的使用功能和质量标准。这是施工项目参与各方的共同责任。

(1)建设单位的质量控制目标

建设单位在施工阶段通过对施工全过程、全面的质量监督管理、协调和决策，保证竣工项目达到投资决策所确定的质量标准。

(2)设计单位的控制目标

设计单位在施工阶段通过对关键部位和重要施工项目施工质量验收签证、设计变更控制及纠正施工中所发现的设计问题，采纳变更设计的合理化建议等，保证竣工项目的各项施工结果与设计文件所规定的质量标准相一致。

(3)施工单位的控制目标

施工单位包括施工总包单位和分包单位，作为建设工程产品的生产者和经营者，应根据施工合同的任务范围和质量要求，通过全过程、全面的施工质量自控，保证最终交付满足施工合同及设计文件所规定的质量标准的建设工程产品。

(4)供货单位的控制目标

建筑材料、设备、构配件等供应厂商，应按照采购合同约定的质量标准提供货物及其质量保证书、检验试验单据、产品规格和使用说明书，以及其他必要的数据和资料，并对其产品质量负责。

(5)监理单位的控制目标

施工项目监理单位在施工阶段通过审核施工质量文件、报告报表及采取现场旁站、巡视、平行检测等形式进行施工过程质量监理；并应用施工指令和结算支付控制等手段，监控施工承包单位的质量活动行为、协调施工关系，正确履行对工程施工质量的监督责任，以保证工程质量达到施工合同和设计文件所规定的质量标准。

4.3.1.3　施工项目质量控制的基本方式

在长期的建设工程施工实践中，施工项目质量控制的基本方式可以概括为自主控制与监督控制相结合的方式、事前控制与事中控制相结合的方式、动态控制与纠偏控制相结合的方式以及这些方式的综合应用。

4.3.2　施工项目生产要素的质量控制

4.3.2.1　影响施工质量的五大要素

劳动主体——人员素质，即作业者、管理者的素质及其组织效果。

劳动对象——材料、半成品、工程用品、设备等的质量。

劳动方法——采取的施工工艺及技术措施的水平。

劳动手段——工具、模具、施工机械、设备等条件。

施工环境——现场水文、地质、气象等自然环境，通风、照明、安全等作业环境以及协调配合的管理环境。

4.3.2.2　劳动主体的控制

劳动主体的质量包括参与工程各类人员的生产技能、文化素养、生理体能、心理行为等方面的个体素质及经过合理组织充分发挥其潜在能力的群体素质。因此，企业应通过择优录用、加强思想教育及技能方面的教育培训；合理组织、严格考核，并辅以必要的激励机制，使企业员工的潜在能力得到最好的组合和充分的发挥，从而保证劳动主体在质量控制系统中发挥主体自控作用。

施工企业控制必须坚持对所选派的项目领导者、组织者进行质量意识教育和组织管理能力训练，坚持对分包商的资质考核和施工人员的资格考核，坚持工种按规定持证上岗制度。

4.3.2.3　劳动对象的控制

原材料、半成品、设备是构成工程实体的基础，其质量是工程项目实体质量的组成部分，故加强原材料、半成品及设备的质量控制不仅是提高工程质量的必要条件，也是实现工程项目投资目标和进度目标的前提。

对原材料、半成品及设备进行质量控制的主要内容为：控制材料设备性能、标准与设计文件的相符性；控制材料设备各项技术性能指标、检验测试指标与标准要求的相符性；控制材料设备进场验收程序及质量文件资料的齐全程度等。

施工企业应在施工过程中贯彻执行企业质量程序文件所明确的材料设备在封样、采购、进场检验、抽样检测及质保资料提交等一系列过程中的控制标准。

4.3.2.4　施工工艺的控制

施工工艺的先进合理是直接影响工程质量、工程进度及工程造价的关键因素，施工工艺的合理可靠还直接影响到工程施工安全，因此，在工程项目质量控制系统中，制定和采用先进合理的施工工艺是工程质量控制的重要环节。对施工方案的质量控制主要包括以下内容：

(1)全面正确地分析工程特征、技术关键及环境条件等资料，明确质量目标、验收标准、控制的重点和难点；

(2)制定合理有效的施工技术方案和组织方案，前者包括施工工艺、施工方法，后者包括施工区段划分、施工流向及劳动组织等；

(3)合理选用施工机械设备和施工临时设施，合理布置施工总平面图和各阶段施工平面图；

(4)选用和设计保证质量和安全的模具、脚手架等施工设备；

(5)编制工程所采用的新技术、新工艺、新材料的专项技术方案和质量管理方案；

(6)为确保工程质量，还应针对工程具体情况分析气象、地质等环境不利因素对施工的影响及其应对措施。

4.3.2.5　施工设备的控制

对施工所用的机械设备，包括起重设备、各项加工机械、专项技术设备、检查测量仪表设备及人货两用电梯等，应根据工程需要从设备选型、主要性能参数及使用操作要求等方面加以控制。

对施工方案中选用的模板、脚手架等施工设备，除按适用的标准定型选用外，一般需按设计及施工要求进行专项设计，对其设计方案及制作质量的控制及验收应作为重点进行控制。

按现行施工管理制度要求，工程所用的施工机械、模板、脚手架，特别是危险性较大的现场安装的起重机械设备，不仅要对其设计安装方案进行审批，而且安装完毕交付使用前必须经专业管理部门验收，合格后方可使用。同时，在使用过程中尚需落实相应的管理制度，以确保其安全正常使用。

4.3.2.6　施工环境的控制

环境因素主要包括地质水文状况、气象变化及其他不可抗力因素，以及施工现场的通风、照明、安全卫生防护设施等劳动作业环境等内容。环境因素对工程施工的影响一般难以避免。要消除其对施工质量的不利影响，主要是采取预测预防的控制方法，包括：

(1)对地质水文等方面影响因素的控制，应根据设计要求，分析基地地质资料，预测不利因素，并会同设计等方面采取相应的措施，如降水、排水、加固等技术控制方案；

(2)对气象方面的不利条件，应在施工方案中制定专项施工方案，明确施工措施，落实人员、器材等方面各项准备以紧急应对，从而控制其对施工质量的不利影响；

(3)对环境因素造成的施工中断，往往也会对工程质量造成不利影响，必须通过加强管理、调整计划等措施加以控制。

4.3.3　施工项目质量控制过程

施工项目质量控制过程包括施工准备质量控制、施工过程质量控制和施工验收质量控制。

施工准备质量控制是指工程项目开工前的全面施工准备和施工过程中各分部分项工程施工作业前的施工准备(或称施工作业准备)。此外，还包括季节性的特殊施工准备。施工准备质量属于工作质量范畴，然而它对建设工程产品质量的形成产生重要的影响。

施工过程质量控制是指施工作业技术活动的投入与产出过程的质量控制，其内涵包括全过程施工生产及其中各分部分项工程的施工作业过程。

施工验收质量控制是指对已完工程验收时的质量控制，即工程产品质量控制。包括隐蔽工程验收、检验批验收、分项工程验收、分部工程验收、单位工程验收和整个建设工程项目竣工验收过程的质量控制。

任何工程项目都是由分项工程、分部工程和单位工程所组成，而工程项目的建设则是通过一道道工序来完成。所以，施工项目的质量控制是从工序质量到分项工程质量、分部工程质量、单位工程质量的系统控制过程；也是一个由对投入原材料的质量控制开始，直到完成工程质量检验为止的全过程的系统控制。

4.3.3.1 *施工作业过程的质量控制*

施工项目是由一系列相互关联、相互制约的作业过程(工序)所构成的。

工序质量是指施工中人员、材料、机械、工艺方法和环境等对产品综合起作用的过程的质量，又称过程质量，它体现为产品质量。好的产品或工程质量是通过一道一道工序逐渐形成的，要确保工程项目施工质量，就必须对每道工序的质量进行控制，这是施工过程中质量控制的重点。

工序质量控制就是对工序活动条件即工序活动投入的质量和工序活动效果的质量即分项工程质量的控制。

(1)施工作业过程质量控制的基本程序

①进行作业技术交底，包括作业技术要领、质量标准、施工依据、与前后工序的关系等。

②检查施工工序、程序的合理性、科学性，防止工序流程错误而导致工序质量失控。检查内容包括：施工总体流程和具体施工作业的先后顺序，在正常的情况下，要坚持先准备后施工、先深后浅、先土建后安装、先验收后交工等。

③检查工序施工条件，即每道工序投入的人员、材料、使用的工具、设备及操作工艺和环境条件等是否符合施工组织设计的要求。

④检查工序施工中人员操作程序、操作质量是否符合质量规程要求。

⑤检查工序施工中间产品的质量，即工序质量、分项工程质量。

⑥对工序质量符合要求的中间产品(分项工程)及时进行工序验收或隐蔽工程验收。

质量合格的工序经验收后可进入下道工序施工。未经验收合格的工序，不得进入下道工序施工。

(2)施工工序质量控制要求

工序质量是施工项目质量的基础，也是施工顺利进行的关键。为达到对工序质量控制的效果，在工序管理方面应做到：

①贯彻预防为主的基本要求，设置工序质量检查点，对材料质量状况、工具设备状况、施工程序、关键操作、安全条件、新材料及新工艺的应用、常见质量通病甚至包括操作者的行为等影响因素列为控制点，作为重点检查项目进行预控(预先控制，即在拟定质量控制计划时，应予以详细考虑，并以制度来保证落实的过程)；

②落实工序操作质量巡查、抽查及重要部位跟踪检查等方法，及时掌握施工质量总体状况；

③对工序产品、分项工程的检查应按标准要求进行目测、实测及抽样试验的程序，做好原始记录，经数据分析后，及时作出合格及不合格的判断；

④对合格工序产品应及时提交监理进行隐蔽工程验收；

⑤完善管理过程的各项检查记录、检测资料及验收资料，作为工程质量验收的依据，并为工程质量分析提供可追溯的依据。

4.3.3.2 *工序质量控制点设置实例*

(1)工序质量控制点设置一览表(表4.1)

表 4.1 工序质量控制点

编号	名　称	编号	名　称
基-1	防止深基础塌方	结-7	预应力张拉
基-2	钢筋混凝土桩垂直度控制	结-8	混凝土砂浆试块强度
基-3	砂垫层密实度	结-9	试块标准养护
基-4	独立基础钢筋绑扎	装-1	阳台地坪
结-1	高层建筑垂直度控制	装-2	屋面油毡
结-2	楼面标高控制	装-3	门窗装修
结-3	大模板施工	装-4	细石混凝土地坪
结-4	墙体混凝土浇捣	装-5	木制品油漆
结-5	砖墙粘结率	装-6	水泥砂浆粉刷
结-6	混合结构内外墙同步砌筑		

(2)工序质量控制点的内容及要求

①基础工程控制点的内容(表 4.2)及要求

表 4.2 基础工程控制点的内容

工序控制点名称	工作内容	执行人员	标　准	检查工具	检查频次
独立基础钢筋绑扎	防止插筋偏位,保护层达到规范要求	施工员、质量员、技术员	钢筋位置位移控制在±5mm,箍筋间距±10mm,搭接长度不少于35d,有垫块确保保护层20mm厚,混凝土浇捣时不能一次卸料	钢尺、线锤、目测	逐个检查

技术要求:

a. 在垫层上先弹线,经技术员复核验收后,才能绑扎钢筋。

b. 先扎底板及基础梁钢筋,最后扎柱头插铁钢筋。

c. 插筋露面处,固定环箍不少于 3 个。

d. 基础面与柱交接处,应固定牢中心线并位置正确,控制钢筋位置垂直以及保护层和中距位置。

e. 木工施工员、技术员要验收位置及标高。

f. 浇混凝土时,振捣要注意插筋位置,不得将振捣棒振偏钢筋,看模工注意钢筋位置。

g. 插筋露面、环箍大小、钢筋翻样要严格按图进行,不能任意改动。

h. 钢筋与基础相连部位,必要时用电焊固定。

②结构工程控制点的内容(表 4.3)及要求

表 4.3 结构工程控制点的内容

工序控制点名称	工作内容	执行人员	标　准	检查工具	检查频次
砖墙粘结率	砖墙砌筑粘结率达80%以上	质量员、施工员	按部颁标准,砖墙砌筑要求,执行每组3块砖,平均不低于80%	百格网、目测	每操作台班抽检2组

技术要求：

a. 严格执行规范，砖砌体砌筑砂浆稠度必须控制在7～10cm。

b. 砂浆保水性良好(分层度不大于2cm)。

c. 各种原料(砂、石灰膏、电石膏、粉煤粉等)精确度应控制在±5%内，有机塑化剂(如氯化盐早强剂等)精确度控制在±1%内，所有材料均需过磅计量。

d. 砂浆拌和时间不应少于1.5min，使用时间不宜超过2～3h。

e. 砖块要浇水湿润，含水率宜为10%～15%(冬季施工另行考虑)。

f. 采用铺浆砌筑，铺浆长度不得超过50cm。

g. 砌墙操作宜采用皮头缝，加泥刀压砖办法，增加砂浆与砖块粘结率。

③装修工程控制点的内容(表4.4)及要求

表4.4　装修工程控制点的内容

工序控制点名称	工作内容	执行人员	标　　准	检查工具	检查频次
阳台地坪施工	防止阳台地坪倒泛水及落水斗渗漏	施工员、技术员、质量员	建工局优良工程质量评定标准	水平尺、托线板、目测	阳台逐个检查

技术要求：

a. 阳台板吊装前应先检查板的搁置点，墙身处的标高是否平整。

b. 阳台板不论现浇或预制，在安装后要检查是否有倒泛水现象。

c. 预制阳台板底必须要坐灰，严禁生摆，坐灰时适当提高，没有落水斗一侧的板面提高(5mm)。

d. 阳台找平找泛水时，用水平尺控制泛水坡度，并在墙身及拦板上弹好线，确保泛水基本正确。

e. 埋设落水斗前，必须先清理预留孔洞，预留孔表面过于光滑时要凿毛。

f. 埋设时，要洒水湿润，四周用1∶2水泥砂浆嵌密实。

g. 严禁粉阳台地坪与窝落水斗两道工序并做一次施工。

h. 阳台粉面完毕后，用水平尺检查其泛水，不符合要求时需要凿去返工重粉。

4.3.3.3　*施工项目质量的自控与监控*

施工项目质量控制过程既有施工承包方的质量控制职能，也有业主方、设计方、监理方、供应方及政府的工程质量监督部门的控制职能，它们具有各自不同的地位、责任和作用。

施工承包方和供应方在施工阶段是质量自控主体，它们不能因为监控主体的存在和监控责任的实施而减轻或免除其质量责任。业主、监理、设计单位及政府的工程质量监督部门是施工项目质量的监控主体，在施工阶段依据法律和合同对自控主体的质量行为和效果实施监督控制。

自控主体和监控主体在施工全过程中相互依存、各司其职，共同推动着施工质量控制过程的发展和最终工程质量目标的实现。

4.3.4　施工项目质量控制阶段

为了加强对施工项目的质量控制，明确各施工阶段质量控制的重点，可把施工项目质量控制分为事前控制、事中控制和事后控制三个阶段。

4.3.4.1 施工项目事前质量控制

指在正式施工前进行的质量控制，其控制重点是做好施工准备工作，并贯穿于施工全过程中。

(1)施工准备的范围

全场性施工准备是以整个项目施工现场为对象而进行的各项施工准备。单位工程施工准备是以一个建筑物或构筑物为对象而进行的施工准备。分项(部)工程施工准备是以单位工程中的一个分项(部)工程或冬、雨期施工为对象而进行的施工准备。项目开工前的施工准备是在拟建项目正式开工前所进行的一切施工准备。项目开工后的施工准备是在拟建项目开工后，每个施工阶段正式开工前所进行的施工准备，如混合结构住宅施工，通常分为基础工程、主体工程和装饰工程等施工阶段，每个阶段的施工内容不同，其所需的物质技术条件、组织要求和现场布置也不同，因此必须做好相应的施工准备。

(2)施工准备的内容

①技术准备　包括：项目扩大初步设计方案的审查；熟悉和审查项目的施工图纸；项目建设地点的自然条件、技术经济条件调查分析；编制项目施工图预算和施工预算；编制项目施工组织设计等。

②物质准备　包括建筑材料准备、构配件和制品加工准备、施工机具准备、生产工艺设备的准备等。

③组织准备　包括建立项目组织机构、集结施工队伍、对施工队伍进行入场教育等。

④施工现场准备　包括：控制网、水准点、标桩的测量；“五通一平”，生产、生活临时设施等的准备；组织机具、材料进场；拟定有关试验、试制和技术进步项目计划；编制季节性施工措施；制定施工现场管理制度等。

4.3.4.2 施工项目事中质量控制

指在施工过程中进行的质量控制。事中质量控制的策略是，全面控制施工过程，重点控制工序质量。其具体措施是：工序交接有检查；质量预控有对策；施工项目有方案，技术措施有交底，图纸会审有记录；配制材料有试验；隐蔽工程有验收；计量器具校正有复核；设计变更有手续；钢筋代换有制度；质量处理有复查；成品保护有措施；行使质控有否决(如发现质量异常、隐蔽未经验收、质量问题未处理、擅自变更设计图纸、擅自代换或使用不合格材料、无证上岗未经资质审查的操作人员等，均应对质量予以否决)；质量文件有档案(凡是与质量有关的技术文件，如水准、坐标位置，测量、放线记录，沉降、变形观测记录，图纸会审记录，材料合格证明、试验报告，施工记录，隐蔽工程记录，设计变更记录，调试、试压运行记录，试车运转记录，竣工图等都要编目建档)。

4.3.4.3 施工项目事后质量控制

指在完成施工过程形成产品的质量控制，其具体工作内容有：组织联动试车，准备竣工验收资料，组织自检和初步验收。按规定的质量评定标准和办法，对完成的分项、分部工程和单位工程进行质量评定，组织竣工验收，其标准是：

(1)按设计文件和合同规定的内容完成施工，质量达到国家质量标准，能满足生产和使用的要求。

(2)主要生产工艺设备已安装配套，联动负荷试车合格，形成设计生产能力。

(3)交工验收的建筑物要窗明地净，通水、通电、通气，采暖通风设备运转正常。

(4)交工验收的工程内净外洁，施工中的残余物料运离现场，灰坑填平，临时建(构)筑物拆除，2m以内地坪整洁。

(5)技术档案资料齐全。

4.3.5　施工项目质量控制的方法

施工项目质量控制的方法主要是审核有关技术文件、报告和直接进行现场检查或必要的试验等。

4.3.5.1　审核有关技术文件、报告或报表

对技术文件、报告、报表的审核是项目经理对工程质量进行全面控制的重要手段，其具体内容有：

(1)审核有关技术资质证明文件；

(2)审核开工报告，并经现场核实；

(3)审核施工方案、施工组织设计和技术措施；

(4)审核有关材料、半成品的质量检验报告；

(5)审核反映工序质量动态的统计资料或控制图表；

(6)审核设计变更、修改图纸和技术核定书，

(7)审核有关质量问题的处理报告；

(8)审核有关应用新工艺、新材料、新技术、新结构的技术鉴定书；

(9)审核有关工序交接检查，分项、分部工程质量检查报告；

(10)审核并签署现场有关技术签证、文件等。

5.3.5.2　现场质量检查

(1)现场质量检查的内容

①开工前检查。目的是检查是否具备开工条件，开工后能否连续正常施工，能否保证工程质量。

②工序交接检查。对于重要的工序或对工程质量有重大影响的工序，在自检、互检的基础上，还要组织专职人员进行工序交接检查。

③隐蔽工程检查。凡是隐蔽工程，均应检查认证后方能掩盖。

④停工后复工前的检查。因处理质量问题或某种原因停工后需复工时，亦应经检查认可后方能复工。

⑤分项、分部工程完工后，应经检查认可，签署验收记录后才允许进行下一工程项目施工。

⑥成品保护检查。检查成品有无保护措施，或保护措施是否可靠。

此外，还应经常深入现场，对施工操作质量进行巡视检查；必要时，还应进行跟班或追踪检查。

(2)现场质量检查的方法

现场进行质量检查的方法有目测法、实测法和试验法三种。

①目测法。其手段可归纳为“看、摸、敲、照”四个字。

“看”，就是根据质量标准进行外观目测。如墙纸裱糊质量应是：纸面无斑痕、空鼓、气泡、折皱；每一墙面纸的颜色、花纹一致；斜视无胶痕，纹理无压平、起光现象；对缝无离缝、搭缝、张

嘴；对缝处图案、花纹完整；裁纸的一边不能对缝，只能搭接；墙纸只能在阴角处搭接，阳角应采用包角等。又如，清水墙面是否洁净，喷涂是否密实，颜色是否均匀，内墙抹灰大面及口角是否平直，地面是否光洁平整，油漆浆活表面观感，施工顺序是否合理，工人操作是否正确等，均是通过目测检查、评价。

“摸”，就是手感检查，主要用于装饰工程的某些检查项目。如水刷石、干粘石粘结牢固程度，油漆的光滑度，浆活是否掉粉，地面有无起砂等，均可通过手摸加以鉴别。

“敲”，是运用工具进行音感检查。对地面工程、装饰工程中的水磨石、面砖、锦砖和大理石贴面等，均应进行敲击检查，通过声音的虚实确定有无空鼓，还可根据声音的清脆和沉闷判定属于面层空鼓或底层空鼓。此外，用手敲玻璃，如发出颤动音响，一般是底灰不满或压条不实。

“照”，对于难以看到或光线较暗的部位，则可采用镜子反射或灯光照射的方法进行检查。

②实测法。就是通过实测数据与施工规范及质量标准所规定的允许偏差对照，来判别质量是否合格。实测检查法的手段，也可归纳为“靠、吊、量、套”四个字。

“靠”，是用直尺、塞尺检查墙面、地面、屋面的平整度。

“吊”，是用托线板以线锤吊线检查垂直度。

“量”，是用测量工具和计量仪表等检查断面尺寸、轴线、标高、湿度、温度等的偏差。

“套”，是以方尺套方，辅以塞尺检查。如对阴阳角的方正、踢脚线的垂直度、预制构件的方正等项目的检查。对门窗口及构配件的对角线检查，也是套方的特殊手段。

③试验法。指必须通过试验手段才能对质量进行判断的检查方法。如对桩或地基的静载试验，确定其承载力；对钢结构进行稳定性试验，确定是否产生失稳现象；对钢筋对焊接头进行拉力试验，检验焊接的质量等。

4.3.6 施工项目质量的政府监督

4.3.6.1 施工项目质量政府监督的职能

为了加强对建设工程质量的管理，我国《建筑法》及《建设工程质量管理条例》明确规定，政府行政主管部门设立专门机构对建设工程质量行使监督职能，其目的是保证建设工程质量、保证建设工程的使用安全及环境质量。国务院建设行政主管部门对全国的建设工程质量实行统一监督管理，国务院铁路、交通、水利等有关部门按照规定的职责分工，负责对全国的有关专业建设工程质量实行监督管理。

各级政府质量监督机构对建设工程质量监督的依据是国家、地方和各专业建设管理部门颁发的法律、法规及各类规范和强制性标准。政府对建设工程质量监督的职能主要包括以下几方面：

(1)监督检查工程建设参与各方主体(包括建设单位、施工单位、材料设备供应单位、设计勘察单位和监理单位等)的质量行为是否符合国家法律、法规及各项制度的规定；查处违法违规行为和质量事故。

(2)监督检查工程实体的施工质量，尤其是地基基础、主体结构、专业设备安装等涉及结构安全和使用功能的施工质量。

(3)监督工程质量验收。

4.3.6.2 施工项目质量政府监督的实施

(1)受理建设单位对工程质量监督的申报

在工程项目开工前，监督机构接受工程质量监督的申报手续，并对建设单位提供的有关文件进行审查，审查合格后签发有关质量监督文件。建设单位凭工程质量监督文件，向建设行政主管部门申领施工许可证。

(2)开工前的质量监督

在工程项目开工前，监督机构首先在施工现场召开由参与工程建设各方代表参加的监督会议，公布监督方案，提出监督要求，并进行第一次监督检查工作。检查的重点是参与工程建设各方主体的质量行为。检查的主要内容有：

①检查参与工程项目建设各方的质量保证体系建立情况，包括组织机构、质量控制方案、措施及质量责任制等制度。

②审查参与建设各方的工程经营资质证书和相关人员的资格证书。

③审查按建设程序规定的开工前必须办理的各项建设行政手续是否齐全完备。

④审查施工组织设计、监理规划等文件以及审批手续。

⑤检查的结果记录保存。

(3)施工过程的质量监督

①监督机构按照监督方案对工程项目全过程施工的情况进行不定期的检查。检查的内容主要是参与工程建设各方的质量行为及质量责任制的履行情况，工程实体质量和质量控制资料的完成情况，其中对基础和主体结构阶段的施工应每月安排监督检查。

②对工程项目建设中的结构主要部位(如桩基、基础、主体结构等)除进行常规检查外，应在分部工程验收时进行监督，监督检查验收合格后，方可进行后续工程的施工。建设单位应将施工、设计、监理和建设单位各方分别签字的质量验收证明在验收后三天内报送工程质量监督机构备案。

③对在施工过程中发生的质量问题、质量事故进行查处。根据质量监督检查的状况，对查实的问题可签发“质量问题整改通知单”或“局部暂停施工指令单”。对问题严重的单位也可根据问题的性质签发“临时收缴资质证书通知书”等处理意见。

(4)竣工阶段的质量监督

主要是按规定对工程竣工验收备案工作进行监督。

①竣工验收前，就质量监督检查中提出的质量问题的整改情况进行复查，了解其整改的情况。

②竣工验收时，参加竣工验收会议，对验收的程序及验收的过程进行监督。

③编制单位工程质量监督报告，在竣工验收之日起五天内提交到竣工验收备案部门。对不符合验收要求的责令改正，对存在的问题进行处理，并向备案部门提出书面报告。

④建立工程质量监督档案

建设工程质量监督档案按单位工程建立。要求归档及时，资料记录等各类文件齐全。经监督机构负责人签字后归档，按规定年限保存。

4.4 施工项目质量的验收与评定

4.4.1 施工项目质量验收概述

4.4.1.1 施工项目质量验收的内涵

施工项目质量验收是对已完工的工程实体的外观质量及内在质量按规定程序检查后，确认其是否符合设计及各项验收标准的要求，可交付使用的一个重要环节。正确地进行工程项目质量的检查评定和验收，是保证工程质量的重要手段。

鉴于施工项目施工规模较大，专业分工较多，技术安全要求高等特点，国家相关行政管理部门对各类工程项目的质量验收标准制定了相应的规范，以保证工程验收的质量，工程验收应严格执行规范的要求和标准。

4.4.1.2 施工项目质量验收的程序与组织

施工项目质量验收分为过程验收和竣工验收，其程序及组织包括：

(1)施工过程中，隐蔽工程在隐蔽前通知建设单位(或工程监理单位)进行验收，并形成验收文件；

(2)分部分项工程完成后，应在施工单位自行验收合格后，通知建设单位(或工程监理单位)验收，重要的分部分项工程应请设计单位参加验收；

(3)单位工程完工后，施工单位应自行组织检查、评定，符合验收标准后，向建设单位提交验收申请；

(4)建设单位收到验收申请后，应组织施工、勘察、设计、监理单位等方面人员进行单位工程验收，明确验收结果，并形成验收报告；

(5)按国家现行管理制度，房屋建筑工程及市政基础设施工程验收合格后，尚需在规定时间内将验收文件报政府管理部门备案。

4.4.1.3 施工项目质量验收要求

(1)工程质量验收均应在施工单位自行检查评定的基础上进行；

(2)参加工程施工质量验收的各方人员，应该具有规定的资格；

(3)工程项目的施工应符合工程勘察、设计文件的要求；

(4)隐蔽工程应在隐蔽前由施工单位通知有关单位进行验收，并形成验收文件；

(5)单位工程施工质量应该符合相关验收规范的标准；

(6)涉及结构安全的材料及施工内容，应按照规定对材料及施工内容进行见证取样并形成检测资料；

(7)对涉及结构安全和使用功能的重要部分工程、专业工程应进行功能性抽样检测；

(8)工程外观质量应由验收人员通过现场检查后共同确认。

4.4.1.4 施工项目质量验收的内容与方法

施工项目质量验收的基本内容及方法一般包括：

(1)分部分项工程的质量验收，一般采用抽样检查。

(2)施工质量保证资料的验收采用检查的方法，包括施工全过程的技术质量管理资料，其中又以原材料、施工检测、测量复核及功能性试验资料为重点检查内容。

(3)工程外观质量的检查。

4.4.2 施工项目施工过程质量验收

施工项目施工过程质量验收分为检验批、分项工程、分部(子分部)工程三个验收环节，通过验收后留下完整的验收记录和资料，为工程项目竣工质量验收提供依据。

4.4.2.1 检验批质量验收

所谓检验批，是指“按同一的生产条件或按规定的方式汇总起来供检验用的，由一定数量样本组成的检验体”，“检验批可根据施工及质量控制和专业验收需要按楼层、施工段、变形缝等进行划分”。

检验批应由监理工程师组织施工单位项目专业质量(技术)负责人进行验收，其中的主控项目和一般项目应符合下列规定：

(1)主控项目和一般项目的质量经抽样检验合格。

(2)具有完整的施工操作依据、质量检查记录。

主控项目是指建筑工程对安全、卫生、环境保护和公众利益起决定性作用的检验项目，因此，主控项目的验收必须从严要求，不允许有不符合要求的检验结果。主控项目的检查具有否定权。除主控项目以外的检验项目称为一般项目。

4.4.2.2 分项工程质量验收

分项工程的验收在检验批的基础上进行。一般情况下，两者具有相同或相近的性质，只是批量的大小不同而已。一般分项工程按工种、材料、施工工艺、设备类别等进行划分。

分项工程应由监理工程师、(建设单位项目技术负责人)组织施工单位项目专业质量(技术)负责人进行验收。其验收的基础是其中所包含的检验批。

分项工程质量验收合格应符合下列规定：

(1)分项工程所包含的检验批均应符合合格质量的规定；

(2)分项工程所包含的检验批的质量验收记录应完整。

4.4.2.3 分部(子分部)工程质量验收

分部工程的划分一般按专业性质、建筑部位确定；当分部工程较大或较复杂时，可按材料种类、施工特点、施工程序、专业系统及类别等分为若干子分部工程。

分部工程应由总监理工程师组织施工单位项目负责人和技术、质量负责人等进行验收，验收的基础是其中所包含的分项工程以及质量控制资料。

分部(子分部)工程质量验收合格应符合下列规定：

(1)分部(子分部)工程所含工程的质量均应验收合格。

(2)质量控制资料应完整。

(3)地基基础、主体结构和设备安装等分部工程有关安全及功能的检验和抽样检测结果应符合有关规定。

(4)观感质量验收应符合要求。

4.4.3 施工项目施工过程质量验收不合格的处理

施工过程的质量验收是以检验批的施工质量为基本验收单元。

检验批质量不合格可能是由于使用的材料不合格，或施工作业质量不合格，或质量控制资料不完整等原因所致。按照《建筑工程施工质量验收统一标准》(GB 50300—2002)的规定，其处理方法有：

(1)检验批验收时，对严重的缺陷应推倒重来，一般的缺陷通过翻修或更换器具、设备予以解决后重新进行验收；

(2)个别检验批发现试块强度等不能满足要求等难以确定是否验收时，应请有资质的法定检测单位检测鉴定，当鉴定结果能够达到设计要求时，应通过验收；

(3)当检测鉴定达不到设计要求，但经原设计单位核算仍能满足结构安全和使用功能的检验批，可予以验收；

(4)严重质量缺陷或超过检验批范围内的缺陷，经法定检测单位检测鉴定以后，认为不能满足最低限度的安全储备和使用功能，则必须进行加固处理，虽然改变外形尺寸，但能满足安全使用要求，可按技术处理方案和协商文件进行验收，责任方应承担经济责任；

(5)通过返修或加固处理后仍不能满足安全使用要求的分部工程、单位(子单位)工程，严禁验收。

4.4.4 施工项目质量检查评定

分项工程质量检查评定是通过保证项目、基本项目和允许偏差项目综合评定的，分为优良和合格两个等级标准。

保证项目是必须达到的要求，是保证工程安全或主要使用功能的重要检验项目。验收规范条文中采用“必须”或“严禁”，以突出其重要性。

基本项目是保证工程安全或使用功能的基本要求。条文中采用“应”、“不应”来表示。其指标分为“合格”和“优良”两个等级，并尽可能给出量的规定。

允许偏差项目是分项工程检验项目中规定有允许偏差的项目。

分部工程的质量等级是由其所包含的分项工程的质量等级通过统计来确定的，分为合格和优良两个等级标准。

单位工程的质量等级由分部工程质量等级、直接反映单位工程结构安全和使用功能的质量保证资料核查和观感质量评定三个方面来综合评定，分为合格和优良两个质量等级。

合格：所含分部工程质量应全部合格；质量保证资料应基本齐全；观感质量的评分得分率应达到70％及其以上。

优良：所含分部工程质量应全部合格，其中有50％及其以上优良，且指定的分部工程必须优良；质量保证资料应基本齐全；观感质量的评分得分率应达到85％及其以上。

4.5 施工项目质量事故处理

4.5.1 工程质量事故的定义与分类

4.5.1.1 工程质量事故的定义

根据我国有关质量、质量管理和质量保证方面的国家标准的定义，凡工程产品质量没有满足某个规定的要求，称为质量不合格。而没有满足某个预期的使用要求或合理的期望(包括安全性的要求)称为质量缺陷。

在建设工程中，若工程(分部或分项)出现了不符合国家或行业现行有关技术标准、设计文件及合同中对质量的要求,称为工程质量缺陷。工程质量缺陷分为三种:一是致命缺陷,根据判断或经验,对使用、维护产品与此有关的人员可能造成危害或不安全状况的缺陷,或可能损坏最终产品的基本功能的缺陷;二是严重缺陷,是指尚未达到致命缺陷的程度,但显著地降低工程预期性能的缺陷;三是轻微缺陷,是指显著降低工程产品预期性能的缺陷或偏离标准但轻微影响产品的有效使用或操作的缺陷。

根据以上讨论,工程质量事故的定义为:由于工程质量不合格或质量缺陷而引发或造成一定的经济损失、工期延误或危及人的生命安全和社会正常秩序的事件,称为工程质量事故。这里的工程质量事故是一种泛指。

而根据建设部的有关规定,凡质量达不到合格标准的工程,必须进行返修、加固或报废,由此造成的直接经济损失在5000元以上(含5000元)的称为工程质量事故,经济损失不足5000元的称为工程质量问题。

4.5.1.2 工程质量事故的分类

工程质量事故的分类方法很多,如按事故的原因、性质、严重程度、后果、责任及处理方式等都可进行分类。以下介绍两种分类方法:

(1)按事故的严重程度划分

①一般质量问题

由于施工质量较差,不构成质量隐患,不存在危及结构安全的因素,所造成直接经济损失在5000元以下的称为一般质量问题。

②一般质量事故

由于勘察、设计、施工过失,造成建筑物、构筑物、道路、桥梁等明显倾斜、偏移,结构主要部位发生超过规范规定的裂缝、强度不足、超过设计规定的不均匀沉降,影响结构安全和使用寿命,需返工重做或由于质量低劣、达不到合格标准需加固补强,且改变了建筑物的外形尺寸,造成永久性缺陷的质量事故,同时直接经济损失在5000元以上、10万元以下或造成2人以下重伤的为一般质量事故。

③重大质量事故

凡有下列情况之一者,可列为重大质量事故:

第一,建筑物、构筑物或其他主要结构倒塌者;

第二,影响建筑设备及其相应系统的使用功能造成永久性质量缺陷者;

第三,超过标准规定或设计要求的基础不均匀沉降、建筑物倾斜、结构开裂或主体结构强度严重不足,影响工程的寿命,造成不可挽救的永久性质量缺陷或事故的;

第四,直接经济损失在10万元以上者。

重大质量事故分为四个等级,如表4.5所示。

表4.5 重大质量事故分级

重大质量事故等级	死亡人数(人)	或经济损失(万元)
一级重大质量事故	30以上(包括30)	300以上(包括300)
二级重大质量事故	10～29	100～300
三级重大质量事故	3～9	30～100
四级重大质量事故	2以下或重伤3～19	10～30

(2)按事故的性质划分

①倒塌事故:指建筑物整体或局部倒塌;

②开裂事故:包括砌体和混凝土结构开裂;

③错位事故:包括建筑物方向、位置错误,结构构件尺寸、位置偏差过大,一级预埋件、预留洞(槽)等错位偏差事故;

④地基工程事故:包括地基失稳或变形,斜坡失稳及人工地基等事故;

⑤基础工程事故:包括基础错位、变形过大,基础混凝土孔洞、桩基础事故,箱形基础事故等;

⑥变形事故:包括结构受力或施工工艺不当引起建筑结构出现倾斜、扭曲或过大变形等事故;

⑦结构或构件承载能力不足事故:主要是指因承载力不足留下的隐患性事故,如混凝土结构中漏放或少放钢筋,钢结构中杆件连接达不到设计要求,虽未造成严重开裂或倒塌,但已留下隐患;

⑧建筑功能事故:如屋面、墙面、地面、窗等部位渗漏,隔热或隔声功能达不到设计要求,装饰工程质量达不到设计标准等;

⑨其他事故:塌方、滑坡、沉井下沉中的各类事故,如突沉、停沉、倾斜、扭转、超沉等。

4.5.1.3　施工项目质量事故的特点

施工项目质量事故具有复杂性、严重性、可变性和多发性的特点。

(1)复杂性

施工项目产品与一般工业产品相比具有固定性,生产过程中人和生产随着产品流动,由于工程结构类型不一造成产品多样化,并且具有露天作业多,环境、气候等自然条件复杂多变;工程所使用的材料品种、规格多,材料性能也不相同;多工种、多专业交叉施工,相互干扰大,手工操作多;工艺要求也不尽相同,施工方法各异,技术标准不一等特点。即使是同一类型的工程,由于地点不同,施工条件不同,也可形成诸多复杂的技术问题。因此影响工程质量的因素繁多,造成质量事故的原因错综复杂,同一形态的事故,其原因有时截然不同,处理的原则和方法也不相同,导致了工程质量事故的性质、危害和处理都很复杂。例如墙体开裂,可能是设计计算有误、结构构造不良,或地基沉降差过大,或温度变形或干缩过大;也可能是施工质量低劣,偷工减料或材质不良,周边环境变化,使用不当,不可抗拒自然力的影响等诸多原因中的一个或几个造成的。

(2)严重性

施工项目是一项特殊的产品,不像一般生活用品那样可以报废,降低使用等级或使用档次。工程项目一旦出现质量事故,其影响较大。轻者影响施工顺利进行,拖延工期,增加工程费用;重者则会留下隐患,影响使用功能,缩短使用年限,甚至不能使用;最严重的还会引起建筑物的失稳、倒塌,造成人民生命财产的巨大损失。所以对已发现的工程质量问题决不能掉以轻心,务必高度重视,及时进行分析,作出正确的结论,提出恰当的处理措施,以确保安全。

(3)可变性

许多工程的质量问题出现后,其质量状态并非稳定于发现的初始状态,而是随时间、环境、施工情况等不断地发展变化。例如,地基基础的超量沉降可能随上部荷载的不断增大而继续发展;钢筋混凝土大梁上出现的裂缝,其数量、宽度和长度可能随着环境温、湿度的变化而变化，随着荷载的大小和持荷时间而变化；甚至有的细微裂缝也可能逐步发展导致构件的断裂，以至造成工程的倒塌。因此，一旦发现工程质量问题就应及时调查、分析并作出判断，对那些不断变化而可能导致危险情况发生的质量问题，要及时采取补救措施；对那些表面的质量问题，要进一步查清内部情况，确定问题性质是否会转化；对那些随时间和温、湿度条件变化的变形和裂缝要认真观测记录，寻找事故变化的特征与规律，供分析与处理参考。

(4)多发性

由于施工项目受手工操作和原材料等多个因素的影响，一些工程质量事故在各项工程中经常发生，降低了建设工程标准，影响了使用功能，甚至危及了使用安全，而成为多发性的质量通病。例如，屋面、卫生间渗漏，抹灰层开裂、脱落，混凝土、砂浆强度不足，悬挑梁板开裂、折断，雨篷倾覆等。因此，总结经验，吸取教训，分析原因，采取有效措施预防十分必要。

4.5.2　施工项目质量事故的报告与调查

4.5.2.1　施工项目质量事故的报告

(1)事故的归口管理

建设部归口管理全国工程建设重大事故；国务院各有关主管部门管理所属单位的工程建设重大事故和一般事故。

省级建设行政主管部门归口管理本辖区内的工程建设重大事故和一般事故。

一般质量问题由地方质量监督机构督促处理。

(2)事故报告的有关规定

①工程质量事故发生后，事故发生单位必须及时报告。

②重大事故、一般事故发生后，事故发生单位必须在24小时内写出书面报告，将事故的简要情况向上级主管部门和事故发生地的市、县级建设行政主管部门报告。如有人身伤亡，还应向地方检察、劳动部门报告。

事故发生地的市、县级建设行政主管部门接到报告后，应立即向地方人民政府和省级建设行政主管部门报告；属于重大事故的，省级建设行政主管部门应立即向省级人民政府和建设部报告。

③一般质量问题由事故发生单位向地方质量监督机构报告。

(3)质量事故及质量问题书面报告内容

①重大或一般质量事故书面报告内容：

事故发生的时间、地点、工程项目名称，事故发生单位及参建单位名称；

事故发生的简要经过、伤亡人数及直接经济损失的初步估计；

事故发生原因的初步分析与判断；

事故发生后采取的措施及事故控制情况；

事故报告单位。

②一般质量问题书面报告内容：

第一，质量问题发生的时间、地点、工程项目名称，质量问题发生单位及参建单位名称；

第二，质量问题情况：发现质量问题的时间和经过，质量问题现状，质量问题的严重性（如是否危及结构安全）和迫切性（不及时处理是否会出现严重后果）；

第三，质量问题发生后采取的措施及事故控制情况；

第四,质量问题报告单位。

(4)事故现场保护及取证

①重大或一般质量事故的现场保护及取证

重大事故、一般事故发生后,事故发生单位和事故发生地的建设行政主管部门应当严格保护事故现场,采取有效措施抢救人员和财产,防止事故扩大。

因抢救人员疏导交通等原因需要移动现场物件时应当作出标志,绘制现场简图,并作出书面记录,妥善保存现场重要痕迹、物证,并拍照或录像。

②一般质量问题的现场保护及取证

一般质量问题发生后,质量监督机构接到质量问题报告应立即派人到现场勘察,对质量问题现场的重要物件责令有关单位采取必要的保护措施,必要时拍摄照片或录像作为证据。如芜湖市一道路工程排水施工中,使用废旧涵管,质监人员现场拍摄了照片作为证据。

4.5.2.2　施工项目质量事故的调查

(1)施工项目质量事故调查的任务

施工项目质量事故的处理与其他事情处理一样,都要以实际情况和事实为依据,只有事故全部调查清楚,才能正确、合理地处理事故。否则可能事与愿违,不是事故没能及时彻底地处理,就是事故反复处理,造成不必要的损失。因此,要达到调查的目的,必须做好以下几项工作:

①查清事故涉及的范围;

②初步的原因;

③事故的急迫性;

④确定事故的性质;

⑤为事故处理方法的选择和确定处理时间提供依据;

⑥减少不必要的损失;

⑦区分事故的责任单位和责任人。

(2)施工项目质量事故调查的主要内容

①设计情况:设计单位的资质情况,设计图纸是否齐全,设计构造是否合理,结构计算简图和计算方法以及计算结果是否正确等;

②地基基础情况:地基实际状况、基础构造尺寸与勘察报告、设计要求是否一致,必要时开挖检查;

③结构实际状况:包括结构布置,结构构造,连接方式、方法,构件状况和支撑系统等;

④结构上各种作用的调查:主要指结构上的作用及其效应,以及作用效应组合的调查分析,必要时进行实测统计;

⑤施工情况:包括施工方法,施工执行规范情况,施工进度和速度,施工中有无停歇,施工荷载值的统计分析等;

⑥建筑变形观测:包括沉降观测记录、结构或构件变形观测记录等;

⑦裂缝观测:包括裂缝形状与分布特征,裂缝宽度、长度、深度以及裂缝的发展变化规律等;

⑧技术资料情况:包括建筑材料、成品、半成品的出厂合格证和按批量复试情况,施工中的各项原始记录和检查验收记录,如施工日志、打桩记录、混凝土施工记录、预应力张拉记录、检

验批验收记录等。

(3)事故调查组的组成和分级管理

①重大工程质量事故的调查由事故发生地的市、县级以上建设行政主管部门或国务院有关主管部门组织成立调查组负责进行。

调查组由建设行政主管部门、事故发生单位的主管部门和劳动部门，以及参建各方的上级主管部门的人员组成，并应邀请人民检察机关和工会派员参加。调查组可以邀请有关方面的专家协助进行技术鉴定、事故分析和财产损失的评估工作。

一、二级重大事故由省级建设行政主管部门组成调查组提出意见，报人民政府批准。

三、四级重大事故由事故发生地的市、县级建设行政主管部门组成调查组提出意见，报人民政府批准。

②一般质量事故由建设单位组成调查组提出意见，报建设行政主管部门批准。

调查组可根据情况邀请有关方面的专家协助进行技术鉴定、事故分析。

③一般质量问题由质量问题发生单位组成调查组提出意见，报地方质量监督机构批准，并根据质量问题的严重程度决定是否邀请有关方面的专家参加。

(4)事故调查报告

对于较严重质量问题的处理，组成事故调查组后必须根据前述要求，写出调查报告报有关部门。对于一些轻微质量问题的处理，视情节的严重程度，由责任单位写出书面检查和情况汇报，报质量监督机构备案。

工程质量事故调查报告的内容包括：

①工程概况：重点介绍事故有关部分的工程情况。

②事故概况：主要有事故发生或发现时间、事故现状和发展变化情况。

③事故是否作过处理：对缺陷部分进行封堵或掩盖，为防止事故恶化而设置的临时支护措施；如已作过处理，但未达到预期效果，也应予以注明。

④事故调查中的实测数据和各种试验数据。

⑤事故原因分析。

⑥结构可靠性鉴定结论。

⑦事故处理的建议。

⑧预防事故再发生的建议。

4.5.3　施工项目质量事故处理的依据和程序

4.5.3.1　施工项目质量事故处理的主要依据

(1)施工单位的质量事故调查报告

质量事故发生后，施工单位有责任就所发生的质量事故进行周密的调查，研究掌握情况，对有关质量事故的实际情况做详尽的说明，形成初步的事故调查报告，其内容包括：

①质量事故发生的时间、地点，工程项目名称及工程概况，如结构类型、建筑面积、层数、发生质量事故的部位、参建单位名称等。

②质量事故状况的描述，如分布状态及范围、发生事故的类型、缺陷程度及直接经济损失以及是否造成人员伤亡。

③质量事故现场勘察笔录，事故现场证物照片、录像，质量事故的证据资料，质量事故的调

查笔录。

④质量事故的发展变化情况，如是继续扩大其范围，是否已稳定。

(2)事故调查组研究所获得的第一手资料，以及调查组所提供的工程质量事故调查报告，用来与施工单位所提供的情况对照、核实。

(3)有关合同和合同文件

所涉及的合同文件主要有：施工、设计、勘察、监理合同及分包工程合同，原材料、半成品、设备器材等购销合同等。有关合同和合同文件在处理质量事故中的作用，是对施工过程中有关各方是否按照合同约定的有关条款实施其活动进行核实，同时有关合同文件还是界定质量责任的重要依据。

(4)有关的技术文件和档案

①有关的设计文件；

②与施工有关的技术文件和档案资料。

(5)有关的建设法规

①勘察、设计、施工、监理等单位资质管理方面的法规；

②建筑市场方面的法规；

③建筑施工方面的法规。

4.5.3.2　施工项目质量事故处理的程序

(1)工程质量事故发生后，事故发生单位根据事故的等级在规定时限内及时向有关部门报告。

(2)质量监督机构发出通知，责令整改；根据质量事故的严重程度，必要时由质量监督机构责令暂停下道工序施工，或由建设行政主管部门发出停工通知。

(3)根据事故等级，按照分级管理的原则，成立事故调查组。

(4)事故调查组现场勘察、取证。

(5)补充调查，必要时委托有资质的单位进行检测鉴定。

(6)分析事故原因

工程质量事故可能影响工程结构安全和使用功能，对质量事故及时进行分析，正确剖析其原因和危害，可以防止事故恶化，为合理地处理事故提供依据，找出正确的解决方法，排除质量隐患，可以取得明显的经济与社会效益。

(7)事故处理过程及检查验收

在事故原因调查清楚后，确定了处理方案，由施工单位按照设计要求和有关标准、规范的规定提出事故处理施工方案，由有关单位审核同意后进行事故处理施工。事故处理工作完成后，根据规范规定和设计要求进行检查验收，并办理交工验收文件，提出事故处理的结论。

(8)事故处理过程及验收的资料归档

施工单位在事故处理过程中，应将事故处理中的调查报告、检测鉴定资料、处理设计方案(包括专家论证意见)、施工方案、材料、隐蔽验收记录以及处理过程中的检测试验资料及验收结论等资料整理成册，报有关单位，通常质量监督机构留一份存档。

(9)提出对责任单位及责任人的处理建议

对于严重质量事故，由调查组界定质量责任后，根据国家有关法律、法规的规定，提出对责任单位及责任人的处理建议。

对于一般质量问题，视问题性质和情节的轻重，由质量监督机构提出对责任单位及责任人的处理建议，或予以记载不良记录或不做处理。

4.5.4　施工项目质量事故处理的任务和基本要求

4.5.4.1　施工项目质量事故处理的主要任务

(1)创造正常施工条件。事故发生后往往影响后续施工的正常进行，只有及时正确地处理事故，才能创造正常施工条件。

(2)确保工程结构安全。对结构裂缝、变形等明显缺陷和结构构件中的强度不足、漏放或错放钢筋等问题，必须采用适当的处理措施，排除隐患，保证工程结构的安全。

(3)满足使用要求。

(4)保证工程的耐久性。有些质量事故虽然在短期内不影响使用和安全，但可能降低耐久性。如混凝土构件中受拉区较宽的裂缝，混凝土密实性差，道路工程的路床中含有"弹簧"等，均可能减少工程使用年限，应做适当处理。

(5)防止事故恶化，减少损失。不少质量事故随时间和外界条件而变化，必须及时采取措施，避免事故不断扩大造成不应有的损失。

(6)有利于交工验收。施工中发生的质量事故，必须在后续施工前对事故原因、危害是否处理和怎样处理等问题做出必要的结论，并应使有关方面达成共识，避免工程交工验收时发生不必要的争议而延误工程的使用。

4.5.4.2　施工项目质量事故处理的基本要求

(1)质量事故处理应达到安全可靠，不留隐患，满足生产、使用要求，施工方便、经济合理的目的。

(2)重视消除造成事故的原因，这是防止事故重演的重要措施。

(3)注意综合治理，既要防止原有事故的处理引发新的事故，又要注意处理方法的综合应用。

(4)凡涉及结构安全的，都应对处理阶段的结构强度、刚度和稳定性进行验算，提出可靠的防护措施，并在处理中严密监视结构构件的稳定性。

(5)对需要部分拆除的事故，应充分考虑对相邻区域结构的影响，以免事故进一步扩大。应制定可靠的安全措施和拆除方案，要严防对原有事故的处理引发新的事故。

(6)在不卸载条件下进行结构加固时，要注意加固方法和施工荷载的影响。要充分考虑对事故处理中所产生的附加内力以及由此引起的不安全因素。

(7)加强事故处理的检查验收工作，从施工准备到完成处理工作，均应根据有关规范规定和设计要求的质量标准进行检查验收。

知识拓展

质量管理的发展阶段

质量管理的发展大致经历了三个阶段。

(1)质量检验阶段

20 世纪前，产品质量主要依靠操作者本人的技艺水平和经验来保证，属于“操作者的质量管理”。20 世纪初，以 F. W. 泰勒为代表的科学管理论的产生，促使产品的质量检验从加工制造中分离出来，质量管理的职能由操作者转移给工长，是“工长的质量管理”。随着企业生产规模的扩大和产品复杂程度的提高，产品有了技术标准，公差制度也日趋完善，各种检验工具和检验技术也随之发展，大多数企业开始设置检验部门，有的直属于厂长领导，这时是“检验员的质量管理”。上述几种做法都属于事后检验的质量管理方式。

(2)统计质量控制阶段

1924 年，美国数理统计学家 W. A. 休哈特提出控制和预防缺陷的概念。他运用数理统计的原理提出在生产过程中控制产品质量的“6σ”法，绘制出第一张控制图并建立了一套统计卡片。与此同时，美国贝尔研究所提出关于抽样检验的概念及其实施方案，成为运用数理统计理论解决质量问题的先驱，但当时并未被普遍接受。以数理统计理论为基础的统计质量控制的推广应用始自第二次世界大战。由于事后检验无法控制武器弹药的质量，美国国防部决定把数理统计法用于质量管理，并由标准协会制定有关数理统计方法应用于质量管理方面的规划，成立了专门委员会，并于 1941～1942 年先后公布一批美国战时的质量管理标准。

(3)全面质量管理阶段

20 世纪 50 年代以来，随着生产力的迅速发展和科学技术的日新月异，人们对产品的质量从注重产品的一般性能发展为注重产品的耐用性、可靠性、安全性、维修性和经济性等。在生产技术和企业管理中要求运用系统的观点来研究质量问题。在管理理论上也有新的发展，突出重视人的因素，强调依靠企业全体人员的努力来保证质量。此外，还有“保护消费者利益”运动的兴起，企业之间市场竞争越来越激烈。在这种情况下，美国 A. V. 费根鲍姆于 60 年代初提出全面质量管理的概念。他提出，全面质量管理是“为了能够在最经济的水平上、并考虑到充分满足顾客要求的条件下进行生产和提供服务，并把企业各部门在研制质量、维持质量和提高质量方面的活动构成为一体的一种有效体系”。中国自 1978 年开始推行全面质量管理，并取得了一定成效。

实践与能力训练

【实训 1】 某公司承接一个国际公寓工程，地下 2 层，地上 11 层。基础类型为带帽式筏板基础，主体为框架-剪力墙结构，结构跨度大，结构形式复杂，钢筋采用 HPB235 级和 HRB335 级，钢筋接头采用绑扎、气压焊，地下混凝土采用 C35/S8，地上混凝土采用 C30 级和 C25 级。

问题：

1. 为满足合同要求，确保工程质量，在进行该项目质量控制过程中，该公司应采取哪些主要对策？

2. 针对该工程钢筋连接接头，其检查要点是什么？

3. 该工程的施工质量计划应由谁来编制？施工项目质量计划的内容有哪些？

【实训 2】 某机电安装公司通过竞标承担了某化工厂的设备、管道安装工程。为兑现投标承诺，公司通过质量策划编制了施工组织设计和相应的施工方案，并建立了现场质量保证体系，制定了检验试验卡，要求严格执行三检制。工程进入后期，为赶工期，采用加班加点的办法加快管道施工进度，由此也造成了质量与进度的矛盾。质量检查员在管道施工质量检查时发现不锈钢管焊接变形过大，整条管成折线状，不得不拆除重新组对焊接，造成直接经济损失1600元。

问题：

1. 三检制的自检、互检、专检责任范围应如何界定？本案例是哪个检验环节失控？
2. 影响施工质量的因素有哪些？是什么因素造成本案例不锈钢管焊接变形过大？
3. 质量事故如何界定？本案例问题应如何定性？
4. 质量事故处理有几种形式？本案例属于哪种？

【实训3】 华宇建筑公司承接该市运动员公寓工程施工任务，该工程于2010年3月开工，合同工期385天，该工程地下3层，地上11层，基础采用箱形基础，主体结构形式为现浇剪力墙结构，采用大模板施工。

问题：

1. 如果你是施工企业技术人员，该如何编制大模板工程质量预控措施？
2. 施工过程中，工序质量控制的步骤是什么？
3. 为达到工序质量控制的效果，施工单位在工序质量管理方面应如何做？
4. 为保证工程质量，施工单位进行质量控制可采用的质量控制方法是什么？

【实训4】 某市海天大厦，地下2层，地上24层，为现浇钢筋混凝土剪力墙结构，总建筑面积23380平方米。2005年2月1日开工建设，10月2日在建设单位召开的协调会上，施工单位提出：因气温逐渐下降，为保证年底结构封顶，加快施工进度，将原先使用的矿渣水泥改为普通硅酸盐水泥，得到了建设单位、监理单位等方的认可。水泥由施工单位采购，施工单位确定朝阳商贸公司为供应商，该公司采用金华厂生产的水泥。施工单位认为在协调会上建设和监理单位已经同意施工单位提出将矿渣水泥改为普通硅酸盐水泥的方案，因此在2005年10月15日未经监理工程师许可即进场第一批水泥。

问题：

1. 施工单位未经监理单位许可即进场水泥的做法是否正确？施工单位应如何做？
2. 为了保证海天大厦工程质量达到设计和规范要求，施工单位对进场材料应如何进行质量控制？
3. 简述材料质量控制的要点。
4. 材料质量控制的内容有哪些？

【实训5】 某市文化中心工程位于该市丰南区，总建筑面积53396平方米，结构形式为框架-剪力墙结构，基础为筏板基础，主体建筑地下4层，地上20层，建筑檐高74.4米，该工程业主为华夏集团，施工单位为天宇建筑公司，监理单位为方华监理公司，设计单位为市建筑设计院，主要材料供应商为华通贸易公司。该工程于2000年3月5日开工，合同工期465天。

问题：

1. 该工程的施工质量控制过程，谁是质量自控主体？谁是质量监控主体？
2. 该工程施工工序质量控制的内容是什么？
3. 简述施工作业过程质量控制的基本程序。
4. 施工单位进行现场质量检查的方法有哪些？现场质量检查的内容有哪些？

【实训6】 工程施工是使工程设计意图最终实现并形成工程实体的阶段，也是最终形成工程产品质量和工程项目使用价值的重要阶段。因此施工阶段的质量控制是施工项目质量管理的重要工作内容，也是工程项目质量控制的重点。

问题：

1. 按工程实体质量形成过程的时间可分为哪三个施工阶段的质量控制环节？

2. 施工阶段监理工程师进行质量控制的依据有哪些？

3. 采用新工艺、新材料、新技术的工程，事先应进行试验，应由谁出具技术鉴定书？

【实训 7】 某办公楼建筑面积 2750 平方米，是一栋四层建筑，层高 3.0 米，总高 24 米，基础为钢筋混凝土基础，上部为现浇钢筋混凝土梁、板、柱的框架结构，主体结构采用 C25 混凝土，砖砌填充墙，在主体结构施工过程中，四层混凝土部分试块强度达不到设计要求，因此请法定检测机构对实际结构进行检测鉴定，检测结构能否达到要求。

问题：

1. 该质量问题是否需要处理？为什么？

2. 如果该混凝土强度经测试达不到要求，需要进行处理，可采用什么处理方案？处理后应满足哪些要求？

3. 根据工程质量事故的性质及严重程度，工程质量事故分为哪两类？是如何规定的？如果该质量问题进行加固补强造成经济损失 1 万元，则该事故属于哪一类？

思考题

1. 什么是施工项目质量？施工项目质量的特征有哪些？
2. 简述施工项目质量管理的概念与基本原理。
3. 试述施工项目质量计划编制的主体与依据。
4. 影响施工项目质量的生产要素有哪些？质量控制的方式有哪些？
5. 试述施工作业过程的质量控制的基本程序。
6. 简述施工项目质量控制的方法。
7. 政府对建设工程项目质量是如何实施监督的？
8. 如何处理施工项目施工过程质量验收不合格？
9. 试述工程质量事故的定义与分类。
10. 简述工程质量事故的技术特点。
11. 试述工程质量事故处理的依据和程序。
12. 简述施工项目质量事故调查的任务。

单元5 施工项目进度控制

教学目标

1. 掌握施工项目进度控制的基本理论和基本方法；
2. 熟悉进度控制的工作环节及其程序的工作要点；
3. 掌握进度控制的各种具体控制方法在工程项目中的应用特点；
4. 培养学生有效从事施工项目进度控制的基本工作能力。

5.1 施工项目进度控制概述

5.1.1 施工项目进度控制的概念

施工方是工程实施过程中一个重要的参与方，由于施工项目的建设周期相对较长，但又要求十分紧迫，因而对施工方的要求也很高。施工过程中出现数百天连续作业，甚至24小时连续作业的情况也时有发生。施工方如果没有很好地对工程作业时间进行合理规划，只是盲目赶工或被其他因素干扰而无法掌控工期，必然会导致施工质量问题和施工安全问题的出现，甚至会引起施工成本的增加。施工进度控制不仅关系到施工进度目标能否实现，还直接关系到施工项目的质量和成本。

施工项目进度控制是指在既定的工期内编制出最优的施工进度计划，在执行计划的过程中，经常性地检查施工实际进度情况，并将其与计划进度相比较；若出现进度偏差，就立即分析其产生的原因和对工期的影响程度，并找出必要的调整、整改措施，以便修正原进度计划；这样通过不断地如此循环，直至工程竣工验收、交付使用为止，以确保工程进度目标的实现。

施工项目进度控制的总目标是确保施工项目的既定目标工期的实现，或者在保证施工质量和不因此而增加施工实际成本的条件下，适当缩短施工工期。

5.1.2 施工项目进度控制的主要影响因素

由于施工项目的特点，尤其是较大和复杂的施工项目，建设工期较长，而施工过程又是建设工程中最复杂的重要环节之一，不可避免地存在着这样或者那样的问题，这些问题严重影响着施工进度计划的实际实施。在这个复杂的过程中，影响工程项目建设进度控制的因素是多方面的，主要影响因素有：

(1)工程参建各方的影响

在施工项目的建设过程中，施工单位对施工进度起决定性作用，但是业主、设计单位、银行信贷单位、材料设备供应部门、运输部门、水电供应部门及政府的有关主管部门都可能给施工某些方面造成困难而影响施工进度。

①业主方

如业主使用要求的改变而进行的设计变更;业主应提供的施工场地条件不能及时提供或者所提供的场地不能满足工程建设的正常要求;业主不能及时向施工方或材料设备供应商支付费用等都会对进度控制产生巨大的影响,甚至会对质量产生一定的影响。

②施工方

如施工工艺错误;使用了不合理的施工方案;施工安全措施采取不当;对出现偏差的进度计划不及时修正等也会对进度控制产生影响。

③勘察设计方

如勘察资料不准确,有遗漏或错误现象;设计内容不完善,规范应用不得当,设计有缺陷;对施工过程的实施可能性考虑不周等都会直接给施工过程的进度控制留下隐患。

④监理方

如监理工程师业务素质不高,对工程隐患预见能力较差;在工作中出现监督管理的失误,做出错误判断或工程指令;不按工作流程办事等也会直接影响到施工项目进度控制工作的顺利进行。

(2)工程环境的影响

①自然环境

如复杂的工程地质条件、不明的水文气象条件以及不可抗力的影响必然会对施工项目进度控制乃至施工项目管理带来很大的困难。

②社会环境

如外来单位对施工工程项目带来的干扰;特殊时期的交通、城规的限制;临时的停水停电;还有一些法律、政策、制度的变化以及社会因素等影响,必然对建设行为产生制约。

③施工环境

如在制定施工进度计划时,没有明确施工的任务、工作量,引起现场施工混乱无序;没有协调好劳动力关系与材料、设备供应,施工设施配置不合理,造成建设资源浪费及低下的工作效率;没有考虑自身的设计及施工技术水平,施工前对具体技术指标没有全面地研究分析,造成在施工时不可避免地遇到许多困难;没有清晰地理解新材料、新技术、新工艺的应用条件与方法,甚至没有清晰地理解工程的设计与技术要求,进而导致盲目施工,浪费大量的人力、物力,不利于施工工作的正常开展。

(3)工程资源的影响

①材料、设备

如材料、构配件、机械设备供应环节的差错;品种、规格、质量、数量、供应时间等不能满足建设需要;对新材料、新工艺、新设备的不合理使用;或在施工过程中选型、安装等环节出项失误都会给质量、成本和进度造成不可挽回的损失。

②资金

这是直接影响进度的主要因素之一。如拖欠资金、资金不到位;资金短缺、汇率浮动等都会直接制约施工项目进度控制的顺利进行。

(4)组织管理的影响

组织协调是施工项目管理和进度控制过程中的重要手段之一。如果出现审批手续延误、合同签订时条款遗漏、表达不当;施工进度计划安排不周密;管理指挥失误等现象必然导致控制失调。混乱的施工环境、凌乱的物体摆放、肮脏的工地周边环境、低效的施工组织等也都是影响施工现场工作的重要问题,这些都是由于低效的施工管理而造成的。

综上所述,施工项目的进度控制不是一个简单的过程,它要受到来自各方面因素的影响,不论哪个环节出现问题,都会影响到整个工程的顺利进行,它是一个系统的管理过程。只有有效地对各影响因素进行客观的认识和评价,采取适当的措施加以控制,才能更好地做好施工项目的进度控制。

5.1.3　施工项目进度控制的程序

5.1.3.1　确定控制时间目标

施工项目进度管理是以施工项目的工期为管理对象,那么施工项目进度控制的成效就必然由施工项目工期控制的有效程度来表征。由于没有标准也就没有所谓的控制,因此施工项目进度管理必须首先要求设置相应的控制标准,这就是目标工期。施工项目进度控制就是根据施工合同双方确定的开工日期、竣工日期和总工期来确定项目的施工进度计划,明确项目的计划开工日期、计划竣工日期和计划总工期,并根据项目特征确定其各分部的开工、竣工日期。

5.1.3.2　编制施工进度计划

施工进度计划应根据项目的施工工艺关系、组织关系、起止时间、劳动力计划、各资源需求量计划以及相应的保证性计划综合考虑予以确定。结合建设现场的施工条件和业主要求,制定出详细的施工进度及控制管理的具体计划。其中进度计划包括前期准备、施工方案的选择、组织施工流水作业、协调工种、处理劳动力及材料设备的供应、确定分项工程的目标及整个工程的进度与工期等内容。而且制定计划要包括制定总控制进度计划、二级计划(即阶段工期计划或者分部工程计划)、三级计划(即周计划)三种计划。

5.1.3.3　施工进度计划的实施

在施工项目实施过程中,要根据确定好的进度计划对施工过程进行管理,不断跟踪检查,当出现进度偏差现象时,要及时分析原因,找出解决的办法,及时调整进度计划,并对工程进展进行进度状况的预测分析,制定出合理的新的施工进度计划。具体过程包括:

(1)向监理工程师提交开工申请报告,并应按照监理工程师下达的开工指令中指定的日期开工。通过业主审批的施工进度计划必须严格执行与落实,施工方按照计划的要求调配人力物力,协调工种及机械,保证资金流转顺畅,根据实际进展可适当地修正技术和组织管理中的各项措施,适当调整施工项目的进度计划,保证进度计划有效、按时地执行。

(2)监督工程的实际进展并且加强整个工程的调度,统计分析已记录的实际数据,落实调整措施,处理工程中可能遇到的索赔事宜、确保供应等工作。进度管理者应该全面地掌控工程施工的方方面面,协调工作,确保工程施工保质、按时地进行。

(3)施工方应该定期向业主汇报有关工程进展的信息,积极地回应业主提出的要求,交流看法与意见,适当地处理工程中遇到的突发事件,协调各方面的利益,充分调动积极因素,促进施工项目的建设工作顺利开展。

(4)施工方根据对实际工程检查的结果做出分析并且适当地调整施工进度计划。进行调整的内容主要有:工作量、工作内容、起止时间、持续时间、工种关系、材料和机械的供应等。调整进度计划是根据实际的检查结果进行分析与探讨后,进行计划的调整和重新编制,同时要严格实施完善后的进度计划与方案。

5.1.3.4　进度控制工作的总结

全部施工任务完成后，应进行进度控制工作的总结并写出总结报告。

5.1.4　施工项目进度控制的基本方法与措施

施工项目能否按期建成交付使用，既是投资者关心的问题，也是参与施工项目建设各方共同关注的问题。工程的施工阶段是工程建设实体的形成阶段，施工阶段工期的长短与进度的快慢在很大程度上会影响到整个工程项目的建设工期，因此，施工阶段的进度控制就是工程建设项目进度控制的重点。施工阶段的进度控制即施工项目的进度控制，其目的就是施工方保证工程项目能按照施工承包合同的承诺按期建成并交付使用。

5.1.4.1　施工项目进度控制的基本方法

施工项目进度控制的基本方法主要是规划、控制和协调。规划是指确定施工项目总进度控制目标和分进度控制目标，并编制其进度计划。控制是指在施工项目实施的全过程中，进行施工实际进度与施工计划进度的比较，出现偏差及时采取措施调整。协调是指疏通、优化与施工进度有关的单位、部门和工作队组之间的进度关系。在进度控制过程中，通过比较、分析、预测、纠偏、检查等手段，对于已经确定好的施工项目进度总目标和分进度目标实施全过程的控制。

5.1.4.2　施工项目进度控制的措施

施工项目进度控制的措施主要包括组织措施、管理措施、经济措施和技术措施。通过以上多种措施的应用，对施工进度实施有效的控制。

(1)组织措施

组织协调是实现进度控制的有效措施。为有效控制施工项目的进度，必须处理好参建各方工作中存在的问题，建立协调的工作关系，通过明确各方的职责、权力和工作考核标准，充分调动和发挥各方工作的积极性、创造性及潜在能力。

①为实现进度控制目标，应充分重视健全项目管理的组织体系。控制目标能否实现的决定性因素就是组织。

②在项目管理组织机构中，应有专门的工作部门和符合进度控制岗位资格的专人负责进度控制工作。

③进度控制的主要工作环节、工作任务以及相应的管理职能应在项目管理组织设计的任务分工表和管理职能分工表中进行标示并落实。

④应详细编制施工进度控制的工作流程。

⑤加大进度控制的组织与协调工作，制定进度协调工作制度。

(2)管理措施

施工进度控制的管理措施是否得当，主要看是否解决了管理观念的问题。进度计划是个系统工程，要处理好各部分的关联关系；控制是个动态过程，要解决好计划与调整问题；进度计划的合理性主要体现在资源的合理使用、工作面的合理安排，能在提高施工质量和文明施工的同时合理缩短施工周期。

①应选择合理的承发包方式，选择合理的合同结构，以避免过多的合同交界面而影响工程的进展。

②应注重加强分析影响进度的风险因素。对常见的组织风险、管理风险、合同风险、资源

风险和技术风险，应在分析的基础上采取措施，以减少进度失控的风险量。

③应重视信息技术在进度控制中的应用。信息技术可以提高信息处理的效率，促进信息交流及协同工作的概率。

(3)经济措施

要促使事物朝着有利的方向发展，无论在什么时候经济杠杆都是行之有效的重要手段之一，工程项目进度控制也不例外。

①应编制与进度计划相适应的资源需求量计划。包括资金需求量计划、人力资源和物资需求量计划。

②应制定实现、加快施工进度目标的经济激励制度。

(4)技术措施

施工过程主要是以施工方案与施工技术为载体，其对实现进度目标的影响是决定性的。主要涉及设计技术和施工技术的合理选用。

①不同的设计理念和方案对工程进度产生不同的影响，应充分分析其对进度控制的影响程度。同时应加强对设计变更的应变能力，对设计变更给施工技术带来的影响必须有充分的认识。

②认真制定并落实施工方案的部署，不仅应分析技术的先进性和经济的合理性，还要考虑对进度控制的影响。

③在选择新技术、新材料、新工艺方面，要充分考虑对进度的影响。

④在进度目标受到影响时，为实现进度目标要考虑是否有改变施工技术、施工方法、施工机械的可能性。

5.2　施工项目进度控制计划

进度管理的全过程自始至终都是围绕施工进度计划而展开的，因此，施工进度计划的编制就是进度管理工作的首要环节。而计划是控制的前提，控制就是将实际值与计划值进行比较，找出差距，然后进行反馈调整。编制施工进度计划就是确定一个控制工期的计划值，并制定出保证计划实现的有效措施，保证按合同工期顺利完成任务。

5.2.1　施工项目进度控制计划的类型

施工项目进度计划按管理主体的不同，可分为业主方、设计方、施工方、监理方所编制的不同类型的计划。这些计划既有区别又有联系，构成了施工项目进度管理的计划系统。这里仅介绍作为施工过程的主要管理者——施工方所编制的进度计划的类型。

5.2.1.1　按照计划的内容划分

(1)施工总进度计划

施工总进度计划是根据工程建设总进度计划、施工承包合同文件、施工总方案以及相关资料，予以确定各单项工程、单位工程的施工顺序、起止时间及衔接关系的技术经济性文件。

(2)单位工程进度计划

单位工程进度计划是根据施工总进度计划、单位工程施工方案及开竣工日期要求以及施工现场的条件，合理安排单位工程中各分部工程、分项工程的施工顺序、起止时间及衔接关系的技术经济性文件。

(3)阶段性施工进度计划

阶段性施工进度计划是根据施工进度总计划的要求将其按照时间阶段的划分进行分解落实的技术性文件。

(4)专业(工种)工程进度计划

专业(工种)工程进度计划是根据各单位工程的施工进度计划，将各专业工种的工作步骤进行协调，以便控制整个工程项目进度的技术经济性文件。

(5)分部、分项工程进度计划

分部、分项工程进度计划是根据单位工程施工进度计划，对较复杂的分部、分项工程的施工过程编制详细的作业进度计划，以较好地控制其进度的技术经济性文件。

5.2.1.2　*按照计划的功能划分*

(1)控制性施工进度计划

控制性施工进度计划是比较宏观的对大型、特大型施工项目的施工总进度规划或施工总进度计划加以描述，它编制的主要目的是通过计划的编制，对施工承包合同所规定的施工进度目标进行论证，并对进度目标进行分解，以确定施工的总体部署，作为实现进度目标、进度控制的依据。

(2)指导性施工进度计划

指导性施工进度计划与控制性施工进度计划的界限划分不是很清晰，相对控制性施工进度计划而言较微观。对于大型、特大型施工项目需要编制两个进度计划，对小型施工项目而言根据工程特征只编制其一即可。

(3)实施性施工进度计划

实施性施工进度计划是结合工程施工的具体条件，并以控制性(或者指导性)施工进度计划所确定的里程碑事件的进度目标为依据而编制的施工进度计划。它是直接用于组织施工作业的计划，是具有指导具体实施过程的进度计划。

5.2.2　施工项目进度控制计划的编制方法

施工进度计划是表示各项工程(单位工程、分部工程或分项工程)的施工顺序、开始和结束时间以及相互衔接关系的计划。它既是承包单位进行现场施工管理的核心指导文件，也是实施进度控制的依据。施工进度计划通常是按工程对象编制的。

5.2.2.1　*施工项目进度控制计划编制概述*

(1)编制依据

施工进度计划编制的主要依据有：施工项目进度总目标——工期要求；施工项目的特点(包括技术、外部环境条件等)；施工项目的各项具体工作需要的持续时间估计(必须由有经验的技术人员估计)；施工项目的资源供应状况。

(2)编制原则

施工项目进度控制计划的编制一般遵循以下原则：

①保证施工项目按目标工期规定的期限完成，尽快发挥投资效益；

②在合理范围内，尽可能缩小施工现场各种临时设施的规模；

③充分发挥施工机械、设备、工具模具、周转材料等施工资源的生产效率；

④尽量组织流水搭接、连续、均衡施工，减少现场工作面停歇和窝工现象；

⑤努力减少组织安排不善、停工待料等。

(3)编制基本要求

①运用现代科学管理方法编制进度计划，以提高计划的科学性和质量；

②充分落实编制进度计划的条件，避免因存在过多的假定而使计划失去指导作用；

③大型、复杂、工期长的项目要采取分期、分段编制施工进度计划的方法，对不同阶段、不同时期提出相应的施工进度计划，以保持对项目实施的前锋指导作用；

④施工进度计划应保证施工项目实现工期目标；

⑤施工进度计划还应保证施工项目进展的均衡性和连续性；

⑥施工进度计划还应与费用、质量等目标相协调，既有利于工期目标的实现，又有利于费用、质量、安全等管理目标的实现。

5.2.2.2　施工项目进度控制计划的表达方式

施工项目进度控制计划从表达形式上来讲，主要有文字说明计划与图表式计划两种。前者是用文字说明各时间段应完成的施工任务，以及要达到的工程形象进度的要求；后者是用形象而简洁的图表来表达施工各项工作任务的具体时间安排。由于图表的表达效果直观，并可直接在图表上记载计划执行过程中的各种动态变化，及时对照反映对计划执行情况的检查、分析和调整结果，因此进度计划图表是最主要且不可缺少的表现形式。最常用的施工项目进度控制计划有横道图进度计划、工程网络图计划等形式。

(1)横道图进度计划

横道图是以横道线条结合时间坐标来表示项目各项工作的开始时间、持续时间和先后顺序，整个计划由一系列横道线组成。它是一种最简单且运用最广泛的传统的计划方法。通常横道图的表头为工作及其简要说明，项目的进展表示在时间表格上，因而可直观地表达所需要的信息，但是由于其不能明确表达工作之间的逻辑关系，不便进行时间参数的计算，不仅不能突出进度控制过程中的重点，更不能看出计划的潜力，所以目前主要用于小型工程或大型工程的子项目上。

(2)工程网络图计划

网络图具有明显的逻辑性，它不但能清楚地表示施工项目控制进度计划中的各项工作内容、时间安排，还能够明确地表现各项工作之间的内在关系，能够运用数学方法来分析计算和进行优化，因而网络计划比横道计划有更多的优点。网络计划技术在施工企业用来控制施工项目工期中得到越来越广泛的应用。

5.2.2.3　施工总进度计划的编制

施工总进度计划一般是施工项目建设的施工进度计划。它是用来确定施工项目中所包含的各单位工程的施工顺序、施工时间及相互衔接关系的计划。编制施工总进度计划的依据有：施工总方案；资源供应条件；各类定额资料；合同文件；施工项目建设总进度计划；工程动用时间目标；建设地区自然条件及有关技术经济资料等。

施工总进度计划的编制步骤和方法如下：

(1)计算工程量。根据批准的工程项目一览表，按单位工程分别计算其主要实物工程量，工程量只需粗略地计算即可。工程量的计算可按初步设计(或扩大初步设计)图纸和有关定额手册或资料进行。

(2)确定各单位工程的施工期限。各单位工程的施工期限应根据合同工期确定,同时还要考虑建筑类型、结构特征、施工方法、施工管理水平、施工机械化程度及施工现场条件等因素。

(3)确定各单位工程的开、竣工时间和相互搭接关系。确定各单位工程的开、竣工时间和相互搭接关系主要应考虑以下几点:

①同一时期施工的项目不宜过多,以避免人力、物力过于分散。

②尽量做到均衡施工,以使劳动力、施工机械和主要材料的供应在整个工期范围内达到均衡。

③尽量提前建设可供工程施工使用的永久性工程,以节省临时工程费用。

④急需和关键的工程先施工,以保证施工项目如期交工。对于某些技术复杂、施工周期较长、施工困难较多的工程,亦应安排提前施工,以利于整个工程项目按期交付使用。

⑤施工顺序必须与主要生产系统投入生产的先后次序相吻合,同时还要安排好配套工程的施工时间,以保证建成的工程能迅速投入生产或交付使用。

⑥应注意季节对施工顺序的影响,使施工季节不导致工期拖延,不影响工程质量。

⑦安排一部分附属工程或零星项目作为后备项目,用以调整主要项目的施工进度。

⑧注意主要工种和主要施工机械能连续施工。

(4)编制初步施工总进度计划。施工总进度计划应安排全工地性的流水作业,即以工程量大、工期长的单位工程为主导,组织若干条流水线,并以此带动其他工程。施工总进度计划既可以用横道图表示,也可以用网络图表示。

(5)编制正式施工总进度计划。初步施工总进度计划编制完成后,要对其进行检查。主要是检查总工期是否符合要求,资源使用是否均衡且其供应是否能得到保证。

5.2.2.4　单位工程施工进度计划的编制

单位工程施工进度计划是在既定施工方案的基础上,根据规定的工期和各种资源供应条件,对单位工程中的各分部分项工程的施工顺序、施工起止时间及衔接关系进行合理安排的计划。其编制的主要依据有:施工总进度计划;单位工程施工方案;合同工期或定额工期;施工定额;施工图和施工预算;施工现场条件;资源供应条件;气象资料等。

单位工程施工进度计划的编制方法、步骤如下:

(1)划分工作项目

工作项目是包括一定工作内容的施工过程,它是施工进度计划的基本组成单元。工作项目内容的多少、划分的粗细程度应该根据计划的需要来决定。对于大型建设工程,经常需要编制控制性施工进度计划,此时工作项目可以划分得粗一些,一般只明确到分部工程即可。如果编制实施性施工进度计划,工作项目就应划分得细一些。在一般情况下,单位工程施工进度计划中的工作项目应明确到分项工程或更具体,以满足指导施工作业、控制施工进度的要求。

由于单位工程中的工作项目较多,应在熟悉施工图纸的基础上,根据建筑结构特点及已确定的施工方案,按施工顺序逐项列出,以防止漏项或重项。凡是与工程对象施工直接有关的内容均应列入计划,而不属于直接施工的辅助性项目和服务性项目则不必列入。另外,有些分项工程在施工顺序和时间安排上是相互穿插进行的,或者是由同一专业施工队完成的,为了简化进度计划的内容,应尽量将这些项目合并,以突出重点。

(2)确定施工顺序

确定施工顺序是为了按照施工的技术规律和合理的组织关系,解决各工作项目之间在时间上的先后和搭接问题，以达到保证质量、安全施工、充分利用空间、争取时间、实现合理安排工期的目的。

(3)计算工程量

工程量的计算应根据施工图和工程量计算规则，针对所划分的每一个工作项目进行。计算工程量时应注意以下问题：

①工程量的计量单位应与现行定额手册中所规定的计量单位相一致，以便计算劳动力、材料和机械数量时直接套用定额，而不必进行换算。

②要结合具体的施工方法和安全技术要求计算工程量。

③应结合施工组织的要求，按已划分的施工段分层分段进行计算。

(4)计算劳动量和机械台班数

当某工作项目是由若干个分项工程合并而成时，则应分别根据各分项工程的时间定额(或产量定额)及工程量计算综合时间定额(或综合产量定额)。也可以根据工作项目的工程量和所采用的定额分别计算出各工作项目所需要的劳动量和机械台班数。对于零星项目所需要的劳动量，可结合实际情况，根据承包单位的经验进行估算。

(5)计算各项工作的持续时间

在确定各项工作的作业时间时，必须考虑工作之间的连续施工的要求，并考虑各项工作的最小劳动力组合、最小工作面和可安排的工作人数等因素的影响。

(6)绘制施工进度计划

各项工作的施工顺序与持续时间确定后，应按照流水施工的原则，力求主导工作连续作业，在满足工艺和工期要求的前提下，尽量使最大多数的工作能平行作业，使各个工作队组的工作最大可能地搭接起来，初步绘制出施工进度计划表。

(7)进行施工进度计划的检查与调整，以便使进度计划更加合理

施工进度计划表初步排定后，要用工程项目的限定工期、施工期间劳动力和材料的均衡程度、机械的负荷程度、施工顺序是否合理、主导工序是否连续及工序搭接是否有误等进行检查、调整。通过调整，在工期能满足要求的前提下，使劳动力、材料需要量趋于均衡，主要施工机械利用率比较合理。

5.3　施工项目进度控制

施工项目进度控制与投资控制和质量控制一样，是项目施工中的重点控制之一。它是保证施工项目按期完成，合理安排资源供应、节约工程成本的重要措施。施工项目进度控制包含事前控制、事中控制和事后控制等内容。

5.3.1　施工项目进度控制的目标与任务

施工项目进度控制的目标在项目实施前就已确定，施工项目进度控制的任务就是在项目实施时对项目的目标进行控制。而施工项目进度控制的主要任务是编制施工总进度计划并控制其执行，按期完成整个施工项目的任务；编制单位工程施工进度计划并控制其执行，按期完成单位工程的施工任务；编制分部分项工程施工进度计划，并控制其执行，按期完成分部分项工程的施工任务；编制季度、月度、旬作业计划，并控制其执行，完成规定的目标等。

5.3.2 施工项目进度控制计划的实施

施工项目进度计划的实施就是施工活动的进展，也就是用施工进度计划指导施工活动，落实和完成计划。施工项目进度计划逐步实施的进程就是施工项目建设的逐步完成过程。为了保证施工项目进度计划的实施并且尽量按编制的计划时间逐步进行，保证各进度目标的实现，应做好如下工作：

5.3.2.1 施工项目进度计划的贯彻

(1)检查各层次的计划，形成严密的计划保证系统

施工项目的所有施工进度计划，如施工总进度计划、单位工程施工进度计划、分部分项工程施工进度计划，都是围绕一个总任务而编制的，它们之间的关系是高层次计划为低层次计划的依据，低层次计划是高层次计划的具体化。在其贯彻执行时，应当首先检查是否协调一致，计划目标是否层层分解，互相衔接，组成一个计划实施的保证体系，以施工任务书的方式下达施工队以保证实施。

(2)层层签订承包合同或下达施工任务书

施工项目经理、施工队和作业班组之间分别签订承包合同，按计划目标明确规定合同工期、相互承担的经济责任、权限和利益，或者采取下达施工任务书的方式将作业下达到施工班组，明确具体施工任务、技术措施、质量要求等内容，使施工班组必须保证按作业计划时间完成规定的任务。

(3)计划全面交底，发动群众实施计划

施工进度计划的实施是全体工作人员共同的行动，要使有关人员都明确各项计划的目标、任务、实施方案和措施，使管理层和作业层协调一致，将计划变成群众的自觉行动，充分发动群众，发挥群众的干劲和创造精神。在计划实施前要进行计划交底工作，可以根据计划的范围召开全体职工代表大会或各级生产会议进行交底落实。

5.3.2.2 施工项目进度计划的实施

(1)编制月(旬)作业计划

为了实施施工进度计划，将规定的任务结合现场施工条件，如施工场地的情况、劳动力及机械等资源条件和施工的实际进度，在施工开始前和过程中不断地编制本月(旬)的作业计划，这是使施工计划更具体、切合实际和具有可行性。在月(旬)计划中要明确本月(旬)应完成的任务、各种资源需要量以及提高劳动生产率和节约的措施。

(2)签发施工任务书

编制好月(旬)作业计划以后，将每项具体任务通过签发施工任务书的方式使其进一步落实。施工任务书是向班组下达任务，实行责任承包、全面管理和原始记录的综合性文件。施工班组必须保证指令任务的完成，它是计划和实施的纽带。

(3)做好施工进度记录

填好施工进度统计表，在计划任务完成的过程中，各级施工进度计划的执行者都要跟踪做好施工记录，记载计划中的每项工作开始日期、工作进度和完成日期，为施工项目进度检查分析提供信息，因此要求实事求是地记载，并填好有关图表。

(4)做好施工中的调度工作

施工中的调度是组织施工中各阶段、环节、专业和工种的互相配合、进度协调的指挥核心。

调度工作是使施工进度计划实施顺利进行的重要手段。其主要任务是掌握计划实施情况，协调各方面关系，采取措施，排除各种矛盾，加强各薄弱环节的管理，实现动态平衡，保证完成作业计划和实现进度目标。

调度工作内容主要有：监督作业计划的实施，调整和协调各方面的进度关系；监督和检查施工准备工作；督促资源供应单位按计划供应劳动力、施工机具、运输车辆、材料及构配件等，并对临时出现的问题采取调配措施；按施工平面图管理施工现场，结合实际情况进行必要调整，保证文明施工；了解气候、水、电、气等条件的情况，采取相应的防范和保证措施；及时发现和处理施工中各种事故和意外事件；调节各薄弱环节；定期召开现场调度会议，贯彻施工项目主管人员的决策，发布调度令。

5.3.2.3　施工项目进度计划实施过程的控制

(1)跟踪计划的实施并进行监督，当发现进度计划执行受到干扰时，应采取调整措施。

(2)在进度计划图中进行实际进度记录，并跟踪记载每个施工过程的开始日期、完成日期、每日完成数量、施工现场发生的情况、干扰因素的排除情况。

(3)执行施工合同中对进度、开工及延期开工、暂停施工、工期延误、工程竣工的承诺。

(4)跟踪工程部位的形象进度，对工程量、总产值以及耗用的人工、材料和机械台班等的数量进行统计与分析，编制统计报表。

(5)控制进度的措施应具体落实到执行人、目标、任务、检查方法和考核办法。

(6)按规定程序和要求处理进度索赔。

5.3.3　施工项目进度控制计划的检查与分析

由于进度计划执行过程中人力、物力、资金供应和自然条件的种种变化，原定计划会经常被打破，计划的平衡是相对的，不平衡则是绝对的。管理者为了把握何时需进行控制及采取何种措施进行控制，就必须随时检查工程实际进度是否按照计划规定执行，以便及时发现进度偏差(即与进度计划相比实际进度的超前或滞后情况)，并深入分析进度偏差的形成原因。计划执行情况的检查与分析是工程进度管理过程中极为重要的日常性工作。

在施工项目的实施进程中，为了进行进度控制，进度控制人员应经常地、定期地跟踪检查施工实际进度情况，主要是收集施工项目进度材料，进行统计整理和对比分析，确定实际进度与计划进度之间的关系。其主要工作包括：

(1)跟踪检查施工实际进度

跟踪检查施工实际进度是项目施工进度控制的关键措施。其目的是收集实际施工进度的有关数据。跟踪检查的时间和收集数据的质量直接影响控制工作的质量和效果。

一般检查的时间间隔与施工项目的类型、规模、施工条件和对进度执行要求程度有关。通常可以确定每月、半月、旬或周进行一次。若在施工中遇到天气恶劣、资源供应不足等不利因素的严重影响，检查的时间间隔可临时缩短，次数应频繁，甚至可以每日进行检查，或派人员驻现场督阵。检查和收集资料的方式一般采用进度报表方式或定期召开进度工作汇报会。为了保证汇报资料的准确性，进度控制的工作人员要经常到现场察看施工项目的实际进度情况，从而保证经常地、定期地准确掌握施工项目的实际进度。

测量实际进度，主要收集以下时间数据：

①及时了解项目各项工作的实际持续时间；

②及时了解各项工作的实际开始和结束时间；

③及时了解哪些活动已经完成，哪些尚未完成。

将上述了解到的情况和数据详尽地记录在施工进度计划如横道图、网络图或时标网络图上，以利于进度比较，并采取可行措施予以补救。要达到项目管理进度目标，就必须随时掌握项目的实际进度，比较判断实际进度是否符合原定计划，因此应及时检查、测量实际施工进度。

(2)整理统计检查数据

对收集到的施工项目实际进度数据进行必要的整理，按计划控制的工作项目进行统计，形成与计划进度具有可比性的数据。一般可以按实物工程量、工作量和劳动消耗量以及累计百分比整理和统计实际检查的数据，以便与相应的计划完成量相对比。

(3)对比实际进度与计划进度

将收集的资料整理和统计成与计划进度具有可比性的数据后，用施工项目实际进度与计划进度的比较方法进行比较。通常使用的比较方法有横道图比较法、S形曲线比较法、“香蕉”形曲线比较法、前锋线比较法和列表比较法等。通过比较得出实际进度与计划进度相一致、超前、拖后三种情况。

(4)施工项目进度检查结果的处理

施工项目进度检查的结果，按照检查报告制度的规定，形成进度控制报告向有关主管人员和部门汇报。进度控制报告是把检查比较的结果，即有关施工进度现状和发展趋势，提供给项目经理及各级业务职能负责人的最简单的书面形式报告。

进度报告一般由计划负责人或进度管理人员与其他项目管理人员协作编写。报告时间一般与进度检查时间相协调，也可按月、旬、周等间隔时间进行编写上报。

进度报告的内容主要包括：项目实施概况、管理概况、进度概要；项目施工进度、形象进度及简要说明；施工图纸提供进度；材料、物资、构配件供应进度；劳务记录及预测；日历计划；对建设单位、业主和施工方的变更指令等。《建设工程项目管理规范》(GB/T 50326—2001)中对月度施工进度控制报告内容作了如下规定：

①进度执行情况的综合描述；

②实际施工进度图；

③工程变更、价格调整、索赔和工程款收支情况；

④进度偏差的状况和导致偏差的原因分析；

⑤解决问题的措施；

⑥计划调整意见。

5.3.4　施工项目进度控制计划的分析与调整

进度计划执行情况检查的目的是通过将实际进度与计划进度进行比较，得出实际进度较计划要求超前或滞后的结论，并进一步判定计划完成程度，以及通过预测后期工程进度从而对计划能否如期完成做出事先估计。工程项目施工进度的比较与进度计划的调整是进度控制的主要环节，而施工进度的比较又是计划调整的基础。在这个过程中，对收集到的进度实际值以及与原进度的计划值分析过程就显得尤为重要。常见的施工进度偏差比较分析的方法有以下几种：

(1)横道图比较法

横道图比较法是一种表示施工进度实施状态的方法，它将项目施工过程中测量记录到的实际进度用横道线直接标注于原计划的进度上方或下方，可将实际进度与计划进度进行直观比较，实际进度线在计划进度线的右端表明进度超前，实际进度线在计划进度线的左端表明进度拖延。

例如将某基础工程的施工实际进度与计划进度进行比较，如图 5.1 所示。图中粗实线表示计划进度值，涂黑粗线则表示工程施工的实际进度。

从图中可以看出：在第 7 周末进行施工进度检查时，挖土 1 及混凝土 1 已经完成，而挖土 2 只完成了按计划安排到第 6 周末所应该完成的进度，说明到检查日按持续时间比来进行衡量，计划要求此项工作完成 83%，而实际只完成了 67%，因而这项工作的实际进度已经比计划进度落后了 16%。

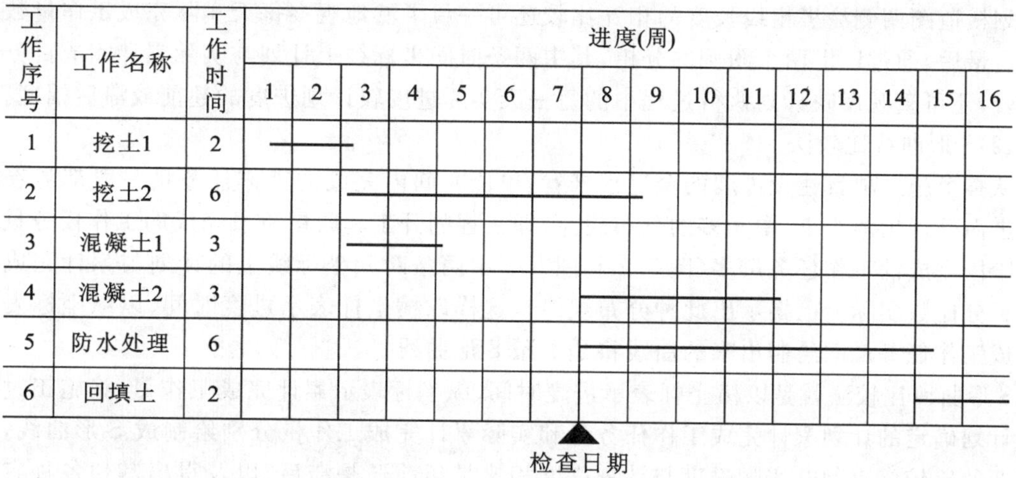

图 5.1　某基础工程实际进度与计划进度比较的横道图

除上例中的常用比较形式外，横道图比较法还包括双比例单侧横道图比较法(图 5.2)和双比例双侧横道图比较法(图 5.3)两种形式。两种方法的相同之处是在工作计划横道线上下两侧作两条时间坐标线并在两坐标线内侧逐日(或每隔一个单位时间)分别书写与记载相应工作的计划与实际累计完成比例，即形成所谓的“双比例”；其不同之处是前一种方法用单侧附着于计划横道线的涂黑粗线表示相应工作的实际起止时间与持续天数，后一种方法则是以计划横道线总长表示计划工作量的 100%，再将每日(或每单位时间)实际完成的工作量占计划工作总量的百分比逐一用相应比例长度的涂黑粗线交替画在计划横道线的上下两侧，从而借以直观反映计划执行过程中每日(或每一单位时间内)实际完成工作量的数量比例。

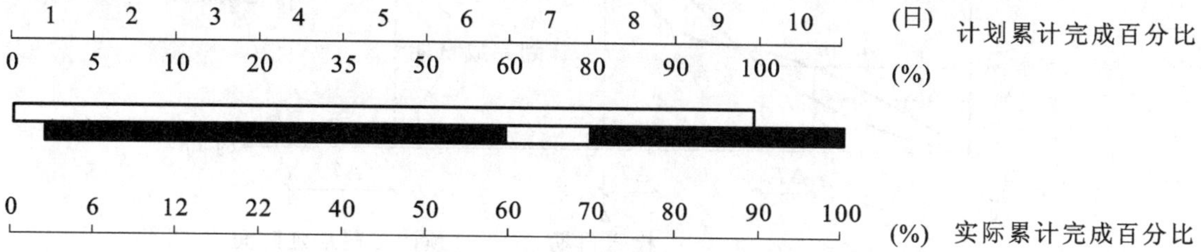

图 5.2　双比例单侧横道图比较法

通过分析图 5.2 可知，原计划用 9 天完成的一项工作其实际完成时间为 10 天，因而实际与计划相比拖延一天，这项工作的实际开始时间比计划时间推迟半天，且在第 7 天停工一日；

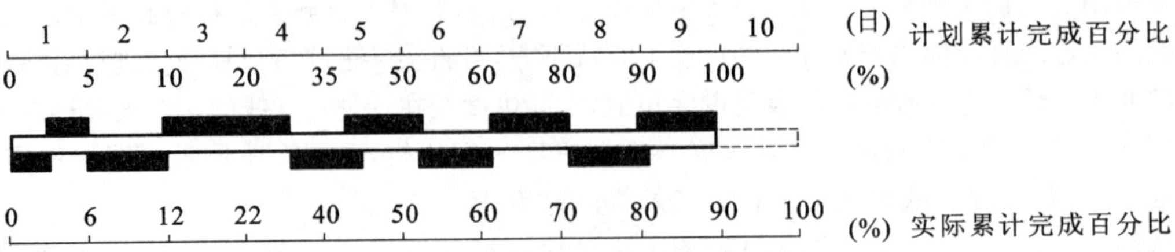

图 5.3　双比例双侧横道图比较法

而图 5.3 中，则表示计划用 9 天完成的一项工作其实际完成时间为 10 天，因而实际与计划相比拖延一天(计划横道线的虚线延长部分表示实际完成这项工作尚需的作业天数)，同时通过该计划横道图两侧涂黑粗线长度的相互比较还可一目了然地观察每天实际完成工作量数量的多少。最后，通过以上两个图例的分析，其中两条时间坐标线上计划与实际累计完成百分比数的比较，还可直观反映计划执行过程中的每一天实际进度较计划进度的超前或滞后幅度。

(2)S 形曲线比较法

从整个施工项目建设进展的全过程来看，单位时间内完成的工作任务量一般都随着时间的递进而呈现出两头少、中间多的分布规律，即工程的开工和收尾阶段完成的工作任务量少而中间阶段完成的工作任务量多(图 5.2 和图 5.3 中两条时间坐标线上的计划与累计完成工作量的百分比数实际上已揭示出此种分布规律)，这样以横坐标表示进度时间、以纵坐标表示累计完成工作任务量而绘制出来的曲线将是一条 S 形曲线。

S 形曲线比较法就是以横坐标表示进度时间、纵坐标表示累计完成工作量，将施工过程中进度计划确定的计划累计完成工作任务量和实际累计完成工作量分别绘制成 S 形曲线，并通过两者的比较借以判断实际进度与计划进度相比是超前还是滞后，以及得出其他各种有关进度信息的进度计划执行情况的检查方法。图 5.4 就是应用 S 形曲线比较法比较实际和计划两条 S 形曲线，可以得出以下分析与判断结果：

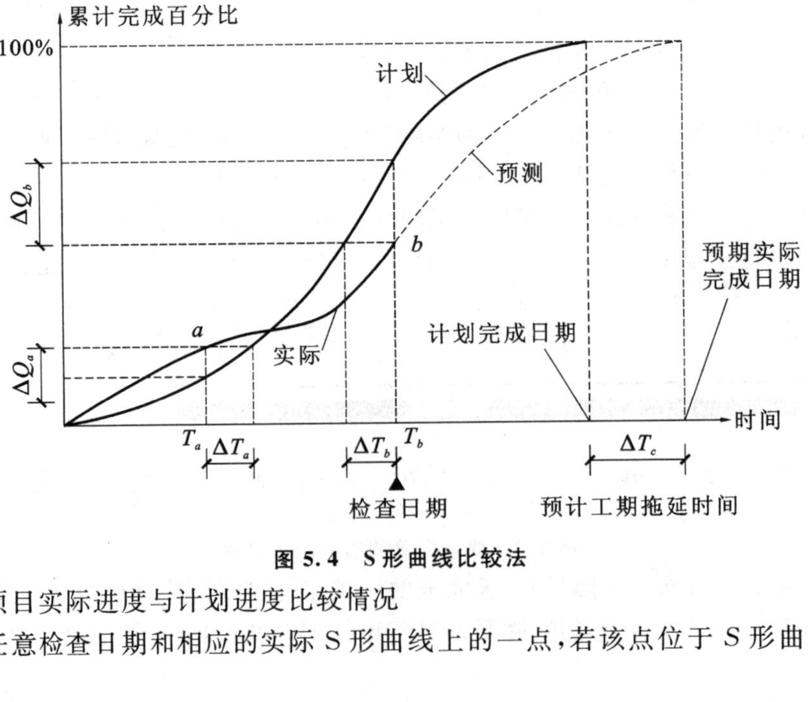

图 5.4　S 形曲线比较法

①施工项目实际进度与计划进度比较情况

对应于任意检查日期和相应的实际 S 形曲线上的一点，若该点位于 S 形曲线左侧，表示此时实际进度比计划进度超前，位于右侧则表示实际进度比计划进度滞后。

②施工项目实际进度比计划进度超前或滞后的时间

如图5.4所示，ΔT_a表示T_a时刻实际进度超前的时间，ΔT_b表示T_b时刻实际进度滞后的时间。

③施工项目实际进度超出或拖欠的工作任务量

如图5.4所示，ΔQ_a表示T_a时刻超额完成的工作任务量，ΔQ_b表示T_b时刻拖欠的工作任务量。

④预测工作进度

如图5.4所示，若工程按原计划速度进行，则此项工作的总计拖延时间的预测值为ΔT_c。

(3)“香蕉”形曲线比较法

根据工程网络计划的原理，网络计划中的任何一项工作均可具有最早可以开始和最迟必须开始这两种不同的开始时间，而通过S形曲线比较法可知，一项计划工作任务随着时间的推移，其逐日累计完成的工作任务量可以用S形曲线表示。“香蕉”形曲线比较法实际上是由两条S形曲线结合而成的，两条曲线具有同一开始时间和同一结束时间，左侧线是以各工作按最早可以开始时间安排进度而编制的S形曲线，也叫ES曲线，右侧线则是按最迟必须开始时间安排进度而编制的S形曲线，又称为LS曲线。由于两条曲线除在开始点和结束点相互重合以外，ES曲线上的其余各点均落在LS曲线的左侧，从而使得两条曲线围合成一个形如香蕉的闭合曲线圈，故将其称为“香蕉”形曲线，如图5.5所示。

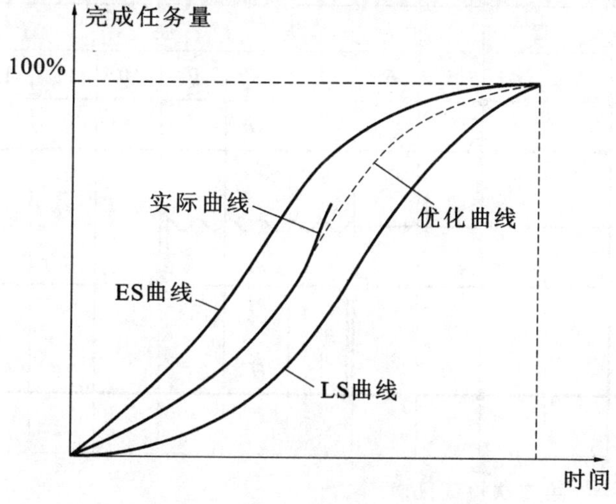

图5.5 “香蕉”形曲线比较法

通常在项目实施的过程中，进度管理的理想状况是在任一时刻按实际进度描出的点均落在“香蕉”形曲线区域内，因为这说明实际工程进度被控制于工作的最早可以开始时间和最迟必须开始时间的要求范围之内，因而呈现正常状态，而一旦按实际进度描出的点落在ES曲线的上方(左侧)或LS曲线的下方(右侧)，则说明与计划要求相比实际进度超前或滞后，此时已产生进度偏差。除了对工程的实际与计划进度进行比较外，“香蕉”形曲线的作用还在于对工程进度进行合理的调整与安排，或确定在计划执行情况检查状态下后期工程的ES曲线和LS曲线的变化趋势。

(4)实际进度前锋线比较法

实际进度前锋线比较法适用于时标网络计划的实际进度与计划进度的比较。它是将实际进度标注在时标网络图上,从时间坐标轴开始自上而下依次按各条线路的实际进度到达点所形成的折线。简言之,前锋线比较法就是借助于实际进度前锋线比较工程实际进度与计划进度偏差的方法。

需加以说明的是,在应用前锋线比较法的过程中,实际进度前锋点的标注方法通常有两种:它既可以按工作已完成的工程量来标定,也可以找工作时间标定,折线各位置与进度位置相比较就可知道实际进度是提前还是拖后。通常后一种方法更为常用。例如在图 5.6 中,位于右边的一条实际进度前锋线表示在计划进行到第 4 天末第 2 次检查实际进度时工作 C、E、B、D 的尚需作业天数各为 2 天、1 天、3 天、1 天。

前锋线比较法的主要用法可概括如下:

①比较实际进度与计划进度

对应于任意检查日期,工作实际进度点位置与检查日时间坐标相同,则被检查工作实际进度与计划进度一致;而当其位于检查日时间坐标右侧或左侧,则表明被检查工作实际进度超前或滞后,其超前或滞后天数则为实际进度点所在位置与检查日两者之间的时间间隔。如结合图 5.6 所示实例,经观察可知在第 2 次检查实际进度时工作 E 超前于计划进度 1 天,工作 D 正常,工作 C、B 则分别滞后于计划进度 2 天、1 天。

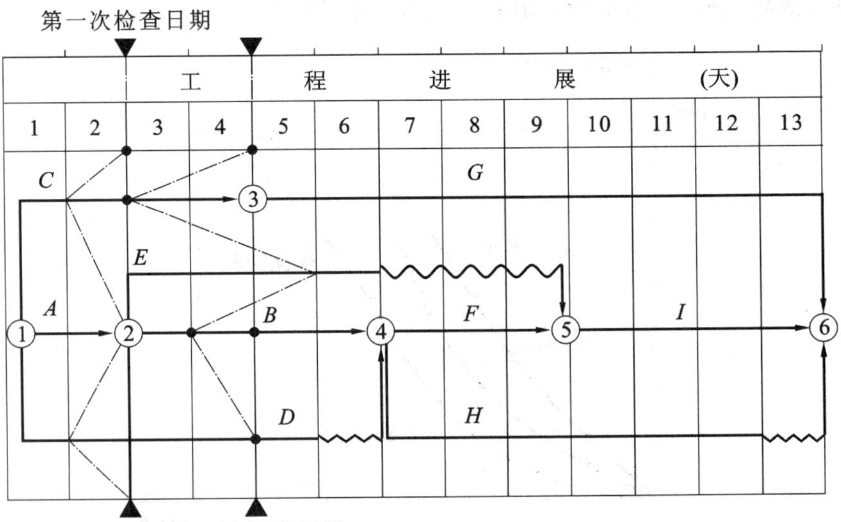

图 5.6 某工程网络计划前锋线比较图

②分析工作的实际进度能力

工作的实际进度能力是指按当前实际进度进展状况完成计划工作的能力。工作的实际进度能力可由工作进度能力系数 β_{ij} 表示,其定义公式为:

$$\beta_{ij} = \frac{\Delta t}{\Delta T} \tag{5.1}$$

式中 β_{ij}——工作 i、j 的进度能力系数;

Δt——相邻两实际进度前锋点的时间间隔;

ΔT——相邻两次检查日期的时间间隔。

如结合图 5.6 所示实例可分别求得 C、E、B、D 当前的工作能力系数为：

$$\beta_C = (2-1)/(4-2) = 0.5$$
$$\beta_E = (5-2)/(4-2) = 1.5$$
$$\beta_B = (3-2)/(4-2) = 0.5$$
$$\beta_D = (4-1)/(4-2) = 1.5$$

工作进度能力系数取值大于、小于或等于 1 分别表示按当前实际进度则能充分满足、不能满足、恰好能满足相应工作按计划进度如期完成的需要，因此，工作的实际进度能力分析对项目进度管理具有重要意义。

③预测工作进度

假定维持到检查日期测算得出当前实际进度能力，则进度计划所安排的各项工作其最终的完成时间可依据下述公式进行预测：

$$R_{ij} = T + \frac{d_{ij}}{\beta_{ij}} \tag{5.2}$$

式中　R_{ij}——工作 i、j 的预测日期；

T——当前检查日期；

d_{ij}——工作 i、j 尚需作业天数；

β_{ij}——工作 i、j 的进度能力系数。

如结合图 5.6 所示实例可预测 C、E、B、D 各项工作的最终完成时间为：

$R_C = 4 + 2/0.5 = 8$(天)　（说明滞后于计划完工时间 4 天）

$R_E = 4 + 1/1.5 = 4.6$(天)　（即当月 5 日完成，说明滞后于计划完工时间 1 天）

$R_B = 4 + 3/0.5 = 10$(天)　（说明滞后于计划完工时间 4 天）

$R_D = 4 + 1/1.5 = 4.6$(天)　（即当月 5 日完成，说明进度正常）

当然，用上述方法预测工作进度是假设每日完成的工作任务量均以均匀速度进展，这就可能因与前期和收尾阶段完成工作量少而中间阶段完成工作量多的实际情况不符而导致预测结果出现较大的偏差。

(5)列表比较法

列表比较法是通过将截至某一检查日期工作的尚有总时差与其原有总时差的计算结果列于表格之中进行比较，以判断工程实际进度与计划进度相比超前或滞后情况的方法。由网络计划原理可知，工作总时差是在不影响整个工程任务按原计划工期完成的前提下该项工作在开工时间上所具有的最大选择余地，因而到某一检查日期各项工作尚有总时差的取值实际上标志着工作进度偏差及能否如期完成整个工程进度计划的不同情况。

工作尚有总时差可定义为检查日到此项工作的最迟必须完成时间的尚余天数与自检查日算起该工作尚需的作业天数两者之差。将工作尚有总时差与原有总时差进行比较而形成的进度执行情况检查的具体结论可归纳如下：

①若工作尚有总时差大于原有总时差，则说明该工作的实际进度比计划进度超前，且为两者之差；

②若工作尚有总时差等于原有总时差，则说明该工作的实际进度与计划进度一致；

③若工作尚有总时差小于原有总时差但仍为正值，则说明该工作的实际进度比计划进度

滞后但计划工期不受影响，此时工作实际进度的滞后天数为两者之差；

④若工作尚有总时差小于原有总时差且已为负值，则说明该工作的实际进度比计划进度滞后且计划工期已受影响，此时工作实际进度的滞后天数为两者之差，而计划工期的延迟天数则与工序尚有总时差天数相等。

列表比较法可同时适用于网络计划执行情况的检查。例如结合图 5.6 所示实例，可对第二次检查工程进度时网络计划的实际执行情况列表进行比较、判断，如表 5.1 所示。

表 5.1　工程进度检查比较表

工作名称或代号	检查日	自检查日起工作尚需作业天数	工作的最迟完成时间	检查日到最迟完成时间尚余天数	工作原有总时差	工作尚有总时差	判断结论		
							工作进度(天)		工期
							超前	滞后	
(1)	(2)	(3)	(4)	(5)=(4)-(2)	(6)	(7)=(5)-(3)	(8)=(7)-(6)	(9)=(7)-(6)	(10)
C	4	2	5	1	1	−1		2	延迟一天
E	4	1	9	5	3	4	1		
B	4	3	6	2	0	−1		1	延迟一天
D	4	1	6	2	1	1	0	0	

(6)用切割线进行实际进度检查的比较方法

当采用无时标网络计划时可以采用切割线方法。先把检查时正在进行的工作名称和正进行的时间记录下来，然后列表计算各有关参数，把原有总时差和尚有总时差进行比较，以实际进度与计划进度有无差异状况的方法来判断进度情况。若工作尚有总时差与原有总时差相符，则说明该项工作的实际进度与计划进度相一致。这里就不进行详细描述了。

5.3.4.1　施工进度计划进度偏差的分析

通过对施工阶段进度实施进展实际状况与原施工进度计划进行比较，从中发现问题，分析影响原因。由于各种进度干扰因素的作用，经过对进度执行情况进行检查，往往总是会发现进度偏差的存在，而且其通常的表现形式是计划工作不同程度的进度拖延。施工项目建设实施过程中造成进度拖延的原因多种多样，但总体概括起来主要有如下几种：

(1)进度欠周密

计划不周必然导致丧失指导工程进度管理实际工作的意义。在进度计划编制过程中，遗漏部分计划工作事项导致计划工作量不足而实际工作量增加；对完成计划所需各种资源的限制条件考虑不充分从而使得完成计划工作量的能力不足，造成现有施工能力无法充分发挥作用都是时有的现象，而一旦发生这些情况，往往会导致工作过度拖延甚至无法避免计划工期延误。

(2)工程实施条件发生变化

施工项目建设的实施过程往往会受到各种不可抗力事件的干扰，此外施工项目建设进程中业主要求变更设计，为确保工程质量控制效果或进一步降低工程成本而采取临时措施均会导致工程实施条件发生变化，从而使得工程实际进度无法按照事先定的进度计划原样执行。

(3)管理工作失误

管理工作失误常常是导致工程进度失控的最主要原因。进度计划执行过程中常见的管理工作失误主要体现在以下几方面：

①计划制定部门与计划执行人员、总包单位与分包单位之间、业主与施工承包企业之间缺少必要的进度信息沟通，从而导致进度失控；

②施工承包企业进度意识不强或技术素质、管理素质较差，缺乏对工程进度实施主动控制的必要措施，或者由于质量问题引起返工或其他不必要的工作量增加，因而延误施工进度；

③对参与项目建设活动的各有关单位的相互配合关系协调不一致，使计划工作的实施出现脱节现象；

④对项目实施所需资金及各种资源供应不及时，从而导致工程实际进度严重偏离计划轨道。

通过分析查找原因，采取相应的措施，使后续施工能按原计划进行，最终不影响总工期。当进度偏差较小，应在分析其产生原因的基础上采取有效措施，解决矛盾，排除障碍，继续执行原计划。若进度偏差较大或经过努力，确定不能按照原计划执行时，再考虑对原计划进行必要的调整，或延长工期，或改变施工速度。针对上述种种原因，一般解决进度拖延问题的措施通常包括如下几个方面：

(1)分析导致进度偏差的原因，尽可能从源头上杜绝进度拖延现象的发生。对基于某种原因而形成的进度拖延，应尽快消除该因素所造成的不利影响，力争避免由其造成进一步的进度拖延。

(2)若计划执行过程中进度拖延已成为事实，此时可考虑在工程费用目标水平的允许范围之内通过增加劳动力、材料和设备投入量等各种措施加快后期工程进度。

(3)在确保施工工艺要求及工程质量不受影响的前提下删减、合并或转移一部分计划工作量，通过改变计划工作之间的组织关系加快后期工程进度。

(4)借助网络计划技术有关时间参数计算分析的原理，精确估量进度拖延对后续工作如期完成造成影响的程度大小，优化调整后期工程进度。

对进度偏差的分析，主要是当施工进度出现偏差时，认真分析这种偏差对总工期或后续工作产生的影响。影响程度取决于偏差的大小及偏差所处的位置，一般可按以下方法进行：

分析判断产生进度偏差的工序是否为关键工序，若是关键工序，无论偏差大小，都会对后续工作和总工期产生影响，必须采取相应措施进行调整。若产生进度偏差的工序不是关键工序，就要分析判断其进度偏差是否大于总时差。若偏差值大于该工序的总时差，必然影响总工期和后续工作；若偏差小于或等于工序的总时差，说明此偏差不会影响总工期，但对后续工作的影响则要看偏差值与自由时差的比较；若进度偏差大于该工作的自由时差，表明它对后续工作必然会产生影响，需作适当调整，反之不会产生影响，原计划可不作调整。

5.3.4.2　施工进度计划的调整

施工进度计划中，若工作进度超前或滞后均可对进度计划进行调整，其中针对工作进度超前的情况，显然其调整目的是适当放慢工作进度，为此该情况下进度计划的调整方法是适当延长某些后续工作的持续时间。在工程进度计划的如期完成不受影响的情况之下，适当延长某些计划工作的持续时间往往不但可使工程质量得到更为可靠的保证，而且相应降低工程成本。

在由于工作进度滞后引起后续工作开工时间或计划工期延误的情况下，进度计划的调整方法则相对复杂。施工进度计划的调整内容应包括工程量、起止时间、持续时间、工作关系、资源供应和必要的目标调整。这里主要概括说明计划工期延误情况下进行计划调整的两种主要方法。

(1)改变某些工作间的逻辑关系

改变工作间的逻辑关系，在实际实施中一般只能调整组织逻辑关系，要求可变更组织关系的工作位于关键线路或位于非关键线路但延误时间已超出其总时差，从而达到缩短工期的目的。例如可将按原计划安排依次进行的工作关系改为平行进行、搭接进行或分段流水进行的工作关系；或通过增加资源的合理投入、调配，充分利用施工条件如分层分段施工，增加施工班组数，从而缩短该工作的持续时间，弥补损失的工期。

(2)对某些工序的持续时间进行调整

当进度偏差已影响计划工期，进度计划调整的另一种方法是不改变工作之间的逻辑关系，而只是压缩某些后续工作的持续时间，借此加快后期工程进度，从而使原计划工期仍然能够得以实现。这种方法着眼于对关键线路上各工作持续时间的调整，一般情况下工作间逻辑关系并不发生某项工作进度延误，只对后续工作有影响，则对后续工作进行分析。若允许延误，则把后续工作的最早开始时间调整到检查发现偏差的时间，持续时间不调整。若不允许延误，则调整后续工作的持续时间，以满足总工期的要求。

该方法通常是在网络图中借助图上分析计算直接进行，其基本思路是通过计算到计划执行过程中某一检查时刻剩余网络时间参数的计算结果确定进度偏差对计划工期的实际影响程度，再以此为依据反过来推算有关工作持续时间的压缩幅度。其具体计算分析步骤一般为：

①删去截止计划执行情况检查时刻业已完成的工作，将检查计划时的当前日期作为剩余网络的开始日期形成剩余网络；

②将正处于进行过程中的工作的剩余持续时间标注于剩余网络图中；

③计算剩余网络的各项时间参数；

④根据剩余网络时间参数的计算结果推算有关工作持续时间的压缩幅度。

顺便指出，上述计划调整过程如果仅采用手算往往会带来较大的计算工作量，而且还会使计算过程十分复杂，而利用电算方法却可以非常容易地解决进度计划调整过程中有关分析计算工作的操作复杂性问题。

需要说明的是，采用压缩计划工作持续时间的方法缩短工期不仅可能会使施工项目建设在质量、费用和资源供应均衡性方面蒙受损失，而且还要受到必要的技术间歇时间、气候、施工场地、施工作业空间及施工单位的技术能力和管理素质等诸多条件的限制，因此应用这一方法必须注重从工程具体实际情况出发，以确保方法应用的可行性和实际效果。

(3)采取措施，确保施工工期目标的完成

主要办法是采取增加资源量的投入和其他技术措施、组织措施、经济措施，以保证实现总工期目标。

知识拓展

二滩工程的进度控制案例

二滩工程二标合同采用国际通用的FIDIC条款1987年第四版作为合同的一般条款，并根据该工程的特点，设置了特殊应用条款和特别条件。合同规定，所有承包商应按工程师编制的总进度控制他们自己的完工日期。合同中规定了承包商有责任与其他承包商合作，承包商之间的争议由工程师负责协调解决。上述这些规定，赋予了工程师总进度控制与协调的职责和权力。

合同规定，在工程师下达开工令之后的42 d内，承包商应编制一份完整详细的施工进度计划，经工程师审查批准后，就成为工程的正式进度计划，也是工程师控制工程进度的依据。

在合同履行过程中，往往会出现许多意外的情况，使进度受到影响甚至不能按期实现某些阶段性的中间里程碑。而此时还常常伴有承包商的索赔。承包商总是千方百计开脱自己的责任，找出许多非承包商的原因。如：不良的地质条件、不利的施工现场条件、设计工程量的增加、业主供图与供货的延误、其他承包商的干扰和影响等，并把这些原因造成的影响夸大，借机提出延期和费用的索赔。此时，工程师就要对实际进度进行评价，找出影响进度的原因，对于承包商原因造成的延误，指令其采取有效措施，赶回工期。对于非承包商原因造成的延误，则要具体分析该中间里程碑对于后续工程的影响和对蓄水发电等关键里程碑的影响，决定是同意延期或是不同意延期而以变更的方式给予承包商一定的补偿。

本例合同里程碑规定的目标是：1993年9月30日，一标完成进水口明挖及永久边坡支护，将工作场地移交给二标；1995年12月31日，二标完成引水道工程，将工作场地交回一标；1998年4月30日，一标完成进水口土建及闸门、启闭机、拦污栅等工程（水库蓄水所要求完成的项目之一）。而实际上，一标并未按期移交（原因见案例4），而是将6个机组段分为三部分，分别于1994年的2月4日、4月1日、12月25日移交给二标。此时，二标提出工期索赔，要求顺延完工日期。业主和工程师考虑到水库蓄水里程碑是总进度的关键目标，如果延误将导致电站不能按期发电，而一标承包商在进水口混凝土与金属结构的施工计划中浮动时间很少、难以缩短工期。因此，不同意二标延期，指令其加速施工，赶回部分工期，分段移交给一标。业主通过工程师以变更令的方式给予二标承包商一定的补偿。此时，一标承包商却表示不接受，提出施工程序和进度上的一些困难，工程师采取了必要的措施，并根据二标的实际施工进展情况进一步指令二标提前分段完工交工作面。二标分别于1995年7月30日、12月20日，1996年2月1日、3月31日分4段交工作面给一标，满足了一标后续工程的施工安排，从而保证了蓄水目标的实现。

经验教训：工程师将两个承包商在进水口工作面的整体移交改变为分机组段区域移交。这样，在一些时段，两个承包商在进水口区域的不同机组段共同施工作业，充分利用了有限的施工场地。二标的加速保证了按期发电，以最小的代价维护了业主最大的利益。由于合同规定了额外或附加工作的数量和性质，可给予承包商工期延长。因此在编制招标文件，安排合同里程碑的进度衔接时，如何通过确定合理的里程碑完工日期或通过一些适当的说明条款，把一些不可预见的因素（如设计深度）以及施工干扰等不利的条件考虑进去，同时又不会由此增加投标价格，确实非常值得研究。

实践与能力训练

【实训 1】 某百货大楼工程，计划工期三年。该工程±0.00 以下分部工程施工进度计划如图 5.7 所示，其中 B、E 为土方开挖工作，在此情况下，项目监理工程师根据对整个单位工程进度控制的需要，要求施工单位调整该分部工程进度计划，达到分部工程工期 80 天。施工单位修改了各施工工作持续时间(如表 5.2 所示)，并提出增加相应的赶工费。

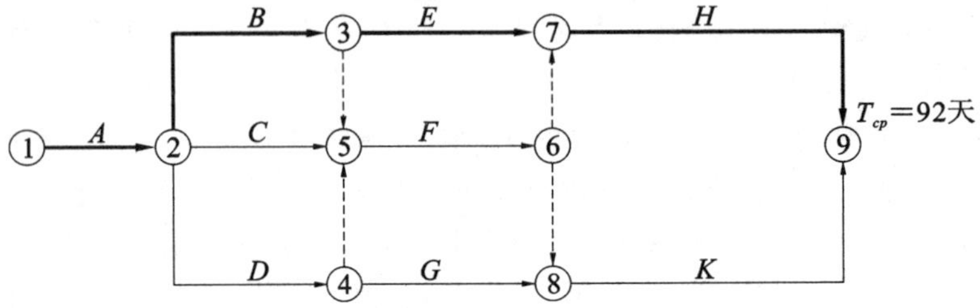

图 5.7　分部工程施工进度计划

表 5.2　工作持续时间及赶工费

施工工作	A	B	C	D	E	F	G	H	K	合计
持续时间(天)	20	20	20	14	20	14	20	20	14	
赶工费(元)	200	1200	0	0	150	0	250	1500	0	3300

问题：

1. 施工单位的进度调整符合要求吗？

2. 该工程±0.00 以下分部工程依据项目管理工程师批准的施工计划实施，在正常施工完成 A 工作后，项目监理工程师根据业主和工程的需要，在 F 工作后增加一项土方开挖工作 J，与 H 和 K 工作平行，如图 5.8 所示。施工单位确定 J 工作持续时间 26 天，同时计划将土方开挖工作 B、E、J 使用同一台挖土机施工。

①增加 J 工作持续时间 26 天后，施工单位的进度计划是否满足工期 80 天的要求？为什么？

②B、E、J 三项工作使用同一台挖土机能否满足进度要求？为什么？

③如果因天气原因致使 F 工作拖延 3 天完成，则该分部工程工期会不会拖延？如果会，会拖延几天？

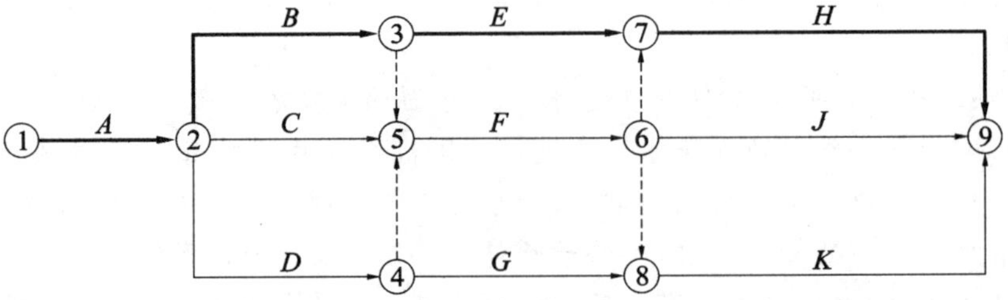

图 5.8　增加 J 工作后的施工进度计划

【实训2】 某工程项目开工之前，承包方向项目监理工程师提交了施工进度计划（如图5.9所示），该计划满足合同工期100天的要求，合同价500万元（其中含现场管理费60万元）。

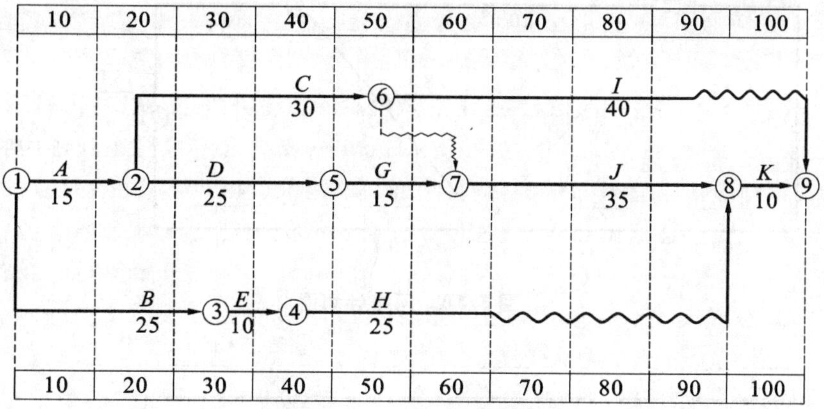

图5.9　施工进度计划

在上述施工进度计划中，由于工作E和工作G共用一台塔吊（塔吊原计划在开工第25天后进场投入使用），必须顺序施工，使用的先后顺序不受限制（其他工作不使用塔吊）。

问题：

1. 如果在原计划中先安排工作E，后安排工作G，塔吊应安排在第几天（上班时刻）进场投入使用较为合理？为什么？

2. 施工过程中，由于业主要求变更设计图纸，使工作B停工10天（其他工作持续时间不变），工程师及时向承包商发出了通知并指示承包商调整进度计划，以保证该工程按合同工期完工。承包商提出了调整方案：将工作J的持续时间压缩5天。承包商提出的调整方案是否合理？该计划如何调整更为合理？

【实训3】 某工程建设项目的施工计划如图5.10所示。在施工过程中，由于业主原因、不可抗力因素和施工单位原因，从而对各项工作的持续时间产生一定的影响，其结果如表5.3所示（正数为延长工作天数，负数为缩短工作天数），网络计划的计划工期为84天。由于工作的持续时间延长，网络计划的实际工期为89天，如图5.11所示。

表5.3　三方面的因素对持续时间的影响结果

工作代号	业主原因	不可抗力因素	施工单位原因	持续时间延长	延长或缩短一天的经济得失(元/天)
A	0	2	0	2	600
B	1	0	1	2	800
C	1	0	−1	0	600
D	2	0	2	4	500
E	0	2	−2	0	700
F	3	2	0	5	800
G	0	2	0	2	600
H	3	0	2	5	500
合计	10	8	2	20	

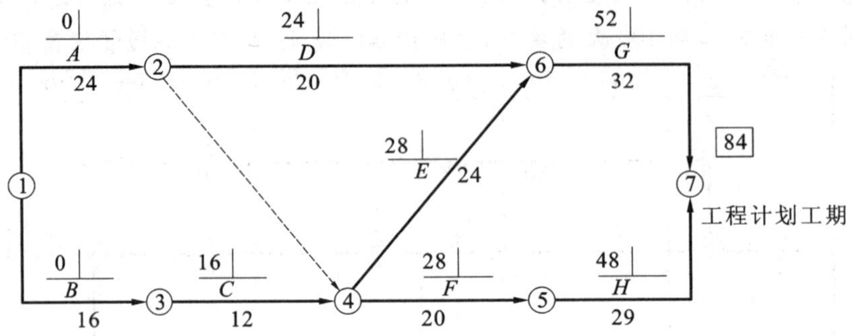

图 5.10　网络计划图

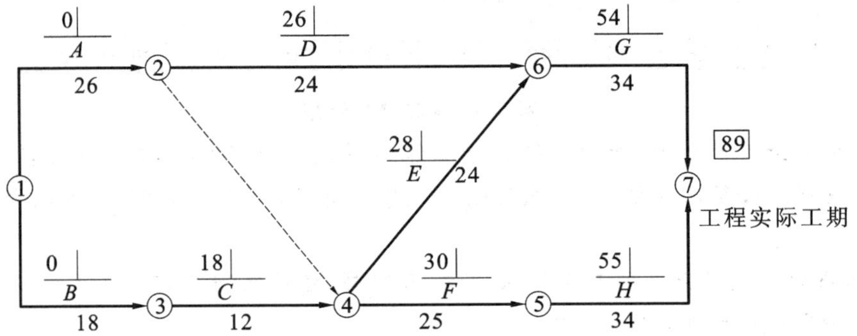

图 5.11　网络图

问题：

1. 确定网络计划图 5.10 和图 5.11 的关键线路。
2. 延长合同工期 18 天和按实际工程延长合同工期 5 天是否合理？为什么？
3. 项目管理工程师应签证延长合同工期几天合理？为什么？（用网络计划图表示）

【实训 4】 某工程项目的承包商给项目管理工程师提供的桥梁工程施工网络计划如图 5.12 所示，项目管理工程师在审核中发现该施工计划安排不能满足施工总进度计划对该桥施工工期的进度计划要求（总进度 $T_c=60$ 天）。项目管理工程师向承包商提出质疑时，承包商解释说，由于该计划中的每项工作作业时间均不能够压缩，且工地施工桥台的钢模板只有一套，两个桥台只能顺序施工，若一定要压缩工作时间，可将西侧桥台基础的挖孔桩改为预制桩，但要修改设计，且需增加 12 万元的费用。项目监理工程师提出不同的看法。经项目监理工程师批准，该桥的基础工程分包给了建华基础工程公司。

问题：

项目管理工程师应对该桥的网络进度计划提出什么建议？

思 考 题

1. 简述施工项目进度控制的概念。
2. 施工项目进度控制的主要影响因素有哪些？
3. 施工项目进度控制的基本方法有哪些？
4. 简述施工项目进度控制的主要措施。
5. 简述施工项目进度控制计划的类型。

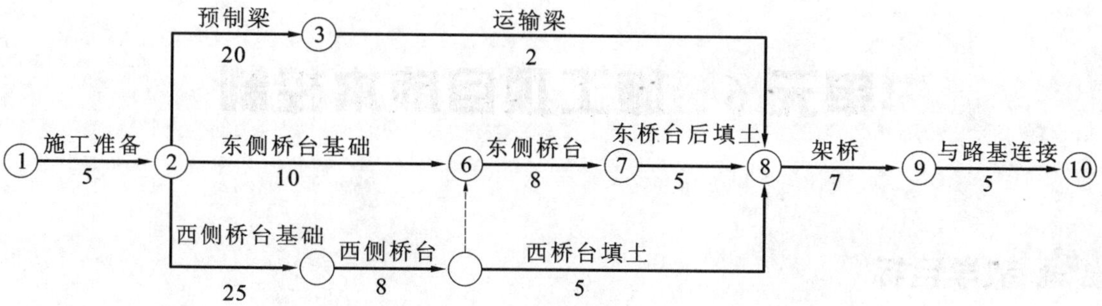

图5.12　桥梁工程网络计划

6. 简述工程建设项目进度计划的表示方法及它们各自的优缺点。

7. 施工总进度计划和单位工程施工进度计划的编制内容分别有哪些？

8. 施工项目进度控制的目标与任务分别是什么？

9. 简述施工项目进度控制计划的实施过程。

10. 对进度计划执行情况进行检查时可采用哪些方法？其具体应用要点各是什么？并列举实例加以说明。

11. 施工项目进度控制计划的检查与分析有些什么内容？

12. 常见的施工进度偏差比较分析的方法有哪几种？

13. 进度计划的调整原则和方法各是什么？并列举实例。

14. 简述工程建设项目进度管理的基本要求。

单元 6　施工项目成本控制

教学目标

1. 了解成本管理的基本组成及其特点；
2. 掌握成本管理的主要内容；
3. 掌握施工项目成本控制的基本理论和基本方法；
4. 熟悉成本控制的工作环节及其程序的工作要点；
5. 掌握各种具体控制方法在工程项目中的应用特点；
6. 培养学生有效从事施工项目成本控制的基本工作能力。

6.1　施工项目成本控制概述

6.1.1　施工项目成本的组成

“企业是利润中心，项目是成本中心”，这是施工行业中广为流传的一句话。任何一个企业的发展和壮大都离不开“企业利润”这一源泉，施工企业也不例外。不管您的施工资质有多高，不管您能揽下多少工程，不管您的预算做得有多准确，不管您做了多少个优良工程和获得多少个奖项，如果脱离了对基层项目部工程成本的有效管理和控制，无论什么样的企业也不可能获得丰厚的利润和长足的发展。

施工企业基层项目部相当于生产企业的车间，如果产品的生产成本无法得到有效的控制，企业将到哪里去寻求利润呢？因此，工程成本的管理与控制是施工企业的核心问题。

一个施工项目构成其成本的要素主要是在执行工程合同过程中生成的有关“直接费用”和“间接费用”。而施工项目成本管理中的“黑洞”则主要存在于施工项目成本的直接费用中。施工成本是指在施工项目建设过程中所发生的全部生产费用的总和，包括所消耗的原材料、辅助材料、构配件等的费用，周转材料的摊销费或租赁费等，施工机械的使用费或租赁费等，支付给生产工人的工资、奖金、工资性津贴等，以及进行施工组织与管理所发生的全部费用支出。施工项目的施工成本由直接成本和间接成本组成。

(1)直接成本

直接成本是指施工过程中耗费的构成工程实体或有助于工程实体形成的各项费用支出，是可以直接计入工程对象的费用，包括人工费、材料费、施工机械使用费和施工各项措施费等。

(2)间接成本

间接成本是指为施工准备、组织和管理施工生产的全部费用的支出，是非直接用于也无法直接计入工程对象，但为进行工程施工所必须发生的费用，包括管理人员工资、办公费、差旅交通费等。

6.1.2 施工项目成本管理

6.1.2.1 施工项目成本管理的特点

施工项目成本管理是项目控制目标之一，因而具有所有项目目标管理的特点，同时，又因为它自身的特点，在项目运行过程中必然存在区别于其他项目目标管理的特征，表述如下：

(1)工程项目属于单件式、一次性投入的特殊产品，由于每一个工程的设计图纸和施工条件都不一样，因而各个工程的施工过程和成本形成千差万别，很难用统一的模式来评价和预测工程成本，必须做到具体问题具体分析，必须做工程项目的个性化处理。

(2)工程成本是随工程进度而逐渐投入的，这就需要施工企业管理部门对工程成本进行事先预测控制和在工程运行过程中运用动态控制原理加以调控，否则，工程竣工时工程成本消耗已经形成，任何人将无回天之力。

(3)工程项目涉及专业较多，工程施工环节复杂，受外界因素影响极其严重。施工项目的整个实施过程人为因素较多，导致工程成本的“跑、冒、滴、漏”等现象比较严重，仅依靠传统的财务记账来描述成本变化、进行成本管理远远不能满足施工企业成本管理的要求。

6.1.2.2 施工项目成本管理的内容

作为施工项目成本管理的具体实施者——项目经理部，在施工项目的成本管理过程中，主要工作环节一般包括对于施工成本的预测、计划、控制、核算、分析和考核等工作。

(1)施工项目成本管理的程序

①掌握生产要素的市场价格和变动状态；

②确定项目合同价；

③编制项目成本计划，确定项目成本实施目标；

④进行项目成本动态控制，实现项目成本实施目标；

⑤进行项目成本核算和工程价款核算，及时收回工程款；

⑥进行项目成本分析；

⑦进行项目成本考核，编制成本报告；

⑧积累项目成本资料。

(2)施工项目成本管理的任务

施工项目成本管理的具体任务主要包括：施工成本预测；施工成本计划；施工成本控制；施工成本核算；施工成本分析；施工成本考核。

①施工成本预测

施工成本预测就是根据成本信息和施工项目的具体情况，运用一定的专门方法对未来的成本水平及其可能发展趋势做出科学的估计。一般情况施工成本预测是在工程施工以前对成本进行的估算。施工成本预测是施工项目成本决策与计划的依据。施工成本预测通常是对施工项目计划工期内影响其成本变化的各个因素进行分析，比照近期已完工施工项目或将完工施工项目的成本(单位成本)，预测这些因素对工程成本中有关项目(成本项目)的影响程度，预测出工程的单位成本或总成本。

②施工成本计划

施工成本计划是以货币形式编制施工项目在计划期内的生产费用、成本水平、成本降低率以及为降低成本所采取的主要措施和规划的书面方案。它是建立施工项目成本管理责任制、开展成本控制和核算的基础，同时也是项目进行降低成本的指导文件，是设立目标成本的依据。可以说成本计划是目标成本的一种形式。

③施工成本控制

施工成本控制是指在施工过程中对影响施工成本的各种因素加强管理，并采取各种有效措施，将施工中实际发生的各种消耗和支出严格控制在成本计划范围内，随时揭示并及时反馈，严格审查各项费用是否符合标准，计算实际成本和计划成本之间的差异并进行分析，进而采取多种措施消除施工中的损失浪费现象。

施工成本控制应贯穿于项目从投标阶段开始直至竣工验收的全过程，它是企业全面成本管理的重要环节。一般情况下，在项目的施工过程中不仅要按实施阶段对施工成本进行事前控制、事中控制（过程控制）和事后控制，同时还需要按照动态控制原理的要求对实际施工成本的发生过程进行有效控制。在这个过程中，合同文件和成本计划成了成本控制的目标，进度报告和工程变更与索赔资料则成了成本控制过程中的动态资料。成本控制工作最后要形成报告的形式，上报上级管理层。成本控制报告可单独编制，也可以根据需要与进度、质量、安全和其他目标进展报告结合，提出综合性进展报告。

④施工成本核算

施工成本核算制是明确施工成本核算的原则、范围、程序、方法、内容、责任及要求的制度。项目管理必须实行施工成本核算制，它与项目经理责任制等共同构成了项目管理的运行机制。

施工成本核算一般包括两个基本环节：一是按照规定的成本开支范围对施工费用进行归集和分配，计算出施工费用的实际发生额；二是根据成本核算对象，采用适当的方法计算出该施工项目的总成本和单位成本。施工成本管理需要正确、及时地核算施工过程中发生的各项费用，计算施工项目的实际成本。施工项目成本核算所提供的各种成本信息是成本预测、成本计划、成本控制、成本分析和成本考核等各个环节的依据。

⑤施工成本分析

施工成本分析是在施工成本核算的基础上，对成本的形成过程和影响成本升降的因素进行分析，以寻求进一步降低成本的途径，包括有利偏差的挖掘和不利偏差的纠正。施工成本分析贯穿于施工成本管理的全过程。

对成本偏差的控制，分析是关键，纠偏是核心，要针对分析得出的偏差发生原因采取切实措施加以纠正，这才是施工成本分析重要性的体现。成本分析的方法可以单独使用，也可结合使用。尤其是在进行成本综合分析时，必须使用基本方法。为了更好地说明成本升降的具体原因，必须依据定量分析的结果进行定性分析。

⑥施工成本考核

施工成本考核是指在施工项目完成后，对施工项目成本形成中的各责任者，按施工项目成本目标责任制的有关规定，将成本的实际指标与计划、定额、预算进行对比和考核，评定施工项目成本计划的完成情况和各责任者的业绩，并据此给予相应的奖励和处罚。通过成本考核，做到有奖有罚，赏罚分明，才能有效地调动每一位员工在各自施工岗位上努力完成目标成本的积极性，为降低施工项目成本和增加企业的积累做出自己的贡献。

施工成本管理的每一个环节都是相互联系和相互作用的。成本预测是成本决策的前提，成本计划是成本决策所确定目标的具体化。成本计划控制则是对成本计划的实施进行控制和监督，保证决策的成本目标的实现，而成本核算又是对成本计划是否实现的最后检验，它所提供的成本信息又对下一个施工项目成本预测和决策提供基础资料。成本考核是实现成本目标责任制的保证和实现决策目标的重要手段。因而,施工成本管理工作的内容具体而又复杂,它们之间环环相扣,要做好成本控制,必须提高每一个环节的工作质量,才能保证施工成本管理工作的效率,才能为成本管理工作提供有价值的信息。

6.1.2.3 施工项目成本管理的措施

为了更好地保证施工成本管理工作的理想效果,就应当从多方面采取措施实施管理,通常可以将这些措施归纳为组织措施、技术措施、经济措施、合同措施。

(1)组织措施

组织措施是从施工成本管理的组织方面采取的措施。施工成本控制是全员的活动,例如实行项目经理责任制,落实施工成本管理的组织机构和人员,明确各级施工成本管理人员的任务和职能分工、权力和责任。施工成本管理不仅是专业成本管理人员的工作,各级项目管理人员也都应负有成本控制责任。组织措施是其他各类措施的前提和保障,而且一般不需要增加什么费用,运用得当可以收到良好的效果。

(2)技术措施

施工过程中降低成本的技术措施包括:进行技术经济分析,确定最佳的施工方案;结合施工方法,进行材料使用的比选,在满足功能要求的前提下,通过代用、改变配合比、使用添加剂等方法降低材料消耗的费用;确定最合适的施工机械、设备使用方案;结合项目的施工组织设计及自然地理条件,降低材料的库存成本和运输成本;先进的施工技术的应用,新材料的运用,新开发机械设备的使用等。在实践中,也要避免仅从技术角度选定方案而忽视对其经济效果的分析论证。

(3)经济措施

经济措施是最容易被人们所接受和采用的措施。管理人员应编制资金使用计划,确定、分解施工成本管理目标;对施工成本管理目标进行风险分析,并制定防范性对策;对各种支出应认真做好资金的使用计划,并在施工中严格控制各项开支;及时准确地记录、收集、整理、核算实际发生的成本;对各种变更及时做好增减账,及时落实业主签证,及时结算工程款;通过偏差分析和未完工工程预测,可发现一些潜在的问题将引起未完工工程施工成本增加,对这些问题应以主动控制为出发点,及时采取预防措施。由此可见,经济措施的运用绝不仅仅是财务人员的事情。

(4)合同措施

采用合同措施控制施工成本,应贯穿整个合同周期,包括从合同谈判开始到合同终结的全过程。首先是选用合适的合同结构,对各种合同结构模式进行分析、比较,在合同谈判时要争取选用适合于工程规模、性质和特点的合同结构模式。其次,在合同的条款中应仔细考虑一切影响成本和效益的因素,特别是潜在的风险因素。通过对引起成本变动的风险因素的识别和分析,采取必要的风险对策,如通过合理的方式增加承担风险的个体数量,降低损失发生的比例,并最终使这些策略反映在合同的具体条款中。在合同执行期间,合同管理的措施既要密切注视对方合同执行的情况,以寻求合同索赔的机会;同时也要密切关注自己履行合同的情况,以防止被对方索赔。

6.2 施工项目成本计划

6.2.1 施工项目成本计划的类型

对于一个施工项目而言，其成本计划的编制是一个不断深化的过程。在这一过程的不同阶段就会形成深度和作用不同的成本计划。按其作用可分为三类。

(1)竞争性成本计划

竞争性成本计划就是指施工项目在投标及签订合同阶段的估算成本计划。这类成本计划是以招标文件中的合同条件、投标者须知、技术规程、设计图纸或工程量清单等为依据，以有关价格条件说明为基础，结合调研和现场考察获得的情况，根据本企业的定额标准、施工水平、市场价格资料和费用指标，对本企业完成招标工程所需要支出的全部费用的估算。

(2)指导性成本计划

指导性成本计划是指在选派项目经理阶段编制的预算成本计划。它是项目经理的责任成本目标。它是以施工承包合同、标书为依据，按照企业的定额标准制定的设计预算成本计划。一般情况下，指导性成本计划只是确定责任总成本指标的依据。

(3)实施性成本计划

实施性成本计划是指在施工项目施工准备阶段编制的施工预算成本计划。它是以项目实施方案为依据，落实项目经理责任目标为出发点，采用企业的施工定额，通过施工预算的编制而形成的实施性施工项目成本计划。

以上这三类成本计划虽然编制时间和作用不同，但是它们之间互相衔接紧密，并对施工项目的成本计算呈不断深化的趋势，从而构成了整个工程施工成本的计划实施过程。其中，竞争性成本计划带有成本战略的性质，是项目投标阶段商务标书的基础，而有竞争力的商务标书又是以其先进合理的技术标书为支撑的，因此它奠定了施工成本的基本框架和水平。指导性成本计划和实施性成本计划，都是战略性成本计划的进一步展开和深化，是对战略性成本计划的战术安排。此外，根据项目管理的需要，实施性成本计划又可按施工成本组成、子项目组成、工程进度分别编制施工项目成本计划。

6.2.2 施工项目成本计划的编制依据

施工项目成本计划是施工项目成本控制的一个重要环节，是实现降低施工成本任务的指导性文件。施工项目成本计划的编制依据一般包括：

(1)投标报价文件；

(2)企业定额、施工预算；

(3)项目管理实施规划；

(4)施工组织设计或施工方案；

(5)人工、材料、机械台班的市场价；

(6)企业颁布的材料指导价、企业内部机械台班价格、劳动力内部挂牌价格；

(7)周转设备内部租赁价格、摊销损耗标准；

(8)已签订的工程合同、分包合同(或估价书)；

(9)结构件外加工计划和合同；

(10)有关财务成本核算制度和财务历史资料；

(11)施工成本预测资料；

(12)拟采取的降低施工成本的措施；

(13)其他相关资料。

6.2.3 施工项目成本计划的编制方法

施工项目成本计划的编制是以施工成本预测为基础的，关键是确定目标成本。施工项目成本计划的制定需要结合施工组织设计的编制过程，通过不断地优化施工技术方案和合理配置生产要素，进行工、料、机消耗的分析，制定一系列节约成本和挖潜措施，来确定施工项目成本计划。一般情况下，施工项目成本计划总额应控制在目标成本的范围内，并使成本计划建立在切实可行的基础上。

施工项目总成本目标确定之后，还需通过编制详细的实施性施工项目成本计划把目标成本层层分解，落实到施工过程的每个环节，有效地进行成本控制。施工项目成本计划的编制方式有：

(1)按施工成本组成编制施工项目成本计划；

(2)按工程项目组成编制施工项目成本计划；

(3)按工程施工进度编制施工项目成本计划。

6.2.3.1 按施工成本组成编制施工项目成本计划的方法

这种方法是将施工成本按组成分解为人工费、材料费、施工机械使用费、措施费和间接费，如图6.1所示。

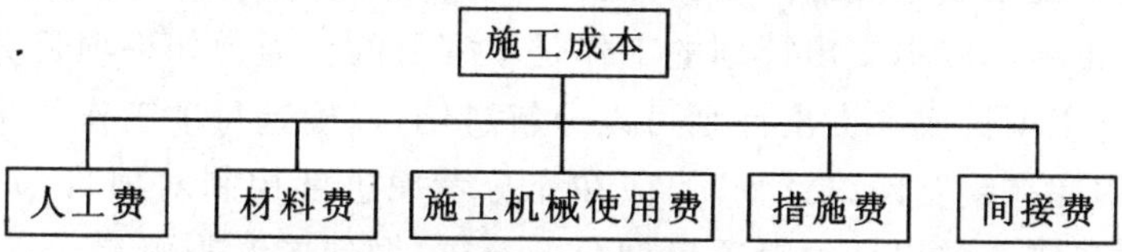

图6.1 按施工成本组成分解

6.2.3.2 按项目组成编制施工项目成本计划的方法

大中型施工项目通常是由若干单项工程构成的，而每个单项工程包括了多个单位工程，每个单位工程又是由若干个分部分项工程所构成。因此，首先要把项目总施工成本分解到单项工程和单位工程中，再进一步分解为分部工程和分项工程，如图6.2所示。

在完成施工项目成本目标分解之后，接下来就要具体地分配成本，编制分项工程的成本支出计划，从而得到详细的成本计划表，如表6.1。

表6.1 分项工程成本计划表

分项工程编码	工程内容	计量单位	工程数量	计划综合单价	本分项总计
(1)	(2)	(3)	(4)	(5)	(6)

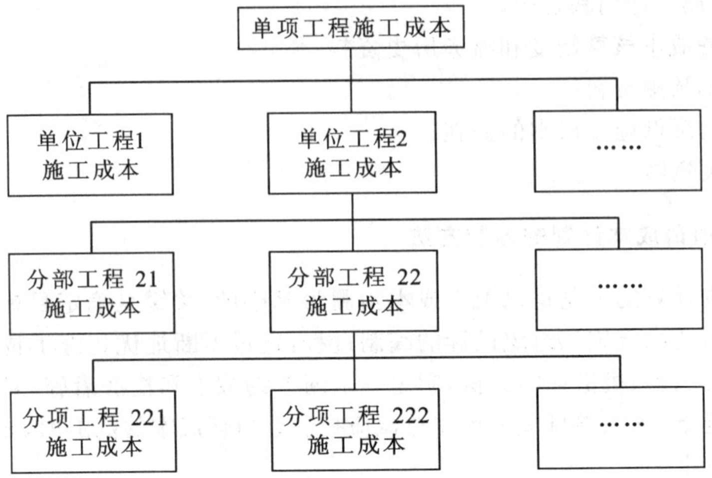

图 6.2　施工成本按项目组成分解

在编制成本支出计划时，要在施工项目总的方面考虑总的预备费，也要在主要的分项工程中安排适当的不可预见费，避免在具体编制成本计划时，可能发现个别单位工程或工程量计算有较大出入，使原来的成本预算失实，并在项目实施过程中对其尽可能地采取一些措施。

6.2.3.3　按工程施工进度编制施工项目成本计划的方法

按工程的施工进度编制施工项目成本计划，通常可利用控制项目进度的网络图进一步扩充而得。即在建立网络图时，一方面确定完成各项工作所需花费的时间，另一方面同时确定完成这一工作的合适的施工成本支出计划。在实践中，将施工项目分解为既能方便地表示时间，又能方便地表示施工项目成本支出计划的工作是不容易的。通常如果项目分解程度对时间控制合适的话，则对施工项目成本支出计划可以分解过细，以确定每项工作的施工项目成本支出计划，反之亦然。因此在编制网络计划时，应在充分考虑进度控制对项目划分要求的同时，还要考虑确定施工项目成本支出计划对项目划分的要求，做到二者兼顾。

通过对施工项目成本目标按时间进行分解，在网络计划基础上，可获得项目进度计划的横道图，并在此基础上编制成本计划。其表示方式有两种：一种是在时标网络图上按月编制的成本计划，如图 6.3 所示；另一种是利用时间-成本累积曲线（S 形曲线）表示，如图 6.4 所示。

时间-成本累积曲线的绘制步骤如下：

（1）确定施工项目进度计划，编制进度计划的横道图；

（2）根据每单位时间内完成的实物工程量或投入的人力、物力和财力，计算单位时间（月或旬）的成本，在时标网络图上按时间编制成本支出计划，如图 6.3 所示。

（3）计算规定时间 t 计划累计支出的成本额。其计算方法为：各单位时间计划完成的成本额累加求和，可按下式计算：

$$Q_t = \sum_{n=1}^{t} Q_n \tag{6.1}$$

式中　Q_t——某时间 t 计划累计支出成本额；

Q_n——单位时间 n 的计划支出成本额；

t——某规定计划时刻。

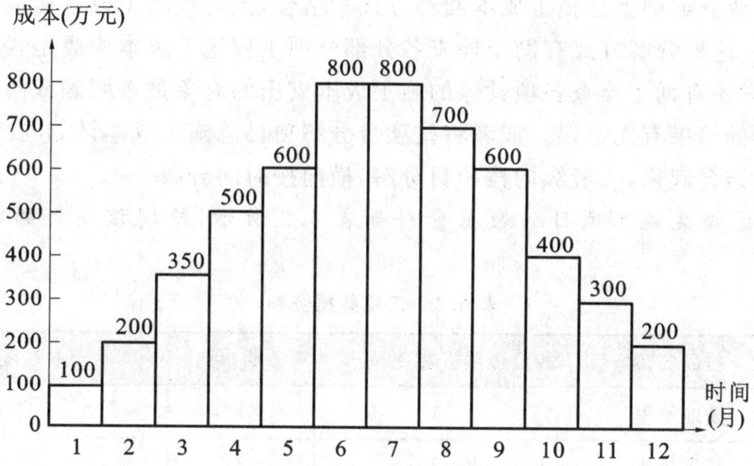

图 6.3　时标网络图上按月编制的成本计划

(4)按各规定时间的 Q_t 值绘制 S 形曲线，如图 6.4 所示。

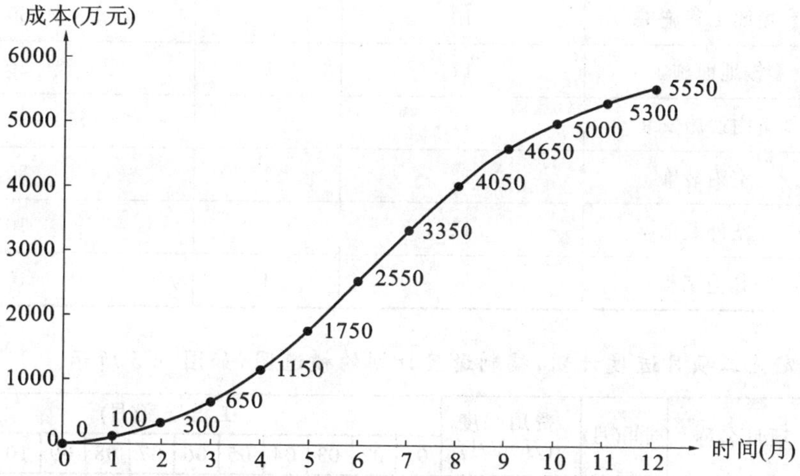

图 6.4　时间-成本累积曲线(S 形曲线)

每一条 S 形曲线都对应某一特定的工程进度计划。因为在进度计划的非关键线路中存在许多有时差的工序或工作，因而 S 形曲线(时间-成本累积曲线)必然包络在由全部工作都按最早开始时间开始和全部工作都按最迟必须开始时间开始的曲线所组成的“香蕉图”内。项目经理可根据编制的成本支出计划来合理安排资金，同时也可以根据筹措的资金来调整 S 形曲线，即通过调整非关键线路上的工序项目的最早或最迟开工时间，力争将实际的成本支出控制在计划的范围内。

一般而言，所有工作都按最迟开始时间开始，对节约资金贷款利息是有利的，但同时也降低了项目按期竣工的保证率，因此项目经理必须合理地确定成本支出计划，达到既节约成本支出又能控制项目工期的目的。

以上三种编制施工项目成本计划的方式并不是相互独立的。在实践中，往往是将这几种方式结合起来使用，从而可以取得扬长避短的效果。例如：将按施工项目分解项目总施工成本与按施工成本构成分解项目总施工成本两种方式相结合，横向按施工成本构成分解，纵向按项目分解，或相反。这种分解方式有助于检查各分部分项工程施工成本构成是否完整，有无重复计算或漏算；同时还有助于检查各项具体的施工成本支出的对象是否明确或落实，并且可以从数字上校核分解的结果有无错误。或者将按项目分解项目总施工成本计划与按时间分解项目总施工成本计划结合起来，一般纵向按项目分解，横向按时间分解。

【例 6.1】 已知某施工项目的数据资料如表 6.2 所示，绘制该项目的时间-成本累积曲线。

表 6.2　工程数据资料

编码	项目名称	最早开始时间	工期(月)	成本强度(万元/月)
11	场地平整	1	1	20
12	基础施工	2	3	15
13	主体工程施工	4	5	30
14	砌筑工程施工	8	3	20
15	屋面工程施工	10	2	30
16	楼地面施工	11	2	20
17	室内设施安装	11	1	30
18	室内装饰	12	1	20
19	室外装饰	12	1	10
20	其他工程		1	10

解：(1)确定施工项目进度计划，编制进度计划的横道图，如图 6.5 所示。

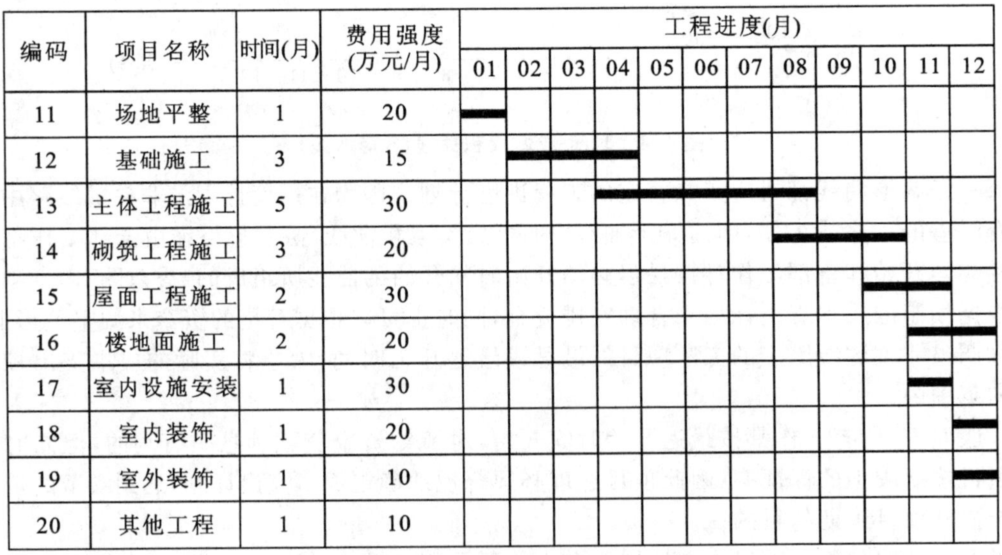

图 6.5　进度计划横道图

(2)在横道图上按时间编制成本计划，如图 6.6 所示。

(3)计算规定时间 t 计划累计支出的成本额；

根据式(6.1)可得如下结果：

$$Q_1=20,\ Q_2=35,\ Q_3=50,\cdots,Q_{10}=305,\ Q_{11}=385,\ Q_{12}=435。$$

(4)绘制 S 形曲线，如图 6.7 所示。

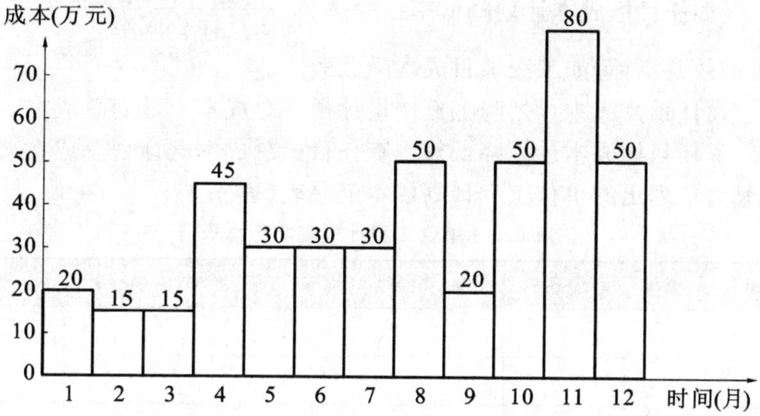

图 6.6　横道图上按月编制的成本计划

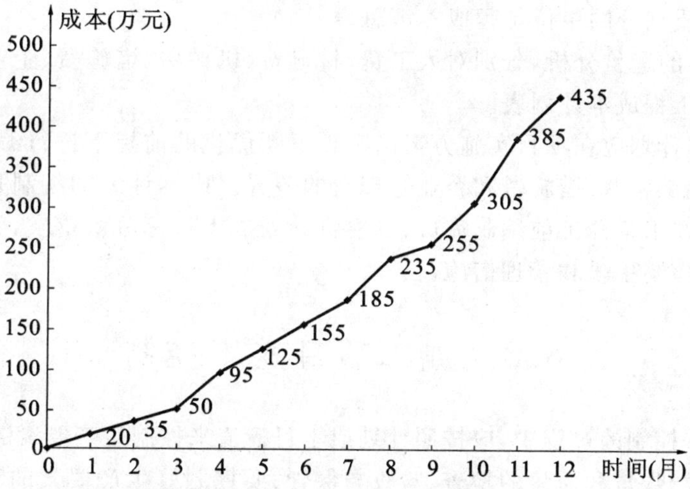

图 6.7　时间-成本累积曲线(S 形曲线)

6.2.4　施工项目成本计划编制内容

施工项目成本计划一般包括以下内容：

(1)编制说明

指对工程的范围、投标竞争过程及合同条件、承包人对项目经理提出的责任成本目标、施工成本计划编制的指导思想和依据等的具体说明。

(2)施工项目成本计划的指标

施工项目成本计划的指标应经过科学的分析、预测确定，可以采用对比法、因素分析法等进行测定。施工项目成本计划一般情况下有以下三类指标：

①成本计划的数量指标，如：按子项汇总的工程项目计划总成本指标；按分部汇总的各单位工程（或子项目）计划成本指标；按人工、材料、机械等汇总的各主要生产要素计划成本指标。

②成本计划的质量指标，如施工项目总成本降低率，可采用：

$$设计预算成本计划降低率=\frac{设计预算总成本计划降低额}{设计预算总成本}$$

$$责任目标成本计划降低率=\frac{责任目标总成本计划降低额}{责任目标总成本}$$

③成本计划的效益指标，如工程项目成本降低额。

设计预算成本计划降低额＝设计预算总成本－计划总成本

责任目标成本计划降低额＝责任目标总成本－计划总成本

（3）按工程量清单列出的单位工程计划成本汇总表（表6.3）。

表6.3　单位工程计划成本汇总表

	清单项目编码	清单项目名称	合同价格	计划成本
1				
2				
……				

（4）按成本性质划分的单位工程成本汇总表

根据清单项目的造价分析，分别对人工费、材料费、机械费、措施费、企业管理费和税金进行汇总，形成单位工程成本计划表。

施工项目成本计划应在项目实施方案确定和不断优化的前提下进行编制，因为不同的实施方案将导致直接工程费、措施费和企业管理费的差异。成本计划的编制是施工成本预控的重要手段，因此应在工程开工前编制完成，以便将计划成本目标分解落实，为各项成本的执行提供明确的目标、控制手段和管理措施。

6.3　施工项目成本控制

施工项目成本控制的过程中，应按照计划成本目标值来控制生产要素的采购价格，并认真做好材料、设备进场数量和质量的检查、验收与保管；要控制好生产要素的利用效率和消耗定额，例如任务单管理、限额领料、验工报告审核等工作；同时要做好不可预见成本风险的分析和预控，其中包括编制相应的应急措施等；要控制好影响效率和消耗量的其他因素（如工程变更等）所引起的成本增加；要把施工成本管理责任制度与对项目管理者的激励机制结合起来，以便增强管理人员的成本意识和控制能力。作为承包人，即施工项目的管理者必须要有一套健全的项目财务管理制度，要按规定的权限和程序对项目资金的使用和费用的结算支付进行审核、审批，使其成为施工项目成本控制的一个重要手段。

6.3.1　施工项目成本控制的依据

（1）工程承包合同

施工项目成本控制要以工程承包合同为依据，围绕着保证工程质量、降低工程成本这个终极目标，从预算收入和实际成本两方面努力挖掘增收节支潜力，以求获得最大的经济效益。

(2)施工项目成本计划

施工项目成本计划是根据施工项目的具体情况制定的施工成本控制方案，既包括预定的具体成本控制目标，又包括实现控制目标的措施和规划，是施工成本控制的指导性文件。

(3)进度报告

进度报告提供了工程进度中每一时刻的工程实际完成量、工程施工成本实际支付情况等重要信息。施工项目成本控制工作正是通过实际情况与施工成本计划相比较，找出二者之间的差别，分析偏差产生的原因，从而采取措施改进以后的工作。此外，进度报告还有助于管理者及时发现工程实施中存在的问题，并在事态还未造成重大损失之前采取有效措施，尽量避免损失。

(4)工程变更

在施工项目的实施过程中，由于各方面的主客观原因，工程变更是不可避免的。工程变更一般包括设计变更、进度计划变更、施工条件变更、技术规范与标准变更、施工顺序变更、工程数量变更等内容。一旦出现变更，施工项目的工程量、工期、成本等要素都必将发生变化，从而使得施工项目成本控制工作变得更加复杂和困难。因此，施工成本管理人员就应当通过对工程变更当中的各类数据进行计算、分析，随时掌握变更情况，包括已发生工程量、将要发生工程量、工期是否拖延、支付情况等重要信息，判断变更以及变更可能带来的索赔额度等。

当然，除了上述几种主要依据以外，有关施工组织设计、分包合同等也都是施工项目成本控制的依据。

6.3.2　施工项目成本控制的程序

为了做好施工项目的成本控制，作为管理者必须要按照一定的方法和程序，进行工程项目的成本控制，以便更好地实现成本控制目标。

6.3.2.1　施工项目成本控制的程序

一般情况，施工项目成本控制应遵循下列程序：

(1)收集工程实际成本数据。

(2)将实际工程的成本数据与工程成本的计划目标进行比较。

(3)分析成本偏差及原因。

(4)采取措施纠正偏差。

(5)必要时修改成本计划。

(6)按照规定的时间间隔编制工程成本报告。

6.3.2.2　施工项目成本控制的步骤

施工项目管理者对工程施工项目成本的控制只能通过事前控制和动态控制。施工项目成本事前控制是指根据工程预算和工程历史经验数据，事先对施工项目的材料费、机械使用费和人工费制定消耗量、单价标准，并运用多种控制手段，以达到将工程成本控制在合理范围内，实现预期利润的一种成本控制方法。

在确定了施工项目成本计划之后，必须定期地进行施工成本计划值与实际值的比较，当实际值偏离计划值时，分析产生偏差的原因，采取适当的纠偏措施，以确保施工项目成本控制目标的实现。施工项目成本控制的一般步骤如下：

(1)比较

按照某种确定的方式将施工成本计划值与实际值逐项进行比较,以发现施工成本是否已经出现偏差。

(2)分析

在比较的基础上,对比较的结果进行分析,以确定偏差的严重性以及偏差产生的原因。这一环节是施工项目成本控制工作的核心,其主要目的在于找出产生偏差的原因,从而采取有针对性的措施,减少或避免相同原因偏差的再次发生或减少由此造成的损失。

(3)预测

按照实际完成情况估计最终完成此项目所需的总费用。

(4)纠偏

当施工项目的实际施工成本出现了偏差,应当根据施工项目的具体情况、偏差分析结果和预测的结果,采取适当的措施,以期达到使施工项目成本偏差尽可能小的目的。纠偏是施工项目成本控制中最具实质性的一步。只有通过纠偏,才能最终达到有效控制施工项目成本的目的。

(5)检查

这一环节是指对施工项目的进展情况进行跟踪和检查,及时了解工程进展状况以及纠偏措施的执行情况和效果,为今后的工作积累经验。

6.3.3 施工项目成本控制的内容和方法

6.3.3.1 施工项目成本的过程控制方法

施工阶段是控制施工项目成本发生的主要阶段,它是通过确定成本目标并按成本计划值进行施工资源的配置,同时对施工现场发生的各种成本费用进行有效的控制。其具体的控制方法如下:

(1)人工费的控制

人工费的控制一般实行“量价分离”的方法,将作业用工及零星用工按定额工日的一定比例综合确定用工数量与单价,通过劳务合同进行控制。

(2)材料费的控制

材料费的控制一般同样按照“量价分离”原则,控制材料用量和材料价格。

①材料用量的控制

在保证符合设计要求和质量标准的前提下,合理使用材料,通过定额管理、计量管理等手段进行有效控制,保证材料物资的消耗在控制范围内。具体可采用定额控制、指标控制、计量控制、包干控制等方法。定额控制是指对于有消耗定额的材料,以消耗定额为依据,实行限额发料制度,在规定限额内分期分批领用,超过限额领用的材料,必须先查明原因,经过一定审批手续方可领料;指标控制是指对于没有消耗定额的材料,则实行计划管理和按指标控制的办法,可以根据以往施工项目的实际耗用情况,结合具体施工项目的内容和要求,制定领用材料指标,据此控制发料,超过指标的材料,必须经过一定的审批手续方可领用;计量控制是指准确做好材料物资的收发计量检查和投料计量检查工作;包干控制是指在材料使用过程中,对部分小型及零星材料(如钢钉、钢丝等)根据工程量计算出所需材料量,将其折算成费用,由作业者包干控制。

②材料价格的控制

材料价格主要由材料采购部门控制。由于材料价格是由市场采购价、运杂费、运输中的合理损耗等所组成，因此控制材料价格主要是通过掌握市场信息，应用招标和询价等方式控制材料、设备的采购价格。

施工项目的材料物资，包括构成工程实体的主要材料和结构件以及有助于工程实体形成的周转使用材料和低值易耗品。从价值角度看，材料物资的价值约占建筑安装工程造价的60%～70%，其重要程度自然是不言而喻的。由于材料物资的供应渠道和管理方式各不相同，所以控制的内容和所采取的控制方法也将有所不同，这里不再赘述。

(3)施工机械使用费的控制

合理选择和使用施工机械设备对施工项目成本控制具有十分重要的意义，尤其是高层建筑施工。据一些工程实例统计，高层建筑地面以上部分的总费用中，垂直运输机械费用占6%～10%。由于不同的起重运输机械各有不同的用途和特点，因此在选择起重运输机械时，首先应根据工程特点和施工条件确定采取何种起重运输机械的组合方式。在确定采用何种组合方式时，首先应满足施工需要，同时还要考虑费用的高低和综合经济效益。

施工机械使用费主要由机械台班数量和单价两方面决定。为了有效地控制施工机械使用费支出，主要应从以下几个方面进行控制：

①合理安排施工生产顺序，加强设备租赁计划的管理，减少因安排不当引起的设备闲置；

②加强机械设备的调度工作，尽量避免窝工，提高现场设备利用率；

③加强现场设备的维修保养，避免因不当使用造成机械设备的停置；

④做好机上人员与辅助生产人员的协调与配合，提高施工机械台班产量。

(4)施工分包费用的控制

分包工程价格的高低必然对施工项目成本产生一定的影响，因此，分包价格的控制也是施工项目成本控制的重要工作之一。项目管理者应在确定施工方案的初期就要确定需要分包的工程范围，决定分包范围的因素主要是施工项目的专业性和项目规模。对分包费用的控制，主要是做好分包工程的询价、订立平等互利的分包合同、建立稳定的分包关系网络、加强施工验收和分包结算等工作。

6.3.3.2　*施工项目成本控制方法——赢得值(挣值)法*

赢得值法(Earned Value Management，EVM)作为一项先进的项目管理技术，是美国国防部于1967年首次确立的。到目前为止，国际上先进的工程管理公司已普遍采用此法进行工程项目的费用、进度综合分析控制。

(1)赢得值法的三个基本参数

①已完工作预算费用

已完工作预算费用BCWP(Budgeted Cost for Work Performed)，是指在某一时间已经完成的工作(或部分工作)以批准认可的预算为标准所需要的资金总额。由于业主正是根据这个值作为承包人完成的工作量支付相应的费用，也就是承包人获得(挣得)的金额，故称赢得值或挣值。

$$\text{已完工作预算费用(BCWP)}=\text{已完成工作量}\times\text{预算单价} \tag{6.2}$$

②计划工作预算费用

计划工作预算费用BCWS(Budgeted Cost for Work Scheduled)，是指根据进度计划，在某

一时刻应当完成的工作(或部分工作)以预算为标准所需要的资金总额。一般来说,除非合同有变更,BCWS在工程实施过程中应保持不变。

$$计划工作预算费用(BCWS)=计划工作量\times预算单价 \tag{6.3}$$

③已完工作实际费用

已完工作实际费用ACWP(Actual Cost for Work Performed),是指到某一时刻为止,已完成的工作(或部分工作)所实际花费的总金额。

$$已完工作实际费用(ACWP)=已完成工作量\times实际单价 \tag{6.4}$$

(2)赢得值法的四个评价指标

在以上三个基本参数的基础上,可以确定赢得值法的四个评价指标,它们也都是时间的函数。

①费用偏差CV(Cost Variance)

$$费用偏差(CV)=已完工作预算费用(BCWP)-已完工作实际费用(ACWP) \tag{6.5}$$

当费用偏差(CV)为负值时,即表示项目运行超出预算费用;当费用偏差(CV)为正值时,表示项目运行节支,实际费用没有超出预算费用。

②进度偏差SV(Schedule Variance)

$$进度偏差(SV)=已完工作预算费用(BCWP)-计划工作预算费用(BCWS) \tag{6.6}$$

当进度偏差(SV)为负值时,表示进度延误,即实际进度落后于计划进度;当进度偏差(SV)为正值时,表示进度提前,即实际进度快于计划进度。

③费用绩效指数(CPI)

$$费用绩效指数(CPI)=\frac{已完工作预算费用(BCWP)}{已完工作实际费用(ACWP)} \tag{6.7}$$

当费用绩效指数CPI<1时,表示超支,即实际费用高于预算费用;

当费用绩效指数CPI>1时,表示节支,即实际费用低于预算费用。

④进度绩效指数(SPI)

$$进度绩效指数(SPI)=\frac{已完工作预算费用(BCWP)}{计划工作预算费用(BCWS)} \tag{6.8}$$

当进度绩效指数SPI<1时,表示进度延误,即实际进度比计划进度拖后;

当进度绩效指数SPI>1时,表示进度提前,即实际进度比计划进度快。

费用(进度)偏差反映的是绝对偏差,结果很直观,有助于费用管理人员了解项目费用出现偏差的绝对数额,并依此采取一定措施,制定或调整费用支出计划和资金筹措计划。但是,绝对偏差有其不容忽视的局限性。如同样是10万元的费用偏差,对于总费用1000万元的项目和总费用1亿元的项目而言,其严重性显然是不同的。因此,费用(进度)偏差仅适合于对同一项目作偏差分析。费用(进度)绩效指数反映的是相对偏差,它不受项目层次的限制,也不受项目实施时间的限制,因而在同一项目和不同项目比较中均可采用。

在项目的费用、进度综合控制中引入赢得值法,可以克服过去进度、费用分开控制的缺点。即当我们发现费用超支时,很难立即知道是由于费用超出预算还是由于进度提前;相反,当我们发现费用消耗低于预算时,也很难立即知道是由于费用节省还是由于进度拖延。而引入赢得值法即可定量地判断进度、费用的执行效果。

6.3.3.3 施工项目成本控制偏差分析的方法

偏差分析可采用不同的方法,常用的有横道图法、表格法和曲线法。

(1)横道图法

用横道图法进行费用偏差分析，是用不同的横道标识已完工作预算费用(BCWP)、计划工作预算费用(BCWS)和已完工作实际费用(ACWP)，横道的长度与其金额成正比例。如图6.8所示。

横道图法具有形象、直观等优点，它能够准确表达出费用的绝对偏差，而且能使人一目了然地感受到偏差的严重性。但这种方法反映的信息量少，一般在项目的较高管理层应用。

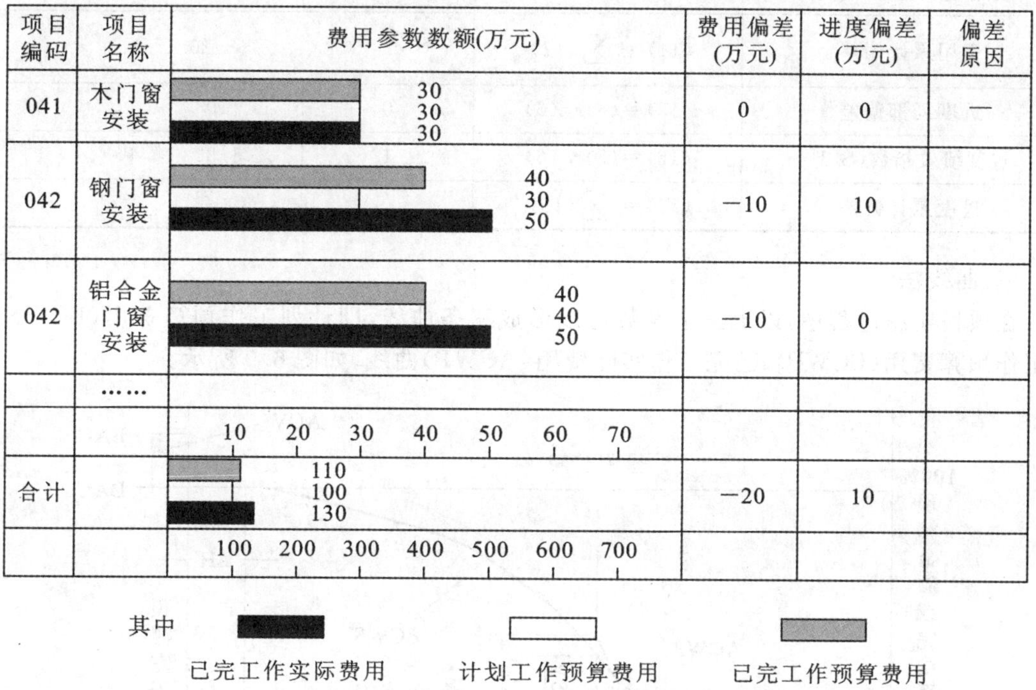

图 6.8　横道图法的费用偏差分析

(2)表格法

表格法是进行偏差分析最常用的一种方法。它是将项目编号、名称、各费用参数以及费用偏差数综合归纳入一张表格中，并且直接在表格中进行比较。由于各偏差参数都在表中列出，使得费用管理者能够综合地了解并处理这些数据。如表6.4所示。

表 6.4　费用偏差分析表

项目编码	(1)	041	042	043
项目名称	(2)	木门窗安装	钢门窗安装	铝合金门窗安装
单位	(3)			
预算(计划)单价	(4)			
计划工作量	(5)			
计划工作预算费用(BCWS)	(6)=(5)×(4)	30	30	40
已完成工作量	(7)			
已完成工作预算费用(BCWP)	(8)=(7)×(4)	30	40	40

续表 6.4

实际单价	(9)			
其他款项	(10)			
已完工作实际费用(ACWP)	(11)=(7)×(9)+(10)	30	50	50
费用局部偏差	(12)=(8)-(11)	0	-10	-10
费用绩效指数(CPI)	(13)=(8)÷(11)	1	0.8	0.8
费用累计偏差	(14)= $\sum$(12)	-20		
进度局部偏差	(15)=(8)-(6)	0	10	0
进度绩效指数(SPI)	(16)=(8)÷(6)	1	1.33	1
进度累计偏差	(17)= $\sum$(15)	10		

(3)曲线法

在项目实施过程中,以上三个参数可以形成三条曲线,即计划工作预算费用(BCWS)、已完工作预算费用(BCWP)、已完工作实际费用(ACWP)曲线,如图 6.9 所示。

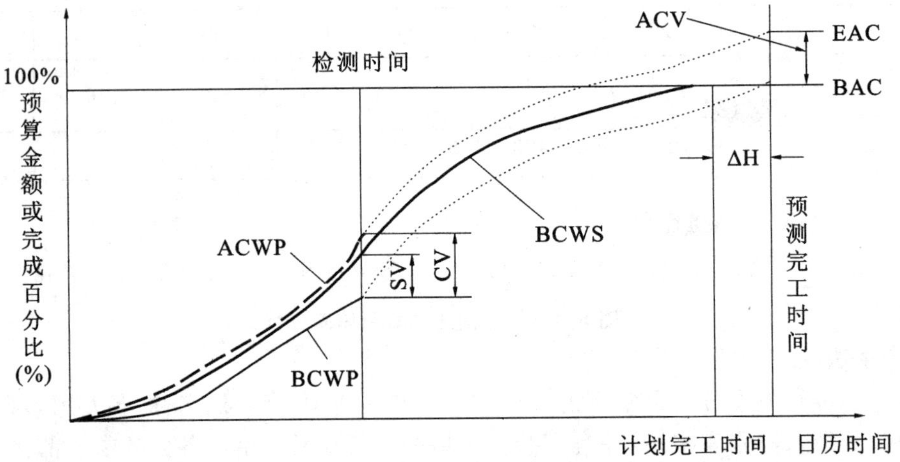

图 6.9 赢得值法评价曲线

图中:CV=BCWP-ACWP,由于两项参数均以已完工作为计算基准,所以两项参数之差反映项目进展的费用偏差。

SV=BCWP-BCWS,由于两项参数均以预算值(计划值)作为计算基准,所以两者之差反映项目进展的进度偏差。

采用赢得值法进行费用、进度综合控制,还可以根据当前的进度、费用偏差情况,通过原因分析,对趋势进行预测,预测项目结束时的进度、费用情况。图中:

BAC(budget at completion)——项目完工预算,指编计划时预计的项目完工费用。

EAC(estimate at completion)——预测的项目完工估算,指计划执行过程中根据当前的进度、费用偏差情况预测的项目完工总费用。

ACV(at completion variance)——预测项目完工时的费用偏差,ACV=BAC-EAC。

【例6.2】　某工程项目有2000m² 缸砖面层地面施工任务，交由某分包商承担，计划于六个月内完成，计划的各工作项目单价和计划完成的工作量如表6.5所示。该工程进行了三个月以后，发现某些工作项目实际已完成的工作量及实际单价与原计划有偏差，其数值见表6.5。

问题：

(1)试计算并用表格法列出至第三个月末时各工作的计划工作预算费用(BCWS)、已完工作预算费用(BCWP)、已完工作实际费用(ACWP)，并分析费用局部偏差值、费用绩效指数(CPI)、进度局部偏差值、进度绩效指数(SPI)，以及费用累计偏差和进度累计偏差。

(2)用横道图法表明各项工作的进展以及偏差情况，分析并在图上标明其偏差情况。

(3)用曲线法表明该项施工任务总的计划和实际进展情况，标明其费用及进度偏差情况。(说明：各工作项目在三个月内均是以等速、等值进行的。)

表6.5　工作量表

工作项目名称	平整场地	室内夯填土	垫层	缸砖面砂浆结合	踢脚
单位	100m²	100m²	10m²	100m²	100m²
计划工作量(三个月)	150	20	60	100	13.55
计划单价(元/单位)	16	46	450	1520	1620
已完成工作量(三个月)	150	18	48	70	9.5
实际单价(元/单位)	16	46	450	1800	1650

解：

(1)用表格法分析费用偏差，如表6.6所示。

表6.6　缸砖面层地面施工费用分析表

(1)项目编码		001	002	003	004	005	总计
(2)项目名称	计算方法	平整场地	室内夯填土	垫层	缸砖面结合	踢脚	
(3)单位		100m²	100m²	10m²	100m²	100m²	
(4)计划工作量(三个月)	(4)	150	20	60	100	13.55	
(5)计划单价(元/单位)	(5)	16	46	450	1520	1620	
(6)计划工作预算费用(BCWS)	(6)＝(4)×(5)	2400	920	27000	152000	21951	204271
(7)已完成工作量(三个月)	(7)	150	18	48	70	9.5	
(8)已完工作预算费用(BCWP)	(8)＝(7)×(5)	2400	828	21600	106400	15390	146618
(9)实际单价(元/单位)	(9)	16	46	450	1800	1650	
(10)已完工作实际费用(ACWP)	(10)＝(7)×(9)	2400	828	21600	126000	15675	166503
(11)费用局部偏差	(11)＝(8)－(10)	0	0	0	－19600	－285	
(12)费用绩效指数(CPI)	(12)＝(8)÷(10)	1.0	1.0	1.0	0.847	0.98	
(13)费用累计偏差	(13)＝$\sum$(11)	－19885					
(14)进度局部偏差	(14)＝(8)－(6)	0	－92	－5400	－45600	－6561	

续表 6.6

		001	002	003	004	005	总计
(15)进度绩效指数(SPI)	(15)＝(8)÷(6)	1.0	0.90	0.8	0.70	0.70	
(16)进度累计偏差	(16)＝ $\sum$(14)	－57653					

(2)横道图费用偏差分析如表 6.7 所示，其中各横道形式表示为：

计划工作预算费用(BCWS)；完成工作预算费用(BCWP)；

已完成工作实际费用(ACWP)。

(注：因空间所限，表中各项工作的横道比例尺寸大小不同。)

表 6.7　费用偏差分析表

项目编号	项目名称	费用数额(千元)	费用偏差(千元)	进度偏差(千元)
001	平整场地	2.40 2.40 2.40	0	0
002	夯填土	0.92 0.83 0.83	0	－0.09
003	垫层	27.00 21.60 21.60	0	－5.40
004	缸砖面结合	152.00 106.40 126.00	－19.6	－45.60
005	踢脚	21.95 15.39 15.68	－0.29	－6.56
	合计	204.27 146.62 166.50	－19.89	－57.65

(3)用曲线法标明该项施工任务在第三个月末时其费用及进度的偏差情况，如图 6.10 所示。

用曲线法分析时，由于假定各项工作均是等速进行，故所绘曲线呈直线形。

6.3.3.4　施工项目成本控制偏差原因分析与纠偏措施

(1)偏差原因分析

在施工项目成本控制过程中，最理想的状态是已完工作实际费用(ACWP)、计划工作预算费用(BCWS)、已完工作预算费用(BCWP)三条曲线靠得很近、平稳上升，表示项目按预定计划目标进行。如果三条曲线离散度不断增加，则预示可能发生关系到项目成败的重大问题。偏差分析的一个重要目的就是找出引起偏差的原因，从而采取有针对性的措施，减少或避免相同原因偏差的再次发生。在进行偏差原因分析时，首先应当将已经导致和可能导致偏差的各种原因逐一列举出来。导致不同工程项目产生费用偏差的原因具有一定的共性，因而可以通过对已建项目的费用偏差原因进行归纳、总结，为该项目采用预防措施提供依据。

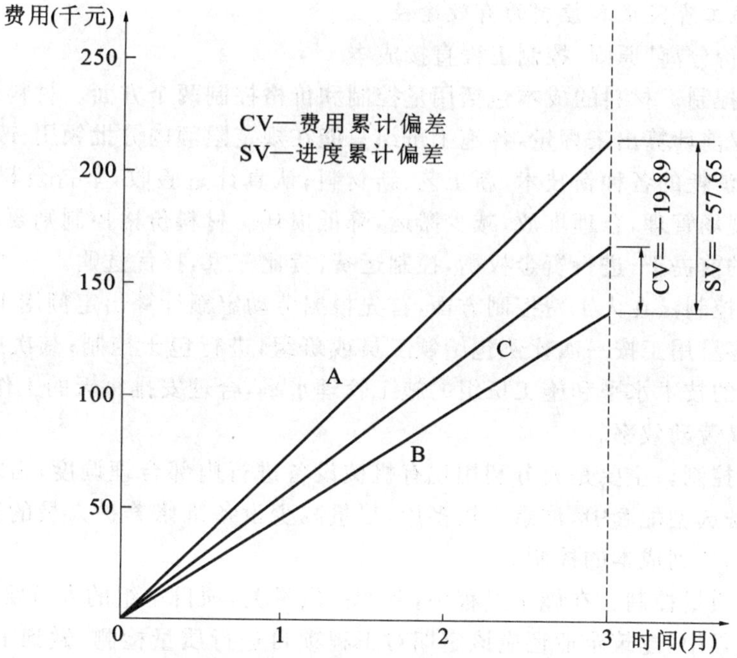

图 6.10　费用及进度的偏差情况

A—计划工作预算费用；B—已完工作预算费用；C—已完工作实际费用

一般来说，产生费用偏差的原因有图 6.11 所示的几种。

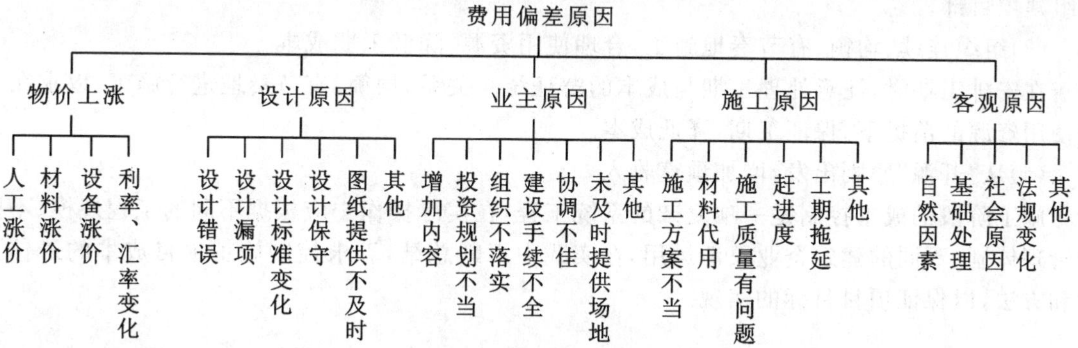

图 6.11　费用偏差原因

(2)纠偏措施

通常要压缩已经超支的费用而不损害其他目标是十分困难的，一般只有当给出的措施比原计划已选定的措施更为有利，或使工程范围减少，或生产效率提高，成本才能降低。例如：

①寻找新的、更好更省的、效率更高的设计方案；

②购买部分产品，而不是采用完全由自己生产的产品；

③重新选择供应商，但会产生供应风险，选择需要时间；

④改变实施过程；

⑤变更工程范围；

⑥索赔，例如向业主、承(分)包商、供应商索赔，以弥补费用超支。

6.3.3.5 施工阶段成本控制的有效途径

(1)按照“量价分离”原则,控制工程直接成本

①材料费的控制。材料的成本包括用量控制和价格控制两个方面。材料用量控制一般要认真审核图纸,提前计算出工程量,各施工班组只能在规定限额内分批领用;改进施工技术,推广使用降低材料消耗的各种新技术、新工艺、新材料;认真计量验收,坚持余料回收,降低材料消耗水平;加强现场管理,合理堆放,减少搬运,降低损耗。材料价格控制则要通过市场行情的调查,在保质量的前提下,进行资金权衡,控制运费,货比三家,择优选购。

②人工费的控制。在人工费控制方面,首先根据劳动定额计算出定额用工量,并将安全生产、文明施工及零星用工按一次比例包给领工员或班组,进行包干控制;其次通过现场讲解及培训来提高工人的技术水平和施工班组的施工管理水平,合理安排每天的工作计划,减少和避免无效劳动,提高劳动效率。

③机械费的控制。主要是充分利用现有机械设备进行内部合理调度,力求提高主要机械的使用率,在设备选型配套中,注意一机多用,尽量减少设备维修养护人员的数量和设备零星配件的费用,从而达到成本的控制。

④施工项目质量控制。在施工过程中,要严把质量关,项目小组的人员要把自检工作贯彻到施工的整个过程中,建筑企业还应该定期对工程项目进行质量检测,做到工作一次合格,杜绝返工现象的发生造成不必要的人力、物力的浪费。

(2)精简项目机构,合理配备项目部成员,降低间接成本

按照组织设计原则,因事设职,因职选人,各司其职,各负其责,选配一专多能的复合型人才组建项目部。

(3)组织连续、均衡、有节奏地施工,合理使用资源,降低工期成本

在安排工期时,注意处理工期与成本的辩证统一关系,均衡、有节奏地进行施工,以求在合理使用资源的前提下,保证工期,降低成本。

(4)从“开源”原则出发,增加预算收入

施工阶段的成本控制是一项复杂的系统工程,在实际操作中应根据不同的工程规模、不同的管理体制、不同的建筑企业灵活运用,在实践中不断总结,寻求控制施工项目成本的最佳方式和方法,以保证项目目标的实现。

6.4 施工项目成本核算与分析

建筑企业在工程建设中实行施工项目成本管理是企业生存和发展的基础和核心,施工阶段的成本控制是建筑企业能否有效进行施工项目成本控制的关键,必须在组织和控制措施上给予高度重视,以期达到提高企业经济效益的目的。而要保证施工项目成本控制的有效性,成本核算就显得尤为重要。

6.4.1 施工项目成本核算

施工项目成本核算一般是以单位工程作为成本核算的对象,但有时也可以按照施工承包的工程项目的规模、工期、结构类型、施工组织和施工现场等情况,结合具体成本管理的要求,灵活划分成本核算的对象。一般情况下施工成本核算的基本内容主要包括:

(1)人工费核算;

(2)材料费核算;

(3)周转材料费核算;

(4)结构构件费核算;

(5)机械使用费核算;

(6)其他措施费核算;

(7)分包工程成本核算;

(8)间接费核算;

(9)项目月度施工成本报告编制。

6.4.2 施工项目成本分析

6.4.2.1 施工项目成本分析的依据

施工项目成本分析,就是根据会计核算、业务核算和统计核算提供的资料,对施工项目成本的形成过程和影响成本升降的因素进行分析,以寻求进一步降低成本的途径。另一方面,通过成本分析,可从账簿、报表反映的成本现象看清成本的实质,从而增强项目成本的透明度和可控性,为加强成本控制、实现项目成本目标创造条件。

(1)会计核算

会计核算主要是价值核算。会计是对一定单位的经济业务进行计量、记录、分析和检查,做出预测,参与决策,实行监督,旨在实现最优经济效益的一种管理活动。它是施工成本分析的重要依据。

(2)业务核算

业务核算是各业务部门根据业务工作的需要而建立的核算制度,业务核算的范围比会计、统计核算要广,会计核算和统计核算一般是对已经发生的经济活动进行核算,而业务核算不但可以对已经发生的,而且还可以对尚未发生或正在发生的经济活动进行核算,看是否可以做,是否有经济效果。它的特点是对个别的经济业务进行单项核算。例如各种技术措施、新工艺等项目,可以核算已经完成的项目是否达到原定的目的,取得预期的效果;也可以对准备采取措施的项目进行核算和审查,看是否有效果,值不值得采纳。业务核算随时都可以进行,其目的在于迅速取得资料,在经济活动中及时采取措施进行调整。

(3)统计核算

统计核算是利用会计核算资料和业务核算资料,把企业生产经营活动客观现状的大量数据,按统计方法加以系统整理,表明其规律性。它的计量尺度比会计宽,可以用货币计量,也可以用实物或劳动量计量。它通过全面调查和抽样调查等特有的方法,不仅能提供绝对数指标,还能提供相对数和平均数指标;可以计算当前的实际水平,确定变动速度,也可以预测发展的趋势。

6.4.2.2 施工项目成本分析的基本方法

施工项目成本分析的基本方法包括比较法、因素分析法、差额计算法、比率法等。

(1)比较法

比较法又称指标对比分析法,这种方法具有通俗易懂、简单易行、便于掌握的特点,因而得到了广泛的应用,但在应用时必须注意各技术经济指标的可比性。比较法的应用通常有下列形式：

①将实际指标与目标指标对比，以此检查目标完成情况，分析影响目标完成的积极因素和消极因素，以便及时采取措施，保证成本目标的实现。在进行实际指标与目标指标对比时，还应注意目标本身有无问题。如果目标本身出现问题，则应调整目标，重新正确评价实际工作的成绩。

②本期实际指标与上期实际指标对比。通过本期实际指标与上期实际指标对比，可以看出各项技术经济指标的变动情况，反映施工管理水平的提高程度。

③与本行业平均水平、先进水平对比。通过这种对比，可以反映本项目的技术管理和经济管理与行业的平均水平和先进水平的差距，进而采取措施赶超先进水平。

(2)因素分析法

因素分析法又称连环置换法。这种方法可用来分析各种因素对成本的影响程度。在进行分析时，首先要假定众多因素中的一个因素发生了变化，而其他因素则不变，然后逐个替换，分别比较其计算结果，以确定各个因素的变化对成本的影响程度。因素分析法的计算步骤如下：

①确定分析对象，并计算出实际数与目标数的差异。

②确定该指标是由哪几个因素组成的，并按其相互关系进行排序(排序规则是：先实物量，后价值量；先绝对值，后相对值)。

③以目标数为基础，将各因素的目标数相乘，作为分析替代的基数。

④将各个因素的实际数按照上面的排列顺序进行替换计算，并将替换后的实际数保留下来。

⑤将每次替换计算所得的结果与前一次的计算结果相比较，两者的差异即为该因素对成本的影响程度。

⑥各个因素的影响程度之和应与分析对象的总差异相等。

【例 6.3】 商品混凝土目标成本为 443040 元，实际成本为 473697 元，比目标成本增加 30657 元，资料如表 6.8 所示。

表 6.8　商品混凝土目标成本与实际成本对比表

项目	单位	目标	实际	差额
产量	m^3	600	630	+30
单价	元	710	730	+20
报耗率	%	4	3	−1
成本	元	443040	473697	+30657

解：分析成本增加的原因：

1. 分析对象是商品混凝土的成本，实际成本与目标成本的差额为 30657 元。该指标是由产量、单价、损耗率三个因素组成的，排序见表 6.8。

2. 以目标数 443040 元(=600×710×1.04)为分析替代的基础

第一次替代产量因素，以 630 替代 600，则

$$630\times710\times1.04=465192\text{ 元}$$

第二次替代单价因素，以730替代710，并保留上次替代后的值，则

$$630\times730\times1.04=478296\text{ 元}$$

第三次替代损耗率因素，以1.03替代1.04，并保留上两次替代后的值，则

$$630\times730\times1.03=473697\text{ 元}$$

3. 计算差额：

第一次替代与目标数的差额＝465192－443040＝22152元；

第二次替代与第一次替代的差额＝478296－465192＝13104元；

第三次替代与第二次替代的差额＝473697－478296＝－4599元。

4. 产量增加使成本增加了22152元，单价提高使成本增加了13104元，而损耗率下降使成本减少了4599元。

5. 各因素的影响程度之和＝22152＋13104－4599＝30657元，与实际成本与目标成本的总差额相等。

为了使用方便，企业也可以通过运用因素分析表来求出各因素变动对实际成本的影响程度，其具体形式见表6.9。

表6.9　商品混凝土成本变动因素分析表

顺　序	连环替代计算	差异(元)	因素分析
目标数	600×710×1.04		
第一次替代	630×710×1.04	22152	由于产量增加 $30m^3$，成本增加22152元
第二次替代	630×710×1.04	13104	由于单价提高20元，成本增加13104元
第三次替代	630×710×1.03	－4599	由于损耗下降1%，成本减少4599元
合计	22152＋13104－4599＝30657	30657	

(3)差额计算法

差额计算法是因素分析法的一种简化形式，它利用各个因素的目标值与实际值的差额来计算其对成本的影响程度。

(4)比率法

比率法是指用两个以上的指标的比例进行分析的方法。它的基本特点是：先把对比分析的数值变成相对数，再观察其相互之间的关系。常用的比率法有以下几种：

①相关比率法。由于项目经济活动的各个方面是相互联系、相互依存又相互影响的，因而可以将两个性质不同而又相关的指标加以对比，求出比率，并以此来考察经营成果的好坏。例如：产值和工资是两个不同的概念，但它们又是投入与产出的关系。在一般情况下，都希望以最少的工资支出完成最大的产值。因此，用产值工资率指标来考核人工费的支出水平就很能说明问题。

②构成比率法，又称比重分析法或结构对比分析法。通过构成比率，可以考察成本总量的构成情况及各成本项目占成本总量的比重，同时也可看出量、本、利的比例关系(即预算成本、实际成本和降低成本的比例关系)，从而为寻求降低成本的途径指明方向。

③动态比率法。就是将同类指标不同时期的数值进行对比，求出比率，以分析该项指标的发展方向和发展速度。动态比率的计算通常采用基期指数和环比指数两种方法。

知识拓展

企业定额概述

施工企业在工程项目施工管理过程中一般是根据本企业的施工技术和管理水平以及有关工程造价资料的信息,来确定本企业在实施过程中所使用的人工、材料和机械台班消耗量的标准,以便于更好地控制工程成本。同时随着建设市场的发展,工程招投标活动的进一步规范和广泛深入,施工企业如何提高自己的工程中标率是关系企业生存和发展的紧迫课题。

企业定额不是简单地把传统定额或行业定额的编制手段用于编制施工企业的内部定额,它的形成和发展同样要经历从实践到理论、由不成熟到成熟的多次反复检验、滚动、积累,在这个过程中,企业的技术水平在不断发展,管理水平、管理手段、管理体制也在不断地更新提高。因此,企业定额产生的过程就是一个企业内部自我完善的进程。

企业定额在个性化方面已经比仍按定额模式组价处理工程量清单有了较大进步,但由于企业定额的起步一般是源于地方定额或行业定额,经企业消化吸收变动过来的,因而从内容到形式都不可避免地受到地方定额或行业定额有关游戏规则的影响;对具体工程项目的个性特点的体现仍然相对缺少;政府对企业的各项管理制度与国际惯例的行业管理制度存在着差距,这种相互间的不协调也不可避免地影响到编制企业定额时对管理费用的考虑。

根据目前建设市场经济的发展要求,现行的地方定额或行业定额已不能满足市场要求;实行工程量清单报价的基本思路就是"控制量,放开价,由企业自主报价,最终由市场开放价格"。这就要求每个施工企业要及时调整思路,紧跟市场,尽早制定适合本企业、适应新形势的企业定额,不断提高企业市场竞争力。

实践与能力训练

【实训 1】 某工程按照《建设工程施工合同(示范文本)》签订了施工合同,合同工期 7 个月,各项工作均按匀速施工。合同价 840 万元,施工单位的报价单(部分)见表 6.10。经项目监理机构批准的施工进度计划如图 6.12 所示(单位:月)。施工合同中约定:预付款按 20%支付,工程款付至合同价的 50%时开始扣回预付款,3 个月内平均扣回;质量保修金为合同价的 5%,从第 1 个月开始按月应付款的 10%扣留,扣满为止。

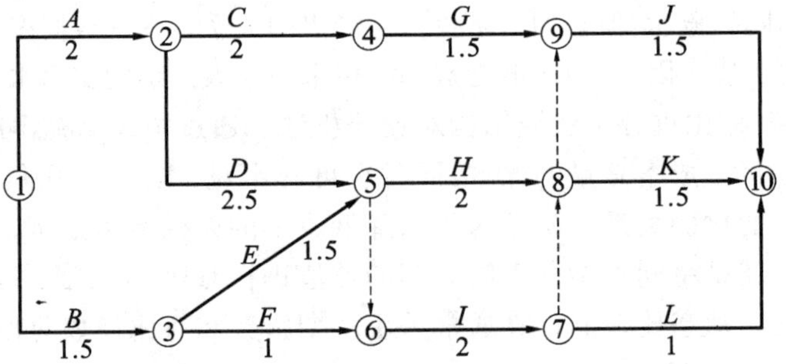

图 6.12　施工进度计划

表 6.10　施工单位报价表(部分)

序号	工作名称	估算工程量	全费用综合单价	合价(万元)
1	A	10000 m^3	30 元/m^3	30.00
2	B	12000 m^3	45 元/m^3	54.00
3	C	1000 m^3	300 元/m^3	30.00
4	D	8000 m^3	105 元/m^3	84.00
5	E	12000 m^3	250 元/m^3	300.00
6	F	14000 m^3	15 元/m^3	21.00

工程于 2006 年 4 月 1 日开工。施工中发生了如下事件：

事件 1：工程开工 1 个月后，建设单位要求增加一项工作 N，该工作于 C 工作之后开始，在 H、I 工作之前完成。经项目监理机构核定，N 工作的持续时间为 1.5 个月，估计工程量 1400 m^3，全费用综合单价为 120 元/m^3。

事件 2：建设单位接到有关部门通知，相关管理部门将于 7 月份对工程进行现场安全施工大检查，要求施工单位结合现场安全施工状况进行自检自查，对存在的问题进行整改。施工单位按要求进行了自查整改，向项目监理部递交了整改报告，报告中请求建设单位支付为迎接检查所发生的自查整改费 2.8 万元。

问题：

1. 本工程预付款为多少？按照时标网络计划安排，开工后前 3 个月每月应签证的工程款为多少？监理工程师签署的支付款为多少？动员预付款从何时开始扣回？

2. N 工作工程量的综合单价如何确定？

【实训 2】 某工程按《建设工程施工合同(示范文本)》签订了施工合同，工期为 20 个月，建设单位项目监理工程师批准的施工总进度计划(早时标网络计划)如图 6.13 所示，图中括号内数字为工程进度款(单位：万元/月)。该工程各项工作均按匀速施工。

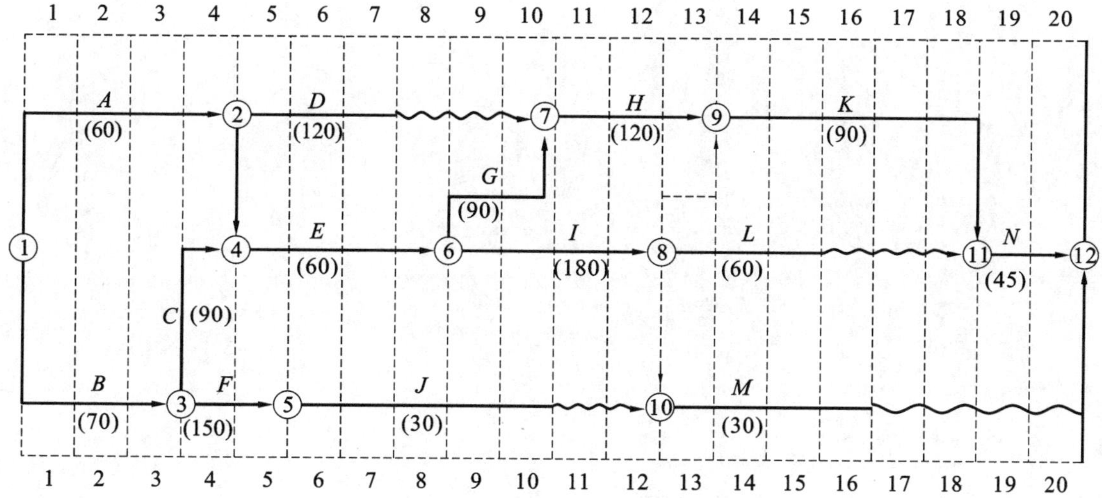

图 6.13　施工总进度计划

问题：

计算并在表6.11中填上1～10月份的拟完工程计划进度款、已完工程计划进度款和已完工程实际进度款。计算10月份的进度偏差和投资偏差。

表6.11　工程进度表　　单位：万元

月　份	1月	2月	3月	4月	5～7月	8月	9月	10月	合计
拟完工程计划进度表	130	130	130	300	750	90	300	300	2130
已完工程计划进度款	100	130	130	300	690	150	138	342	1980
已完工程实际进度款	101.5	130	130	310	690	150	138	334.2	1991.5

思考题

1. 简述施工项目成本的基本构成。
2. 施工项目成本管理的任务有哪些？请分别简要说明。
3. 施工项目成本管理的措施有哪些？分别列举2～3个具体措施。
4. 施工项目成本计划是如何分类的？编制方法有哪些？
5. 施工项目成本控制的依据包括哪些内容？
6. 施工项目成本控制的步骤是什么？
7. 施工项目成本控制偏差分析的基本方法有哪些？请分别简要说明。
8. 什么是赢得值法？其评价指标有哪些？
9. 施工项目成本分析的基本方法有哪些？请分别简要说明。

单元 7　施工项目职业健康安全与环境管理

教学目标

1. 掌握施工项目职业健康安全与环境管理的概念；了解其体系的运行模式；熟悉施工项目职业健康安全与环境管理的特点、目的和任务。

2. 了解职业健康安全管理的概念、体系和目标；熟悉施工项目安全管理程序和安全保证计划；掌握施工项目安全管理的实施；熟悉施工项目安全评价和施工项目安全事故的处理。

3. 了解环境管理体系的概念、程序和作用；熟悉施工现场环境因素对环境的影响；掌握施工项目环境问题及处理方法。

4. 掌握文明施工的相关知识。

7.1　施工项目职业健康安全与环境管理概述

7.1.1　施工项目职业健康安全与环境管理的概念

职业健康安全与环境管理是组织实施健康、安全与环境管理的组织机构、职责、做法、程序、过程和资源等要素构成的有机整体，这些要素通过先进、科学、系统的运行模式有机地融合在一起，相互关联、相互作用，形成动态管理体系。

职业健康安全是国际上通用的词语，是指影响工作场所内员工(包括临时工、合同工)、外来人员和其他人员安全与健康的条件和因素。我国习惯上将职业健康安全称为安全生产，通常指消除和控制生产经营全过程中的危险与危害因素，保障职工在职业活动中的安全与健康。

环境是指组织运行活动的外部存在，包括空气、水、土地、自然资源、植物、动物、人以及它们之间的相互关系。

从功能上讲，职业健康安全与环境管理是一种事前进行风险分析，确定自身活动可能发生的危害和后果，从而采取有效的防范手段和控制措施防止其发生，以便减少可能引起的人员伤害、财产损失和环境污染的有效管理模式。它强调事前预防和持续改进，具有高度的自我约束、自我完善、自我激励机制，因而是一种系统化、程序化、文件化、现代化的管理模式，是现代企业制度之一。

由于健康、安全和环境的管理在实际工作过程中有着密不可分的联系，因此把健康、安全和环境组成一个整体的管理体系，是现代工程项目管理的必然要求。近几年的研究表明，职业健康安全与环境管理体系对减少事故，特别是减少重大工程事故的发生起到了不可估量的作用。图 7.1 表示工程项目管理与工程事故的相关关系。

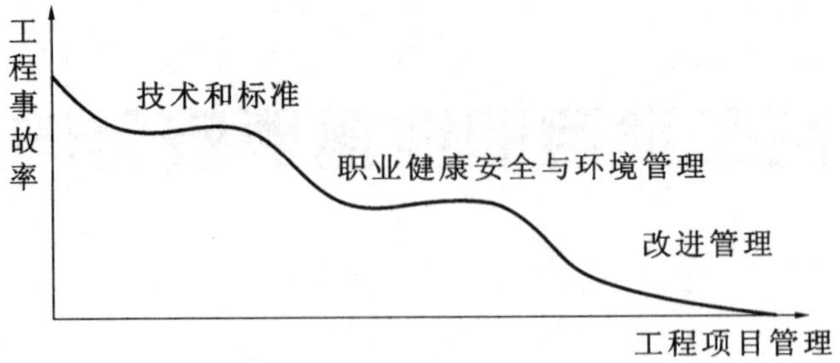

图 7.1　工程项目管理与工程事故关系图

7.1.2　施工项目职业健康安全与环境管理体系的运行模式

职业健康安全与环境管理体系主要用于指导企业通过持续和规范化的管理，建立一个符合要求的健康、安全和环境管理体系，通过不断的评价、管理评审和体系审核活动，推动这个体系的有效性，达到健康、安全和环境管理水平不断提高的目的。

我国项目管理相关组织从接触职业健康安全与环境管理体系理念以来，经过几年探索和实践，逐步形成了一套完整的职业健康安全与环境管理体系。该体系由七个关键要素组成：领导和承诺，方针和战略目标，组织机构，资源和文件，评价和风险管理，规划、实施与检测，审核和评审。每一个关键要素都是工程项目组织职业健康安全与环境管理要达到的一个标准，同时每一个标准又是由一个战略目标和具体指标来支持。

职业健康安全与环境管理体系遵循 PDCA 循环。该循环是戴明博士关于管理过程运行的一种模型表达形式，它把一个管理过程分解为 P(计划)、D(实施)、C(检查)、A(改进)四个阶段，依次进行，周而复始，形成一个管理的闭环，使管理不断改善。我国施工项目职业健康安全与环境的管理体系模式按照方针、规划(策划)、实施与运行、检查和纠正措施、评审循环，实现体系的持续改进。如图 7.2 所示。

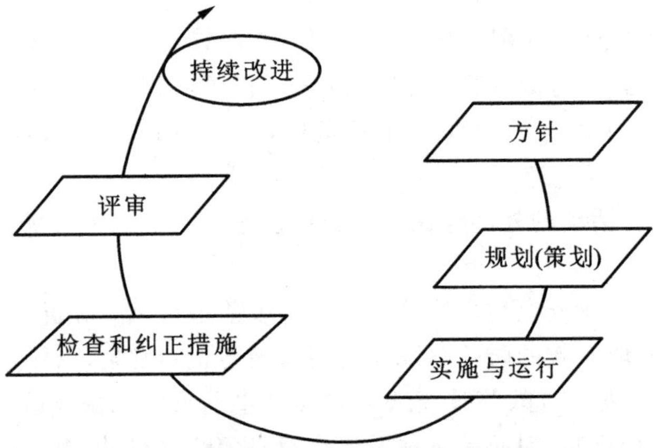

图 7.2　施工项目职业健康安全与环境管理体系模式

7.1.3　施工项目职业健康安全与环境管理的特点

(1)复杂性　建筑产品具有固定性，施工的流动性很大，易受外部环境影响，施工作业条件差，不安全因素多，导致施工现场的职业健康安全与环境管理比较复杂。

(2)多样性　建筑产品的单件性使施工作业形式多样化，工程施工受产品形式、结构类型、地理环境、地区经济条件等影响较大，从而使施工现场的职业健康安全与环境管理的实施不能照搬硬套，必须根据项目形式、结构类型、地理环境、地区经济不同而进行变动调整。

(3)协调性　产品生产过程的连续性和分工性决定了职业健康安全与环境管理的协调性。在职业健康安全与环境管理中要求各单位和各专业人员横向配合和协调，共同注意产品生产过程接口部分的职业健康安全和环境管理的协调性。

(4)符合性　建筑产品的委托性决定了职业健康安全与环境管理的不符合性。市场竞争条件下，业主经常会压低标价，造成产品的生产单位对健康安全与环境管理的费用投入减少，不符合职业健康安全与环境管理有关规定的现象时有发生。这就要求建设单位和生产组织必须重视对健康安全和环保费用的投入，不可不符合职业健康安全与环境管理的要求。

(5)持续性　产品生产的阶段性决定职业健康安全与环境管理的持续性。如果在项目实施的某个阶段出现安全问题和环境问题往往会造成投资的巨大浪费，甚至造成工程项目建设的夭折。

(6)经济性　施工项目职业健康安全与环境管理工作的开展离不开建造成本的消耗，这就决定了施工项目职业健康安全与环境管理的经济性。

7.1.4　施工项目职业健康安全与环境管理的目的和任务

施工项目职业健康安全管理的目的是：保护产品生产者和使用者的健康与安全；控制影响工作场所内员工、临时工作人员、合同方人员、访问者和其他有关部门人员健康和安全的条件和因素；考虑和避免因使用不当对使用者造成健康和安全的危害。

施工项目环境管理的目的是：保护生态环境，使社会的经济发展与人类的生存环境相协调；控制作业现场的各种粉尘、废水、废气、固体废弃物以及噪声、振动对环境的污染和危害，考虑能源节约和避免资源的浪费。

职业健康安全与环境管理的任务是：建筑生产组织(企业)为达到建筑工程的职业健康安全与环境管理的目的而进行的组织、计划、控制、领导和协调活动，包括制定、实施、实现、评审和保持职业健康安全与环境方针所需的组织机构、计划活动、职责、惯例、程序、过程和资源，并为此建立职业健康安全与环境管理体系，如图 7.3 所示。

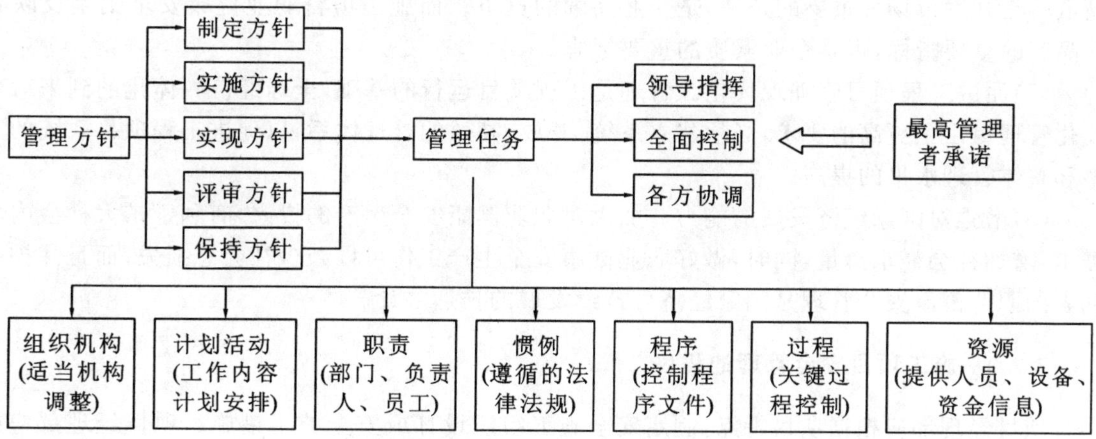

图 7.3　施工项目职业健康安全与环境管理任务图示

7.2 施工项目职业健康安全管理

7.2.1 施工项目职业健康安全管理的概念

(1)职业健康安全管理

职业健康安全管理就是经营管理者用现代管理的科学知识，分析职业健康安全的条件和因素，根据职业健康安全的目标要求进行策划、组织、协调、指挥和改进的一系列活动，目的是保证生产经营活动中的人身安全、财产安全，促进生产的发展，保持社会的稳定。

(2)职业健康安全管理体系

职业健康安全管理体系是企业总的管理体系的一部分，是企业对与其业务相关的职业健康风险的管理。包括为制定、实施、实现、评审和保持职业健康安全方针所需的组织机构、计划活动、职责、惯例、程序、过程和资源。

7.2.2 施工项目职业健康安全管理体系的目标

施工项目职业健康安全管理目标如下：

(1)使员工面临的职业健康安全风险减少到最低限度，最终实现预防和控制工伤事故、职业病及其他损失的目标。帮助企业在市场竞争中树立起一种负责的形象，从而提高企业的竞争能力。

(2)提高直接或间接的经济效益。通过职业健康安全管理体系，可以明显提高施工项目职业健康安全管理水平和经济效益。通过改善劳动者的作业条件，保持劳动者身心健康和提高劳动效率，对项目的效益具有长期的积极效应，对社会也能产生激励作用。

(3)实现以人为本的职业健康安全管理。人力资源的质量是提高生产率水平和促进经济增长的重要因素，而人力资源的质量是与工作环境的职业健康安全状况密不可分的，职业健康安全管理体系的建立将是保护和发展生产力的有效方法。

(4)提升企业的品牌和形象。市场竞争已不再仅仅是资本和技术的竞争，企业综合素质的高低将是开发市场最重要的条件，是企业品牌的竞争。而施工项目职业健康安全则是反映企业品牌的重要指标，也是企业素质的重要标志。

(5)促进工程项目管理现代化。管理是工程项目运行的基础，全球经济一体化的到来对现代化管理提出了更高的要求，必须建立系统、开放、高效的管理体系，以促进工程项目系统的完整和整体管理水平的提高。

(6)增强对国家经济发展的能力。加大对职业健康安全生产的投入，有利于扩大社会内部需求，增加社会需求总量，同时，做好职业健康安全生产工作可以减少社会总损失，而且保护劳动者的职业健康安全管理是国家经济可持续发展的长远之计。

7.2.3 施工项目安全管理的程序

项目经理部应根据项目特点，制定安全施工组织设计或安全技术措施。项目经理部应根据施工中人的不安全行为、物的不安全状态、作业环境的不安全因素和管理缺陷进行相应的安全控制。

施工项目安全管理应遵循下列程序(如图 7.4 所示)：

(1)确定工程项目施工安全目标。

(2)编制施工项目安全计划。

(3)施工项目安全计划实施。

(4)施工项目安全保证计划验证。

(5)持续改进。

(6)兑现合同承诺。

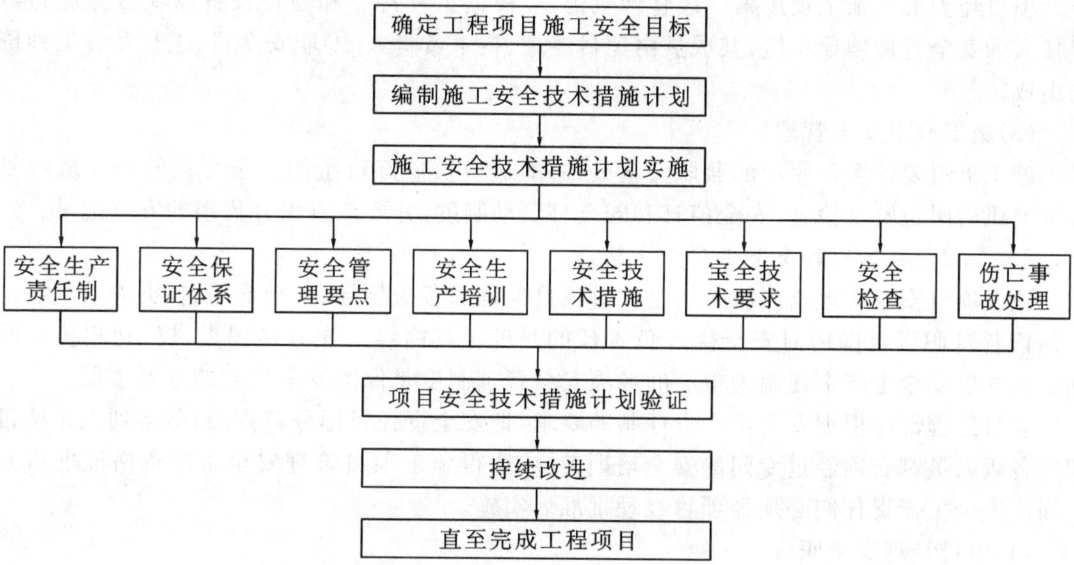

图 7.4　施工项目安全管理程序示意图

7.2.4　施工项目安全保证计划

(1)施工项目安全保证计划的概念

安全保证计划是生产计划的重要组成部分，它已经成为企业按计划改善劳动条件、搞好安全生产工作的一项行之有效的制度。

(2)施工项目安全保证计划的作用

安全保证计划的作用有：规划安全生产目标，确定过程控制要求，制定安全技术措施，配置必要资源，确保安全，保证目标实现。项目经理部应根据项目施工安全目标的要求配置必要的资源，确保施工安全，保证目标实现。专业性较强的施工项目，应编制专项安全施工组织设计并采取安全技术措施。

(3)施工项目安全保证计划的内容

项目安全保证计划的内容一般包括：工程概况、控制目标、控制程序、组织结构、职责权限、规章制度、资源配置、安全措施、检查评价和奖惩制度。

在进行施工平面图设计时，应充分考虑安全、防火、防爆、防污染等因素，做到分区明确，合理定位。应当把施工平面图设计也作为项目安全保证计划的一部分。

项目安全保证计划应在项目开工前编制，经项目经理批准后实施。

7.2.5 施工项目安全管理的实施

7.2.5.1 建立施工项目安全管理机构

(1)公司安全管理机构的设置

公司应设置以法定代表人为第一责任人的安全管理机构，并根据企业的施工规模及职工人数设置专门的安全生产管理机构并配备专职安全管理人员。

(2)项目经理部安全管理机构的设置

项目经理部是施工现场第一线管理机构，应根据工程特点和规模设置以项目经理为第一责任人的安全管理领导小组，其成员由项目经理、技术负责人、专职安全员、工长及各工种班组长组成。

(3)施工班组安全管理

施工班组要设置不脱产的兼职安全员，协助班组长搞好班组的安全生产管理。班组要坚持班前班后岗位安全检查、安全值日和安全日活动制度，并要认真做好班组的安全记录。

7.2.5.2 施工项目安全生产责任制

施工项目安全管理责任制是指企业对项目经理部各级领导、各个部门、各类人员所规定的在他们各自职责范围内对安全生产负责任的制度。其内容应充分体现责、权、利相统一的原则。建立以安全生产责任制为中心的各项安全管理制度是保障安全生产的重要手段。

项目经理部应根据安全生产责任制的要求，把安全责任目标分解到岗，落实到人。项目经理部各级人员都必须经过专门的安全培训考核，取得施工项目管理安全生产资格证书后方可上岗。安全生产责任制必须经项目经理批准后实施。

(1)项目经理安全职责

项目经理安全职责应包括：认真贯彻安全生产方针、政策、法规和各项规章制度，制定和执行安全生产管理办法，严格执行安全考核指标和安全生产奖惩办法，严格执行安全技术措施审批和施工安全技术措施交底制度；定期组织安全生产检查和分析，针对可能产生的安全隐患制定相应的预防措施；当施工过程中发生安全事故时，项目经理必须按安全事故处理的有关规定和程序及时上报和处置，并制定防止同类事故再次发生的措施。

(2)安全员安全职责

安全员安全职责应包括：落实安全设施的设置；对施工全过程的安全进行监督，纠正违章作业；配合有关部门排除安全隐患；组织安全教育和全员安全活动；监督劳保用品质量和正确使用。

(3)作业队长安全职责

作业队长安全职责应包括：向作业人员进行安全技术措施交底，组织实施安全技术措施；对施工现场安全防护装置和设施进行验收；对作业人员进行安全操作规程培训，提高作业人员的安全意识，避免产生安全隐患；当发生重大或恶性工伤事故时，应保护现场，立即上报并参与事故调查处理。

(4)班组长安全职责

班组长安全职责应包括：安排施工生产任务时，向本工种作业人员进行安全措施交底；严格执行本工种安全技术操作规程，拒绝违章指挥；作业前应对本次作业所使用的机具、设备、防护用具及作业环境进行安全检查，消除安全隐患，检查安全标牌是否按规定设置，标识方法和内容是否正确完整；组织班组开展安全活动，召开上岗前安全生产会；每周应进行安全讲评。

(5)操作工人安全职责

操作工人安全职责应包括：认真学习并严格执行安全技术操作规程，不违规作业；自觉遵守安全生产规章制度，执行安全技术交底和有关安全生产的规定；服从安全监督人员的指导，积极参加安全活动；爱护安全设施；正确使用防护用具；对不安全作业提出意见，拒绝违章指挥。

(6)承包人对分包人的安全生产责任

承包人对分包人的安全生产责任应包括：审查分包人的安全施工资格和安全生产保证体系，不应将工程分包给不具备安全生产条件的分包人；在分包合同中应明确分包人安全生产责任和义务；对分包人提出安全要求，并认真监督、检查；对违反规定冒险蛮干的分包人，应令其停工整改；承包人应统计分包人的伤亡事故，按规定上报，并按分包合同约定协助处理分包人的伤亡事故。

(7)分包人安全生产责任

分包人安全生产责任应包括：分包人对本施工现场的安全工作负责，认真履行分包合同规定的安全生产责任；遵守承包人的有关安全生产制度，服从承包人的安全生产管理，及时向承包人报告伤亡事故并参与调查，处理善后事宜。

施工中发生安全事故时，项目经理必须按国务院安全行政主管部门的规定及时报告并协助有关人员进行处理。

7.2.5.3　*施工项目安全管理技术措施*

施工安全技术措施应根据工程特点、规模、结构复杂程度、工期、施工现场环境、劳动组织、施工方法、施工机械设备、变配电设施、架设工具以及各项安全防护设施等，针对施工中存在的不安全因素进行预测和分析，找出危险点。为消除和控制危险隐患，从技术和管理上采取措施加以防范，消除不安全因素，防止事故发生，确保施工项目安全施工。

施工安全技术措施可分为施工准备阶段安全技术措施和施工阶段安全技术措施，如表7.1所示。

表7.1　施工准备阶段安全技术措施

准备类型	内　容
技术准备	1. 了解工程设计对安全施工的要求。 2. 调查工程的自然环境(水文、地质、气候、洪水、雷击等)和施工环境(粉尘、噪声、地下设施、管道和电缆的分布、走向等)对施工安全及施工对周围环境安全的影响。 3. 改扩建工程施工与建设单位使用、生产发生交叉，可能造成双方伤害时，双方应签订安全施工协议，搞好施工与生产的协调，明确双方责任，共同遵守安全事项。 4. 在施工组织设计中，编制切实可行、行之有效的安全技术措施，并严格履行审批手续，送安全部门备案。
物资准备	1. 及时供应质量合格的安全防护用品(安全帽、安全带、安全网等)，并满足施工需要。 2. 保证特殊工种(电工、焊工、爆破工、起重工等)使用工具、器械质量合格，技术性能良好。 3. 施工机具、设备(起重机、卷扬机、电锯、平面刨、电气设备等)、车辆等，须经安全技术性能检测，鉴定合格，防护装置齐全，制动装置可靠，方可进厂使用。 4. 施工周转材料(脚手杆、扣件、跳板等)须经认真挑选，不符合安全要求时禁止使用。

续表 7.1

准备类型	内　容
施工现场准备	1. 按施工总平面图要求做好现场施工准备。 2. 现场各种临时设施、库房，特别是炸药库、油库的布置，易燃易爆品存放都必须符合安全规定和消防要求，须经公安消防部门批准。 3. 电气线路、配电设备符合安全要求，有安全用电防护措施。 4. 场内道路通畅，设交通标志，危险地带设危险信号及禁止通行标志，保证行人、车辆通行安全。 5. 现场周围和陡坡、沟坑处设围栏、防护板，现场入口处设“无关人员禁止入内”的警示标志。 6. 塔吊等起重设备安置要与输电线路、永久或临设工程间有足够的安全距离，避免碰撞，以保证搭设脚手架、安全网的施工距离。 7. 现场设消防栓，有足够的有效的灭火器材、设施。
施工队伍准备	1. 总包单位及分包单位都应持有《施工企业安全资格审查认可证》方可组织施工。 2. 新工人、特殊工种工人须经岗位技术培训、安全教育后，持合格证上岗。 3. 高、险、难作业工人须经身体检查合格，具有安全生产资格，方可施工作业。 4. 特殊工种作业人员，必须持有特种作业操作证，方可上岗。
施工阶段安全技术措施	
一般工程	1. 单项工程、单位工程均有安全技术措施，分部分项工程有安全技术具体措施，施工前由技术负责人向参加施工的有关人员进行安全技术交底，并应逐级签发和保存“安全交底任务单” 2. 安全技术应与施工生产技术统一，各项安全技术措施必须在相应的工序施工前落实好。如： (1)根据基坑、基槽、地下室开挖深度、土质类别选择开挖方法，确定边坡的坡度和采取防止塌方的护坡支撑方案； (2)脚手架、吊篮等的选用及设计搭设方案和安全防护措施； (3)高处作业的上下安全通道； (4)安全网(平网、立网)的架设要求、范围(保护区域)、架设层次、段落； (5)对施工电梯、井架(龙门架)等垂直运输设备的位置、搭设要求、稳定性、安全装置等要求； (6)施工洞口的防护方法和主体交叉施工作业区的隔离措施； (7)场内运输道路及人行通道的布置； (8)在建工程与周围人行通道及民房的防护隔离措施。 3. 操作者严格遵守相应的操作规程，实行标准化作业。 4. 针对采用的新工艺、新技术、新设备、新结构制定专门的施工安全技术措施。 5. 在明火作业现场(焊接、切割、熬沥青等)有防火、防爆措施。 6. 考虑不同季节的气候对施工生产带来的不安全因素可能造成的各种突发性事故，从防护上、技术上、管理上有预防自然灾害的专门安全技术措施。 (1)夏季进行作业，应有防暑降温措施； (2)雨期进行作业，应有防触电、防雷、防沉陷坍塌、防台风和防洪排水等措施； (3)冬期进行作业，应有防风、防火、防冻、防滑和防煤气中毒等措施。

续表 7.1

准备类型	内　　容
特殊工程	1. 对于结构复杂、危险性大的特殊工程，应编制单项的安全技术措施，如爆破、大型吊装、沉箱、沉井、烟囱、水塔、特殊架设作业、高层脚手架、井架等。 2. 安全技术措施中应注明设计依据，并附有计算、详图和文字说明。
拆除工程	1. 详细调查拆除工程的结构特点和强度、电线线路、管道设施等现状，制定可靠的安全技术方案。 2. 拆除建筑物、构筑物之前，在工程周围划定危险警戒区域，设立安全围栏，禁止无关人员进入作业现场。 3. 拆除工作开始前，先切断被拆除建筑物、构筑物的电线及供水、供热、供气通道。 4. 拆除工作应自上而下顺序进行，禁止数层同时拆除，必要时要对底层或下部结构进行加固。 5. 栏杆、楼梯、平台应与主体拆除程度配合进行，不能先行拆除。 6. 拆除作业工人应站在脚手架或稳固的结构部分上操作，拆除承重梁、柱之前应拆除其承重的全部结构，并防止其他部分坍塌。 7. 拆下的材料要及时清理运走，不得在旧楼板上集中堆放，以免超负荷。 8. 拆除建筑物、构筑物内需要保留的部分或设备，要事先搭好防护棚。 9. 一般不采用推倒方法拆除建筑物；必须采用推倒方法时，应采取特殊安全措施。

7.2.5.4　安全教育

安全教育的主要内容有以下几个方面：

(1)安全思想教育

安全工作坚持预防为主的方针，广泛宣传党和国家有关安全生产的方针、政策、法令等，要经常进行劳动保护方针政策教育、思想政治教育、劳动纪律教育、法制教育安全技术知识教育、典型经验和事故教训教育，使全体员工真正认识到安全生产的重要性和必要性，懂得安全生产和文明施工的科学知识，牢固树立“安全第一”的思想，自觉遵守各项安全生产法律法规和规章制度。

(2)安全知识教育

要经常组织职工、临时工及新工人进行安全操作规程和安全施工技术的培训。

(3)新工人三级安全教育

对新招收的合同工、临时工、学徒工、外包工或其他从未进行施工的人员，应实行公司、项目部和班组的三级安全教育。新工人在接受三级安全教育后，必须经考核合格后，才能进行施工操作。

三级安全教育的程序和主要内容：

①公司一级教育由公司安全生产领导小组成员负责，公司进行安全基本知识、法规、法制教育，主要内容有：

a. 党和国家的安全生产方针、政策、法令、规定。

b. 安全生产法规标准和法制观念。

c. 本企业施工过程及安全生产规章制度、安全纪律和有关安全生产规定。

d. 本企业安全生产形势及历史上发生的重大事故应吸取的教训。

e. 发生事故后如何抢救伤员、排险、保护现场和及时进行报告。

②项目部二级教育由项目经理部安全生产领导小组成员负责，进行现场规章制度和遵章守纪教育，主要内容有：

a. 本工地安全施工情况及危险性作业项目，安全基本知识。

b. 本工地安全生产制度、规定及安全注意事项，专业安全操作规程教育及必须遵守的安全事项。

c. 机械设备，施工用电安全及高处作业安全基本知识。

d. 防护用品及防护用具使用的基本知识。

③班组进行三级安全教育，主要内容有：

a. 本班组作业特点及安全操作规程。

b. 班组安全活动制度及纪律。

c. 爱护和正确使用安全防护装置(设施)及个人劳动防护用品。

d. 本岗位易发生事故的不安全因素及其防范对策。

e. 本岗位的作业环境及使用的机械设备、工具的安全要求。

(4)安全教育宣传

抓好普及安全、防尘、防毒知识教育，公司的三级教育和特殊作业的安全培训是初级安全教育的开端，更重要的是生产实际中经常不断地进行安全宣传教育。如班组每日的班前会教育，每周的安全活动教育，安全生产参观教育，事故现场会议教育，违章人员学习班教育等。对广大职工进行安全知识、防尘知识、防毒知识教育是普及安全教育的重要一环。

(5)新工种安全技术教育

工人变换工种必须进行新工种的安全技术教育，使其掌握新工种的操作技能，熟悉新工种的安全操作规程后才能上岗，操作证必须按期复检。

(6)特殊工种教育

电工、电焊工、架子工、司炉工、爆破工、机操工、起重工、机械司机、机动车辆司机等特殊工种工人必须经过培训，考核合格后才能持证上岗，操作证必须按期复检。

(7)三新一岗教育

采用新技术、新工艺、新设备施工和调换工作岗位时，也要进行安全教育。未经安全教育培训的人员不得上岗操作。

(8)建立经常性的安全教育考核制度，考核成绩要记入员工档案。

7.2.5.5 安全技术交底

(1)安全技术交底的基本要求

①项目经理部必须实行逐级安全技术交底制度，纵向延伸到班组全体作业人员。

②技术交底必须具体、明确，针对性强。

③技术交底的内容应针对分部分项工程施工中给作业人员带来潜在危险的因素和存在的问题。

④应优先采用新的安全技术措施。

⑤应将工程概况、施工方法、施工程序、安全技术措施等向工长、班组长进行详细交底。

⑥施工单位应当向作业人员提供安全防护用具和安全防护服装，并书面告知危险岗位的操作规程和违章操作的危害。

⑦定期向由两个以上作业队和多工种进行交叉施工的作业队伍进行书面交底。

⑧保持书面安全技术交底签字记录。

(2)安全技术交底的主要内容

①本施工项目的施工作业特点和危险点。

②针对危险点的具体预防措施。

③应注意的安全事项。

④相应的安全操作规程和标准。

⑤发生事故后应及时采取的避难和急救措施。

(3)安全技术交底的实施

安全技术交底的实施,应符合下列规定:

①单位工程开工前,项目经理部的技术负责人必须将工程概况、施工方法、施工工艺、施工程序和安全技术措施向承担施工的作业队负责人、工长、班组长和相关人员进行交底。

②结构复杂的分部分项工程施工前,项目经理部的技术负责人应有针对性地进行全面、详细的安全技术交底。

③项目经理部应保存双方签字确认的安全技术交底记录。

7.2.5.6　安全检查

工程项目安全检查的目的是为了消除隐患、防止事故、改善劳动条件及提高员工安全生产意识,是安全控制工作的一项重要内容。通过安全检查可以发现工程中的危险因素,以便有计划地采取措施,保证安全生产。施工项目的安全检查应由项目经理组织,定期进行。

(1)安全检查的类型

安全检查可分为日常性检查、专业性检查、季节性检查、节假日前后的检查和不定期检查。

①日常性检查即经常的、普遍的检查。企业一般每年进行1～4次;工程项目组、车间、科室每月至少进行一次;班组每周、每班次都应进行检查。专职安全技术人员的日常检查应该有计划、针对重点部位周期性地进行。

②专业性检查是针对特种作业、特种设备、特殊场所进行的检查,如对电焊、气焊、起重设备、运输车辆、锅炉压力容器、易燃易爆场所等所进行的检查。

③季节性检查是指根据季节特点,为保障安全生产的特殊要求所进行的检查。如春季风大,要着重防火、防爆;夏季高温多雨,要着重防暑、降温、防汛、防雷击、防触电;冬季着重防寒、防冻等。

④节假日前后的检查。由于节假日期间易产生麻痹思想,是安全事故高发的阶段,针对这一特点,制定详细的计划,搞好节假日期间的安全生产安排,并应有领导值班。

⑤不定期检查主要指工程或设备开工和停工前、检修中及工程或设备竣工的安全检查。

(2)安全检查的主要内容

①查思想。主要检查企业的领导和职工对安全生产工作的认识。

②查管理。主要检查工程的安全生产管理是否有效。主要内容包括:安全生产责任制,安全技术措施计划,安全组织机构,安全保证措施,安全技术交底,安全教育,持证上岗,安全设施,安全标识,操作规程,违规行为,安全记录等。

③查隐患。主要检查作业现场是否符合安全生产、文明施工的要求。

④查整改。主要检查对过去提出问题的整改情况。

⑤查事故处理。对安全事故的处理应达到查明事故原因,明确责任并对责任者做出处理,明确和落实整改措施等要求。同时还应检查对伤亡事故是否及时报告、认真调查、严肃处理。

安全检查的重点是违章指挥和违章作业。安全检查后应编制安全检查报告,说明已达标项目、未达标项目、存在问题、原因分析、纠正和预防措施。

(3)施工安全检查的有关要求

①项目经理部应建立检查制度,并根据施工过程的特点和安全目标的要求确定安全检查内容。

②项目经理应组织有关人员定期对安全控制计划的执行情况进行检查考核和评价。

③项目经理部要严格执行定期安全检查制度,对施工现场的安全施工状况和业绩进行日常的例行检查,每次检查要认真填写记录。

④项目经理部安全检查应配备必要的设备或器具,确定检查负责人和检查人员,并明确检查内容及要求。

⑤项目经理部的各班组日常要开展自检自查,做好日常文明施工和环境保护工作。项目部每周组织一次施工现场各班组文明施工、环境保护工作的检查评比,并进行奖罚。

⑥项目经理部安全检查应采取随机抽样、现场观察、实地检测相结合的方法,并记录检测结果。对现场管理人员的违章指挥和操作人员的违章作业行为应进行纠正。

⑦施工现场必须保存上级部门安全检查指令书,对检查中发现的不符合规定要求和存在隐患的设施设备、过程、行为要进行整改处置。要做到定整改责任人、定整改措施、定整改完成时间、定整改完成人、定整改验收人的"五定"要求。

⑧安全检查人员应对检查结果和整改处置活动进行记录。并通过汇总分析,寻找薄弱环节和安全隐患部位,确定危险程度和需要改进的问题及今后须采取的纠正措施或预防措施。

⑨施工现场应设职工监督员,监督现场的文明施工、环境保护工作,发挥群防群治作用,保持施工现场文明施工、环境保护的管理,达到持续改进的效果。

7.2.6 施工项目安全评价

7.2.6.1 安全评价依据

为科学地评价工程项目安全生产情况,提高职业健康安全生产工作和文明施工的管理水平,预防伤亡事故的发生,确保职工的安全和健康,实现检查评价工作的标准化、规范化,建设部特别制定了《建筑施工安全检查标准》(JGJ59—99)。本标准应用工程安全系统原理,结合建筑施工中伤亡事故规律,对建筑施工中容易发生伤亡事故的主要环节、部位和工艺等完成情况进行职业健康安全检查评价。

7.2.6.2 安全评价的内容

施工项目安全评价的内容分为安全管理、文明工地、脚手架、基坑支护与模板工程、"三宝"(系指安全帽、安全带和安全网)"四口"(系指通道口、预留洞口、楼梯口、电梯井口)防护、施工用电、物料提升机与外用电梯、塔吊、起重吊装和施工机具共10个分项检查表和1张检查评分汇总表,如表7.2所示。汇总表对10个分项内容检查结果进行汇总,利用汇总表所得分值来确定和评价施工项目总体系统的安全生产工作情况。

表7.2　建筑施工安全检查评分汇总

企业名称：　　经济类型：　　资质等级

单位工程（施工现场）名称	建筑面积（m²）	结构类型	总计得分（满分值为100分）	项目名称及分值									
				安全管理（满分值为10分）	文明工地（满分值为20分）	脚手架（满分值为10分）	基坑支护与模板工程（满分值为10分）	“三宝”“四口”防护（满分值为10分）	施工用电（满分值为10分）	物料提升机与外用电梯（满分值为10分）	塔吊（满分值为10分）	起重吊装（满分值为5分）	施工机具（满分值为5分）

评语：

检查单位		负责人		受检项目		项目经理	

7.2.6.3　安全评价方法

根据检查标准，采用检查评分表的形式。安全管理、文明工地、脚手架、基坑支护与模板工程、“三宝”“四口”防护、施工用电、物料提升机与外用电梯、塔吊、起重吊装和施工机具十项分项检查表中，各分项检查评分表满分为100分。表中各检查项目得分按规定检查内容所得分数之和。每张表总得分应为各自表内各检查项目实得分数之和。

汇总表中，各分项目实得分数按下式计算：

汇总表中各分项目实得分数＝汇总表中该项应得满分分值×该项检查评分实有得分数/100

多人对同一项目检查评分时，应按加权评分方法确定分值。

建筑施工安全检查评分，应以汇总表的总得分及保证项目达标与否作为对一个施工现场安全生产情况的评价依据，分为优良、合格、不合格三个等级。保证项目分值均应达到规定得分标准，汇总表得分值在80分及其以上，则评为优良；保证项目分值均应达到规定得分标准，汇总表得分值在70分及其以上，则评为合格；汇总表得分值不足70分的则为不合格。

7.2.7　施工项目安全事故处理

7.2.7.1　安全隐患处理

安全隐患是在安全检查及数据分析时发现的，安全事故没有发生但有事故的苗头，可能会发生事故的称安全隐患。

安全隐患处理应符合下列规定：

(1)项目经理部应区别“通病”、“顽症”、首次出现、不可抗力等类型，修订和完善整改措施。

(2)项目经理部应对检查出的隐患立即发出安全隐患整改通知。

(3)安全检查人员对检查出的违章指挥和违章作业行为向责任人当场提出，限期纠正。

(4)安全员对纠正和预防措施的实施过程和实施效果应进行跟踪检查，保存验证记录。

7.2.7.2　安全事故处理

(1)安全事故

安全事故是人们在进行有目的的活动过程中,发生了违背人们意愿的不幸事件,使其有目的的行动暂时或永久地停止。事故可能造成人员的死亡、疾病、伤害、财产损失或其他损失。

(2)建筑施工安全事故的主要类别

①高处坠落　操作者在高度基准面2m以上的作业,称为高处作业。其在高处作业时造成的坠落称为高处坠落。在建筑业中涉及高处作业的范围是相当广泛的。在建筑物或构筑物结构范围以内的各种形式的洞口与临边性质的作业,悬空与攀登作业,操作平台与立体交叉作业,在主体结构以外的场地上和通道旁的各类洞、坑、沟、槽等的作业,脚手架、井字架(龙门架)、施工用电梯、模板的安装和拆除,各种起重吊装作业等,都易发生高处坠落事故。

②物体打击　施工现场在施工过程中,经常会有很多物体从上面落下来,打到了下面或旁边的作业人员,即产生了物体打击事故。凡在施工现场作业的人,都有受到打击的可能,特别是在一个垂直平面的上下交叉作业最易发生打击事故。

③触电事故　电是施工现场中各种作业的主要动力来源,各种机械、工具等主要依靠电来驱动,即使不使用机械设备,也还要使用各种照明灯具。触电事故主要是设备、机械、工具等漏电,电线老化破皮,违章使用电气用具,对在施工现场周围的外电线路不采取防护措施等所造成的。

④机械伤害　主要指施工现场使用的手工机械(如电平刨、圆盘锯等)、钢筋加工机械(如拉直机、弯曲机等)、电焊机、搅拌机,各种气瓶及手持电动工具等在使用时因缺少防护和保险装置,易对操作者造成伤害。

⑤坍塌事故　主要是指在土方开挖或深基础施工中造成的土石方坍塌,或拆除工程、在建工程及临时设施等的部分或整体坍塌。

⑥火灾爆炸　主要指施工现场乱扔烟头、焊接与切割动火及用水、用电、使用易燃易爆材料等不慎造成的火灾、爆炸。

(3)重大安全事故

重大安全事故系指在施工过程中由于责任过失造成工程倒塌或废弃,机械设备破坏和安全设施失当造成人身伤亡或者重大经济损失的事故。如表7.3所示。

表7.3　重大事故分级

事故级别			
一级	二级	三级	四级
具备下列条件之一者为一级重大事故: ①死亡30人以上; ②直接经济损失300万元以上	具备下列条件之一者为二级重大事故: ①死亡10人以上,29人以下; ②直接经济损失100万元以上,不满300万元	具备下列条件之一者为三级重大事故: ①死亡3人以上,9人以下; ②重伤20人以上; ③直接经济损失30万元以上,不满100万元	具备下列条件之一者为四级重大事故: ①死亡2人以下; ②重伤3人以上,19人以下; ③直接经济损失10万元以上,不满30万元

(4)安全事故的处理原则

安全事故处理必须坚持“事故原因不清楚不放过,事故责任者和员工没有受到教育不放过,事故责任者没有处理不放过,没有制定防范措施不放过”的原则。

(5)安全事故的处理程序

①报告安全事故　安全事故发生后,受伤者或最先发现事故的人员应立即用最快的传递方式将发生事故的时间、地点、伤亡人数、事故原因等情况上报至企业安全主管部门,企业安全主管部门视事故造成的伤亡人数或直接经济损失情况按规定向政府主管部门报告。

施工单位发生生产安全事故,应当按照国家有关伤亡事故调查处理的规定,及时、如实地向负责安全生产监督管理的建设行政主管部门或者其他有关部门报告;特种设备发生事故的同时向特种设备安全监督管理部门报告,接到报告的部门应按国家有关规定如实上报。实行施工总承包的建设工程,由总承包单位负责上报事故。

②事故处理　抢救伤员、排除险情、防止事故蔓延扩大,做好标识,保护好现场。发生生产安全事故后,施工单位应当采取措施防止事故扩大,保护事故现场。需要移动现场物品时,应当做出标记和书面记录保管有关证物。

③事故调查　项目经理应指定技术、安全、质量等部门人员,会同企业工会代表组成调查组,开展调查。调查组应把事故发生的经过、原因、性质、损失、责任、处理意见、纠正和预防措施撰写成调查报告,并经调查人员签字确认后报企业安全主管部门。

④建设工程生产安全事故的调查、对事故责任单位和责任人的处罚与处理,应按照有关法律、法规的规定执行。

(6)安全事故的应急救援

施工单位应当制定本单位生产安全事故应急救援预案,建立应急救援组织或者配备应急救援人员,配备必要的应急救援器材、设备,并定期组织演练。

施工单位应当根据建设工程施工的特点、范围,对施工现场易发生重大事故的部位、环节进行监控,制定施工现场生产安全事故应急救援预案。实行施工总承包的,由总承包单位统一组织编制建设工程生产安全事故应急救援预案,工程总承包单位和分包单位按照应急救援预案,各自建立应急救援组织或者配备应急救援人员,配备救援器材、设备,并定期组织演练。

7.3　施工项目环境管理

7.3.1　施工项目环境管理体系

施工单位应遵照《环境管理体系要求及使用指南》(GB/T24000)的要求建立环境管理体系。环境管理体系包括为制定、实施、实现、评审和保持环境方针所需的组织机构、规划活动、机构职责、惯例、程序、过程和资源。

环境管理体系是组织管理体系的一部分,用来制定和实施其环境方针,并管理其环境因素,旨在帮助组织实现自身设定的环境表现水平,并不断地改进环境行为,达到更新更佳的高度。

7.3.2　施工项目环境管理体系的作用

(1)可以规范所有组织的环境行为,降低环境风险和法律风险,最大限度地节约能源和降低资源消耗,从而减少人类活动对环境造成的不利影响,维持和改善人类生存和发展的环境。

(2)可以实现经济可持续发展。

(3)是实现环境管理现代化的途径。

(4)是建立市场经济体制的需要。

(5)是国内贸易发展的需要。

7.3.3　施工现场环境因素对环境的影响

通常施工项目现场的环境因素对环境影响的类型如表 7.4 所示。

表 7.4　施工现场环境因素对环境的影响

序号	环境因素	产生的地点、工序和部位	环境影响
1	噪声的排放	施工机械、运输设备、电动工具运行中	影响人体健康、居民休息
2	粉尘的排放	施工场地平整、土堆、沙堆、石灰、现场路面、进出车辆车轮带泥沙、水泥搬运、混凝土搅拌、木工房锯末、喷砂、除锈、衬里	污染大气、影响居民身体健康
3	运输的遗撒	现场渣土、商品混凝土、生活垃圾、原材料运输当中	污染路面、影响居民生活
4	化学危险品、油品的泄漏或挥发	试验室、油漆库、油库、化学材料库及其作业面	污染土地和人员健康
5	有毒有害废弃物排放	施工现场、办公区、生活区废弃物	污染土地、水体、大气
6	生产、生活污水的排放	现场搅拌站、厕所,现场洗车处、生活区服务设施、食堂等	污染水体
7	生产用水、用电的消耗	现场、办公室、生活区	资源浪费
8	办公用纸的消耗	办公室、现场	资源浪费
9	光污染	现场焊接、切割作业中,夜间照明	影响居民生活、休息和邻近人员健康
10	离子辐射	放射源储存、运输和使用中	严重危害居民、现场人员健康
11	混凝土防冻剂(氨味)的排放	混凝土使用当中	影响健康
12	混凝土搅拌站噪声、粉尘、运输遗撒污染	混凝土搅拌站	严重影响周围居民生活、休息

7.3.4　施工项目环境问题及处理办法

7.3.4.1　施工现场水污染的处理

(1)搅拌机前台、混凝土输送泵及运输车辆清洗处应设置沉淀池,废水未经沉淀处理不得直接排入市政污水管网,经二次沉淀后方可排入市政排水管网或回收用于洒水降尘。

(2)施工现场现制水磨石作业产生的污水,禁止随地排放。作业时要严格控制污水流向,在合理位置设置沉淀池,经沉淀后方可排入市政污水管网。

(3)对于施工现场气焊用的乙炔发生罐产生的污水严禁随地倾倒,要求使用专用容器集中存放,并倒入沉淀池处理,以免污染环境。

(4)现场要设置专用的油漆油料库,并对库房地面做防渗处理,储存、使用及保管要采取措施和专人负责，防止油料泄漏而污染土壤和水体。

(5)施工现场的临时食堂，用餐人数在100人以上的，应设置简易有效的隔油池，使产生的污水经过隔油池后再排入市政污水管网。

(6)禁止将有害废弃物做土方回填，以免污染地下水和环境。

7.3.4.2　施工现场噪声污染的处理

(1)施工噪声的类型

①机械性噪声，如柴油打桩机、推土机、挖土机、搅拌机、风钻、风铲、混凝土振动器、木材加工机械等发出的噪声。

②空气动力性噪声，如通风机、鼓风机、空气锤打桩机、电锤打桩机、空气压缩机、铆枪等发出的噪声。

③电磁性噪声，如发电机、变压器等发出的噪声。

④爆炸性噪声，如放炮作业过程中发出的噪声。

(2)施工噪声的处理

①施工现场的搅拌机、固定式混凝土输送泵、电锯、大型空气压缩机等强噪声机械设备应搭设封闭式机械棚，并尽可能远离居民区设置，以减少强噪声的污染。

②尽量选用低噪声或备有消声降噪设备的机械。

③凡在居民密集区进行强噪声施工作业时，要严格控制施工作业时间，晚间作业不超过22时，早晨作业不早于6时。特殊情况下需昼夜施工时，应尽量采取降噪措施，并会同建设单位做好周围居民的工作，同时报工地所在地的环保部门备案后方可施工。

④施工现场要严格控制人为的大声喧哗，增强施工人员防噪声扰民的自觉意识。

⑤加强施工现场环境噪声的长期监测，要有专人监测管理，并做好记录。凡超过国家标准《建筑施工场界噪声限值》(GB12523—90)标准(表7.5)的，要及时进行调整，达到施工噪声不扰民的目的。

表7.5　建筑施工场界噪声限值

施工阶段	主要噪声源	噪声限值〔dB(A)〕	
		昼间	夜间
土石方	推土机、挖掘机、装载机等	75	55
打桩	各种打桩机械等	85	禁止施工
结构	混凝土搅拌机、振捣器、电锯等	70	55
装修	吊车、升降机等	65	55

7.3.4.3　施工现场空气污染的处理

(1)施工现场外围设置的围挡不得低于1.8m，以便避免或减少污染物向外扩散。

(2)施工现场的主要运输道路必须进行硬化处理。现场应采取覆盖、固化、绿化、洒水等有效措施，做到不泥泞、不扬尘。

(3)应有专人负责环保工作，并配备相应的洒水设备，及时洒水，减少扬尘污染。

(4)对现场有毒有害气体的产生和排放，必须采取有效措施进行严格控制。

(5)对于多层或高层建筑物内的施工垃圾，应采用封闭的专用垃圾道或容器吊运，严禁随意凌空抛洒造成扬尘。现场内还应设置密闭式垃圾站，施工垃圾和生活垃圾分类存放。施工垃圾要及时清运，清运时应尽量洒水或覆盖以减少扬尘。

(6)拆除旧建筑物、构筑物时，应配合洒水，减少扬尘污染。水泥和其他易飞扬的细颗粒散体材料应密闭存放，使用过程中应采取有效的措施防止扬尘。

(7)对于土方、渣土的运输，必须采取封盖措施。现场出入口处设置冲洗车辆的设施，出场时必须将车辆清洗干净，不得将泥沙带出现场。

(8)市政道路施工铣刨作业时，应采用冲洗等措施，控制扬尘污染。灰土和无机料应采用预拌进场，碾压过程中要洒水降尘。

(9)混凝土搅拌，对于城区内施工，应使用商品混凝土，从而减少搅拌扬尘；在城区外施工，搅拌站应搭设封闭的搅拌棚，搅拌机上应设置喷淋装置(如JW-1型搅拌机雾化器)方可施工。

(10)对于现场内的锅炉、茶炉、大灶等，必须设置消烟除尘设备。

(11)在城区、郊区城镇和居民稠密区、风景旅游区、疗养区及国家规定的文物保护区内施工的工程，严禁使用敞口锅熬制沥青。凡进行沥青防潮防水作业时，要使用密闭和带有烟尘处理装置的加热设备。

7.3.4.4 施工现场固体废物的处理

(1)固体废物的类型

施工现场产生的固体废物主要有三种，包括拆建废物、化学废物及生活固体废物。

①拆建废物包括渣土、砖瓦、碎石、混凝土碎块、废木材、废钢铁、废弃装饰材料、废水泥、废石灰、碎玻璃等。

②化学废物包括废油漆材料、废油类(汽油、机油、柴油等)、废沥青、废塑料、废玻璃纤维等。

③生活固体废物包括炊厨废物、丢弃食品、废纸、废电池、生活用具、煤灰渣、粪便等。

(2)固体废物的处理

在工程建设中产生的固体废物处理，必须根据《中华人民共和国固体废物污染环境防治法》的有关规定执行。

①物理处理：包括压实浓缩、破碎、分选、脱水干燥等。这种方法可以浓缩或改变固体废物结构，但不破坏固体废物的物理性质。

②化学处理：包括氧化还原、中和、化学浸出等。这种方法能破坏固体废物中的有害成分，从而达到无害化，或将其转化成适于进一步处理、处置的形态。

③生物处理：包括好氧处理、厌氧处理等。

④热处理：包括焚烧、热解、焙烧、烧结等。

⑤固化处理：包括水泥固化法和沥青固化法等。

⑥回收利用和循环再造：将拆建物料再作为建筑材料利用；做好挖填土方的平衡设计，减少土方外运；重复使用场地围挡、模板、脚手架等物料；将可用的废金属、沥青等物料循环再用。

7.3.5 文明施工

7.3.5.1 文明施工的概念和内容

(1)文明施工的概念

文明施工是保持施工现场良好的作业环境、卫生环境和工作秩序。

(2)文明施工的内容

文明施工主要包括以下几个方面的工作：

①规范施工现场的场容，保持作业环境的整洁卫生。

②科学组织施工，使生产有序进行。

③减少施工对周围居民和环境的影响。

④保证职工的安全和身体健康。

应当注意的是，环境保护也是文明施工的重要内容之一。环境保护是按照法律法规、各级主管部门和企业的要求，保护和改善作业现场的环境，控制现场的各种粉尘、废水、废气、固体废弃物、噪声、振动等对环境的污染和危害。

7.3.5.2　文明施工的意义

(1)文明施工能促进企业综合管理水平的提高。保持良好的作业环境和秩序，对促进安全生产、加快施工进度、保证工程质量、降低工程成本、提高经济和社会效益有较大作用。文明施工涉及人、财、物各个方面，贯穿于施工全过程之中，体现了企业在工程项目施工现场的综合管理水平。

(2)文明施工是适应现代化施工的客观要求。现代化施工更需要采用先进的技术、工艺、材料、设备和科学的施工方案，需要严密组织、严格要求、标准化管理和较好的职工素质等。文明施工能适应现代化施工的要求，是实现优质、高效、低耗、安全、清洁、卫生的有效手段。

(3)文明施工代表企业的形象。良好的施工环境与施工秩序可以得到社会的支持和信赖，提高企业的知名度和市场竞争力。

(4)文明施工有利于员工的身心健康，有利于培养和提高施工队伍的整体素质。文明施工可以提高职工队伍的文化、技术和思想素质，培养尊重科学、遵守纪律、团结协作的大生产意识，促进企业精神文明建设，从而还可以促进施工队伍整体素质的提高。

7.3.5.3　文明施工的组织与管理

(1)文明施工的组织

①施工现场应成立以项目经理为第一责任人的文明施工管理组织。分包单位应服从总包单位的文明施工管理组织的统一管理，并接受监督检查。

②各项施工现场管理制度应有文明施工的规定，包括个人岗位责任制、经济责任制、安全检查制度、持证上岗制度、奖惩制度、竞赛制度和各项专业管理制度等。

③加强和落实现场文明检查、考核及奖惩管理，以提高施工文明管理工作水平。检查范围和内容应全面周到，包括生产区、生活区、场容场貌、环境文明及制度落实等内容。对检查发现的问题应采取整改措施。

(2)建立收集文明施工的资料及其保存的措施

①上级关于文明施工的标准、规定、法律法规等资料。

②施工组织设计(方案)中对文明施工的管理规定，各阶段施工现场文明施工的措施。

③文明施工自检资料。

④文明施工教育、培训、考核计划的资料。

⑤文明施工活动各项记录资料。

(3)加强文明施工的宣传和教育

①在坚持岗位练兵的基础上，要采取派出去、请进来、短期培训、上技术课、登黑板报、广

播、看录像、看电视等方法狠抓教育工作。

②要特别注意对临时工的岗前教育。

③专业管理人员应熟悉掌握文明施工的规定。

施工项目经理部应按照文明施工标准,定期进行评定、考核和总结。

7.3.5.4 施工项目现场管理的要求

施工项目经理应加强对现场人员的培训教育,提高其文明意识和素质,树立良好的形象。

(1)施工现场必须设置明显的标牌,标明工程项目名称、建设单位、设计单位、施工单位、项目经理和施工现场总代表人的姓名、开(竣)工日期、施工许可证批准文号等。施工单位负责施工现场标牌的保护工作。

(2)施工现场的管理人员在施工现场应当佩戴证明其身份的证卡。

(3)应当按照施工总平面布置图设置各项临时设施。现场堆放的大宗材料、成品、半成品和机具设备不得侵占场内道路及安全防护等设施。

(4)施工现场的用电线路、用电设施的安装和使用必须符合安装规范和安全操作规程,并按照施工组织设计进行架设,严禁任意拉线接电。施工现场必须设有保证施工安全要求的夜间照明;危险潮湿场所的照明以及手持照明灯具,必须采用符合安全要求的电压。

(5)施工机械应当按照施工总平面布置图规定的位置和线路设置,不得任意侵占场内道路。施工机械进场须经过安全检查,经检查合格的方能使用。施工机械操作人员必须建立机组责任制,并依照有关规定持证上岗,禁止无证人员操作。

(6)应保证施工现场道路畅通,排水系统处于良好的使用状态;保持场容场貌的整洁,随时清理建筑垃圾。在车辆、行人通行的地方施工,应当设置施工标志,并对沟井坎穴进行覆盖。

(7)施工现场的各种安全设施和劳动保护器具,必须定期进行检查和维护,及时消除隐患,保证其安全有效。

(8)施工现场应当设置各类必要的职工生活设施,并符合卫生、通风、照明等要求。职工的膳食、饮水供应等应当符合卫生要求。

(9)应当做好施工现场安全保卫工作,采取必要的防盗措施,在现场周边设立围护设施。

(10)应当严格依照《中华人民共和国消防条例》的规定,在施工现场建立和执行防火管理制度,设置符合消防要求的消防设施,并保持完好的备用状态。在容易发生火灾的地区施工,或者储存、使用易燃易爆器材时,应当采取特殊的消防安全措施。

(11)施工现场发生工程建设重大事故的处理,依照《工程建设重大事故报告和调查程序规定》执行。

知识拓展

职业健康安全认证与环境认证

职业健康安全认证简称"OHSAS18000",是近几年又一个风靡全球的管理体系标准的认证制度。职业健康安全认证是由英国标准协会、挪威船级社等 13 个组织于 1999 年联合推出的国际性标准,它起到了准国际标准的作用。其中的 OHSAS18001 标准是认证性标准,它是组织建立职业健康安全认证的基础,也是企业进行内审和认证机构实施认证审核的主要依据。

我国已于2000年11月12日转化为国标《职业健康安全认证》(GB/T28001—2001 idt OHSAS18001:1999),同年12月20日国家经贸委也推出了《职业安全健康管理体系审核规范》并在我国开展起职业健康安全认证体系。

随着经济的高速发展,我国安全生产形势日趋严峻。与此同时,我国加快了职业安全健康立法步伐,对企业安全生产的要求越来越严。特别是在2001年和2002年相继颁布了"安全生产法"和"职业病防治法",对安全生产提出了强制性的法规要求和标准。"以人为本,关注员工健康和安全"日益成为现代企业的重要标志。

环境认证简称ISO 14000。近代工业的发展过程中,由于人类过度追求经济增长速度而忽略环境的重要性,环境问题已成为制约经济发展和人类生存的重要因素。各国政府非常重视环境问题,纷纷制订环境标准,各项标准日趋严格,出口商品因不符合标准而蒙受巨大经济损失。环境问题已成为绿色贸易的壁垒,成为企业生存和发展必须关注的问题。ISO国际标准化组织在汲取世界发达国家多年环境管理经验的基础上制定并颁布ISO 14000环境管理系列标准。

ISO 14000认证已经成为打破国际绿色贸易壁垒、进入欧美市场的准入证,通过ISO 14000认证的企业可以节能降耗、优化成本、满足政府法律要求,改善企业形象,提高企业竞争力。ISO 14000已经成为一套目前世界上最全面和最系统的环境管理国际化标准,并引起世界各国政府、企业界的普遍重视和积极响应。

实践与能力训练

【实训1】 某建筑公司所承揽的写字楼项目进入了室内装修阶段。2009年8月15日,装饰作业中使用的地板硝基漆散发的大量的爆炸性混合气体在室内聚集,达到了很高的密度。此时,一装配电工点燃喷灯做电线接头的防氧化处理,引起混合气体爆燃起火,造成一名职工死亡。经事故调查,该单位安全生产管理工作中缺乏统一性,没有周密的计划,规章制度不健全,致使在多项目、多部位、多工种施工的条件下,工作不能有序地进行。没有制定针对性的安全措施(通风设施),易燃、易爆气体在室内大量聚集,导致事故的发生。

问题:

1. 施工项目安全管理的程序是什么?施工项目安全管理的目标是什么?
2. 试分析以上事故的原因。
3. 施工安全管理责任制中对项目经理的责任是如何规定的?
4. 简要说明三级安全教育的内容。
5. 施工安全技术措施包括哪些方面的内容?

【实训2】 某12层住宅楼,总建筑面积21800.8m^2,全现浇钢筋混凝土框架结构,满堂基础,由市建筑设计院设计,通过公开招标,建设单位与市建筑集团公司一公司签订了施工合同。工程于2006年5月开工。在按照惯例进行的月度安全大检查中,发现该项目搭设的落地式钢管扣件外脚手架存在如下问题:

(1)脚手架搭设高度超过24m,但没有搭设方案,并且无审批手续;

(2)使用的脚手架钢管材料部分规格不一;

(3)搭设脚手架的基础多处出现不平整；

(4)个别门窗洞口立杆悬空等。

问题：

1. 一般脚手架搭设作业的安全技术措施有哪些？

2. 对安全隐患该如何处理？

3. 为避免施工中引发脚手架坍塌事故伤害作业人员，你认为应如何解决这个问题？

4. 安全检查的主要形式有哪几种？脚手架定期检查应包括哪些主要内容？对查处的安全隐患要做到“五定”，分别指什么？

【实训3】 某办公楼工程雨篷采用钢筋混凝土结构，底面标高为5.40m，长10m，宽6m，两边各悬挑1.2m。浇筑混凝土量为9.5m^3，自重约23t。2008年5月11日开工，5月18日浇筑完大门柱混凝土，5月30日支雨篷模板，6月3日下午开始浇筑雨篷混凝土，至6月4日凌晨混凝土接近浇筑完成时，由于雨篷模板支撑立柱失稳，雨篷整体倒塌，造成正在施工的作业人员4人死亡、4人受伤的重大事故。

后经调查，雨篷的浇筑没有制定施工方案，模板及其支架无计算书。模板支架只设置立柱未设置剪刀撑，施工中造成的水平力使支架产生位移变形；立柱的接长做法不符合要求；有的立柱底座支撑在未经砌筑的块砖和支撑在1.5cm厚的竹胶板上，因此，施工中造成模板支架的整体失稳。施工过程中放松管理，使工程施工处于失控状态。

问题：

1. 施工现场常见的安全事故类型有哪些？请分析这起事故的性质和发生的主要原因。

2. 安全技术交底的基本要求有哪些？

3. 模板工程施工前，对模板设计进行审查验证的主要内容有哪些？

4. 影响模板钢管支架整体稳定性的主要因素有哪些？简述现浇混凝土工程模板支撑系统安装的安全技术措施。

5. 施工项目安全事故的处理程序是什么？“四不放过”的内容是什么？

【实训4】 某医院综合门诊楼工程，总建筑面积16258m^2。主体为现浇框架-剪力墙结构，地下2层，地上15层，工期500天。因工期较紧，混凝土浇筑量也大，现场施工人员较多，主体结构施工阶段施工单位采取连夜加班施工，混凝土搅拌、浇筑、振捣产生大量的噪声，现场产生的大量泥浆、污水直接排入城市排水设施和附近的河流，给附近居民生活造成影响，附近居民意见很大，并到有关部门进行投诉。装修阶段，1层楼梯间水泥砂浆地面上人过早，后多处起砂。卫生间立管四周有渗漏现象。

问题：

1. 建筑施工主要职业危害来自于哪些因素？

2. 现场泥浆、污水排放有无不妥？请说明理由。

3.《建筑施工场界噪声限值》(GB12523—90)标准关于建筑工程结构施工阶段的噪声限值是多少？施工过程中项目经理应如处理居民的投诉事件？

4. 如何做好施工现场成品保护工作？楼梯间地面成品保护应如何做？

【实训5】 某集团承建住宅项目，总建筑面积30000m^2，地上16层，地下2层，采用框架-剪力墙结构体系。工程开工前，施工单位根据施工平面图的安排已在场地四周设置封闭围挡，现场出入口“五牌一图”设置完毕。修建了临时道路、临时排水沟，敷设了临时上水管、临时电源，修建了临时办公室、仓库、水泥库、砂石料堆场、工具库、电锯棚、钢筋加工场及围墙等临时设施，所有临时设施的建设符合安全要求。

根据施工平面图和安全管理需要，项目部绘制了施工现场安全标志平面图，按照不同施工阶段的特点布置安全警示标志，现场按照安全施工方案部署了消防安全工作，在指定位置设置了足够数量的灭火器材。

施工单位按照文明施工标准认真进行策划，严格组织施工。

问题：

1. 建筑工程施工现场对围挡的设置有哪些具体要求？
2. “五牌一图”主要内容是什么？
3. 施工现场一般主要考虑哪几类用水？
4. 施工现场消防安全管理的主要工作有哪些？
5. 安全标志一般有几种？安全标志采用的安全色有哪几种？分别表示什么意思？
6. 简述现场文明施工和施工现场管理的内容主要内容。

思考题

1. 什么是施工项目职业健康安全与环境管理？它有哪些特点？
2. 施工项目职业健康安全与环境管理的目的和任务是什么？
3. 什么是职业健康安全管理？施工项目职业健康安全管理体系的目标和程序是什么？
4. 什么是施工项目的安全保证计划？其作用和内容是什么？
5. 如何建立施工项目安全管理机构？
6. 什么是施工项目安全生产责任制？
7. 施工项目安全管理技术措施有哪些？
8. 施工项目安全教育的内容有哪些？
9. 施工项目安全技术交底的要求和内容有哪些？安全技术交底有哪些规定？
10. 施工项目安全检查有哪些类型？施工项目安全检查的内容和要求有哪些？
11. 施工项目安全评价的内容有哪些？
12. 重大安全事故如何分级？安全事故处理的原则是什么？安全事故处理的程序是什么？
13. 什么是施工项目环境管理体系？其作用是什么？
14. 施工现场环境影响因素对环境的影响有哪些？施工项目环境影响问题处理的办法有哪些？
15. 什么是文明施工？其内容和意义是什么？如何进行文明施工组织与管理？
16. 施工项目现场管理的要求有哪些？

单元8 施工项目资源管理

教学目标

1. 了解资源管理的基本内容；
2. 掌握施工人员的组织管理；
3. 了解建筑材料的采购使用；
4. 掌握施工机械的选择及使用；
5. 了解技术管理和资金管理的内容和方法。

8.1 施工项目资源管理概述

8.1.1 施工项目资源管理的基本概念

施工生产活动中，生产要素体现为人力资源、材料、机械设备、技术和资金。施工项目的资源管理也就是对投入施工项目的劳动力、材料、机械设备、技术和资金等进行市场调查并认真分析研究，做到合理优化配置，以求以最小的投入取得最大的经济效益。

8.1.2 施工项目资源管理的意义

施工项目资源管理是按照项目的特征和建设规律，对各基本要素的配置与组合进行有效的计划、组织、协调和控制。生产要素管理的意义就是通过对各个要素进行优化配置，实施动态管理，节约活化劳动和物化劳动，降低项目工程成本，提高综合效益。具体来说有以下几点：

(1)进行生产要素优化配置，依据项目施工的需要适时适量地配备各生产要素并及时投入使用。

(2)进行生产要素的优化组合，即投入使用的各生产要素比例适当，能充分协调发挥最大的生产能力。

(3)在项目运转过程中，对生产要素进行动态管理。动态管理就是按照项目的特征和建设规律，有计划地组织协调，控制各生产要素，使之在项目中合理流动，在动态中寻求平衡。动态管理的前提是优化配置与组合，而动态管理则是有效进行优化配置和组合的保证。

(4)项目运行中，合理地节约使用资源，以减少资源消耗，取得良好的经济效益。

8.1.3 施工项目资源管理的内容

(1)人力资源管理。人力资源管理也就是施工项目人员管理。在诸生产要素中，人是最活跃的因素，各种科学技术只有被人掌握并合理应用才会发挥正常的效应。人力资源是为企业创造利润的源泉，是一种战略性资源。相同的项目，人力资源组织与管理组织的能力不同，给企业创造的效益是不同的。施工项目中人力资源的管理，关键在于合理安排各劳动力，明确岗位责任，有明确的效绩目标，才能在最大程度上调动积极性，提高劳动效率。

(2)材料管理。在建筑工程造价中，建筑材料费用占工程造价的70%左右。建筑材料的合理选择与正确使用是降低工程造价的主要途径。

(3)机械设备管理。各种施工机械是完成项目施工的重要劳动手段。施工项目机械设备管理的环节包括选择、使用、保养、维修、改造、更新。机械设备管理的主要内容在于合理选择施工机械，降低机械使用费。

(4)技术管理。技术管理是对施工项目各项技术工作要素和技术活动过程的管理。建筑企业的技术要素包括技术人才、技术装备、技术规程、技术信息、技术资料、技术档案等。技术活动过程包括技术计划、技术学习、技术应用、技术开发、技术实验、技术改选、技术处理、技术评价等。

(5)资金管理。项目管理的最终目的在于在能够提供符合要求的产品的前提下，以最小的投入取得最大的经济效益，所以项目资金管理应以保证收入、节约支出、防范风险和提高经济效益为目的。

8.1.4 施工项目资源管理的过程

(1)编制计划。按照施工项目的目标要求编制生产要素的配置计划，确定各生产要素的投入时间、数量，以满足施工项目的施工需要。

(2)资源供应。按施工进度需要及编制好的生产要素计划，做好资源的供应工作。

(3)过程控制。根据施工进度实行动态管理，协调资源的供应和使用。

(4)分析评价。定期对项目的资源供应和使用情况进行分析评价，以求取得更好的经济效益。

8.2 施工项目人力资源管理

8.2.1 施工项目人力资源管理概述

施工项目人力资源管理是对项目所需人力资源的取得、培训、保持和利用等方面进行的计划、组织、指挥和控制的活动。施工项目产品生产的特殊性需要消耗大量的劳动力，而施工项目的单一性、固定性、长期性和施工的流动性又决定了目前很多施工承包企业采用灵活的用工方式，即固定工、合同工和临时工灵活结合的方式。施工项目管理就是要根据项目的要求，不断取得各种人力资源，并通过一系列管理活动，使之有机协调配合，全力完成项目的既定目标。

8.2.1.1 施工项目人员的来源及构成

施工项目劳动力的来源主要是企业内部和企业外部劳务市场。从人员构成上分为生产工人、专业技术人员和管理干部。专业技术人员和管理干部构成项目部的主体，是项目的管理层，一般来源于企业内部，由公司确定。而生产工人可由企业内部提供，也可从外部劳务市场选择。目前很多建筑企业选择外来劳务作为主要的工人来源。

按照建设部企业资质标准，将形成有资质的劳务分包公司。凡工程量在50万元以上的，需要劳务分包的项目，均应按规定进行劳务招投标。由项目部根据项目劳动力需要情况提出招标要求，由企业主管部门组织招标，中标后双方签订劳务合同。在特殊情况下经企业授权，可由项目经理部自行招募。

8.2.1.2 施工项目人员的确定原则

(1)人员确定必须先进合理。

(2)有利于促进生产和提高工作效率。

(3)正确处理各类人员之间的合理比例。

(4)人员确定应符合生产特点和发展趋势，既适时修订，又要保持相对稳定，不断提高完善。

8.2.1.3 项目施工人员确定的依据和方法

(1)按组织机构的职责范围和业务分工确定。这种方法主要用于企业内部管理人员和专业技术人员的确定。

(2)按岗位确定。根据设置岗位数和劳动效率来确定。

(3)按劳动效率确定。根据工作量、工期要求及工人的劳动效率来确定人数。

(4)按设备确定。根据投入设备的数量及设备工作班制来确定。

(5)按比例确定。根据生产工人的一定比例确定服务人员和辅助生产人员的数量。

8.2.2 施工项目劳动力的组织形式

施工项目劳动力组织的基本形式是施工班组。施工班组的人数应该满足劳动定额中最小劳动组合的要求，结合工程进度和工作面的需要，并便于工序之间配合协作。施工班组的主要形式有以下三种：

(1)专业班组 即完成某一施工过程的工人为单一工程的专业技术人员，例如钢筋班组、木工班组等。专业班组的施工任务比较单一，有利于提高工程质量，加快施工进度。专业班组的局限性是不便于各个工序之间调剂配合，容易造成工时浪费，引起窝工，影响整体劳动生产率。一般这种班组在专业性特别强的情况或某施工过程劳动量比较大时应用较多，一般适用于大中型项目。

(2)混合班组 即班组人员由多个工种工人构成，在一个集体中进行混合作业，工作中可以打破工种界限，其工程上人数按需调配。混合班组的优点是能够提高整体的劳动生产率，有利于各工种工人在施工中分工协作。其局限性是安排不当会造成忙闲不均而影响效率，同时不利于专业化水平的提高。这种组织形式适用于小型或分散且专业技术要求不是很高的工程，不适宜用于大中型工程项目。

(3)承包队 承包队实际上是专业班组和混合班组的结合，在一定程度上可以克服前两者的不足，从承包队内部可以根据工程任务要求人员调配，可完成多个施工过程的施工。所以，承包队可以进行综合承包，有利于协作配合。

8.2.3 施工项目的劳动力配备

8.2.3.1 施工项目的劳动力配备形式

施工项目的劳动力配备有两种形式，一是企业内部的分公司，二是外部劳务市场的劳务分包企业。凡工程量在50万元以上需进行劳务分包的项目，均应由企业主管部门按项目部提出的项目劳动力需要量计划进行招标选择劳务分包企业。

8.2.3.2 *施工项目劳动力配置的依据*

劳动力配备的主要依据是根据施工进度计划编制的劳动力需要量计划。施工进度计划是施工项目从开工到竣工各分部分项工程所需的计划工期，而完成每个分项工程在一定时间内所需投入的劳动力多少应该合理配备。例如现浇钢筋混凝土工程所需的木工、钢筋工、混凝土工等应该按进度需要考虑人员合理配备，各工程工人之间在不同工作面的配合都要围绕着进度计划来安排。

8.2.3.3 *劳动力配备应该注意的问题*

劳动力配备的目的是保证施工生产按进度计划实现。为了保证其切实可行，还要对劳动力资源进行优化配置，使人力资源得以充分利用，从而提高劳动生产率，降低工程项目成本，所以在施工项目的施工进度计划和劳动力需要量编制完成以后，还要从以下几个方面进行分析：

(1)应在劳动力需要量计划的基础上加以具体化，防止漏配，必要时根据实际情况对劳动力进行调整。

(2)为保证作业需要，应进行工种组合，技工与普工比例必须配套。

(3)尽量使劳动力配备均衡，以便于管理，使劳动力资源强度适当，达到节约的目的。

(4)尽量使项目正在使用的劳动力和劳动组织保持一定的稳定性。当劳动组织不能满足施工需要时，要积极进行调整。

8.2.4 施工人员的管理

8.2.4.1 *劳动力管理的内容*

(1)劳动力的聘用、培训、调配、运用与解聘。

(2)科学合理地组织劳动力，节约劳动力。

(3)制定、实施、完善劳动定额。

(4)改善劳动条件，保证职工生产中的安全与健康。

(5)加强劳动纪律管理。

(6)对劳动者进行考核、晋升与奖励。

8.2.4.2 *劳动力管理的方法*

为保证工程项目的工期、质量、安全，劳动力的使用人尽其用、物尽其效，必须对劳动力的管理方法进行分析研究。劳动力的管理方法包括劳动力计划管理，对劳动力实行培训和持证上岗管理，劳动力的过程管理、动态管理和劳动力组织管理的优化，施工企业劳动定额的制定与管理。

1. 遭受劳动力使用计划的编制

劳动力使用计划编制的目的是使劳动力均衡使用，避免因劳动力投入过大过多的需求高峰而导致人力调配困难、现场管理混乱及临时设施不能得到合理利用等问题。施工现场的劳动力可分为现场施工人员和现场其他人员。现场施工人员是施工的主体，是主要劳动力；现场其他人员是为劳动力服务的人员，例如工地管理人员、勤杂人员、厨师、司机等。

(1)现场施工人员的投入量计算方法如下：

$$\text{某施工过程劳动力的投入量} = \frac{\text{劳动力总工时}}{\text{班次}/\text{日}\times\text{工时}/\text{班次}\times\text{活动持续时间}} = \frac{\text{工程量}\times\text{工时消耗量}/\text{单位工程量}}{\text{班次}/\text{日}\times\text{工时}/\text{班次}\times\text{活动持续时间}} \tag{8.1}$$

其中现场施工人员的投入总工时需要量有三种确定方法：

①定额计算法

$$某分项工程劳动力投入总工时=工程量\times时间定额=工程量\div产量定额 \quad (8.2)$$

然后逐级汇总得到整个施工项目的劳动力投入总工时需要量。这里的时间定额和产量定额可从当地的施工定额中去查找相关数据。

②比例计算法

多用来确定无消耗定额，但有历史消耗数据，以有关比例关系为基础确定劳动力需要量。其计算公式如下：

$$劳动力需要量=\frac{对比期劳动力实际耗用量\times计划期工程量}{对比期实际完成工程量\times调整系数} \quad (8.3)$$

式中的调整系数一般可根据计划期与对比期生产技术组织条件的对比分析、降低劳动力消耗的要求、采取节约措施后的效果等来确定。

③经验估计法

根据计划人员以往的经验来估算劳动力需要量的一种方法。

(2)现场其他人员的使用计划，包括为劳动力服务的各种人员，可根据现场实际需要安排，也可根据劳动力投入量按比例计算。

在编制劳动力使用计划时要注意整体的协调性，要考虑到设备能力和材料供应能力的制约，又要考虑与其他班组之间的配合。为使劳动力相对均衡，不出现过大的波动，可结合横道图进行分析，利用工作的自由时差进行优化调整。

2. 劳动力的招雇、调遣、培训和解聘计划

为了保证劳动力的使用，必须进行招雇、调遣和培训工作，工程完工或暂时停工时必须解聘或调到其他工地上工作。这就必须按照实际需要和环境因素等确定培训和调遣时间的长短，及时安排招聘，并签订劳务合同或工程的劳务分包合同。

3. 劳动力资源的落实计划

现场劳动力的需要量计划编制完成后，就要与企业现有劳动力加以比较，从数量、工期、技术水平等方面进行综合平衡，并按计划落实应进入现场的人员。为此在解决劳动力资源时要考虑以下三个原则：

(1)全局性的原则。把施工现场作为一个系统，从整体功能出发，考察人员结构，不单纯安排某一工种或某一工人的具体工作，而是从整个现场需要出发，做到不单纯用人，不用多余的人。

(2)互补性原则。现场的劳动力资源从素质上看有优劣之别，且每个人有不同的优势和劣势，在劳动力组合安排时要合理搭配，取长补短，达到能充分发挥整体功能的目的。

(3)动态性原则。根据现场施工进展情况和需要的变化而随时进行人员结构、数量的调整，不断达到新的优化。当需要人员时，能立即组织进场；当有多余人员出现时，能转向其他场地或进行培训，使每个工作岗位负荷饱满。

8.2.4.3 人员的培训和持证上岗

劳动者的素质、劳动技能不同，在施工现场所起的作用和获得的劳动成果是不同的。目前施工现场缺少的不是劳动力，而是缺少有知识、有技能的能适应现代化建筑业发展要求的新型劳动者和经营管理者。按照建筑业的管理规定，建筑施工人员必须持证上岗，在现场施工人员

在组织安排上要注意主要劳动力必须是有资格的持证上岗的工作人员，并且要加强知识技能、安全等的培训。现实生活中有很多安全事故就是由于公司选人用人不慎、不注重加强管理造成的。例如，2010年10月23日，山东天齐置业公司某地块一标段3号楼工程发生一起施工升降机轿厢滑落坠地事故，造成轿厢内18人不同程度受伤。经调查分析，事故主要原因有四方面：一是无证上岗，施工升降机驾驶人员没有取得特种作业人员安全操作证书，无证操作施工升降机；二是违章操作，在超员的情况下，驾驶人员违规启动运行施工升降机；三是严重超员，该施工升降机额定乘员12人，实际搭乘18人；四是设备管理保养不善，未对设备的安全保护装置进行定期调试，事故发生时防坠器虽然起到作用，但驱动控制系统失控、限速控制装置失效，未能完全刹车停靠轿厢。又例如2010年11月15日，上海静安区胶州路728号教师公寓正在进行外墙整修的28层居民楼发生大火。经消防部门奋力扑救，仍然有58人死亡，70余人受伤，56人失踪，这一特大火灾事件震惊全国。据国务院上海"11·15"特别重大火灾事故调查组调查分析，起火主要原因是大楼在装修作业施工中电焊工无特种作业人员资格证违规实施作业，在短时间内形成密集火灾。所以企业整体素质的提高离不开劳动者素质的提高，加强人员培训，严格执行持证上岗制度，对企业有百利而无一害。

为促进生产顺利进行，企业往往要对职工开展培训，促使其知识更新、技术进步。常见的培训内容主要有以下两个方面：

(1)现场管理理论的培训。任何实践活动都离不开理论的指导，现场施工也是这样，如果管理者与被管理者不掌握现场管理理论，就无法做到协调高效，就会出现窝工浪费现象；同时，如果管理跟不上，现场施工水平就要落后，在市场竞争中就处于劣势。所以，要加强现场管理理论培训。

(2)操作技术的培训。职工进行培训的目的是为了能上岗胜任工作，所以一切培训的内容都是围绕这一点来完成。结合现场技能技术及协作的要求，围绕施工工艺进行培训，做到有的放矢，学以致用，保证施工质量。尤其是对于一些施工难度大、技术复杂和应用新技术新方法施工的工程，操作技术的培训更为重要。

培训工作要有计划有步骤地进行，做到与需要同步，避免影响正常工作或培训滞后，因此需要进行培训计划的编制。根据工程需要进行培训计划安排，同时与企业的各项培训结合，做到结合实际，兼顾长远。

8.2.2.4 *劳动过程管理*

施工现场的劳动过程就是建筑产品的生产过程，工程的质量、进度、效益取决于现场的管理水平、劳动力组织的协作能力及劳动者施工质量、效率。所以必须按照建筑施工过程的自身规律，建立劳动过程管理的科学体系。

1. 加强劳动纪律，建立各项规章制度

施工生产是在集体协作下进行的，一方面各工程联合施工，在时间上有继起性，在空间上有交叉性，需要有统一的意志和行动来保证；另一方面，每一工种有特定的操作规程和质量标准，要求每一个工人的操作必须规范化、程序化。因此，没有一定的纪律和规章制度就无法进行正常施工，同时还要建立考勤及工作质量完成情况的奖罚制度。

2. 制定并考核施工任务书

施工任务书是项目经理部向施工班组或工人下达的劳动量消耗任务书，是项目劳动管理的重要依据，是贯彻按劳分配、调动职工劳动积极性的重要手段。下达任务书要与施工组织设计的进度计划协调一致，要能促进劳动生产率的提高。

3. 开展劳动竞赛

劳动竞赛是提前完成或超额完成施工任务的有效措施，在项目施工中必须认真组织实施。竞赛应明确内容、范围和目的，使职工心中有数。竞赛的指标要反映项目劳动者的实际情况及工人的素质，使大家能够承受。做好竞赛的各级组织工作，防止形式主义、走过场而挫伤职工的劳动积极性，明确考核的条件和标准，对劳动竞赛进行认真总结，树立典型，鼓励先进，鞭策后进。

4. 做好劳动保护和安全工作

由于建筑工程自身的特点，项目劳动保护及安全工作较其他行业复杂。不安全、人为的因素较多，所以必须建立劳动保护和安全责任制，使劳动保护和安全工作有人抓、有人管、有责任、有奖罚，对进入现场人员进行教育，宣传劳动保护及安全工作的重要性，增强职工自我防范意识。设置劳动保护及安全的具体措施及专项奖金，定期进行全面的专项检查，并进行总结和交流。

8.2.4.5　施工经济承包责任制与激励机制

1. 施工经济承包责任制

经济承包责任制是在社会主义制度下，以提高经济效益为目标，把经济责任、经济权力与经济利益充分结合起来，建立能充分调动施工现场劳动者积极性的经营管理制度，达到国家、集体和个人互惠互利的目的。

建立经济承包责任制是施工现场施工和管理的一项基础工作。责任制的形式，按其承包者来分主要有职工个人的经济责任制和单位集体经济责任制。

2. 激励机制

激励就是通过认真科学地分析现场职工的合理需要，并进行优化管理，然后采取措施尽量加以满足，从而不断激发职工的内在潜力和能力，充分发挥职工的积极性和创造性，使每一位职工才有所用，力有所长，劳有所得，功有所补，过有所罚。

激励机制的方法主要有：

(1)劳动者需要的内容　根据马斯洛的需要层次论，人的需要分为生理需要、安全需要、社交需要、尊重需要和自我实现需要五个层次，通过满足不同层次的需要来刺激职工的积极性。

(2)物质激励　一是工资激励，满足职工及家属的基本生活需要。二是奖金激励，对超额劳动的报酬进行奖励，激发职工的工作热情。三是福利、培训、工作条件和环境激励，培养职工对现场的凝聚力和向心力。

(3)精神激励　用精神激励来实现对企业职工积极性和创造性的激发。主要是加强思想政治工作，树立职工的主人翁意识，增强职工的自信心和荣誉感等。

目前在很多项目部的管理中都涉及这类内容，例如安全奖励、进度奖励、节约奖励、全勤奖等，可根据项目要求灵活制定奖励目标，从物质和精神上激发职工劳动的热情，保证工程按既定目标进行。

8.3　施工项目材料管理

8.3.1　施工项目材料管理的意义和任务

8.3.1.1　施工项目材料管理的意义

施工项目材料管理是指项目部对施工和生产过程中所需的各种材料进行有计划地组织采购、供应、保管、使用等一系列管理工作的总称。

建筑材料、构件、半成品等是构成建筑产品的实体。从工程造价上分析，材料费占工程成本的70%左右，用于材料的流动资金占企业流动资金的50%以上，因此，施工材料的管理是企业生产经营管理的一个重要环节。搞好材料管理的意义主要有以下几点：

(1)是保障施工生产正常进行的先决条件。

(2)是提高工程质量的管理权限保障。

(3)是降低工程成本、提高企业经济效益的重要环节。

(4)可以加速资金周转，减少流动资金占用。

(5)有助于提高劳动生产率。

8.3.1.2　施工项目材料管理的任务

施工项目材料管理的主要任务是保证供应和降低费用两个方面。

保证供应就是要适时、适地、按质、按量、成套齐备地供应材料。适时，是指按规定时间供应材料；适地，是指将材料供应到指定的地点；按质，是指供应的材料必须符合规定的质量标准；按量，是指按规定数量供应材料；成套齐备，是指供应的材料品种规格要配套，并要符合工程需要。

降低费用就是要在保证供应的前提下，努力节约材料费用。通过材料计划，采购、保管和使用的管理，建立和健全材料的采购和运输制度，现场和仓库的保管制度，材料验收、领发以及回收制度，合理使用和节约材料，科学地确定合理的仓储量，加速周转，减少损耗，提高材料利用率，降低材料成本。

8.3.2　施工项目材料的分类

1. 按材料在建筑工程中所起的作用分类

(1)主要材料。指直接用于建筑物或构筑物上能构成工程实体的各种材料，如钢材、水泥、木材、砖瓦、石灰、砂石、油漆、五金、水管、电线等。

(2)结构件。指事先对建筑材料进行加工，经安装后能够构成工程实体一部分的各种构件，如屋架、钢门窗、木门窗、柱、梁、板等。

(3)周转材料。指在施工中能反复多次周转使用，而又能基本保持原有实物形态的材料，如模板、脚手架等。

(4)机械配件。指修理机械设备需用的各种零件、配件，如曲轴、活塞等。

(5)其他材料。指虽不构成工程实体，但间接地有助于施工生产进行和产品形成的各种材料，如燃料、油料、润滑油等。

(6)低值易耗品。指单位价值低(不超过 2000 元)或使用年限不到一年的劳动资料，如小工具、防护用品等。

这种划分便于制定材料消耗定额，从而进行成本控制。

2. 按材料的自然属性分类

(1)金属材料。可分为黑色金属材料和有色金属材料，前者包括钢筋、型钢、钢脚手架、铸铁管等，后者包括铜、铝、铅、锌及其半成品等。

(2)非金属材料。指木材、橡胶、塑料和陶瓷制品等。

这种分类方法便于根据材料的物理化学性质能进行采购、运输和保管。

3. 按材料的价值在工程中的比重分类

建筑工程中用的材料种类繁多，但资金占用上差异极大。根据材料占品种和资金的比例可将材料分为三类：A类品种数量少，占全部品种的10%～15%，但占用资金的80%左右，例如钢筋、水泥等。C类物资品种很少，占全部品种的60%～65%，但占用资金比重不大，占资金的5%左右，例如铁丝、圆钉等。B类物资介于A、C两类物资之间，约占全部品种的20%～30%，占资金的15%，例如砖、砂石等。

根据材料的价值特性来分析，对A类及B类物资购买及库存控制好，对资金节约将起关键性的作用，因此材料库存决策和管理应侧重于A和B两类物资上。

8.3.3 施工项目材料的采购收发和使用管理

8.3.3.1 施工项目材料的采购供应

材料供应是材料管理的首要环节，与材料供应市场关系极大，即取决于施工项目中材料供应体制。现行体制下的施工项目材料供应一般分为两个层面，即企业物资供应部门供应的材料和项目经理部采购的材料。

1. 企业供应的材料

施工项目所需的材料通常分为主材、大宗材料、特殊材料和零星材料。企业取得物资采购权，建立统一的供应机构(材料供应部)，制定采购计划，审定供应商，建立合格供应商目录，对供应商进行考核，签订合同，对各工程所需的主要材料、大宗材料，即A类材料(钢材、木材、水泥、商品混凝土)实行统一计划、统一采购、统一供应、统一调度和统一核算。企业材料供应部门既要与建材市场“对接”，也要与本企业的项目管理层(材料采购部门)对接。这种方式可以避免当前企业多渠道供应、多层次采购的低效状态，把材料供应管理工作贯穿于施工项目管理的全过程(即投标报价、落实施工方案、编制供应计划、进行材料供应管理工作，这既有利于建立统一的企业内部材料供应机构的运行机制，进行材料供应的动态配制和平衡协调，也有利于服务于各项目的材料需求，有效控制工程项目的质量、进度、成本。

2. 项目部自行采购的材料

为了满足施工材料的特殊需要，调动项目部的积极性，企业给项目部一定的材料采购权，负责采购供应计划外的材料、特殊材料和零星材料，即B类材料和C类材料。同样必须在合格的供应商内进行选择，做到两层互补。对企业材料供应部门的采购，项目部也有采购建议权，这样，施工项目材料管理的任务便集中于提出材料需要量计划，与材料供应部门签订供料合同，控制材料的使用，加强现场材料管理，落实材料节约措施，完工后组织材料结算与回收等。随着施工管理体制改革的不断深化，建筑市场的扩大和完善，项目部的采购权限将越来越大。

3. 建设单位供应的材料

作为业主方(建设单位)同样也参与工程项目管理，组建项目管理机构，为了控制投资，节约项目投资资金，有的建设单位在招标文件中就提出某些材料和设备自行供应。在与中标单位签订合同时，就确定包工及部分包料，在这种情况下合同条款一般明确 A 类材料以及设备由建设单位供应，B、C 类材料由施工单位负责采购。建设单位供应材料，在某些地方客观存在，那么企业供应部分必须按合同管理要求，由项目部在规定的时间内编制施工项目各类材料需要量计划，特别是建设单位供应的材料，报企业材料供应部门审定，然后上报建设单位项目管理部门。

对于建设单位供应的材料，同样要把好数量、质量、品种和规格以及时间等关，材料送到施工现场必须经过验收，不符合国家标准和要求的材料不能使用，同时做好财务工作，以便在工程款结算时予以扣除。

8.3.3.2　施工项目材料需用量计划管理

施工项目所消耗的各种材料是施工图预算中的直接费内容之一，又是施工项目总成本的主要内容之一，材料计划管理是材料管理的首要任务。材料的控制，一是控制采购价，二是控制好采购量，要按需采购，并结合企业的实际生产率和企业定额，确保材料按需供应，在生产中物尽其用而不出现过多的浪费。

1. 施工项目材料需要量的确定

施工项目开工前，项目部根据施工方案以及各种技术组织措施，编制各类材料需要量计划。材料需要量计划编制的依据是施工预算。项目部的材料管理人员是施工现场材料管理的直接负责人，根据施工预算提供的实物工程量计算各项材料需要量。计算方法一般选用实物工程定额计算法、比例计算法和类比计算法。

(1)定额计算法

用这种方法确定材料需用量比较准确，凡是有施工预算定额的材料，都应该采取此法。具体地说，就是在施工任务明确、施工图样具备的条件下，直接根据图样计算出分部分项实物工程量，然后套用相应的材料消耗定额，逐项计算材料需要量，最后进行汇总，按工程进度确定分期材料需用量。计算公式如下：

$$\text{某材料计划需用量}=\text{某分项工程量}\times\text{材料消耗施工定额} \tag{8.4}$$

例如某定额内容如表 8.1 所示。

表 8.1　定额表　　计量单位：$10m^3$

定额编号				3—1
工程项目		单位	单价	砖基础
基价		元		1072.99
其中	人工费	元		280.14
	材料费	元		776.29
	机械费	元		16.56
综合用工		工日	23.00	12.180
材料	水泥砂浆 M5.0	m^3	—	(2.360)
	标准砖	千块	110.00	5.236
	水泥 325 级	t	240.00	0.505
	中砂	t	19.53	3.783
	水	t	2.98	1.760
机械	砂浆搅拌机 200L	台班	42.46	0.39

若经计算砖基础的工程量为200m^3，标准砖的数量为5.236×200÷10＝144.76千块。

其他分部分项工程中用标准砖的数量可用同类方法计算，最终结果汇总即可得到标准砖需要的总数量。

(2)比例计算法

此法多用来确定无消耗定额，但有历史消耗数据，以有关比例为基础来确定材料需用量。其计算公式如下：

材料需用量＝对比期材料实际耗用量×计划期工程量÷对比期工程量×调整系数(8.5)

式中，调整系数一般可根据计划期与对比期生产技术组织条件的对比分析、降低材料消耗的要求、采取节约措施后的效果等来确定。

(3)类比计算法

此法多用于计算新产品对某些材料的需用量。它是以参考类似产品的材料消耗定额来确定产品或该工艺的材料需用量的一种方法。其计算公式如下：

材料需用量＝工程量×类似产品的材料消耗定额×调整系数 (8.6)

式中，调整系数可根据该种产品与类似产品在质量、结构、工艺等方面的对比分析来确定。

2. 材料需要量计划的编制

施工项目的材料分为A、B、C三类，各类材料都应由项目部主管材料的人员编制材料需要量计划，并由项目经济师审核认定。

施工项目材料需要量计划一般包括材料需要量总计划、季度计划和月度计划。

(1)单位工程材料总计划　单位工程总计划是根据单位工程预算书所提供的单位工程实物量和施工规划提供的技术节约措施为依据，项目材料主管人员运用材料消耗施工定额、单位工程施工预算材料分析来预测材料需求总量和控制材料消耗。

(2)材料季度计划　材料季度计划是根据计划期内的工程实物量和材料消耗施工定额编制的预控和实施性计划。其范围包括工程用的主材、大宗材料、大型临时设施用料、周转设备材料等。一般在季度项目计划期前5天编制完毕。

(3)材料月度计划　材料月度计划是根据计划期内的工程实物量和材料消耗施工定额编制申请计划，是组织供应和用料的执行性计划，也可根据项目的变化情况及生产进度要求编制增加计划。

月度计划的编制范围包括直接和非直接用于工程的原材料、周转材料、设备、低值易耗品及辅助材料等。

施工项目材料需要量计划编制的依据为施工进度计划，也就是说，某种材料在什么时间必须到达施工现场与施工进度计划有关。施工进展到什么阶段需要哪些材料，材料进早、进晚都会影响施工。有些施工项目的施工现场场地空间狭窄，无法堆放太多材料，更不能堆放所有材料，材料进场过早既占用大量资金，又占用大量空间，还要加强保管，所以材料进场时间必须按照进度计划结合现场实际进度来执行和调整。有关材料需要量计划通常采用申请表的形式。

3. 施工项目材料需要量计划的执行

(1)主要影响因素

材料需要量计划的编制只是计划管理的第一步，重要的工作是执行计划。在计划执行中，较多出现的影响因素有以下几种：

①施工任务的变化　由于国家建设投资计划的改变、建设单位投资计划的改变、施工力量

的调整等因素的影响，造成了施工任务的增加或减少。

②工程设计变更　在施工项目实施阶段，往往会遇到设计变更的问题，从而引起材料需用数量、品种、规格的改变，施工项目经理（管理）部必须采取措施，调整计划，确保施工生产正常进行。

③施工进度改变　施工项目进度计划的提前或推迟都会影响材料计划的正常进行，必须按施工进度的改变调整材料计划。

（2）材料使用计划的实施

编制施工材料使用计划仅仅是计划工作的开始，而更重要、更大量的工作是组织计划的实施，即执行计划。材料部门为了组织用料计划的实施，要做好以下几项工作：

①层层做好落实工作。施工材料使用计划制定后，要逐级交代任务，明确各自的责任目标，制定实施措施，使材料计划的实施成为各级材料管理人员的自觉行动。

②建立健全岗位责任制。把用料计划分解落实到有关岗位和人员，并建立相应的责任制，使各级、各类岗位的人员都能明确自己的责任和任务，并与经济利益挂钩，把责、权、利紧密结合起来。

③积极做好用料计划执行的有关具体组织工作。用料计划执行的有关具体组织工作包括材料供应、服务、材料节约和使用监督、材料核算等工作。

④协调材料计划执行过程中的问题。材料计划在实施中常会受到内部或外部的各种因素干扰，影响材料计划的实现。如施工任务的改变，在计划实施中施工任务临时增减，在工程筹措阶段或施工过程中遇到设计变更；到货合同和生产厂的生产情况发生变化，不能按时供应；施工进度计划的提前或推迟等。上述这些情况都会影响材料计划的执行，因此必须加强材料计划执行过程中的协调工作。

⑤建立材料计划的分析和检查制度。包括现场检查制度、定期检查检查制度、统计检查制度。在这一过程中要做好如下工作：

a. 掌握计划指标完成情况。经常对执行情况检查分析，以便于掌握计划规定的指标完成情况，并且针对存在的问题和薄弱环节采取相应措施，保证计划的实现。

b. 总结经验，指导计划完成。通过对执行计划的检查，及时总结，保证施工生产和节约使用材料的经验，用以指导计划完成，这样既有利于计划执行，又有利于提高计划管理水平。

c. 增强计划管理工作。对材料计划执行情况总结分析，可以进一步了解到编制计划的各种数据是否正确，编制方法是否先进，审核水平是否过硬，从中总结经验，改进计划管理工作。

8.3.3.3　施工项目材料的验收与保管

施工项目各种材料按施工进度计划分期、分批地进入施工现场。进入施工现场的建筑材料来源渠道有企业供应部门提供的，有建设单位根据合同提供的，也有项目部自行采购供应的。这些材料的质量优劣、数量准确与否，必然会反映到施工项目的质量和成本上来。为了确保施工项目的质量和成本，就必须对进入施工现场的材料执行严格的质量检验制度，并进行合理地堆放和保管。

1. 施工项目材料进场验收

（1）材料验收工作的要求

①严肃认真：现场材料验收人员对所验收的材料负全部责任，验收人员必须具有高度的责

任心，有过硬的业务本领，严格按照材料验收制度和手续认真地核对有关凭证及材料的数量和质量。

②及时准确：进场材料必须及时进行验收，同时对材料质量、数量、品种和规格及配套情况作全面检查，做到准确无误。

③严格标准：进场材料必须遵循国家制定的材料验收规范标准，各类建筑材料按标准进行验收。

(2)材料验收的工作程序

材料的验收程序一般包括以下几个方面：

①验收准备工作。为了确保材料验收工作及时准确地完成，提高验收效率，在验收前应做好各项准备工作。

a. 确定材料存放地点、垛形和方法。

b. 收集并熟悉验收凭证及研究有关技术资料，明确检验项目和方法。

c. 准备相应的检验工具，如磅秤、量尺、卡尺等，检验工具必须事先校验，保证计量准确。

d. 准备材料检验所需设备、工具及劳动力。

②核对凭证。凡进入施工现场的材料必须有下列凭证：

a. 供货单位提供的进货通知单、订货合同等。

b. 材料应有生产厂家的材质证明(包括厂名、品种、出厂日期、出厂编号、试验数据)和出厂合格证。要求复检的材料要有取样送检证明报告。

c. 运输部门提供的运单。

③验收实物。主要包括材料的数量、品种、规格验收和质量验收。

(3)施工现场几种主要材料的验收

①钢材的验收

a. 数量的验收：钢材的数量验收一般有两种方法，一种是理论计算，如：型钢按长度乘以横断面求得体积，钢板以长、宽、厚求得体积，然后乘以钢材的密度(一般按 $7.85t/m^3$ 计算)。另一种是过磅验收。目前在实际工作中，多数采用过磅计量。

b. 质量验收：钢材的质量验收一般着重于技术资料、钢材标志、锈蚀程度等。

②水泥的验收

a. 数量验收：袋装水泥采用车上或卸入仓库后点袋计数，同时抽检，以防袋装量不足影响混凝土的强度而产生质量事故。罐装运送的散装水泥可按随车磅码单计算重量，但注意卸车时车内水泥必须卸净。

质量验收：以出厂质量保证书为凭证，进场要验看来单的水泥品种、标号与水泥袋上的标志是否一致，不一致的应分开堆放，待进一步查清；检查水泥的出厂日期是否超过规定的时间(水泥的保质期)，超过的要另行处理；当两个以上的品种同时到货时，应详细查看，分别堆放，防止不同的水泥品种混杂使用。

③木材的验收

a. 数量验收：木材的计量为清点数量和每根的长短、截面，板材、原木可用不同的方法计算体积。

b. 质量验收：木材的品种较多，验收中要认真分辨，不能搞错。木材在类别上有原木和成材之分，木材中又有板材和枋材之分，验收时要注意这些类别的划分，并对照木材质量标准验看腐朽、钝棱、弯曲、结疤、裂纹等缺陷是否超过标准规定。

④砂石料的验收

a. 数量验收：可分别采取量方计量、过磅计量、车上计量等方法，计算砂石料的体积或质量。

b. 质量验收：现场砂石料的验收一般凭目测。砂石含泥量的外观检查，如黄沙发粘、颜色灰黑，则表明含泥量过高。石子的含泥量检查，用手捏石子摩擦后，无尘土粘于手上，即为合格。反之，则含泥量过高。

⑤砖块的验收

a. 数量验收：根据不同情况，一般可采取定量堆垛点数、在车上点数等方法进行。

b. 质量验收：抗压强度、抗折强度、抗冻等级等以质量保证书为凭，现场应做外观质量验收。如从砖的颜色和外观看是否有欠火砖和过火砖。欠火砖颜色浅，尺寸偏大，声音发闷，过火砖颜色深，声音响亮，但有时伴有变形。欠火砖和过火砖在工程中不能使用。

砖的规格应按各种砖的要求进行验收。

⑥商品混凝土的验收

施工方在与商品混凝土厂家签订供货合同时应同时签订技术协议，技术协议中应对混凝土提出下列要求：混凝土强度等级、抗渗等级、坍落度要求、初凝时间、供货时间、数量、混凝土出罐温度等。混凝土进场时厂家提供下列资料：预拌混凝土运输单、混凝土开盘鉴定、配合比申请及通知单、混凝土碱含量计算书、混凝土氯离子含量计算书、预拌混凝土出厂合格证（32天内）。应保证以下资料的可追溯性：试配记录、水泥出厂合格证和试验报告、砂和碎石试验报告、外加剂和掺合料产品合格证和试验报告、开盘鉴定、混凝土抗压强度报告（出厂检验强度值应填入预拌混凝土出厂合格证）、抗渗试验报告（试验结果应填入预拌出厂合格证）、坍落度测试记录和原料有害物含量检测报告。

总之，各类材料的验收都要做好记录，办理验收手续，对不符合质量标准要求的材料应拒绝验收入场。

2. 施工项目材料进场后的储存与保管

经过验收的材料不可能一次全部用完，材料多数也不都是一进场马上使用，所以必须根据施工各阶段的用料情况以及材料的不同性能、用途等特点，结合施工现场的自然环境，对材料进行科学的储存与保管。现场材料的储存与保管工作是保证材料按时供应、保证生产的前提条件，也是保证施工质量、降低工程材料成本的重要途径。

（1）材料储存应该满足以下要求：

①入库的材料应按品种、型号分区堆放，并分别编号、标识。

②易燃易爆的材料要专门存放，专人负责保管，并且有严格的防火防爆措施。

③有防湿防潮要求的材料，应采取防湿防潮措施，并且做好标识。仓库选择地势相对较高的位置，并做好排水措施。

④有保质期的库存材料应定期检查，分不同生产日期堆放，做好标记，并定期检查。

（2）施工现场几种主要材料的保管方法

①钢材的保管：现场的钢材可按钢号、品种、规格、长度分别堆放。露天堆放应采取下垫上盖的方法，防止钢材锈蚀而影响施工质量。

②水泥的保管：现场的水泥应有专人负责保管。水泥有一定的吸湿性，在空气中容易风化

变质，有一定的保质期，所以水泥要求在库内保管，储存期一般不超过三个月。超过三个月的水泥必须重新测定其性能，以决定其能否在工程中继续使用。堆放时水泥应按品种、标号、出厂日期、进场批次等分开堆放，并遵循先进先出的原则出库。仓库地坪一般高于室外地面30cm，四周墙面要有防潮措施，一般为每垛10包，不宜太多。散水泥应装入密封罐，不同品种、不同标号的水泥不得混装。

③木材的保管：木材应按品种、规格、新旧程度分别码放。每垛层应留有通风空隙，分层交叉稀疏堆放，中间留有通道，以便收发管理。木材保管要注意防火、防虫蛀、防霉烂、防曝晒干裂弯曲。

④砖瓦、砂石的保管：砖瓦、砂石等大宗材料一般不受自然气候影响，施工现场都露天堆放。这类材料要求堆放场地平整不塌陷，堆放时应按材质等级和规格分别堆放。例如砂石按类别及粒径分别堆放，砖按品种、规格、等级堆放。

⑤构配件的保管：混凝土构件一般在预制件厂生产，然后运到施工现场安装。工业厂房建设如果有足够的场地也可采取在现场预制。这类构件一般体积、质量都很大，且规格、型号多，应按加工计划核对规格、检查质量。构件按吊装次序配套进场，堆放在起重机械的旋转半径内，并根据吊装作业计划堆放在适宜的位置。堆放时不宜过高，以免倾倒。钢构件除按加工图样配套进场外，应特别注意钢构件的配套小零件。小零件要分类放好，与钢构件堆放在一起，钢材要注意防锈。木构件要按加工图样检查验收，要求在棚内按规格分别堆放。木门窗与钢门窗要求平放时不能翘角，立放时要尽量放正，以防挤压变形。

总之，材料通过验收入库，要保证材料的质量和正常施工使用。验收后，要建立材料台账。现场的材料必须防变质、防损坏、防盗窃、防变质。材料在堆放布置时，要按施工平面布置图实施，做到位置正确、保管得当、合乎堆放保管制度。要做到月结，定期盘点，账实相符。

8.3.3.4　合理利用材料，降低材料消耗的主要途径

材料成本在工程中占有绝对比重，建筑企业的利润大部分来自采购成本的降低和降低材料消耗，因此，节约材料、降低消耗是企业工程项目管理的主要目标。

实现材料节约、降低材料消耗的途径主要有两个方面，一是采取技术措施降低材料消耗，二是加强材料管理，节约使用材料。

(1)采取技术措施降低材料消耗是指在保证质量的前提下，采用新工艺、推广新技术、使用新材料，从而达到降低消耗的目的。例如混凝土中加入一些外加剂，或加掺合料或使用干硬性混凝土，可以大量节约水泥用量；对钢筋采用适宜的焊接形式，可以节约钢筋；抹灰工程中改善配合比和加掺合料，可以减少砂浆用量。总之，新材料、新技术、新方法的应用是降低材料消耗从而降低材料成本的重要途径。

(2)加强材料管理是指对材料的使用行为予以规范，达到合理使用材料、节约材料成本的目的。一般要通过行政经济的管理措施和手段来调动使用者的积极性。加强管理还包括改变生产用料的组织方式，如加速材料的周转、合理供应材料、集中加工材料等，都是节约材料、提高材料利用率的重要措施。例如模板、脚手架工程，应按施工进度要求及时安拆；选择材料的最佳运输方案；大型机械安排好进出场时间等。

现场材料在使用过程中的管理主要是定额用料与限额领料的管理。前者是按材料供应定额对在建工程实行定量供应；后者是在分部分项工程中，以材料消耗施工定额对施工班组规定限额用料。施工阶段实行限额领料是施工现场材料管理工作的立足点，是实行经济核算、考核

经营成果的依据。对于单价低、易保管、不易丢失的材料可随用随领，可根据现场进货量和盘点时余量来确定施工消耗量，例如砂石、砖等；对于用量大而且使用频繁，价值相对较高的材料，为了加强监管，多采用限额领料制。

分项工程限额领料是以分项工程为对象，根据施工进度安排下达施工任务单，以施工任务单为依据，用材料消耗施工定额对施工阶段进行限额领发材料。在下达施工任务单的同时，下达材料限额领料单，规定限额领料。任务完成后结算用料，分析超支原因，以此考核完成情况，并为分部工程单位工程核算打下基础。

实行限额领料的依据有两点：一是准确的工程量。工程量按施工图纸计算，在正常情况下是一个确定的数量，但在实际工作中，工程量的变更经常发生，所以执行限额领料要高度重视工程量的核对。二是正确套用材料施工定额。现场材料管理人员必须熟悉材料消耗施工定额。一般施工企业都有施工定额，在使用中只要对照规定的条件进行计算即可。另外，有些地区没有施工定额，而用预算定额代替使用，则应正确确定调整系数。在使用定额时必须认真分析具体情况，注意使用定额的准确性。

限额领料的程序如下：

①签发限额领料单

根据下发的施工任务单，按已经编制施工预算的分项工程量、材料消耗定额计算材料领用限额，签发限额领料单。对班组交代生产任务的同时作限额领料的交代，班组凭限额领料单向工地仓库材料员领料。限额领料单一般一式四联。

第一联（查存联）：由施工现场项目施工员按预算的分项工程量、材料消耗定额计算，签发后交给材料员进行复核签证，在下达任务时，同任务单一起交到施工现场。

第二联（领单联）：领料完毕后由项目材料员作为班组结算的依据。

第三联（出帐联）：作为项目材料员制表登记的依据。

第四联（发放记录）：由项目材料员转给成本核算员计入总账，作为核算依据，并入竣工资料作查证依据。

②凭单发料

工地仓库以限额领料单作为向班组发料的依据，并且做好发料记录。如分批发料，应在限额领料单上记录已发数量，由领料人签认。现场材料管理人员必须加强材料管理，做好现场点交，清理盘点，并且保管好各种凭证。如果发生某种材料不够用时应立刻报告施工员，及时分析原因，采取措施，并办理超耗手续。

③限额领料的结算

实行限额领料的单位工程，在工程竣工后必须进行结算，先由施工队组织验收，评定质量，验收合格后方可办理退料。以单位工程为对象的，按施工预算的各种材料定额耗用量与实际消耗量进行对比；以分部工程为对象的，按实际完成工程量和材料消耗施工定额计算出应消耗材料数量与班组实际耗用量并进行对比，计算超支和节约数量。

总之，主要材料的使用必须建立领发料账，凭限额领料单领发材料，建立材料出入库的台账，记录材料的消耗情况。

8.4　施工项目机械设备的管理

8.4.1　机械设备管理的意义

随着建筑工业化、机械化的发展，以机械施工代替繁重的体力劳动和手工操作是一种发展趋势，也是建筑业发展的方向。随着建筑业的发展，机械设备的数量、种类、型号也在不断地增加，在施工中所起的作用也越来越大。因此，加强对施工机械设备的管理工作日益重要。从提高机械使用率和劳动生产率，降低机械使用费的角度，必须加强对设备的优化管理，也就是按照优化的原则对施工机械设备进行选择评价、维护修理、更新改造和报废处理全过程的管理工作。这就要求一方面要加强配备一批实用的、流动性强的、机动性强的、先进的施工机械，以适应施工流动性的要求；另一方面要加强动态管理，在不断提高施工设备完好率、提高作业效率的基础上，围绕项目调集机械设备进行优化组合、合理搭配，提高机械设备的利用率，充分发挥机械施工的效益。最后还要处理好机械设备维修与更新的关系，尽可能按机械设备的经济寿命进行更新，从而使机械设备的使用效益达到最大。

8.4.2　机械设备来源的选择

8.4.2.1　机械设备的分类

建筑企业施工机具包括的范围较为广泛，有施工和生产用的建筑机械和其他各类机械设备。

(1)生产性的建筑机械包括挖掘机械、起重机械、铲土运输机械、压实机械、路面机械、打桩机械、混凝土机械、钢筋和预应力机械、装修机械、交通运输设备、加工和维修设备、动力设备、木工机械、测试仪器、科学实验设备等其他各类机械设备。

(2)非生产性机械设备有印刷、生活、文教、宣传等专用设备。

建筑企业合理装备施工机具的目的是既要满足施工生产需要，又要使每台机械设备发挥最高效率，以达到最佳经济效益。总的原则是：技术上先进，经济上合理，生产上适用。

8.4.2.2　机械设备的来源

建筑企业合理装备施工机械的来源有购置、制造、租赁和利用企业原有设备四种方式，正确选择施工机具是降低工程成本的一个重要环节。

(1)购置　购置新施工机械(包括从国外引进新设备)是较常采用的方式，其特点是需要较高的初始投资，但选择余地大，质量可靠，维修费用小，使用效率低。企业购置施工机具应当由企业设备管理机构或设备管理人员提出有关设备的可靠性和有利于设备维修等要求。进口设备应当备有设备维修技术资料和必要的维修配件。进口的设备到达后，应认真验收，及时安装、调试和投入使用，发现问题应当在索赔期内提出索赔。

(2)制造　企业自制设备，应当组织设备管理、维修使用方面的人员参加设计方案的研究和审查工作，并严格按照设计方案做好设备的制造工作。设备制成后，应当有完整的技术资料。自制的特点是需要一定的投资，可利用企业现有的技术条件，但因缺乏制造经验多需协作，质量不稳定，通用性差。对一些大型、通用性强的设备，一般不采用此法。

(3)租赁　根据工程需要，项目部可向租赁公司或有关单位租用施工机具。其特点是不必马上花大量的资金,先用后还,钱少也能办事;而且时间上比较灵活,租赁可长可短。当企业资金缺乏时,还可以以长期租赁的形式获得急需的施工机具,只要按照规定分期偿还租赁费和名义货价后就可取得设备的使有权。这种方式对加速建筑业的技术改造大有好处,当前发达国家的建筑企业有三分之二的设备都是租赁的。

(4)利用企业原有设备　指项目部向公司内租赁机具,并向公司支付一定的租金,或分包机械施工任务给其他公司。这在我国应用得比较普遍,以后将逐渐走向租赁形式。

8.4.2.3　机械设备的选择原则

正确选择机械设备是提高设备经济效益的首要条件。机械设备选择应遵循切合需要、实际可能和经济合理的原则。

“切合需要”是选择施工机械的首选原则。不同的项目有不同的特点、不同的结构形式、不同的施工方法和不同的施工进度要求,所要求的施工机械的种类、型号、数量也不同。但机械的技术性能必须适合使用要求,否则,不是施工受影响,就是施工机械效率不能充分发挥而造成浪费。此外,还必须考虑与主导施工机械相配合的辅助机械的选择,使两者在数量及生产能力上彼此适应,使得各种机械设备的能力得到发挥。同时,也可考虑一机多用。

“实际可能”是指选择机械必须从实际出发。施工机械应该是已有的或在一定时间内有条件取得的。如果在要求的时间不能得到,尽管某种机械在各方面都非常理想,那也不可能作为一个供选择的方案。

“经济合理”是指要求在所选的机械中,能以最小的代价获取最大的经济效果。因此,在选择机械时,应在满足技术要求并有可能取得的机械中做出多种可行的方案,然后对它们进行经济比较,从中选出最优的方案以备采用。尤其在选择机械时,要注意将自有机械和租赁机械相结合。为了提高机械利用率,降低工程机械使用费,对使用期短的一些设备或一些大型设备经常采用租赁形式。例如对大型塔吊,多数企业选择租赁形式。具体采用何种方式,要根据使用期长短和各种费用进行综合分析。

8.4.2.4　机械设备的选择方法

要遵循施工机械设备选择的原则,必须要根据工程条件和机械设备的技术条件进行技术经济分析,在满足施工任务量和施工技术的前提下,最后做出经济性的选择。

施工机械设备选择的方法有多种,主要是利用经济学中的基本理论进行分析比选,无论是租赁还是使用自有设备,最直接的比选方法是单位工程量成本比较法或年金法(年费用法)。

1. 单位工程量成本比较法

单位工程量成本比较法选择机械设备,原理简单易懂。

计算公式如下:

$$C=\frac{F/V+X}{Q} \tag{8.7}$$

式中　C——机械设备正常使用的单位工程量成本;

F——定时期机械设备的固定费用;

V——机械设备的使用时间;

X——机械设备正常使用单位时间的操作费用;

Q——机械单位时间的产量定额。

【例 8.1】　工地上有 A、B 两种型号的挖土机可以选择,性能满足施工需求,预计每月使用时间为160个小时，经合理测算有关数据如下：A机械每月的固定成本费用为7400元，每小时操作费用32.8元，每小时产量$47m^3$，B机械每月的固定成本费用为8600元，每小时操作费用29元，每小时产量为$52m^3$。试问应选择哪种机械？

解：A机械的单位工程量成本$C_A=(7400\div160+32.8)\div47=1.68$元

B机械的单位工程量成本$C_B=(8600\div160+29)\div52=1.59$元

所以选择B机械。

2. 年金法(年费用法)

此方法主要是利用技术经济学中资金时间价值和等值计算的原理来对机械进行比选，对于使用期较长的设备尤为适用。资金时间价值计算的相关内容在“知识拓展”部分有一定的补充解释。

【例8.2】 某公司已中标承担某地的扩建工程施工任务，其锅炉吊装的大型施工机具按施工组织总设计，已选定为60t塔吊一台。经初步讨论，要满足施工需要并获得该型塔吊有三种方案可供选择，这三种方案是搬迁、购置、租赁。

甲方案：搬迁塔吊。该公司已有一台60t塔吊，正在另一施工现场使用。可利用建筑施工期间存在的间隙搬迁塔吊，以满足新工程施工需要，待安装开始时再搬迁回来。这样增加了搬迁费用，同时必须采取其他一些相应措施，以弥补另一现场无吊车所引起的损失，经测算，需要费用3万元。

乙方案：购置塔吊。某厂已同意加工制造同类型塔吊，但因时间紧迫，要求加价30%。

丙方案：租赁塔吊。按日历天数支付600元租赁费用。

60t塔吊有关具体数据如下：一次性投资150万元，运输、拆迁、安装一次总费用10万元，年使用费6万元，塔吊残值20万元，使用年限20年，年复利8%。现估计该塔吊在新工程使用期满为一年。试分析该项目部应选择哪一种方案为宜(工程独立核算)？

分析：

(1)计算各方案费用

甲方案：项目部需两次运输、拆迁、安装塔吊，并支付3万元，以弥补原现场无塔吊引起的损失。甲方案年费用为：

年费用＝(施工机具原值－残值)×资金回收系数＋残值利息＋施工机具年使用费＋其他费用

$$=(150-20)\times\frac{0.08\times(1+0.08)^{20}}{(1+0.08)^{20}-1}+0.08\times20+6+2\times10+3=43.84(\text{万元})$$

乙方案：项目部要支付一台塔吊固定费用，机械年使用费。其运输安装费用考虑安拆与装总费用的一半计算(考虑新购由供货方安装)。乙方案年费用为：

年费用＝(施工机具原值－残值)×资金回收系数＋残值利息＋施工机具年使用费＋其他费用

$$=(150\times1.30-20)\times\frac{0.08\times(1+0.08)^{20}}{(1+0.08)^{20}-1}+0.08\times20+6+\frac{1}{2}\times10=30.42(\text{万元})$$

丙方案：租用塔吊要付租金，塔吊运输、拆迁费用和机械年使用费必须自己开支。丙方案年费用为：年费用＝使用时间×单位时间租赁费＋施工机具年使用费＋其他费用

$$=365\times600/10000+0.08\times20+6+10=39.5(\text{万元})$$

(2)推荐意见

上述计算结果表明,从整个项目部利益出发,三种方案宜选择乙方案为好,争取主动,并可节约费用。

8.4.3 机械设备的使用管理

机械设备必须合理地使用才能使其发挥正常的生产效率,降低使用费用。为此,必须做好以下几项工作:

(1)人机固定。实行机械设备使用、保养责任制,将机械设备的使用效益与个人利益联系起来。

(2)实行操作证制度。专机的专门操作人员必须经过培训和统一考试,确认合格,发给操作证。这是保证机械设备得到合理使用的必要条件。

(3)操作人员必须坚持良好的机械设备的例行保养。

(4)遵守磨合期使用规定。这样可以防止设备机件早期磨损,延长机械使用寿命和修理周期。

(5)实行单机或机组核算,根据考核的成绩实行奖惩,这也是一项提高机械设备管理水平的重要措施。

(6)建立设备档案制度。这样就能了解设备的情况,便于使用和维修。

(7)合理组织机械设备施工。必须加强维修管理,提高机械设备的完好率与单机效率,并合理组织机械的调配,做好施工的计划工作。

(8)培养机务队伍。采取训练班,进行岗位练兵,有计划、有步骤地做好培养和提高工作。

(9)机械设备的综合利用。机械设备的综合利用是指现场安装的施工机械尽量做到一机多用,尤其是垂直运输机械,必须综合利用,使其效率得到充分发挥。

(10)机械设备安全作业。项目部在机械作业前应向操作人员进行安全操作交底,使操作人员清楚地了解施工要求、施工环境、气候等安全生产因素特征。

8.4.4 机械设备的保养与维修

(1)机械设备的保养

机械设备保养的目的是为了保持机械设备的良好技术状态,提高设备运转的可靠性和安全性,减少零件的磨损,延长使用寿命,提高机械施工的经济效益地。保养分为例行保养和强制保养。例行保养属于正常使用管理工作,它不占机械设备的运转时间,由操作人员在机械运转间隙进行。其主要内容是保持机械的清洁,检查机械设备的运转情况,按技术要求润滑等,以防止机械腐蚀。强制保养是按照一定的周期和内容分级进行的保养。强制保养周期根据各类机械设备的磨损规律、作业条件、操作维护水平及经济性四个主要因素确定。

(2)机械设备的修理

机械设备的修理是对机械设备的自然损耗进行修复,排除机械运行的故障,对损坏的部件进行更换、修复,对机械设备的预检和修理。这样可以保证机械的使用效率,延长使用寿命。

机械设备的修理可以分为大修、中修和零星小修。

大修是对机械设备进行全面的解体检查修理,保证各零部件质量和配合要求,使其达到良好的技术状态,恢复可靠性和精度等工作性能以延长使用寿命。

中修是大修间隔期间对少数零件进行大修的一次平衡性修理，对其他不进行大修的部件只是执行检查保养。中修的目的是对不能继续使用的部分进行大修，使整机状况达到平衡，以延长机械设备的大修间隔。

零星小修一般是临时安排的修理，其目的是消除操作人员无法排除的突然故障、个别零件损坏或一般事故性损坏等问题，一般都是和保养相结合，不列入修理计划之中。而大、中修理需要列入计划，并按计划预检修制度执行。

8.5 施工项目技术管理

8.5.1 施工项目技术管理的任务和主要内容

8.5.1.1 施工项目技术管理工作的任务

施工项目技术管理的基本任务是：正确贯彻执行国家的技术政策和上级有关技术工作的文件；科学地组织各项技术工作，建立良好的技术秩序；充分发挥技术人员和技术装备的作用；采用先进的技术，保证工程质量，缩短施工工期，降价工程成本。

8.5.1.2 施工项目技术管理的主要内容

施工项目技术管理的内容包括各项技术活动过程和技术工作的各种要素。

(1)各项技术活动过程

①图纸会审、编制项目施工规划、技术交底、技术检验等施工技术准备工作。

②质量技术检查、技术核定、技术措施、技术处理、技术标准、技术规范的实施等施工过程中的技术工作。

③科学研究、技术改造、技术革新、技术培训、新技术的试验等技术开发工作。

(2)技术工作的各种要素

具体工作包括技术人才、技术装备、技术情报、技术文件、技术资料、技术档案、技术规程标准、技术责任制等，它们都属于技术管理的基础工作。

8.5.2 施工项目的主要技术管理制度

(1)图样学习和会审制度

制定、执行图纸会审制度的目的是领会设计意图，明确技术要求，发现设计文件中的差错与问题，提出修改与洽商意见，避免技术事故和产生经济与质量问题。

按企业的施工规划管理制度制定施工项目实施细则，着重于单位工程施工规划以及分部分项工程施工方案的编制与实施。

(2)施工项目的技术交底制度

施工项目的技术系统一方面要接受企业技术负责人的技术交底，另一方面又要在项目内进行层层交底，形成制度，以保证技术责任制的落实、技术管理体系统的正常运转以及技术工作按标准和要求进行。

(3)材料、设备的检验制度

材料、设备检验制度的宗旨是保证项目所用的材料、构配件和设备的质量以制度机制的约束来达到保证工程质量的目的。

(4)工程质量检查及验收制度

制定工程质量检查及验收制度的目的是为了强化项目施工质量的控制，避免质量差错所造成的永久隐患，并为质量等级评定提供数据和情况，为工程项目积累技术资料和档案。工程项目质量检查验收制度包括工程预检制度、工程隐检制度、工程阶段验收制度、单位工程项目质量检查验收制度、分项工程交接检查验收制度等。

施工技术资料是施工单位根据有关管理规定，在施工过程中形成的应当归档保存的各种图纸、表格、文字、音像资料等技术文件材料的总称，是工程项目施工及竣工验收交付使用的必备条件，也是对工程项目进行检查、维护、管理、使用、改建和扩建的依据。制定该制度的目的是为了加强对项目施工技术资料的统一管理，提高工程质量的管理水平，它必须贯彻国家和地区的有关技术标准、技术规程和技术规定以及企业的有关技术管理制度。

制定技术组织措施计划制度的目的是为了克服施工中的薄弱环节，挖掘生产潜力，加强其计划性、预测性，从而保证完成施工任务，获得良好的技术经济效果和提高技术管理水平。

除了以上几项主要的技术管理制度外，施工项目部还必须根据需要制定其他技术管理制度，保证有关技术工作正常进行。如土建施工协作技术规定、工程测量管理办法、技术革新和合理化建议管理办法、计量管理办法、环境保护方法、工程质量奖惩制度、技术发明奖励办法等。

8.5.3　施工项目的主要技术管理工作

根据技术标准、技术规程、建筑企业的技术管理制度以及施工项目部制定的技术管理制度，施工项目组织应做好以下技术业务工作：

8.5.3.1　设计文件的学习和图纸会审

图纸会审是施工单位熟悉、审查设计图纸，了解工程项目特点，明确技术要求以及设计意图和关键部位的工程质量要求，帮助设计单位减少差错的重要手段，同时也是施工单位进行质量控制的一种重要而有效的方法。图纸会审是在工程开工前由建设单位(或监理单位)主持，先由设计单位主持人介绍设计意图和图纸以及对施工的要求等，然后由施工单位技术负责人提出图纸中所存在的问题，通过三方讨论和协商解决存在的问题并写出会议纪要。图纸会审的要点是：

(1)设计图纸与说明是否齐全，有无分期供图的时间表。

(2)设计中的地质勘探资料是否齐全。如果没有工程地质资料或无其他地基资料，应与设计单位商讨。

(3)总平面与施工图的几何尺寸、平面位置、标高是否一致。

(4)建筑结构与各专业图纸本身是否有差错及矛盾；结构图与建筑图的平面尺寸及标高是否一致；建筑图与结构图的表达方法是否清楚，是否有钢筋明细表，如无则钢筋混凝土中钢筋构造要求在图中是否说明清楚，如钢筋锚固长度是否与抗震要求相符。

(5)地基处理方法是否合理。建筑结构、安装之间有无矛盾，是否会导致质量、安全或经费等方面的问题。

(6)设计图是否与标准图有矛盾。

(7)设计假定是否与施工现场情况相符。

(8)施工安全是否有保证。

8.5.3.2 施工项目技术交底

技术交底的目的是使参与施工的人员对工程项目及其技术要求做到心中有数，以便于科学地组织施工，按合理工序、工艺进行作业。要做好技术交底工作，必须明确技术交底的内容，并搞好技术交底的分工。

(1)技术交底的内容

①图纸交底：目的是使施工人员了解工程项目的设计特点、要求、功能等，以便掌握设计关键，认真按图施工。

②项目施工规划交底：要将项目规划的全部内容向施工人员讲解，以便掌握工程施工特点、施工部署、任务划分、施工方案、施工进度、施工现场平面布置、各项技术组织措施等，用先进的技术手段和科学的组织手段完成施工任务。

③分部分项工程技术交底：主要包括施工工艺、技术安全措施、规范要求、质量标准及新结构、新工艺、新材料的特殊要求。

④设计变更和洽商交底：将设计变更的结果向施工人员和管理人员作统一的说明，便于统一，避免差错，算清经济账。

(2)技术交底的分工

技术交底是一项技术性很强的工作，对保证工程质量至关重要，它必须满足施工规范、规程、工艺标准、质量检验评定标准和建设单位的合理要求。技术交底必须以书面形式进行，经过审核，有签发人、审核人、接受人的签字。整个工程施工，各分部分项工程均必须认真做好技术交底。在交底时应着重强调易发生质量事故与工伤事故的工程部位，以防止各种事故的发生。

技术交底应该分级进行。重点工程、大型工程和技术复杂的工程，由建筑企业的总工程师组织有关部门向工程管理部门和有关施工单位交底，主要依据为公司编制的施工总体规划。

凡由工程管理部门编制的中小型工程施工规划，由工程管理部门工程师向下属职能部门有关职能人员及施工项目技术负责人交底。

施工项目的技术负责人向工长、班组长进行交底，要求细致、齐全，要结合具体部位，贯彻落实上级技术领导的要求，关键部位的质量要求、操作要点及注意事项等。工长、班组长接受交底后，应反复、细致地向操作班组进行交底，除口头和书面交底外，必要时要用示范操作、样板方法进行交底。

8.5.3.3 隐蔽工程检查与验收

隐蔽工程是指本工序完成后将被下道工序所掩埋而无法再检查的工程项目。隐蔽工程项目在隐蔽前应进行严密检查，做出记录，办理验收手续，不得后补。有问题需要复验的，必须办理复验手续，并由复验人做出结论，填写复验日期。如钢筋混凝土中的钢筋品种、规格、数量、位置、锚固长度或接头位置等，基础工程中的地基土质、地基处理和基础尺寸、标高等。

8.5.3.4 技术复核

技术复核又称施工预检，是指在施工项目或分项工程在未施工前对重要部位进行预先检查与复核，依据有关标准和设计要求进行的复查、核对工作，其目的是为了避免或防止可能发生的重大差错。除施工单位自身进行预检外，监理单位应对预检工作进行监督并予以审核认证。预检复核时要做好记录，其内容有建筑物定位（现场标准水准点、坐标点、重点工程应有测量记录等），基础及设备基础（轴线、断面尺寸、标高、坡度等），模板（尺寸，位置、标高。预埋件和预留孔的位置，牢固程度，模板清理，脱模剂涂刷，止水要求等），楼层及砖砌体（各层墙、柱轴线、边线、墙身轴线皮数杆，砂浆配合比等），钢筋混凝土（配合比，水泥品种、标号，预制构件的位置、标高，钢筋搭接长度，焊接方法等）。

8.6　施工项目资金管理

8.6.1　施工项目资金管理的意义

施工项目的资金是施工项目经理部占用和支配的物资和财产的货币表现，是市场流通的手段，也是进行正常生产活动的必要条件和物质基础，因此，资金管理直接关系到施工项目能否顺利进行和完成施工项目能创造多少经济效益。资金是否及时结算回收也关系到企业流动资金的变化，对企业的经营运作也有不小的影响。所以在按质保量完成项目施工任务的同时，企业要加强对项目资金的管理，以求良好的资金循环，保证生产经营的正常进行。

8.6.2　施工项目资金管理的方法

8.6.2.1　影响资金变化的因素

(1)施工项目的投标报价和合同规定的付款形式，包括工期、预付款、预付备料款的比例和金额、工程款的结算方式和期限等。

(2)市场上各种材料和机械设备的价格，包括价格和租赁费用的变动因素等。

(3)市场条件下量价分离后，企业内部定额是影响资金变化的重要因素。

(4)国家银行的存贷款利率等。

施工项目的施工方案和技术组织措施等都直接影响着资金的运用。

8.6.2.2　施工方施工项目资金的来源

施工方施工项目所需要的资金来源，一般是在承发包合同条件中规定了的，由发包方提供工程备料款和分期结算提供。为了保证生产过程的正常进行，施工企业也可垫支部分自有资金，但在占用时间和数量方面必须严加控制，以免影响整个企业生产经营活动的正常进行。因此，施工项目资金来源的渠道是：

(1)预收工程备料款；

(2)已完工程价款结算；

(3)银行贷款；

(4)企业自有资金；

(5)其他项目资金的调剂占用。

8.6.2.3　施工方筹措资金时应坚持的原则

(1)积极做好备料款的催收工作，减少对自有资金的占用。

(2)备料款不足时充分调剂利用自有资金。其好处是：高度灵活，不需要支付利息，比贷款的保证性强。

(3)认真分析和计算筹资的额度。在经过收支对比后，按差额筹措资金，避免造成浪费。

(4)自有资金不足时，把利息的高低作为选择贷款资金来源的主要标准，尽量利用低利率贷款。用自有资金时也应考虑其时间价值。

8.6.2.4　施工方资金收支预测

(1)施工方收取资金预测

项目资金是按合同收取的,在实施项目合同过程中,应从收取预付款开始,每月按进度收取工程进度款,直到竣工结算。项目应按进度计划及合同编制出项目收取预测表,绘制出项目资金按月收取累计图。在做此项工作中应严格按照合同规定的结算办法来测算每月实际应收的工程进度款,同时还要考虑到收款滞后的因素,要注意力争缩短这个滞后期,以便为项目筹措资金、加快资金周转、合理使用资金打下良好的基础。

(2)资金使用预测

项目资金使用应根据成本费用控制计划、施工组织设计和材料物资等的储备计划来完成预测工作。有了上述三项计划,便可以预测出随工程进度每月预计的人工费、材料费、机械使用费等直接费和其他直接费、管理费用的支出,使整个项目的支出在时间和数量上有一个总体的概念,以满足资金运用管理的需要。

(3)资金收支对比

将项目资金收取预测累计使用结果绘制在一个坐标图上,如图 8.1 所示。

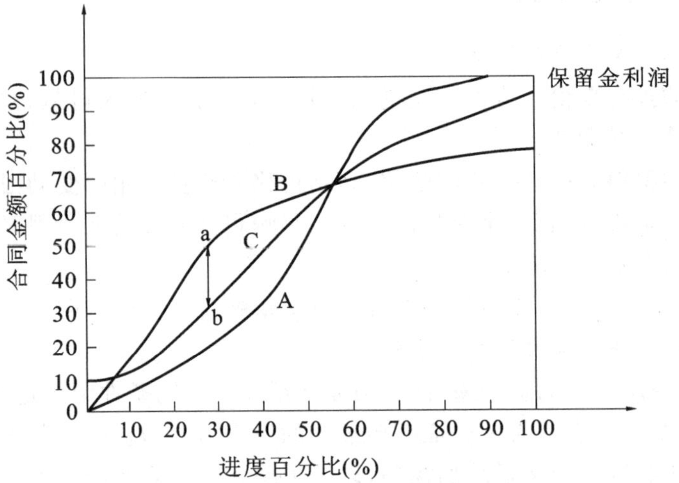

图 8.1　施工项目资金收支对比图

图中曲线 A 是施工计划曲线,曲线 B 是资金预计使用曲线,曲线 C 是预计资金收取曲线。B、C 曲线之间的距离是相应时间收、支资金额之差,也即应筹措的资金数量。图中 a、b 之间的距离是本项目应筹措资金的最大值。

8.6.3　施工项目资金的管理措施

(1)确定施工项目经理当家理财的中心地位。哪个项目的资金由哪个项目支配使用。

(2)项目经理应在企业内部的银行中申请开设独立账户,由内部银行办理项目资金的收、支、划、转,由项目经理签字确认。

(3)内部银行实行"有偿使用"、"存贷计息"、"定额考核"及定额内低利率、定额外高利率的贷款方法。项目资金不足时,通过内部银行解决。

(4)项目经理按月编制资金收支计划,企业工程部签订供款合同,公司总会计师批准,内部银行监督实施,月终提供执行情况分析报告。

(5)项目经理部应及时向发包方收取工程预付备料款，做好分期结算、预算增减账、竣工结算等工作，定期进行资金使用情况和效果分析，不断提高资金管理水平和效益。

(6)建设单位所交“三材”和设备是项目资金的重要组成部分。项目经理应设置台账，根据收料凭证及时入账，按月分析耗用情况，反映“三材”收入及耗用动态。定期与交料单位核对，保证数据资料完整、准确，为及时做好竣工结算创造条件。

(7)项目经理部每月定期召开业主代表及分包、供应、加工各单位代表碰头会，协调工程进度、配合关系、资金调度、甲方供料等事宜。

知识拓展

ABC 材料分类法

ABC 材料分类法是管理学中经常用到的一种方法，它有助于人们在有限的工作时间内抓住管理的重点。下面根据某工程中的施工需要材料来进行材料的分类。

1. 将材料信息进行整理，求出各材料总价及所占比重，整理资料见表 8.2。

表 8.2　材料消耗量、单价、总价及价值分析表

材料名称	单位	消耗量	单价(元)	总价(元)	占总价(%)	按总价排序
(1)	(2)	(3)	(4)	(5)	(6)	(7)
32.5 级水泥	kg	1740	025	435	0.10	12
42.5 级水泥	kg	18102	0.27	4888	11.30	4
52.5 级水泥	kg	8350	0.30	2505	5.79	7
净砂	m^3	71	30	2130	4.93	8
碎石	m^3	40	41.2	1604	3.79	9
钢模	kg	1520	3.95	6004	13.88	2
木模	m^3	4	1242.62	4970	11.49	3
镀锌钢丝	kg	147	5.41	795	1.84	11
灰土	m^3	54	25.24	1363	3.15	10
水	m^3	43	1.24	53	0.12	15
电焊条	kg	13	6.67	86	0.02	14
草袋子	m^3	25	0.94	24	0.06	17
黏土砖	千块	109	100	10900	25.2	1
隔离剂	kg	20	2.00	40	0.09	16
铁钉	kg	61	5.70	348	0.80	13
ϕ10 以下钢筋	t	1.1	2335.45	2569	5.94	5
ϕ10 以上钢筋	t	1.8	2948.16	4497	10.40	6
总计				43247	100	

2. 按材料总价排名顺序计算各材料占材料总价的累计比重，见表 8.3。

表 8.3 按价格和比重排列

按总价排序	材料名称	总价(元)	占总价(%)	累计比重(%)
1	黏土砖	10900	25.2	25.2
2	钢模	6004	13.88	39.08
3	木模	4970	11.49	50.57
4	42.5 级水泥	4888	11.30	61.87
5	ϕ10 以下钢筋	2569	5.94	72.27
6	ϕ10 以上钢筋	4497	10.40	78.21
7	52.5 级水泥	2505	5.79	84.00
8	净砂	2130	4.93	88.93
9	碎石	1640	3.79	92.72
10	灰土	1363	3.15	95.87
11	镀锌钢丝	795	1.84	97.71
12	32.5 级水泥	435	0.10	98.71
13	铁钉	348	0.80	99.51
14	电焊条	86	0.02	99.71
15	水	53	0.12	99.83
16	隔离剂	40	0.09	99.93
17	草袋子	24	0.06	100

分析判断：累计总比重占 80%以下的是主要材料(A 类材料)，本例中第 1～6 种，累计总比重在 80%～90%的是次要材料(B 类材料)，本例为第 7、8 种；其余 10 种为一般材料(C 类材料)。

实践与能力训练

【实训 1】 ［实训 1(课外实训)］：

1. 根据某施工项目实施规划施工进度计划，结合劳动定额和实际进度情况进行劳动力配备。

(1)目的

通过训练，熟悉施工项目各工种的计划、配备，熟悉各工种劳动力的来源，并了解对劳动力的常规管理方法。

(2)能力及标准要求

掌握施工项目各工种的劳动力配备步骤及管理方法。

(3)准备

与施工单位取得联系，对施工项目有关劳动力配备工作的实例进行动手操作。

(4)建议

对单位工程施工进度计划的编制进行实训。

2.根据某施工项目某分部分项工程，按施工图纸并结合材料消耗定额计算出分项工程各种材料的需用量，并熟悉材料的收发及成本核算工作的开展方法。

(1)目的

通过训练，熟悉各分部分项工程材料的计划管理。

(2)能力及标准要求

掌握施工项目所需各类材料的优化配置，能按材料类别合理保管材料，掌握主要材料入场验收的内容，并能分析材料成本差异产生的原因。

(3)准备

与施工单位取得联系，对分部分项工程所需的各种材料配置、保管、使用实例进行动手操作。

(4)建议

对单位工程施工预算的编制进行实训，并进行两算对比。

(5)讨论

对实施工作步骤、方法、要求进行小组讨论。

3.根据某施工项目的进度计划，进行机械的配置。

(1)目的

通过训练，熟悉常见施工机械来源的选择，哪类在当地租赁方式比较多，哪些类别一般是自有机械。掌握选择的标准，了解常见施工机械的保养要求，了解机械使用过程中的费用情况。

(2)能力及标准要求

掌握不同的项目施工方案对机械类别、选择来源的不同选择，熟悉常规机械的生产效率和实际应用情况。

(3)准备

联系施工单位(项目部)，对机械选择使用情况进行调查。

(4)建议

同类工程至少到三家工地上摸底，以使数据更有代表性。

(5)讨论

对工地上机械选择使用情况进行总结分析，并提出合理化建议。

【实训2】　某装修公司承接一项5层办公楼的装饰装修任务，确定的施工顺序为：砌筑隔墙→室内抹灰→安装塑钢门窗→顶、墙涂料，分别由瓦工、抹灰工、木工和油漆工完成。工程量及产量定额如表8.4所示。瓦工最多安排12人，其他工种可按需安排。考虑到工期要求、资源供应等因素，拟将每层分为3段组织等节奏流水施工，每段工程量相等，每天一班制。

表8.4　某装饰装修工程的主要施工过程、工程量及产量定额

施工过程	工程量	产量定额	施工过程	工程量	产量定额
砌筑隔墙	$600m^3$	$1m^3$/工日	安装塑钢门窗	$3750m^2$	$5m^2$/工日
室内抹灰	$11250m^2$	$10m^2$/工日	顶、墙涂料	$18000m^2$	$20m^2$/工日

问题：

1. 计算各施工过程劳动量、每段劳动量。

2. 计算各施工过程每段施工天数。

3. 计算各工种施工应安排的工人人数。

【实训 3】 企业有一项挖土施工任务，坑深为－4.2m，土方量为 9000m^3，平均运土距离为 10km，合同工期为 8d。企业有甲、乙、丙液压挖土机各 4、2、2 台，A、B、C 自卸汽车各 12、30、18 台。其主要参数见表 8.5、表 8.6 所示。

表 8.5 挖土机的主要参数表

型　　号	甲	乙	丙
斗容量(m^3)	0.5	0.75	1.00
台班产量(m^3)	400	550	700
台班单价(元/台班)	1000	1200	1400

表 8.6 自卸汽车的主要参数表

能　　力	A	B	C
运距 10km 台班运量(m^3)	30	48	70
台班单价(元/台班)	330	460	730

问题：

1. 若挖土机和自卸汽车只能各取一种，数量没有限制，如何组合最经济？单方挖运直接费为多少？

2. 若每天 1 个班，安排挖土机和自卸汽车的型号、数量不变，安排几台、何种型号挖土机和自卸汽车。

3. 按上述安排，每立方米土方的挖、运直接费为多少？

【实训 4】 通过本案例的内容可以了解工程中劳动力、机械和材料的配置与管理的部分内容，要求学生根据当地的定额进行初步计算并进行对比。给定资料如下：某医院分院 1# 楼，民用住宅楼、配套公建，工期 569 天，工程概况见表 8.7～表 8.10。

表 8.7 建筑设计简介

<table>
<tr><th>项目</th><th colspan="4">内　　容</th></tr>
<tr><td>建筑功能</td><td colspan="4">地下一层人防，首层、二层商业，三至十七层高层住宅，顶层电梯机房</td></tr>
<tr><td>建筑面积</td><td colspan="4">16585m^2</td></tr>
<tr><td>建筑层数</td><td colspan="3">地下 1 层</td><td>地上 17 层</td></tr>
<tr><td>建筑层高</td><td colspan="4">地下一层 4.9m，首层、二层 4.8m，三至十七层 2.8m，机房层 4.5m</td></tr>
<tr><td rowspan="2">建筑高度(m)</td><td>±0.000 绝对高程</td><td>30.350</td><td>室内外高差</td><td>0.450</td></tr>
<tr><td>基底标高</td><td>－6.000</td><td>建筑总高</td><td>56.350</td></tr>
<tr><td>建筑防火</td><td colspan="4">地下、地上耐火等级均为一级</td></tr>
<tr><td>外墙</td><td colspan="4">钢筋混凝土墙</td></tr>
<tr><td>外墙装饰</td><td colspan="4">喷丙烯酸弹性高级涂料墙面</td></tr>
</table>

续表 8.7

项目	内　　容
屋面工程	多层配套公建非上人屋面:70mm 厚挤塑聚苯板、6mm 厚(3mm+3mm)SBS、人造草皮 多层配套公建上人屋面:70mm 厚挤塑聚苯板、6mm 厚(3mm+3mm)SBS、防滑地砖 高层住宅上人屋面:70mm 厚膨胀聚苯板、6mm 厚(3mm+3mm)SBS、混凝土架空板 电梯机房非上人屋面:70mm 厚膨胀聚苯板、6mm 厚(3mm+3mm)SBS、水泥砂浆 凸窗、封阳台顶屋面:50mm 厚挤塑聚苯板、6mm 厚(3mm+3mm)SBS、聚合物砂浆 雨篷、空调室外机顶面:30mm 厚挤塑聚苯板、6mm 厚(3mm+3mm)SBS、聚合物砂浆
顶棚工程	乳胶漆顶棚(防火型):地下室至顶层楼梯间;地下室电梯间、三层至顶层公共走道及电梯间;三至顶层起居室、卧室、餐厅、储藏室、封闭阳台。 铝条板顶棚:地下室至顶层卫生间、厨房。 55mm 厚岩棉板保温顶棚:地下室库房、管理、电气用房。 板底刮腻子喷涂顶棚:地下室汽车库、水泵房、管道井、窗井、三至顶层管道井、电梯机房、水箱间。 矿棉吸声板走道吊顶:首层、二层入口门厅、电梯间、公共走道。 矿棉吸声板暗龙骨吊顶:首层、二层商业用房。
地面工程	地下室:楼梯间、电梯间、卫生间铺地砖地面,其余房间为水泥砂浆地面。首层至二层全部为铺地砖地面。三至顶层,楼梯间、电梯间、公共走道卫生间、厨房、起居室、卧室、餐厅、储藏室、封闭阳台、水箱间为铺地砖地面,管道井为水泥砂浆地面,电梯机房为细石混凝土地面。
内装修	楼梯间、电梯间、入口门厅、公共走道乳胶漆墙面,临居室一侧刷聚苯颗粒。厨房、卫生间釉面砖防水墙面。库房、管理及电气用房、车库、泵房、管道井、电梯机房、水箱间刮腻子喷涂墙面。
踢脚	面砖踢脚,水泥踢脚
门窗工程	单元门均为三防门。外门窗采用塑钢中空玻璃保温门窗。
防水工程	地下室自防水混凝土加 6mm 厚(3mm+3mm)SBS,屋面防水材料采用 6mm 厚(3mm+3mm)SBS改性沥青防水卷材。集水坑内涂聚氨酯防水涂料。
	卫生间防水层采用水泥聚合物防水涂料(JS 防水涂料),厚度为 1.5mm,防水涂料在淋浴间墙上涂刷高度为 1800mm。

表 8.8　结构设计概况

序号	项目	内　　容	
1	结构形式	基础结构形式	梁板式筏形基础
		主体结构形式	全现浇剪力墙结构、框架结构
2	土质水位	土质情况	粉质黏土、粉质粉土、黏质粉土、砂质粉土、重粉质黏土等
		地下水位	近几年最高水位标高接近自然地坪
		地下水水质	对混凝土、钢筋无腐蚀性

表 8.8

<table>
<tr><th>序号</th><th>项目</th><th colspan="5">内　容</th></tr>
<tr><td rowspan="2">3</td><td rowspan="2">建筑物地基</td><td colspan="2">地基土质层</td><td colspan="3">持力层为 CFG 桩复合地基</td></tr>
<tr><td colspan="2">地基</td><td colspan="3">主楼范围下≥370KPa，裙房范围下≥140KPa</td></tr>
<tr><td rowspan="6">4</td><td rowspan="6">混凝土强度等级</td><td colspan="2">基础垫层</td><td colspan="3">C15</td></tr>
<tr><td colspan="2">基础底板</td><td colspan="3">C30S8</td></tr>
<tr><td colspan="2">地下墙体</td><td colspan="3">外墙 C30S8、内墙 C30</td></tr>
<tr><td colspan="2">地下一层顶板</td><td colspan="3">C30S8</td></tr>
<tr><td colspan="2">地上墙体</td><td colspan="3">1～7 层 C30，8～17 层 C25</td></tr>
<tr><td colspan="2">地上板、楼梯</td><td colspan="3">C25</td></tr>
<tr><td rowspan="3">5</td><td colspan="3">抗震设防烈度</td><td colspan="3">8 度</td></tr>
<tr><td colspan="3">抗震设防分类</td><td colspan="3">丙类</td></tr>
<tr><td colspan="3">抗震等级</td><td colspan="3">二级</td></tr>
<tr><td rowspan="4">6</td><td rowspan="4">人防工程</td><td colspan="2">位置及规模</td><td colspan="3">建于地下一层，建筑面积 3951m²</td></tr>
<tr><td colspan="2">使用性质</td><td colspan="3">平战结合，地下一层为物资库，平时用于汽车库</td></tr>
<tr><td colspan="2">抗力等级</td><td colspan="3">6 级</td></tr>
<tr><td colspan="2">防护等级</td><td colspan="3">丁级</td></tr>
<tr><td rowspan="2">7</td><td rowspan="2">钢筋类别</td><td colspan="2">HRB335</td><td colspan="3">ϕ10、ϕ12、ϕ14、ϕ16、ϕ18、ϕ20、ϕ22、ϕ25、ϕ28、ϕ32</td></tr>
<tr><td colspan="2">HPB235</td><td colspan="3">ϕ6、ϕ8、ϕ10</td></tr>
<tr><td rowspan="10">8</td><td rowspan="2">钢筋接头形式</td><td colspan="2">直螺纹机械连接</td><td colspan="3">d≥16(d 为钢筋直径)</td></tr>
<tr><td colspan="2">搭接</td><td colspan="3">d<16(d 为钢筋直径)</td></tr>
<tr><td rowspan="3">钢筋接头位置</td><td></td><td colspan="2">基础底板基础梁</td><td colspan="2">其余梁板</td></tr>
<tr><td>钢筋部位</td><td>上铁</td><td>下铁</td><td>上铁</td><td>下铁</td></tr>
<tr><td>接头位置</td><td>支座</td><td>跨中</td><td>跨中</td><td>支座</td></tr>
<tr><td rowspan="5">受力钢筋保护层厚度</td><td colspan="2">结构部位</td><td colspan="3">保护层厚度</td></tr>
<tr><td rowspan="2">地下</td><td>墙</td><td colspan="3">迎水面 40mm，内侧 15mm</td></tr>
<tr><td>筏板</td><td colspan="3">40mm</td></tr>
<tr><td rowspan="2">地上</td><td>内墙板</td><td colspan="3">内墙 15mm，板 15mm</td></tr>
<tr><td>梁</td><td colspan="3">25mm</td></tr>
<tr><td rowspan="4">9</td><td rowspan="4">结构断面尺寸(mm)</td><td colspan="2">外墙厚度</td><td colspan="3">地下人防层 400mm、350mm</td></tr>
<tr><td colspan="2">内墙厚度</td><td colspan="3">350mm、300mm、200mm、180mm</td></tr>
<tr><td colspan="2">隔墙</td><td colspan="3">200mm 加气混凝土砌块，100mm 加气混凝土轻质条板</td></tr>
<tr><td colspan="2">楼板厚度</td><td colspan="3">100mm、110、120mm、150mm、180mm、300mm</td></tr>
</table>

表 8.9　专业设计简介

序号	内容	内　　容
1	给排水系统	给水：供水利用市政管网压力直接供水，市政管网压力＞0.18MPa。生活热水：接自锅炉房供水温度 55℃。中水：利用小区中水管网直接供卫生间冲厕。管网压力＞0.18MPa。每户设 IC 卡水表一块。均为 DN15。 排水：首层单排，二层以上为一排系统，全楼排水量约为 $6.85m^3/d$。卫生设备：每户卫生间设下出水坐便器、浴盆洗面器、洗衣机专用水嘴，厨房设不锈钢洗涤盆。雨水采用内、外排
2	采暖系统	室外设计温度－9℃。室内设计温度：卧室起居室餐厅 20℃，卫生间 25℃，厨房 16℃，采暖热负荷 71.9kW，采暖热指标 $32W/m^2$。热源情况：供暖热媒为 55℃/45℃，由锅炉房提供。系统工作压力为 0.8MPa。采暖方式：住宅卫生间挂装加罩，其他房间均为地板地热采暖。采暖入口装置设于室外
3	管材及安装	管材及连接：生活给水管、热水管、中水管的入户管及立管均采用 PP-R 管，户内管采用聚丁烯管，热熔连接。排水管采用 PPI 螺旋消音管材及管件，橡胶锁口连接，排水支管采用普通 UPVC 管熔剂粘接，排水埋地出户改用机制排水铸铁管，承插水泥接口
4	电器工程	本工程供电电压为～380/220V，三相四线制电缆直埋引入。采用 TN-C-S 系统，电源进线处做重复接地。本楼一处进线，进线设 π 接室及 π 接柜；照明：楼梯间照明线路采用 BV-2×2.5 导线穿 SC15 管暗敷，户内照明线路采用 BV-2.5 导线穿 PVC 管暗敷(2～3 根穿 PVC20，4～6 根穿 PVC25)。空调、厨房、卫生间插座线路采用 BV-3×4 导线穿 PVC25 管暗敷，普通插座线路采用 BV-3×2.5 导线穿 PVC20 管暗敷。

表 8.10　主要项目工程量

项　　目			单位	数量	备注
土方工程	基槽回填		m^2	4168.8	
	房心回填		m^2	7621.7	
防水工程	地下防水		m^2	9861	
	屋面防水		m^2	3987	
	卫生间防水		m^2	3212	
混凝土工程	地下	防水混凝土	m^2	5608	
		普通混凝土	m^2	2974	
	地上	普通混凝土	m^2	6673	
		高强混凝土	m^2	—	
模板工程	地下		m^2	9164	
	地上		m^2	23277	
钢筋工程	地下		t	1148	
	地上		t	1292	

续表 8.11

项目			单位	数量	备注
砌体工程	地下		m^2	77	
	地上		m^2	766	
装修工程	内檐	墙面抹灰	m^2	24788	
		地面	m^2	19759	
		吊顶	m^2	8762	
		贴瓷砖	m^2	7635	
		涂料	m^2	43120	
	外檐	外门窗	m^2	2900	
		保温	m^2	19405	
		涂料	m^2	13687	

公司作为总承包单位，还负责所有分包单位（包括由发包人指定分包）在整个项目工程的统筹施工及各方的协调配合工作。总分包范围见表 8.12。

表 8.12　总分包范围表

专业	总包施工范围	分包施工范围	备注
建筑工程	所有结构、屋面防水、回填土工程施工图纸内全部内容	护坡，降水，CFG 桩工程	指定分包
强电专业	从低压柜出线引至配电箱（含配电箱）由总包完成；其中包括低压电力部分动力、照明电力的管线、桥架、配电柜、电缆、预留预埋。另外，配电柜以外的预留预埋工作也由总包完成	变配电工程	总包
弱电专业	暗埋管及管井、预留洞口	穿管线及设备、桥架、机房设备（含装修范围内的弱电）安装	分电信、有线、网络、消防、对讲
给排水	公共部位洁具安装，住宅洁具厨具不安装，中水系统进出口管线入处理间 1 米，上水入锅炉一米，含设备基础、中水池等土建内容	中水机房设备管线系统安装（排风系统由通风空调分包施工）	指定分包
通风空调	设备孔洞预留	设备管线安装及机房设备安装	指定分包
消防	暗埋管及管井、预留洞口，设备基础	设备管线安装及机房设备安装，防火卷帘门安装	指定分包

续表 8.12

专业	总包施工范围	分包施工范围	备注
燃气	预留孔洞，套管	燃气工程安装	指定分包
电梯	基础及结构预埋件安装，暗埋管线，设备基础	设备供应及安装	指定分包

工程分包计划情况我公司针对工程合同，拟定分包工程计划，见表 8.13。

表 8.13 工程分包情况表

序号	分项工程名称	备注
1	降水及边坡支护工程	专业分包
2	混凝土灌注桩	专业分包
3	防水工程	专业分包
4	外墙保温及外墙装饰工程	专业分包
5	门窗工程	专业分包
6	消防工程	专业分包
7	电梯安装工程	专业分包

思考题

1. 施工项目生产要素的管理内容有哪些？
2. 施工项目材料管理的内容有哪些？
3. 如何编制施工项目材料需要量计划？ABC 材料分类法的基本原理是什么？
4. 施工现场材料使用中，如何实施节约材料的技术组织措施？
5. 如何合理选择和配置施工机械设备？
6. 如何进行施工机械设备的保养和维修？
7. 施工项目技术管理的基本任务是什么？
8. 施工项目技术管理的内容有哪些？
9. 施工项目技术交底的内容有哪些？
10. 为什么要进行隐蔽工程检查与验收？举例说明某分项工程验收的过程。
11. 某建筑公司有一项土方挖运施工任务，土方量 $10000m^3$，该公司拟租赁挖土机进行土方开挖。租赁市场上有甲、乙两种液压挖掘机，甲、乙的租赁单价分别为 1000 元/台班、1200 元/台班，台班产量分别为 $500m^3$、$750m^3$。租赁甲液压挖掘机需要进出场费 20000 元，租赁乙液压挖掘机需要进出场费 25000 元。因工期宽裕，该公司考虑按费用最低来选择挖掘机，问该公司应选择哪种挖掘机？

单元 9 施工项目信息管理

教学目标

1. 掌握信息的含义、类别和信息管理的含义及原则。

2. 掌握文档资料的概念与特征和建设项目档案资料管理的职责。

3. 了解信息化的内涵、信息化产生的背景、建设项目管理信息化的含义和建设项目管理信息化的意义。

4. 掌握建设项目管理信息化实施的组织、管理、方法和手段。

5. 了解项目信息门户的思想、实施、意义及在工程项目管理中的应用。

9.1 施工项目信息管理概述

9.1.1 信息管理概述

9.1.1.1 信息

信息是指用口头的方式、书面的方式或电子的方式传输(传达、传递)的知识、新闻,或可靠的或不可靠的情报。声音、文字、数字和图像等都是信息表达的形式。建设工程项目的实施需要人力资源和物质资源,应认识到信息也是项目实施的重要资源之一。

我们使用信息的目的是为决策和管理服务。信息是决策和管理的基础,决策和管理依赖信息。正确的信息才能保证决策的正确,不正确的信息则会造成决策失误。管理则更离不开信息,传统的管理是定性分析,现代的管理则是定量管理,定量管理离不开系统信息的支持。

9.1.1.2 信息的基本特征

和人们一般意义上理解的消息不同,信息在产生、传递和处理过程中具有以下特性和要求:

(1)真实性

信息的来源是否真实将直接影响着规划与决策,由于信息反映的是事物现象与本质的内在联系,因此信息必须真实与准确。信息如果缺少了真实的特征,就不能成为信息,或者是伪信息。

(2)系统性

信息随着时间的变化不断变化与扩充。任何信息都来源于信息源,是信息源整体的一部分,信息脱离开整体与系统不能独立存在。凡是独立信息系统的信息,不能认为是真正的信息。监理工作中,各种信息必须是同一系统中的信息,信息源应是一致的,各方面应协调一致,不能出现相互矛盾的信息。

(3)时效性

信息时代各种信息日新月异,新的信息随时会取代原有信息,在新的信息发出之日起,原有信息将不能再使用。因此,信息的时效性是其基本特征之一,在有效的时限内信息是可用的,一旦新的信息调整颁布,原有信息就不能再使用;否则,根据原有信息做出的决策就会是错误的,起码是滞后的。

(4)不完全性

人们对信息的收集、转换、利用等不可能是完全的、绝对的,这是由于人的感官以及各种采集信息的办法和测试手段有局限性,对信息资源的开发和认识难以做到全面。在监理过程中,即使是有经验的监理工程师,也会不同程度地得到不完全的信息。但是,如果经验丰富,相对会减少信息不完全性造成的不完善的决策,准确度相对要高一些。

9.1.1.3　信息管理

信息管理是指对信息的收集、加工、整理、存储、传递与应用等一系列工作的总称。信息管理的目的就是通过有组织的信息流通,使决策者能及时、准确地获得相应的信息。为了达到信息管理的目的,就要把握信息管理的各个环节,并做到:

(1)了解和掌握信息来源,对信息进行分类;

(2)掌握和正确运用信息管理的手段(如计算机);

(3)掌握信息流程的不同环节,建立信息管理系统。

我国从工业发达国家引进项目管理的概念、理论、组织、方法和手段,历时20多年,取得了不少成绩。但是,应认识到,在项目管理中最薄弱的工作环节是信息管理。至今多数业主方和施工方的信息管理还相当落后,表现在对信息管理的理解以及信息管理的组织、方法和手段基本上还停留在传统的方式和模式上。

9.1.2　施工项目信息管理概念

施工项目的信息包括在项目决策过程、实施过程(设计准备、设计、施工和物资采购过程等)和运行过程中产生的信息,以及其他与项目建设有关的信息。它有多种分类方法,主要包括项目的组织类信息、管理类信息、经济类信息、技术类信息和法规类信息。

施工项目的信息管理是通过对各个系统、各项工作和各种数据的管理,使项目的信息能方便和有效地获取、存储、存档、处理和交流的过程。

据国际有关文献资料统计,建设工程项目实施过程中存在的诸多问题,其中三分之二与信息交流(信息沟通)的问题有关;建设工程项目10%～33%的费用增加与信息交流存在的问题有关;在大型建设工程项目中,信息交流的问题导致工程变更和工程实施的错误约占工程总成本的3%～5%。由此可见信息管理的重要性。

施工项目信息管理的目的旨在通过信息传输的有效组织管理和控制,为施工项目建设提供增值服务。

9.1.3　施工项目信息管理的工作原则

施工项目产生的信息数量巨大,种类繁多,为便于信息的收集、处理、储存、传递和利用,施工项目信息管理应遵从以下基本原则:

(1)标准化原则;

(2)有效性原则;
(3)定量化原则;
(4)时效性原则;
(5)高效处理原则;
(6)可预见原则。

9.1.4 施工项目信息管理的任务

施工项目一般具有周期较长、参与单位多、单件性和专业性强等特征,一个施工项目在决策和实施的过程中,施工项目信息往往会数量巨大、变化多而且错综复杂,施工项目信息资源的组织与管理任务十分重大。具体来讲,应主要做好以下几方面的工作:

9.1.4.1 编制施工项目信息管理手册

业主方和项目参与各方都有各自的信息管理任务,为充分利用和发挥信息资源的价值、提高信息管理的效率以及实现有序的和科学的信息管理,各方都应编制各自的信息管理手册,以规范信息管理工作。信息管理手册描述和定义信息管理做什么、谁做、什么时候做和其工作成果是什么等,它的主要内容包括:

(1)信息管理的任务(信息管理任务目录);
(2)信息管理的任务分工表和管理职能分工表;
(3)信息的分类;
(4)信息的编码体系和编码;
(5)信息输入输出模型;
(6)各项信息管理工作的流程图;
(7)信息流程图;
(8)信息处理的工作平台及其使用规定;
(9)各种报表和报告的格式以及报告周期;
(10)项目进展的月度报告、季度报告、年度报告和工程总报告的内容及其编制;
(11)工程档案管理制度;
(12)信息管理的保密制度等。

9.1.4.2 明确施工项目管理班子中信息管理部门的任务

施工项目管理班子中各个工作部门的管理工作都与信息处理有关,而信息管理部门的主要工作任务是:

(1)负责编制信息管理手册,在项目实施过程中进行信息管理手册的必要的修改和补充,并检查和督促其执行;
(2)负责协调和组织项目管理班子中各个工作部门的信息处理工作;
(3)负责信息处理工作平台的建立和运行维护;
(4)与其他工作部门协同组织收集信息、处理信息和形成各种反映项目进展和项目目标控制的报表和报告;
(5)负责工程档案管理等。

9.1.4.3 编制和确定信息管理的工作流程

各项信息管理任务的工作流程主要有:

(1)信息管理手册编制和修订的工作流程；

(2)为形成各类报表和报告，收集信息、录入信息、审核信息、加工信息、信息传输和发布的工作流程；

(3)工程档案管理的工作流程等。

9.1.4.4　建立施工项目信息管理的处理平台

由于施工项目大量数据处理的需要，在当今时代应重视利用信息技术的手段进行信息处理。其核心手段是基于互联网的信息处理平台。

9.1.4.5　建立施工项目信息中心

在国际上，许多建设工程项目都专门设立信息管理部门(或称为信息中心)，以确保信息管理工作的顺利进行；也有一些大型建设工程项目专门委托咨询公司从事项目信息动态跟踪和分析，以信息流指导物质流，从宏观上对项目的实施进行控制。

9.1.5　施工项目信息管理的过程

9.1.5.1　施工项目信息的收集

施工项目信息的收集，就是收集项目决策和实施过程中的原始数据，这是很重要的基础工作。信息管理工作的质量好坏，很大程度上取决于原始资料的全面性和可靠性。施工项目信息收集的具体内容包括：

(1)收集相关公共信息。公共信息包括：法律、法规和部门规章信息，市场信息，自然条件信息。

①法律、法规和部门规章信息　采用编目管理或建立电子文档存入计算机。无论采用哪种管理方式，都要在施工项目信息管理系统中建立法律、法规和部门规章表。

②市场信息　包括：材料价格表、材料供应商表、机械设备供应商表、机械设备价格表以及新材料、新技术、新工艺、新管理方法信息表。要通过每一表格及时反映出市场动态。

③自然条件信息　应建立自然条件表，表中应包括地区、场地土类别、年平均气温、年最高气温、年最低气温、冬雨风季时间、年最大风力、地下水位高度、交通运输条件、环保要求等内容。

(2)收集工程概况信息。工程概况信息是指设计完成的项目产品的工程名称、工程编号、基础、主体、装饰装修、设备安装、建筑造型等特点，以及建筑面积、造价、建设单位、设计单位、施工单位、监理单位等基本项目信息。主要包括工程实体信息、场地与环境概况、参与建设各单位概况、施工合同、工程造价计算书等信息。

(3)收集相关施工信息。施工信息包括施工记录信息、施工技术资料信息等。

①施工记录信息　包括施工日志、质量检查记录、材料设备进场记录、用工记录等。

②施工技术资料信息　包括主要原材料、成品、半成品、构配件、设备出厂质量证明和试(检)验报告，施工试验记录，施工记录，预检记录，隐蔽工程验收记录，基础、主体结构验收记录，设备安装工程记录，施工组织设计，技术交底资料，工程质量检验评定资料，竣工验收资料，设计变更洽商记录，竣工图等。

(4)收集相关项目管理信息。项目管理信息包括工程协调信息、工程进度控制信息、工程成本信息、材料需要量计划信息、商务信息、安全文明施工及行政管理信息、竣工验收信息等。

①工程协调信息　包括日施工计划表、工程统计表、材料消耗和现金台账等。

②工程进度控制信息　包括施工进度计划表、资源计划表、资源表、完成工作分析表、WBS作业报表和WBS界面文件表。

③工程成本信息　包括承包成本表、责任目标成本表、实际成本表、降低成本计划和成本分析等。而降低成本计划由成本降低率表、成本降低额表、施工和管理费降低计划表组成，成本分析由计划偏差表、实际偏差表、目标偏差表和成本现状分析表组成。

④料需要计划信息　包括劳动力需要量计划、主要材料需要量计划、构件和半成品需要量计划、施工机械需要量计划、设备需要量计划、资金需要量计划等。

⑤商务信息　包括施工图预算、中标的投标书、合同、工程款、索赔等。

⑥安全文明施工及行政管理信息　主要包括安全交底、安全设施验收、安全教育、安全措施、安全处罚、安全事故、安全检查、复查整改记录等。

⑦项目竣工验收信息　主要包括施工项目质量合格证书、单位工程交工质量核定表、交工验收证明书、施工技术资料移交表、施工项目结算、回访与保修书等。

施工项目信息收集工作一般包括以下三个阶段：

(1)施工项目建设前期的信息收集

施工项目在正式开工之前，需要进行大量的工作，这些工作将产生大量的文件，文件中包含着丰富的信息。主要工作有：设计任务书及有关资料的收集；设计文件及有关资料的收集；招标投标合同文件及其有关资料的收集。

(2)施工项目施工期的信息收集

在整个工程施工阶段，每天都发生各种各样的情况，相应地包含着各种信息，需要及时收集和处理。主要包括建设单位提供的信息、承建商提供的信息、工程监理的记录、工地会议信息。

(3)施工项目竣工阶段的信息收集

工程竣工并按要求进行竣工验收时，需要大量的与竣工验收有关的各种资料信息。这些信息一部分是在整个施工过程中长期积累形成的；一部分是在竣工验收期间，根据积累的资料整理分析而形成的。完整的竣工资料应由承建单位编制，经工程监理单位和有关方面审查后，移交建设单位并通过建设单位移交项目管理运行单位以及相关的政府主管部门。

9.1.5.2　*施工项目信息的加工整理和存储*

施工项目的信息管理除应注意各种原始资料的收集外，更重要的是对收集来的资料进行加工整理，并对工程决策和实施过程中出现的各种问题进行处理。按照工程信息加工整理的深浅可分为如下几个类别：第一类为对资料和数据进行简单整理和滤波；第二类是对信息进行分析，概括综合后产生辅助施工项目管理决策的信息；第三类是通过应用数学模型统计推断可以产生决策的信息。

在施工项目建设过程中，依据当时收集到的信息所作的决策或决定有如下几个方面。

(1)依据进度控制信息，对施工进度状况提出意见和指示。

(2)依据质量控制信息，对工程质量控制情况提出意见和指示。

(3)依据投资控制信息，对工程结算和决算情况提出意见和指示。

(4)依据合同管理信息，提出对索赔的处理意见。

9.1.5.3　*施工项目信息的检索和传递*

无论是存入档案库还是存入计算机存储器的信息、资料，为了方便查找，在入库前都要拟定一套科学的查找方法和手段，做好编目分类工作。健全的检索系统可以使报表、文件、资料、人事和技术档案既保存完好，又方便查找；否则会使资料杂乱无章，无法利用。

信息的传递是指借助于一定的载体（如纸张、软盘、磁带等）在建设项目信息管理工作的各部门、各单位之间传递。通过传递，形成各种信息流。畅通的信息流将利用报表、图表、文字、记录、电讯、各种收发文、会议、审批及计算机等传递手段，不断地将施工项目信息输送到项目建设各方手中，成为他们工作的依据。

信息管理的目的是为了更好地使用信息，为决策服务。处理好的信息，要按照需要和要求编印成各类报表和文件，以供项目管理工作使用。信息检索和传递的效率和质量是随着计算机的普及而提高。存储于计算机数据库中的数据已成为信息资源，可为各个部门所共享。因此，利用计算机做好信息的加工储存工作是更好地进行信息检索和传递以及使用信息的前提。

9.2 施工项目文档资料管理

9.2.1 文档资料的概念与特征

9.2.1.1 文档资料的概念

文档资料是指施工项目在立项、设计、施工、监理和竣工活动中形成的具有归档保存价值的基建文件、监理文件、施工文件和竣工图的统称。

9.2.1.2 文档资料的特征

施工项目文档资料有以下几个方面的特征：

(1)分散性和复杂性；

(2)继承性和时效性；

(3)全面性和真实性；

(4)随机性；

(5)多专业性和综合性。

9.2.2 施工项目档案资料编制的质量要求

对施工项目档案资料编制质量要求与组卷方法，各行政管理区域以及各行业都有自己的要求，但就全国来讲还没有统一的标准体系。以下介绍我国对地方城建档案部门的一般性要求：

(1)工程档案资料必须真实地反映工程实际情况，具有永久和长期保存价值的文件材料必须完整、准确、系统，责任者的签章手续必须齐全。

(2)工程档案资料必须使用原件；如有特殊原因不能使用原件的，应在复印机或抄件上加盖公章并注明原件存放处。

(3)工程档案资料的签字必须使用档案规定用笔。工程资料宜采用打印的形式并应手工签字。

(4)工程档案资料的编制和填写应适应档案缩微管理和计算机输入的要求，凡采用施工蓝图改绘竣工图的，必须使用新蓝图并反差明显，修改后的竣工图必须图面整洁，文字材料字迹工整、清楚。

(5)工程档案资料的缩微制品，必须按国家缩微标准进行制作，主要技术指标要符合国家标准，保证质量，以适应长期安全保管。

(6)工程档案资料的照片(含底片)及声像档案，要求图像清晰，声音清楚，文字说明或内容准确。

9.2.3 施工项目档案资料的分类

施工项目档案资料归档过程的组卷工作应按照当地城建档案主管部门的有关要求进行。本部分内容反映了对一般性城建档案主管单位对工程建设过程档案资料的总体管理情况。

9.2.3.1 基建文件

(1)决策立项文件；

(2)建设用地、征地、拆迁文件；

(3)勘察、测绘、设计文件；

(4)工程招投标及承包合同文件；

(5)工程开工文件；

(6)商务文件；

(7)工程竣工备案文件；

(8)其他文件。

9.2.3.2 工程监理资料

(1)监理合同类文件；

(2)工程的监理管理资料；

(3)监理工作记录；

(4)监理验收资料。

9.2.3.3 施工资料

(1)施工管理资料；

(2)施工技术资料；

(3)施工物质资料；

(4)施工测量记录；

(5)工程施工记录；

(6)施工试验记录；

(7)施工验收资料；

(8)竣工图；

(9)工程资料、档案封面和目录。

9.2.4 施工项目档案资料验收与移交

9.2.4.1 档案资料的验收

工程档案资料的验收是工程竣工验收的重要内容。在工程竣工验收时，建设单位必须先提供一套工程竣工档案报请有关部门进行审查、验收。

工程档案资料由建设单位进行验收，属于向地方城建档案部门报送工程档案资料的建设项目还应会同地方城建档案部门共同验收。

国家及省、市重点建设项目或一些特大型、大型的建设项目的预验收和验收会，应由地方城建档案部门参加验收。

为确保工程档案资料的质量，各编制单位、监理单位、建设单位、地方城建档案部门、档案行政管理部门等要严格进行检查、验收。编制单位、制图人、审核人、技术负责人必须签字或盖章。对不符合技术要求的，一律退回编制单位进行改正、补齐，问题严重者可令其重做。不符合要求者，不能交工验收。

凡报送的工程档案资料，如验收不合格将其退回建设单位的，由建设单位责成责任者重新进行编制，待达到要求后重新报送。检查验收人员应对接收的档案负责。

地方城建档案部门负责工程档案资料的最后验收，并对编制报送工程档案资料进行业务指导、督促和检查。

9.2.4.2　档案资料的移交

施工单位、监理单位等有关单位应在工程竣工验收前将工程档案资料按合同或协议规定的时间、套数移交给建设单位，并办理移交手续。

竣工验收通过后3个月内，建设单位将汇总的全部工程档案资料移交地方城建档案部门。如遇特殊情况需要推迟报送日期的，必须在规定报送时间内向地方城建档案部门申请延期报送并申明延期报送原因，经同意后办理延期报送手续。

9.2.5　施工项目资料管理的基本要求

施工项目资料包括从开工到竣工直至工程资料报送建设单位或城建档案部门全过程的图纸和技术文件资料。资料管理由资料员负责，包括全过程工程资料的收集、整理、报批、归档。其基本要求是：

(1)现场施工项目资料应以施工及验收规范、工程合同与设计文件、工程质量验收标准等为依据进行认真填写。

(2)施工项目资料应随工程进度及时收集、整理，并应按专业归类。要求认真填写，字迹清楚，项目齐全、准确、真实，无未了事项。表格应统一采取规程，可附表格，特殊要求需增加表格时应依据规程统一归类。

(3)不得对施工项目资料进行涂改、伪造、随意抽撤或损毁，保证工程资料的真实性及完整性。

(4)施工项目资料采用计算机管理，工程资料按规定采用打印加手写签名的形式。

(5)资料管理过程中要及时收集施工过程中发生的所有资料，汇总整理后资料要装入相应的档案盒，档案盒侧面及正面应有标识并整齐码放在档案柜中。

(6)施工项目资料收发均应有文字记录，对建设、监理、总分包单位发送的有关通告及文件，项目经理阅批后及时归档。

(7)资料员应督促项目经理做好工程施工进度分析、项目大事记及工程技术资料的填写，督促质检员做好工程物资质量保证文件的收集，工程物资的报验及分部分项工程施工报验，并督促专业工程师填写水、暖、通风、电气等专业工程资料、大事记。资料员及时进行归档，并形成电子文档。

(8)工程竣工后，要按照规程要求对本项目所形成的资料进行组卷及装订整理后在规定时间内与建设单位进行移交，办理移交手续。

(9)施工资料原则上不得少于三套,其中移交建设单位两套,自行保存一套。施工资料应为原件,如建设单位对施工资料的编制有特殊要求的按建设单位要求执行。

(10)公司自存施工资料由资料员按公司有关资料管理规定进行组卷装订,在工程竣工验收后三个月内向行政部进行移交。

9.3 施工项目管理信息化

9.3.1 信息化

信息化是指信息资源的开发和利用以及信息技术的开发和应用。信息化是继人类社会农业革命、城镇化和工业化后的又一个新的发展时期的重要标志。

信息社会大量生产知识和信息,并用计算机技术和通信技术控制信息流通、存储、加工处理、传递和利用,形成知识信息网络,从而对社会和经济产生巨大的影响。信息化是人类社会发展过程中的一种特定现象,在这种现象出现时,相对于物质资源和能源资源,人类对信息资源的依赖程度越来越高,信息活动(包括信息的生产、传播和利用等)的规模相对扩大,它在国民经济和社会发展中的作用相对增大。

信息化一般包括三个层次:一是通过自动控制、知识密集而实现的生产工具信息化;二是通过对生产行业乃至整个国民经济的自动化控制而实现社会生产力系统信息化;三是通过信息系统、咨询产业以及其他设施而实现的社会生活信息化。

信息化的直接作用在于提高生产效率和经济效益。据估计,信息化促进经济效益的平均倍增比率为1∶3。信息化程度一般与经济、科技的发展程度成正比。信息化是当前国际社会发展的强大潮流之一。美国、日本等发达国家在20世纪60年代中后期就提出了信息化的问题。至70年代,苏联与东欧各国、法国与联邦德国等西欧各国也都把信息化提到重要的议事日程上。占世界人口不到30%的发达国家,却拥有全世界近90%的信息资源。我国进入80年代后才注意信息化。1983年开始制定信息技术政策,1985年提出信息产业发展战略,1986年国务院正式批复建设国家经济信息系统,把它作为宏大的系统工程来实现。信息化的发展可分成初步信息化、基本信息化和高度信息化三个阶段。我国信息化工作只是刚刚起步。

9.3.2 施工项目管理信息化

9.3.2.1 施工项目管理信息化的内涵

我国建筑业和基本建设领域应用信息技术与工业发达国家相比,尚存在较大的差距,它反映在信息技术在工程管理中应用的观念上,也反映在有关的知识管理上,还反映在有关技术的应用方面。

施工项目管理信息化是指施工项目管理信息资源的开发和利用,以及信息技术在施工项目管理中的开发和应用。信息技术在工程管理中的开发和应用,包括在项目决策阶段的开发管理、实施阶段的项目管理和使用阶段的设施管理中开发和应用信息技术。

自上世纪70年代开始,信息技术经历了一个迅速发展的过程,信息技术在建设工程管理中的应用也有一个相应的发展过程:

(1)20世纪70年代,单项程序的应用,如工程网络计划的时间参数的计算程序、施工图预算程序等；

(2)20 世纪 80 年代，程序系统的应用，如项目管理信息系统、设施管理信息系统等；

(3)20 世纪 90 年代，程序系统的集成，它是随着工程管理的集成而发展的；

(4)20 世纪 90 年代末期至今，基于网络平台的工程管理。

9.3.2.2 施工项目管理信息化的意义

施工项目管理信息资源的开发和信息资源的充分利用，有利于吸取相类似的施工项目的正反面经验和教训，许多有价值的组织信息、管理信息、经济信息、技术信息和法规信息将有助于项目决策期多种可能方案的选择，有利于施工项目实施期的项目目标控制，也有利于项目建成后的运行。信息技术在施工项目管理中的开发和应用的意义在于：

(1)信息存储数字化和存储相对集中；

(2)信息处理和变换的程序化；

(3)信息传输的数字化和电子化；

(4)信息获取便捷；

(5)信息透明度提高；

(6)信息流扁平化。

9.3.3 施工项目管理信息系统

9.3.3.1 施工项目管理信息系统的含义

施工项目管理信息系统是基于计算机的施工项目管理系统，主要用于施工项目的目标控制。

施工项目管理信息系统的应用，主要是用计算机进行施工项目管理有关数据的收集、记录、存储、过滤和把数据处理的结果提供给项目管理班子的成员。它是施工项目进展的跟踪和控制系统，也是信息流的跟踪系统。施工项目管理系统可以在局域网上或基于互联网的信息平台上运用。

9.3.3.2 施工项目管理信息系统的功能

(1)投资控制(业主方)的功能主要包括：

①工程项目的估算、概算、预算、标底、合同价、投资使用计划和实际投资的数据计算和分析；

②进行工程项目的估算、概算、预算、标底、合同价、投资使用计划和实际投资的动态比较(如概算和预算的比较、概算和标底的比较、概算和合同价的比较、预算和合同价的比较等)；

③计划资金的投入和实际资金的投入的比较分析；

④根据工程的进展进行投资预测等。

(2)成本控制(施工方)的功能主要包括：

①投标估算的数据计算和分析；

②计算施工成本；

③计算实际成本；

④计划成本与实际成本的比较分析；

⑤根据工程进展情况进行施工成本预测等。

(3)进度控制的功能主要包括：

①计算工程网络计划的时间参数，并确定关键工作和关键线路；

②绘制网络图和横道图；

③编制资源需求量计划；

④进行计划执行情况的比较分析；

⑤根据工程的进展进行工程进度预测。

(4)合同管理的功能主要包括：

①合同基本数据查询；

②合同执行情况的查询和统计分析；

③标准合同文件的查询和合同辅助起草等。

有些项目管理信息系统还包括质量控制和一些办公自动化功能。

9.3.3.3 施工项目管理信息系统的意义

从20世纪70年代末期和80年代初期，国际上已有工程项目管理系统的商业软件，工程项目管理信息系统已被广泛地用于业主方和施工方的工程项目管理。应用工程项目管理信息系统的意义是：

(1)实现工程项目管理数据的集中存储；

(2)有利于工程项目管理数据的检索和查询；

(3)提高工程项目管理数据处理的效率；

(4)确保工程项目管理数据处理的准确性；

(5)可方便地形成各种工程项目管理需要的报表。

9.3.4 施工项目信息门户

9.3.4.1 施工项目信息门户的概念

门户是一个网站，或称为互联网门户站(Internet Portal Site)，它是进入万维网(World—Wide Web)的入口。搜索引擎(Search Engine)属于门户，Yahoo和MSN也是门户，任何人都可以访问它们，以获取所需要的信息，这些是一般意义上的门户。此外，有些是为了专门的技术领域、专门的用户群或专门的对象而建立的门户，称为垂直门户(Vertical Portal)。施工项目信息门户属于垂直门户，不同于上述一般意义的门户。

施工项目管理信息系统是基于数据处理设备的、为项目管理服务的信息系统，主要用于施工项目的目标控制。由于业主方和承包方项目管理的目标和利益不同，因此它们都必须有各自的施工项目管理信息系统。管理信息系统(Management Information System，MIS)是基于数据处理设备的管理的信息系统，但主要用于企业的人、财、物、产、供、销的管理。项目管理信息系统与管理信息系统服务的对象和功能是不同的。施工项目信息门户既不同于施工项目管理信息系统，也不同于管理信息系统。施工项目信息门户是基于互联网，项目各参与方为信息交流和共同工作共同使用和互动的管理工具。

施工项目信息门户是在对项目全寿命过程中项目参与各方产生的信息和知识进行集中管理的基础上，为项目参与各方在互联网平台上提供一个获取个性化项目信息的单一入口，从而为项目各参与方提供一个高效率信息交流和共同工作的环境。

(1)“项目全寿命过程”包括项目的决策期、实施期(设计准备阶段、设计阶段、施工阶段、动用前准备阶段和保修期)和运行期(或称使用期、运营期)。

(2)"项目各参与方"包括政府主管部门和项目法人的上级部门、金融机构(银行和保险机构以及融资咨询机构等)、业主方、工程管理和工程技术咨询方、设计方、施工方、供货方、设施管理方(其中包括物业管理方)等。

(3)"信息和知识"包括以数字、文字、图像和语音表达的组织类信息、管理类信息、经济类信息、技术类信息及法律和法规类信息。

①组织类信息,如国家投资项目管理和建筑业管理有关的组织信息、项目参与方的组织信息和与工程建设有关的专家信息等;

②管理类信息,如与投资控制、进度控制、质量控制、合同管理和信息管理有关的信息等;

③经济类信息,如建设物资的市场信息和项目融资的信息等;

④技术类信息,如与设计、施工和物资供应有关的技术信息,包括设计图纸、其他设计文件和施工方案等;

(4)法律和法规类信息,如与投资项目管理及工程建设有关的法律、法规、规定和条例等。

(5)"提供一个获取个性化项目信息的单一入口"是指经过用户名和密码认定后而提供的入口。

9.3.4.2　项目信息门户的类型和用户

(1)类型

项目信息门户按其运行模式分类,有如下两种类型:

①PSWS模式(Project Specific Web Site):为一个项目的信息处理服务而专门建立的项目专用门户网站,也即专用门户。

②ASP模式(Application Service Provide):由ASP服务商提供的为众多个单位、众多个项目服务的公用网站,也可称为公用门户。ASP服务商有庞大的服务器群,一个大的ASP服务商可为数以万计的客户群提供门户的信息处理服务。

如采用PSWS模式,项目的主持单位应购买商品门户的使用许可证,或自行开发门户,并需购置供门户运行的服务器及有关硬件设施和申请门户的网址。

如采用ASP模式,项目的主持单位和项目的各参与方成为ASP服务商的客户,它们不需要购买商品门户产品,也不需要购置供门户运行的服务器及有关硬件设施和申请门户的网址。国际上项目信息门户应用的主流是ASP模式。

由此可见,项目信息门户可以为一个项目的各参与方的信息交流和共同工作服务,也可以为一个工程项目群体的管理服务。前者侧重于一个项目(Project)各参与方内部的共同工作,而后者则侧重于对一个工程项目群体(Program)的总体和宏观的管理。可以把一个单体建筑物、一个工厂、一个机场视为一个项目,因为它们都有明确的项目目标。例如,整个北京奥运工程项目、整个上海世博会工程项目、一个城市的全部重点工程项目、一个电力集团公司的全部新建工程项目以及国家发改委主管的一定投资规模以上的全部工程项目都可视为一个工程项目群体。由于这两种类型的项目信息门户建立的目的不同,其具体的信息处理也有些差别。

(2)用户

正如前述,项目参与各方包括政府主管部门和项目法人的上级部门、金融机构(银行和保险机构以及融资咨询机构等)、业主方、工程管理和工程技术咨询方、设计方、施工方、供货方、设施管理方(其中包括物业管理方)等都是项目信息门户的用户。从严格意义上讲,以上各方使用项目信息门户的个人是项目信息门户的用户。每个用户有供门户登录用的用户名和密码。系统管理员将对每一个用户使用权限进行设置。

9.3.4.3　项目信息门户的实施

(1)信息门户的实施条件

项目信息门户的实施是一个系统工程，既应重视其技术问题，更应重视其与实施有关的组织和管理问题。应认识到，项目信息门户不仅是一种技术工具和手段，它的实施将会引起投资项目实施在信息时代进程中的重大组织变革，包括政府对投资项目管理的组织领域的变化、项目参与方的组织结构和管理职能分工的变化以及项目各阶段工作流程的重组等。项目信息门户实施的条件包括：组织件、教育件、软件、硬件。其中组织件起着支撑和确保项目信息门户正常运行的作用，因此，组织件的创建和在项目实施过程中动态地完善是项目信息门户实施中最重要的条件。

(2)项目信息门户的实施工作

项目信息门户的实施是一个系统工程，需要考虑系统实施的目的、对象、时间、地点、实施人以及实施方法等因素。同时，任何一个管理系统都是人机系统，因此其实施不仅仅是软件工程的问题，还需要考虑经济、组织、管理与协调等问题。一般把组织件、教育件、软件、硬件称为管理软件应用的四轮驱动，其中组织件与教育件的重要性远远超过软件与硬件，对系统的实施与应用将起到决定性的作用。

9.3.4.4　项目信息门户的价值和意义

据有关国际资料的统计：传统建设工程项目中三分之二的问题都与信息交流有关；建设工程项目中10%～33%的成本增加都与信息交流存在的问题有关；在大型建设工程项目中，信息交流问题导致的工程变更和错误约占工程总投资的3%～5%。

据美国Rebuz网站预测，PIP服务的应用将会在未来5年节约10%～20%的建设总投资，这是一个相当可观的数字。

在施工项目组织与管理中应用基于互联网的项目信息门户有着重要的意义，主要表现在以下几个方面：

(1)降低了工程项目实施的成本。成本的节约来自两方面：一方面，由于采用了项目信息门户后减少了花费在纸张、电话、复印、传真、商务旅行及竣工文档准备上的大量费用，带来直接成本的降低。国外的一项研究表明，对于一个典型项目(投资在1000万美元左右)，在设计阶段使用基于互联网的项目信息门户将节约53%的直接成本。另一方面，由于采用基于互联网的项目信息门户后提高了信息交流与沟通的效率和有效性，从而减少了不必要的工程变更，提高了决策效率，带来间接成本的降低。据统计，应用基于互联网的项目信息门户所带来的成本降低占项目总成本的1%～5%。

(2)缩短了施工项目建设时间。据统计，现代建设项目中，工程技术人员工作时间的10%～30%是用在寻找合适的信息上，而项目管理人员则有80%的时间是用在信息的收集和准备上。在美国，一个项目经理每天大约要处理20多个来自项目参与各方的信息请求，这要占去项目经理大部分的工作时间。由于信息管理工作的繁重，有人甚至称项目经理已经变成了项目信息经理。使用基于互联网的项目信息门户进行项目信息的管理和交流可以大幅降低搜寻信息的时间，提高了工作和决策的效率，从而加快项目实施的进度。另外，应用基于互联网的项目信息门户可以有效减少由于信息延误、错误所造成的工期拖延。

(3)降低了施工项目实施的风险。由于信息沟通的通畅，提高了决策人员对工程实施的预见性,并可以对项目实施过程中的干扰进行有效的控制。

(4)提高了业主的满意度。在传统的建设工程决策和实施过程中,业主很难对项目实施的全过程进行有效的监控,这是业主满意度下降的重要原因。在应用了基于互联网的项目信息门户的项目中,业主可以及时地获得项目实施过程中的各种信息,并参与项目决策过程,提高了对项目目标的控制能力。在项目结束后,业主可以十分方便地得到记录有项目实施过程中全部信息的CD-ROM,用于项目的运营与维护。正因为如此,国外一些大型工程项目的业主都把使用基于互联网的项目信息门户作为承包商和项目管理单位参与项目的条件之一。

9.3.4.5 项目信息门户在建设工程管理中的应用

(1)在项目决策期工程管理中的应用

项目决策期工程管理的主要任务是:

①建设环境和条件的调查与分析;

②项目建设目标论证(投资、进度和质量目标)与确定项目定义;

③项目结构分析;

④与项目决策有关的组织、管理和经济方面的论证与策划;

⑤与项目决策有关的技术方面的论证与策划;

⑥项目决策的风险分析等。

为完成以上任务,可能会有许多政府有关部门和国内外单位,如投资咨询、科研、规划、设计和施工单位等,参与项目决策期的工作。各参与单位和个人往往处于不同的工作地点,在工作过程中有大量信息交流、文档管理和共同工作的任务,项目信息门户的应用必将会为项目决策期的工程管理增值。

(2)在项目实施期工程管理中的应用

如前所述,项目实施期包括设计准备阶段、设计阶段、施工阶段、动用前准备阶段和保修期,在整个项目实施期往往有比项目决策期更多的政府有关部门和国内外单位参与工作(如上海证券大厦的建设签订了300多个合同,上海地铁一号线的建设签订了3000多个合同),工作过程中有更多的信息交流、文档管理和共同工作的任务。项目信息门户的应用为项目实施期的工程管理增值是毋庸置疑的。

(3)在项目运营期工程管理中的应用

项目运营期工程管理在国际上称为设施管理,它比我国现行的物业管理的工作范围深广得多。设施管理包括投资项目的资产管理和运行管理。投资项目的资产管理包含财务管理、空间管理和用户管理;投资项目的运行管理包含设施的维修和维护,以及设施的更新、改造和现代化。在整个设施管理过程中要利用大量项目实施期形成和积累的信息,设施管理单位需要和项目实施期的参与单位进行信息交流和共同工作,在此过程中也会形成大量工程文档。因此,项目信息门户不仅是项目决策期和实施期工程管理的有效手段和工具,也同样可为项目运营期的设施管理服务。

知识拓展

门户的思想

根据统计，在工程建设中，项目建设成本的3%～5%是由可以避免的错误所引起的，其中30%是因为采用了不准确或过期的图纸；而在项目竣工时，任何一个项目参与方能够拥有的项目建设信息不足65%。在另一项统计调查中，工程师们对所需的建筑信息按照重要性和掌握情况进行评分，结果发现在对工作非常重要的信息中，有1/3掌握率不超过50%。出现这些问题的主要原因是传统工程项目中信息交流与协调工作常常处于无序状态，项目参与方无法及时得到所需的工程信息。传统工程项目参与方之间的信息交流与协同工作主要依赖于纸质文档、电话、传真、邮政快递、项目协调会等方式。每个项目参与方将其所获得的项目信息转发给其他参与方。

这种点对点转发的项目信息交流方式加大了信息传递的路径和层次，不仅增加了信息延迟，而且由于信息交流工作过于复杂，极容易造成信息的扭曲与缺失。为解决这一问题，很多项目参与者也大量采用了一些信息技术，如通过电子邮件、架设文件服务器站点等。通过这些方法，信息交流的效率得到了提高，但是并没有能够改变信息点到点传递的基本情况。同时，由于需要使用多种应用系统与不同的参与者进行交流，使问题变得更加复杂。对此，随互联网的发展而出现的门户技术提供了很好的解决方案。

门户(portal)一词源自于中世纪拉丁语portale(城门)，一般指大门和入口，特别指高大壮观的正门。也就是说，门户不是某一个独立建筑物的门，而是通向一个被围隔开来的建筑群的入口。通过门户可以访问区域内的各个建筑。

在互联网时代，门户这一术语被用于描述一种作为环球网(World Wide Web)入口的Web网站，从适用于企业内部员工的Intranet到针对客户和合作伙伴的外部网站。一般而言，门户是将上下文相关信息、应用程序和服务合并在一起的Web站点。门户对提供给用户的复杂多样的信息和服务进行提炼，简化为一个满足用户需求和利益的单一界面。

建立门户的意义在于为用户提供访问所需信息的单一入口。只要打开浏览器，访问门户网站，完成一次用户验证，即可访问到自己工作所需的各种信息资源。而无须花大力气去打开各种各样的应用程序，使用不同的用户名和密码，完成一次又一次的登录工作，才能获取分散在各个应用系统中的信息。通过门户，这一切工作都将在后台完成，用户所看到的是一个经过整合与集成的个性化用户界面。

可以说，单点登录(single sign on)和个性化是所有门户的基本思想，而系统集成、信息集成与Web技术则是其实现的基础。

实践与能力训练

【实训1】 星河大厦建设工程项目的业主与某监理公司和某建筑工程公司分别签订了建设工程施工阶段委托监理合同和建设工程施工合同。为了能及时掌握准确、完整的信息，以便依靠有效的信息对该建设工程的质量、进度、投资实施最佳控制，项目总监理工程师召集了有关监理人员专门讨论了如何加强监理文件档案资料的管理问题，涉及有关监理文件档案资料管理的意义、内容和组织等方面的问题。

问题：

1. 你认为对施工项目文件档案资料进行科学管理的意义何在？
2. 在项目经理部，对施工项目文件档案资料管理部门和实施人员的要求如何？
3. 施工项目文件档案资料管理的主要内容有哪些？
4. 施工项目信息管理的过程和内容是什么？
5. 施工阶段监理工作的基本表式的种类和用途如何？

【实训2】 某实施项目监理的工程，在钢结构工程施工前，工程设计单位将由其技术人员编制好的技术交底书提交建设单位，经建设单位工程负责人审查后，正式实施。

问题：

1. 以上说法的不妥之处有哪些？请指出来并说明正确的做法。
2. 技术交底书要报监理工程师的工程有哪些？

【实训3】 假设某项目的主要工作已经基本完成，经核对项目的"未完成任务清单"后，终于可以提交客户方代表老李验收了。在验收过程中，老李提出了一些小问题。项目经理赵群带领团队很快妥善解决了这些问题。但随着时间的推移，客户的问题似乎不断。时间已经过了系统试用期，但客户仍然提出一些小问题，而有些问题都是客户方曾经提出过，实际上已经解决了的问题。时间一天一天地过去，赵群不知道什么时候项目才能验收，才能结算，才能得到最后一批款项。

问题：

1. 请用200字左右的文字，分析发生这件事情可能的原因？
2. 请用200字左右的文字，说明现在赵群应该怎么办？

思考题

1. 什么是信息？信息的基本特征有哪些？
2. 什么信息管理？什么是施工项目信息管理？
3. 简述施工项目信息管理的过程。
4. 试述施工项目信息资料的内容。
5. 什么是文档资料？建筑工程文档资料的类别有哪些？
6. 试述施工项目档案资料编制质量要求。
7. 简述信息门户的类型和实施条件。
8. 简述项目信息门户的价值和意义。

单元 10　施工项目风险管理

教学目标

1. 了解施工项目风险的概念和特点，掌握施工项目风险的分类；
2. 掌握施工项目风险管理的概念、作用以及工作流程；
3. 了解施工项目风险因素的概念及风险因素分析；
4. 掌握风险的级别及施工项目风险评价方法；
5. 掌握施工项目风险控制的概念及措施。

10.1　施工项目风险

10.1.1　施工项目风险概述

建筑施工企业在建筑工程项目实施过程中存在很多不确定因素，这使得建筑施工企业在生产经营活动的全过程自始至终处于多变的自然环境和社会环境之中，而且面临着错综复杂的矛盾，给工程实施目标（成本、质量和工期）的实现带来极大的困难，甚至造成重大的损失。因而，建筑施工企业在项目实施过程的各个阶段将面临着各种各样的风险，而这些风险又具有大量性、多发性、严重性、多元性等特点，需要一套规范的风险管理程序和方法才能有效地减少风险甚至避免风险。为了使建筑施工企业适应日益激烈的市场竞争环境，逐步与国际建筑业接轨，提高抵抗风险的能力，必须加强对建筑施工项目风险的认识和研究。

10.1.1.1　风险的定义及特点

（1）风险的定义

风险一词在字典中的解释是“损失或伤害的可能性”。目前，对风险的解释是，在给定条件下和特定时间内，那些可能发生的结果之间的差异。

（2）风险的特点

①风险的多样性。即一个工程项目中有许多种类的风险存在，如政治风险、经济风险、法律风险、合同风险等，而多种风险之间又往往有复杂的内在联系。

②风险在整个项目生命期中都存在，而不仅在实施阶段。

③风险影响常常不是局部的，而是全局的。如反常的气候条件造成工程的停滞，则会影响整个后期计划，影响后期所有参加者的工作。它不仅会造成工期的延长，而且会造成费用的增加，造成对工程质量的危害。

④风险有一定的规律性。工程项目的环境变化、项目的实施有一定的规律性，所以风险的发生和影响也有一定的规律性，是可以进行预测的。

10.1.1.2　施工项目风险

施工项目风险是影响施工项目目标实现的事先不能确定的内外部的干扰因素及其发生的可能性。施工项目一般都是规模大、工期长、关联单位多、与环境接口复杂，包含着大量的风险。

10.1.1.3　施工项目风险的分类及成因分析

(1)按照风险产生的原因，施工项目风险可分为自然风险、社会风险、政治风险、法律风险、经济风险、管理风险、技术风险和设计风险。各类型风险的表现详见表 10.1。

表 10.1　风险的类型及其表现

自然风险	自然的不确定性变化给施工项目带来的风险，如地震、洪水、沙尘暴等不可抗力的自然现象； 没有预测到的施工项目的复杂水文地质条件、不利的现场条件、恶劣的地理环境等，使交通运输受阻，施工无法正常进行，造成人身财产损失等风险
社会风险	社会治安状况、宗教信仰的影响、风俗习惯、人际关系及劳动者素质等形成的障碍和不利条件给项目施工带来的风险
政治风险	国家政治方面的各种事件和原因给项目施工带来意外干扰的风险，如战争、政变、动乱、恐怖袭击、国际关系变化、政策多变、权力部门专制和腐败等
法律风险	法律不健全、有法不依、执法不严、相关法律内容变化给项目施工带来的风险； 未能正确全面地理解有关法规，施工中发生触犯法律行为被起诉和处罚的风险
经济风险	在施工过程中，由于通货膨胀、利率调整等金融环境不确定，对原材料和设备成本价格走势估计不准以及技术措施、追赶工期的费用超出原来的合同成本支出预算； 项目所在国家或地区的经济领域出现的或潜在的各种因素变化，如经济政策的变化、产业结构的调整、市场供求变化带来的风险，如汇率风险、金融风险
管理风险	在施工项目管理中，因缺少主要关键技术骨干人员、高级技术工人和没有配备合理的操作劳务工人而影响工程的顺利展开；不能及时调配大型机械设备、周转材料和建筑物的各类原材料；业主的预付款、工程款和材料款等难以根据施工合同及时到位等造成项目各类管理、人力、材料和资金资源失控，都将影响项目按期、按质、按要求顺利进行； 施工过程中，经营者因不能适应客观形势的变化，或因主观判断失误，或因对已发生的事件处理不当而带来的风险，包括财务风险、市场风险、投资风险、生产风险等
技术风险	由于业主提供的施工现场存在周边环境等方面自然与人为的障碍，"三通一平"准备工作不足，导致建筑企业不能做好施工前期的准备工作，给工程施工正常运行带来困难； 由于科技进步、技术结构及相关因素的变动给施工项目技术管理带来的风险； 由于项目所处施工条件或项目复杂程度带来的风险； 施工中采用新技术、新工艺、新材料、新设备带来的风险
设计风险	由于设计内容不全、缺陷设计、错误和遗漏、规范不恰当，未考虑地质条件，未考虑施工可能性等； 由于工艺设计未达到先进性指标，工艺流程不合理，未考虑操作安全性等

(2)根据施工项目中存在风险对该项目的工期、费用、质量和信誉产生的影响，施工项目风险可以分为工期风险、费用风险、质量风险、信誉风险和安全风险，详见表 10.2。

表 10.2　施工项目风险的类别及其表现

工期风险	在施工过程中，由于业主修改变更和设计错误、出图计划延期；总承包商协调能力不强、分包商施工能力差、供应商供货拖期； 总体配套和设备调试不落实、政府部门和行业的规定手续不齐等原因造成局部或整个工程的工期延长，不能按合同要求交付竣工，项目不能及时投产
费用风险	包括报价风险、财务风险、利润降低、成本超支、投资追加、收入减少等
质量风险	在施工过程中，由于总承包商管理不力，业主和供应商的原材料、构配件质量不符合要求等，或在施工项目中采用的技术不成熟，采用新技术、新设备、新工艺时未掌握要点，致使项目产生技术质量问题，包括材料、工艺、工程不能通过验收、试生产不合格、工程质量评价为不合格
信誉风险	由于施工过程中承包商或施工人员的不当施工行为造成对企业形象和信誉的损害
安全风险	由于施工人员的过失行为给施工带来的损失，如发生重大的人身伤亡事故、机械设备损坏、火灾事故等； 由于自然界不可抗力的原因导致财产毁损或人员伤亡以及由此产生其他间接损失

(3)按照风险的影响范围，施工项目风险可分为局部风险和总体风险。局部风险是指影响范围小的风险。例如，在大多数情况下，工程项目中非关键线路上工作的延误就属于局部风险。总体风险是指影响范围大的风险。例如，工程项目中关键线路上工作的延误就属于总体风险，它会影响整个项目的总工期。

(4)按照风险造成的后果，施工项目风险可分为纯粹风险和投机风险。纯粹风险是指仅造成损失而无收益可能的风险。例如，干旱、水灾等各种自然灾害，火灾、车祸等各种突发事件，不过这些风险事故的发生有一定的规律和前兆，易于预测和防范，这种风险可重复出现。其结果只有两种可能的后果：造成损失和不造成损失。投机风险是指既可能造成损失又可能获得额外收益的风险。投机风险是一种极具诱惑力的风险，难以对其发生的概率进行预测，它有三种可能的后果：造成损失、不造成损失和获得收益。

10.1.2　施工项目风险管理

10.1.2.1　施工项目风险管理的定义

施工项目风险管理是指在施工过程中对风险的不确定性及可能性等因素进行考察、预测、分析的基础上，制定出包括识别衡量风险、管理处置风险、控制防范风险等一套科学系统的管理方法。施工项目风险管理包括风险识别、风险分析和风险防范等过程。

10.1.2.2　施工项目风险管理的作用

在施工项目实施的过程中，由于风险的存在使得建立在正常理想基础上的目标和决策、施工规划和方案、管理和组织等都有可能受到干扰，与实际产生偏离，导致经济效益下降，甚至影响全局，使项目失控，因此在施工项目管理中应包括对风险进行管理，力求在施工项目面临纯粹风险时，将损失减少到最小，在面临投机风险时，争取更大收益。

施工项目风险管理是用系统的、动态的方法对施工项目实施全过程中的每个阶段所包括的全部风险进行识别、衡量、控制，有准备地、科学地安排、调整施工活动中合同、经济、组织、技术、管理等各个方面和质量、进度、成本、安全等各个子系统的工作，使之顺利进行，减少风险损失，创造更大收益的综合性管理工作。

10.1.2.3　施工项目风险管理的目标

一般来说，施工项目风险管理的目标为：

(1)实际投资(成本)不超过计划投资(成本)；

(2)实际工期不超过计划工期；

(3)实际质量满足预期的质量要求；

(4)建设过程安全。

10.1.2.4 施工项目风险管理的流程

施工项目风险管理流程一般分为风险识别、风险分析、风险防范策略和风险防范对策四个阶段，各阶段及其内容如图 10.1 所示。

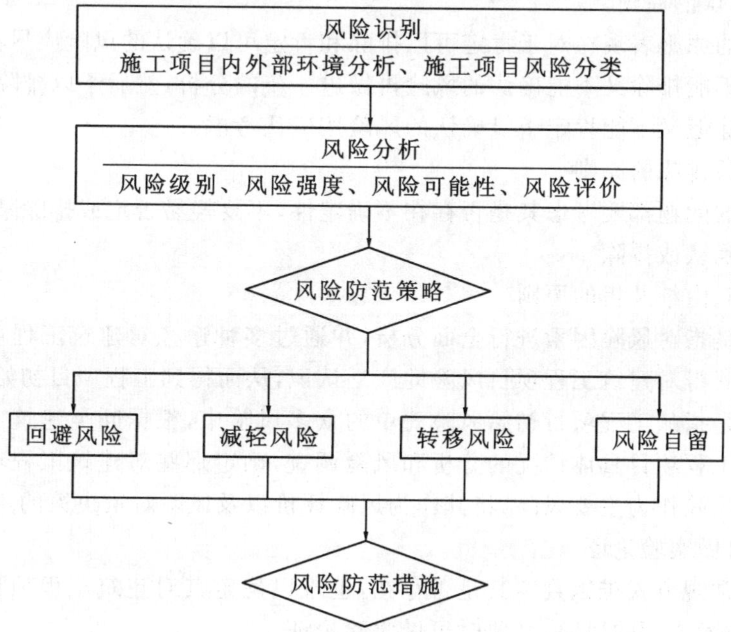

图 10.1　施工项目风险管理流程

10.2　施工项目风险识别

10.2.1　施工项目风险因素识别的概念

施工项目风险识别是指识别出建筑工程项目在实施过程中的不同阶段存在哪些风险，这些风险可能会对项目的实施产生什么影响，并将这些风险及其特性归档，建立风险清单。

施工项目风险因素识别是基于人们对项目系统风险的基本认识上的，通常首先罗列对整个工程建设有影响的风险，然后再注意对自己有重大影响的风险。罗列风险因素通常要从多角度、多方面进行，形成对施工项目系统风险的多方位的透视。

10.2.2　施工项目风险因素识别的类型

(1)施工项目环境系统风险，如政治风险、法律风险、经济风险、自然风险、社会风险。

(2)施工项目管理产生的风险，如施工项目管理者产生的风险、主要相关方产生的风险。

(3)施工项目技术风险，如工程施工过程中出现与自身技术专业能力不相适应的工程技术问题，各专业间又存在不能及时协调的困难。

(4)施工项目范围的风险，如设计图纸、工程质量要求、合同条款以及工程量清单等都存在着潜在的经济风险。

10.2.3　施工项目风险因素识别的原则

(1)排除与确认的原则

排除与确认的原则表现在对于肯定可以排除和肯定可以确认的风险应尽早予以排除和确认。对于一时既不能排除又不能确认的风险再做进一步的分析，然后予以排除或确认。最后，对于肯定不能排除但又不能肯定予以确认的风险按确认考虑。

(2)先怀疑、后排除的原则

对于所遇到的问题都要考虑其是否存在不确定性，不要轻易否定或排除某些风险，要通过认真的分析进行确认或排除。

(3)由粗及细、由细及粗的原则

①由粗及细是指对风险因素进行全面分析，并通过多种途径对建筑工程项目风险进行分解，逐渐细化，以获得对建筑工程项目风险的广泛认识，从而得到工程项目初始风险清单。

②由细及粗是指从工程项目初始风险清单的众多风险中，根据同类建筑工程项目的经验以及对拟建建筑工程项目具体情况的分析和风险调查，确定那些对建筑工程项目目标实现有较大影响的工程风险作为主要风险，将其作为风险评价以及风险对策决策的主要对象。

(4)必要时可做实验论证

对于某些按常规方式难以判定其是否存在，也难以确定其对建筑工程项目目标影响程度的风险，尤其是技术方面的风险，必要时可做实验论证。

(5)严格界定风险内涵

在风险识别阶段考虑风险因素之间的相关性有一定的难度，但至少要做到严格界定风险内涵。

10.2.4　常见施工项目风险识别的方法

(1)信息收集整理法

主要有头脑风暴法、德尔菲法(专家调查法)、访谈法、问卷调查法、SWOT 技术。

(2)文件资料审核法

从施工项目整体和详细的范围层次两个方面对施工项目计划、假设条件和约束因素以及项目文件资料审核进行风险识别。

(3)流程图法

将施工项目的全过程按其内在的逻辑关系制成流程，针对流程中的关键环节和薄弱环节进行调查分析，找出风险存在的原因，从中发现潜在的风险威胁，分析风险发生后可能造成的损失和对施工项目全过程造成的影响程度。

(4)检查表法

一般从影响施工项目进度、质量、安全、成本等各个目标的总体或子项出发，根据积累的风险管理的经验，通过表格形式列出风险影响因素。通过这样的表格来与当前工程项目的具体特点相对照，以便识别当前项目的各个风险因素。其优点是风险识别能按系统化、规范化的要求去进行，且简单易行；其不足之处是检查表不能包罗万象，具有一定的局限性。检查表应尽可能详细地列举项目的所有风险类别和因素。

(5)施工项目结构分析法

将一个复杂的项目分解成一系列简单和容易认识的子系统或系统元素，从而识别项目子系统或系统要素和整个项目中的各种风险的方法。

(6)情景分析法

情景分析法是通过对项目未来的某个状态或某种情况的详细描绘与分析，从而识别出项目风险因素的方法。

10.2.5　风险识别可能存在的问题

风险识别有多种方法，每种方法都有各自的优点，但同时都存在这样或那样的不足，这使我们在进行风险识别时要注意以下两个方面：一是风险因素的全面性、可靠性问题，即是否将关键风险因素识别出来；二是偏差问题，如利用专家调查法时，受被调查专家主观因素影响，结果会与实际情况产生偏差。

10.2.6　风险识别的结果

它是风险识别之后的输出，也是项目风险量化的输入，一般有已识别出的项目风险、项目风险来源表、项目风险征兆的分析和确定。

(1)已识别出的项目风险　包括项目风险可能的后果与影响范围；项目风险可能的发生时间范围；风险可能带来的损失和机遇。

(2)项目风险来源表　项目风险可能是彼此独立的，也可能是相互关联和互为因果的，项目风险来源表将所有已经识别出的项目风险罗列出来并将每个风险来源加以说明。分析出风险的来源和原因，才能够对项目风险进行有效的管理和控制。

(3)风险征兆　已经或即将发生的风险的外在表现，通常被称为项目风险触发器或预警信号。

10.3　施工项目风险评价

10.3.1　风险评价的概念

风险评价是考虑单个风险综合起来的整体风险以及项目主体对风险的承受能力。

风险评价是施工项目管理的重要内容之一，已成为建设项目环境影响的重要组成部分。目前，国际上尚未建立完整的施工项目风险评价体系，由于影响施工项目风险的因素多且各因素不可避免地具有模糊性，难以完全定量化。究其原因主要是国内工程的统计资料不充分，大量原始数据无法得到。在此提出一种适合我国施工项目风险管理的分析理念和分析方法，采用综合评判及相关的数学方法。对施工项目风险进行综合评判，所得结果对施工项目管理和监督具有重要的现实意义。

10.3.2 风险评价的内容

对于识别出来的风险必须作如下的分析和评价：

(1)风险存在和发生的时间分析

风险可能在项目的哪个阶段、哪个环节上发生。有许多风险有明显的阶段性，有的风险是直接与具体工程活动相联系的，这对风险预警有很大的作用。

(2)风险的影响和损失分析

风险的影响是个非常复杂的问题，有的风险影响面较小，有的风险影响面很大，甚至引起整个工程的中断或报废。而许多风险之间又是有联系的。一个项目中，风险之间的相互影响被定义为风险关系。例如，某个工程活动受到干扰而拖延，则可能影响其后面的很多活动。

(3)风险发生的可能性分析

即研究风险自身的规律性，通常用概率表示。人们可以通过各种方法研究风险发生的概率。

(4)风险级别

风险因素非常多，涉及各个方面，但人们并不能对所有风险都十分重视，否则将大大增加管理费用，并且过分谨慎反而会干扰正常决策过程。这就要求再对施工项目诸多风险进行比较和评价，确定它们的先后顺序。

10.3.3 风险的级别

(1)风险的级别与评价

风险级别是在风险评价的基础上，将与系统风险率有关的三种因素指标之积($D=L\cdot E\cdot C$)来评价系统风险的大小，这三种因素是：发生事故的可能性大小(L)，暴露在这种危险环境中的频繁程度(E)，一旦发生事故会造成的损失及后果(C)。

根据 $D=L\cdot E\cdot C$，分别得出每项作业活动的风险值，对照相应的风险程度，可得出作业活动中危险源对安全生产的影响。施工企业一般将 $D<70$ 分的风险确定为一般作业风险，将 $D\geqslant 70$ 分确定为重大作业风险。

(2)风险强度与可能性矩阵

①风险强度有以下几种：

高——如果没有缓解策略，项目目标难以实现。

中——如果没有缓解策略，项目成果/里程碑处于风险之中。

低——项目成果/里程碑现在不处于风险之中，但是值得注意并要主动缓解的问题。

②风险可能性分为：

高——如果没有缓解策略和监控手段，在项目成果/里程碑的完成中会间断项目的关键路径。

中——如果没有缓解策略和监控手段，在项目成果/里程碑的完成中会进入项目的关键路径。

低——除非延期超限，项目成果/里程碑都不处于风险中。

项目优先级可以采用图 10.2 的矩阵方式确定。

风险强度				
	高	2	2	3
	中	1	2	2
	低	0	1	2
		低	中	高

图 10.2　风险强度与可能性矩阵

3——制定风险缓解策略和详细的应急计划；

2——制定风险缓解策略和简要的应急计划；

1——制定风险缓解策略；

0——视为项目假设

10.3.4　施工项目风险评价方法

评价施工项目风险的方法主要有自我评价法和标杆评价法两种。

(1)自我评价法

施工项目风险自我评价法是将工程项目实际风险与项目目标风险进行比较后，来评价工程项目的风险水平。该方法计算出工程项目风险的水平值，数值越高说明工程项目风险水平越高，具体分为算术平均法和加权平均法。自我评价法适用于行业中领先者的工程项目。

(2)标杆评价法

施工项目风险标杆评价法是将施工项目实际风险与同行业中处于领先地位的工程项目的风险进行比较，来评价工程项目相对的风险水平。由于工程项目风险自我评价的主观随意性较大，所以对工程项目风险进行相对评价更有意义。在与同行业中处于领先地位的工程项目的风险进行比较，能客观地反映工程项目风险水平和工程项目在市场中所处的竞争地位。因此，工程项目风险的标杆评价法适用于行业中处于挑战者、追随者地位的工程项目。

10.4　施工项目风险控制

10.4.1　风险控制的概念

风险控制是指减少风险、避免安全事故发生的措施，是对识别出来的风险经过估计与评价之后，选择并确定最佳的对策组合，并进一步落实到具体的计划和实施中。在建筑工程项目实施过程中，要对各项分析对策的执行情况进行监控，评价各项风险对策的执行效果；并在项目实施条件发生变化时，确定是否需要提出不同的风险处理方案。除此之外，还需要检查是否有被遗漏的风险或者发现新的风险，也就是进入新一轮的风险识别，开始新一轮的风险管理过程。

10.4.2　施工项目风险控制计划的内容

(1)风险响应的费用预算和时间计划。

(2)风险分析及其信息处理过程的安排。

(3)施工项目风险承担人及其应分担的风险。

(4)施工项目已识别风险的描述,包括风险因素、风险成因和对目标的影响等。

(5)针对每项风险,所用应对措施的选择和实施行动计划。

(6)采取措施后,期望残留风险的水平的确定。

(7)处置风险的应急计划和退却计划。

10.4.3 施工项目风险控制措施

10.4.3.1 风险回避

风险回避是指在完成项目风险分析与评价后,如果发现项目风险发生的概率很高,而且可能的损失也很大,又没有其他有效的对策来降低风险时,应采取放弃项目、放弃原有计划或改变目标等方法,使其不发生或不再发展,从而避免可能产生的潜在损失。

(1)拒绝承担风险

①承包商对某些存在致命风险的工程拒绝投标。

②承包商利用合同保护自己,不承担应该由业主承担的风险。

③承包商不接受实力差、信誉不佳的分包商和材料、设备供应商,即使是业主或者有实权的其他任何人的推荐。

④承包商不委托道德水平低下或其他综合素质不高的中介组织或个人。

(2)承担小风险回避大风险

对于风险超过自己的承受能力、成功把握不大的项目,不参与投标或合资。甚至有时在工程进行到一半时,预测后期风险很大,必然有更大的亏损,不得不采取中断项目的措施。

(3)为了避免风险而损失一定的较小利益

利益可以计算,但风险损失是较难估计的,因此在特定情况下,可采用为了避免风险而损失一定的较小利益的做法。如在建材市场有些材料价格波动较大,承包商与供应商提前订立购销合同并付一定数量的定金,从而避免因涨价带来的风险;采购物资时应选择信誉好、实力强的分包商,虽然价格略高于市场平均价,但分包商违约的风险相应减小。

10.4.3.2 风险减轻

风险减轻是指采取积极的应对措施降低风险发生的概率和风险造成的损失的一种风险处理方式,通常在项目早期采取风险减轻策略可以收到更好的效果。风险减轻策略运用的前提是承认风险事件的客观存在,然后考虑采取适当措施去降低风险出现的概率和减少风险造成的损失,但不是设法消除风险,这有别于风险回避策略。对项目主体而言,由于风险减轻不是从根本上消除风险,因此多数情况下在众多风险应对措施中风险减轻策略常作为一种辅助措施使用。

在分包合同中,通常要求分包商接受建设单位合同条件中的各项合同条款,使分包商分担一部分风险。有的承包商直接把风险比较大的部分分包出去,将建设单位规定的误期损失赔偿费如数订入分包合同,从而将这项风险分散。

承包商的实力越强,市场占有率越高,抵御风险的能力也就越强。一旦出现风险,其造成的影响就显得相对小些。如承包商只承担一个项目,出现风险会使其难以承受;如果承包若干个工程,其中一旦在某个项目上出现了风险损失,还可以用其他项目的效益来弥补。如此一来,承包商的风险压力就会减轻。

10.4.3.3　风险转移

风险转移是指承包商在不能回避风险的情况下，将自身面临的风险转移给其他主体来承担。

风险的转移并非转嫁损失，有些承包商无法控制的风险因素，其他主体有可能可以控制。如总包单位将专业性施工比较强的工程分包给实力比较强的分包商；参加建筑工程保险等。

10.4.3.4　风险自留

风险自留是指承包商将风险留给自己承担，不予转移。这种手段有时是无意识的，即当初不曾预测到，不曾有意识地采取种种有效措施，以致最后只好由自己承担风险；但有时也可以是主动的，即经营者有意识、有计划地将若干风险主动留给自己。

10.4.4　施工项目风险控制

10.4.4.1　风险预警

施工项目风险管理工作需要有预见性和前瞻性，如何把握风险监测时机很重要，建立施工项目的风险预警系统可以解决这一问题。其方式有：

(1)天气预报警报。

(2)股票信息。

(3)各种市场行情、价格动态。

(4)政治形势和外交动态。

(5)各投资企业状况报告。

(6)在工程中通过工期和进度的跟踪、成本的跟踪分析、合同监督、各种质量监控报告、现场情况报告等，了解工程风险。

(7)在工程的实施状况报告中应包括风险状况报告。

风险预警系统基本是由设定风险预警线、进行风险监控和实施风险报告三部分组成。设定风险预警线是为了风险的监控，风险报告是风险监控结果的表述。承包商的承受能力转换为整个工程的风险政策和限度，限度可以通过一系列参数设定，例如进度、费用、质量以及项目干系人的愤怒指数等。风险预警线的设置是以风险限度为基础，充分考虑风险的时间特性，即突发风险还是持续发生的风险，留出一定的空间，以方便解决整个系统的反应滞后以及风险应对措施效应滞后的问题。

例如，某分项工程工期为69天，最早开工时间为2000年3月19日，最迟开工时间为2000年4月7日，期间相差18天，最早完工时间为2000年5月26日，最迟完工时间为2000年6月13日，从工程的限度来说为18天，虽然不是关键工作，但是实践中将预警线设在12天，一旦超过12天，就得关注这个问题了，了解没有开工的原因，分析工程延误的可能性，以及所要采取的措施，保证这项工作的开工时间不超过最迟开工时间，以便起到预警作用。

10.4.4.2　施工项目风险监控

风险监控是施工项目实施过程中的一项重要工作。监控风险实际上是监视项目的进展和项目环境，即项目变数的变化。其目的是，核对风险回避策略和措施的实际结果是否与预见的相同；寻找机会改善和细化风险回避计划；获取反馈信息，以便将来的决策更符合实际。对那些新出现的以及预先制定的策略或措施不见效或性质随着时间的推移而发生变化的风险进行控制，对施工项目进度的评价要反复不断地进行。

不论预先计划好的策略或措施是否付诸实际，风险监视都是不可或缺的。如果发现已做出的决策是错误的，就一定要尽早承认，立即采取纠正行动。如果决策正确，但是结果却不好，这时不要惊慌，不要过早地改变正确的决策。频繁地改变主意不仅会减少应急用的后备资源，而且还会大大增加项目以后阶段风险事件发生的可能性，加重不利后果。

监控风险之所以非常必要，是因为时间的影响是很难预计的。一般来说，风险的不确定性随着时间的推移而减小。大型建设工程在工程的启动阶段假设条件相对较多，随着项目的进展，有关项目信息、资料会越来越多。所以这些风险驱动因素都会越来越清楚，就能检验原来的风险识别、评价的准确性。若是正确的，则原来的风险将量化得越来越准确。

其方法有：

(1)风险审计：专人检查监控机制是否得到执行，并定期进行风险审核。

(2)偏差分析：与基准计划比较，分析成本和时间上的偏差。

(3)技术指标：比较原定技术指标和实际技术指标差异。

10.4.4.3 施工项目风险应急计划的编制

为了最大限度地减少或消除施工或工作中可能发生的安全紧急情况或意外事故所造成的损失，项目部应特意制定相关的应急情况预案及处理程序。

主要应急事件有高空坠落、物体打击、机械伤害、触电、坍塌等造成的人员伤亡；火灾、爆炸事故；集体食物中毒与中暑、施工中毒与窒息事故等。

应急预案的编制程序为：成立预案编制小组；制定编制计划；现场调查，收集资料；环境因素或危险源的辨识和风险评价；控制目标、能力与资源的评估；编制应急预案文件；应急预案评估；应急预案发布。

应急预案编制的内容为：应急预案的目标；参考文献；适用范围；组织情况说明；风险定义及其控制目标；组织职能(职责)；应急工作流程及其控制；培训；演练计划；演练总结报告。

10.4.4.4 人员伤亡事故应急措施

施工现场配备急救箱1～2只，内置急救包等外伤急救医疗卫生用品及消炎镇疼药材。施工前对工程所在地就近的医疗机构地点、交通线路、联系电话了解清楚，打印张贴在安全宣传栏上。

培训：项目部对进场员工尤其是农民工，要认真细致地进行安全培训，做好三级安全教育，认真讲解“发生紧急情况急救措施和报告办法”和“本岗位预防事故的办法”，并做好记录。项目部为员工购买意外伤害保险。

急救程序：急救小组组长/副组长在第一时间内赶赴现场，组织员工及时抢救伤员至安全地带。工地救护员对重伤员进行止血急救措施，全部伤员立即转送医院诊断救护。对伤亡人员转送医院，请求医疗诊断，提出结论。

现场警戒：保安人员在第一时间内到达现场，负责警戒，保护现场，阻止一切无关人员进入，以等待调查。

报告和沟通：项目部应立即向主管部门书面报告人员伤亡情况，请求协调。项目部按当地政府和上级主管单位规定做好伤亡人员家属接待及善后工作。

恢复生产：在应急领导小组组长的主持下，应急领导小组其他相关成员和项目应急小组共同进行事故调查，经现场照相、访问、提取物证后，写出事故调查报告，并报告上级主管部门及政府相关部门。应急小组调查结束后，可以发出生产指令。应急小组召开员工大会，通报事故情况，总结教训，采取纠正和预防措施，提出后续工作的安全生产目标。

10.4.5　风险控制措施的几点意见

10.4.5.1　进行全方位的管理

工程施工中的风险控制主要贯穿在项目的进度控制、成本控制、质量控制、合同控制等过程中，对风险采用的对策措施必须考虑综合手段，从合同、经济、组织、技术、管理等方面确定解决方法，全面合理地把风险带来的不利影响降到最小甚至完全消失。

10.4.5.2　对全部风险的管理

对项目的每一个施工阶段都要进行风险管理，罗列各种可能出现的风险，并把它们作为管理对象，不能有遗漏和疏忽。

10.4.5.3　有全面的组织措施

对已被确认的有重要影响的风险应落实专人负责风险管理，并赋予相应的职责、权限和资源。在组织上全面落实风险控制责任，建立风险控制体系，将风险控制作为项目各层次管理人员的任务之一，让大家都有风险意识，都做风险的监控工作。

知识拓展

风险管理的历史和我国发展的状况

风险管理起源于第一次世界大战中战败的德国，美国由于1923～1933年卷入20世纪最严重的通货膨胀，造成经济衰竭，从而引起美国学者对风险管理的深入研究。1932年纽约保险经纪人协会宣告成立，标志着风险管理科学的兴起。20世纪50年代以来，风险管理受到欧美各国的高度重视，逐步形成企业管理科学中的一门独立科学。发达国家的工程建设领域风险管理的研究和实践始于20世纪五六十年代，伴随着西方社会战后重建，投资大量增加，巨大的投资促使管理者加强对众多的项目不确定因素的管理，其研究内容逐步向系统化、专业化方向发展。70年代中期，美国多数大学工商管理学院及保险系已普遍开设风险管理课程。1984年美国项目管理学会（简称PMI）制定的PMVOK将项目风险管理作为一个重要组成部分。英国南安普敦大学C.B Chapman教授提出了“风险工程”的概念，认为风险工程是对各种分析技术及管理方法的集成。英国不仅形成了成熟的理论体系，许多学者还把风险分析研究成果应用到大型的工程项目当中。英美两国在风险研究方面各有所长，代表了该学科领域的主流。

20世纪80年代中期，项目风险管理被介绍到我国，应用于大型土木工程项目的管理之中。2002年1月，建设部发出了“2002年整顿和规范建筑市场秩序工作安排的通知”，其中包括“建立并推行工程风险管理制度，用经济手段约束和规范建筑市场各方主体的行为”。

目前，我国在许多对经济和社会发展具有重要影响的大型工程项目，如京九铁路、三峡工程、黄河小浪底工程中已开展了风险管理应用研究，并且取得了明显效果和一定的效益，在金融、房地产等领域，一些相关的应用研究也得以开展。但目前总体上看，我国工程建设领域的风险管理尚处于起步阶段，大多数的施工承包企业远没有实行科学的风险管理，风险管理水平仍十分落后，大部分工程建设项目的风险分析方法还不完善，在实践领域仍需要大力推广科学的风险管理方式。工程风险观念的淡薄，对重大工程的影响极大，特别是在市场经济条件下技术迅速发展的今天，风险是不可避免的，而如何切实有效地控制防范分析风险，避免和减少风险损失，是非常值得研究和探索的。因此，建立和完善我国建设工程风险管理体系是十分必要的，特别是随着全球经济一体化的推进及国际竞争的加剧，完备的风险管理体系的建立更是当务之急。

实践与能力训练

某大学园区建设工程项目风险应对措施分析

该大学由相距较远的三个校区组成，占地大约400亩，包括15个二级学院和系部，现有学生1.5万多人。多年来，由于占地面积有限，该大学一直没有得到很好的发展，而且生均占地面积、生均教学用房和生均图书馆面积均不足。几经考查论证之后，在拟定的大学园区征地2070亩，用于建设新校址，并成立了新校区建设指挥部，并很快开始了新校区的建设进程。

在得到政府批准之后，新校区建设由筹划、决策转入实际操作。该校首先通过了邀请招标的方式确定了南方某知名大学的设计研究院进行总体规划设计，随后，省市两级政府的规划部门批准了该规划方案。该校同时又委托了多个设计院进行单体建筑的施工图设计。在资金到位、施工图设计完毕和施工现场具备开工条件之后，该校不失时机地采用公开招标方式招进了8家大型施工企业和2家从事市政工程作业的公司分别进行建筑物和室外工程的施工建设，由通过公开招标方式招入的4家监理单位进行施工阶段监理。

根据安排，新校区分期分批建设，第一期首先考虑容纳1万学生，并规划建设30万平方米的各类建筑物。

1. 大学园区风险回避案例

在该校区的教学区里，总体规划安排的一所图书馆为学区的标志性建筑，临近景观湖畔，建筑物与湖在整体上融为一体。如果开工建设这栋建筑物，必须进行周围环境和景观湖的施工，此处地形复杂，仅土方挖填一项就高达3.5万立方米，并且很难保证新回填土与原状土保持同步沉降。景观湖的施工要处理湖底部残漏，做防渗水施工，景观湖的施工费用约300万元。如果此刻建造该建筑物，草率开工，基础处理不好，肯定会出现质量问题，同时还要花费大量资金建设景观湖，双方的交叉施工会严重影响图书馆的同期使用。指挥部领导专门召开了专家会议，经过研究认为，此刻花费大量资金建设图书馆并不能保证学生入学时投入使用，将会造成不良影响；如果放弃建设此楼，能把大量的资金用到急需资金的教学楼工程上去。因此，决定暂时不建造此图书馆，待条件具备时再恢复兴建，在教学楼中选择C座作为临时图书馆，满足学生使用。

实践证明，在一期工程建设过程中，建设资金极度紧张，如果兴建图书馆工程会因资金问题影响其他楼群建设，造成停工，并且不能按期使用。

从以上分析可知，在某些情况下，风险回避是最佳对策。

2. 大学园区风险控制案例

在大学园区钢筋混凝土雨水管道施工中，施工单位遇到了地下粉砂岩层砂层，根据图纸设计规定，必须进行换土处理，即把砂层挖出，换成二八灰土分层夯实；这么做的目的是为了保证钢筋混凝土污水管道不至于因为土层的不均匀沉降而导致钢筋混凝土雨水管道的接口开裂，防止污水外渗污染水源和避免道路路基发生沉陷进而影响路面。如果换土,必须采用挖去原来管槽处的粉砂岩层砂层,而且施工费用很大。经过现场考察论证,认为可采取另一种方式来解决问题。根据地质勘察资料,地下水位很深,不会引起流砂现象,但为了防止污水渗漏和不均匀沉降,采取了如下解决措施:一是用平板振动器将砂层表面振动密实防止不均匀沉降。二是将钢筋混凝土雨水管道换成在此范围内可以任意长的碳素波纹器,避免了开裂渗漏的风险和事故,同时又节省了资金。

3. 大学园区风险自留案例

大学园区的材料和设备采购大多由业主负责,目的是严把材料质量关、价格关,杜绝材料采购过程的徇私舞弊行为。但与整个国家的建设政策和土地政策有关,主要建材的供求关系不平衡,建材市场价格波动非常大,因此,业主面临着非常大的风险。但业主没有意识到这一点,业主也不想把风险留给自己。

在大学园区建设初期,因为国家对大型建设项目的审批严格控制,所以开工面积并不大,对工程中常用的钢筋的需求量不是很大,钢筋的价格一直在中低价位徘徊。业主招标后按承建方所报进度材料计划进行采购,而且采购数量都不大,没有库存,之所以这么做是为了随用随买,同时如果有一次价格定高了,因为数量少,风险相对也就小,采用的是把风险化大为小的方法。没有想到的是,受首钢迁址和宝钢停止生产建设钢材的影响,转眼间,1吨建筑钢材的价格由原来的2700元一直暴涨到4000元,业主不得不多花钱去购买钢材,没有想到唯恐多花钱变成了真的多花钱,机会没有抓住,而却把风险留下了,这一风险与业主的信息不灵通有很大关系。如果业主能够把材料采购工作全部委托给承包商,就变成了由承包商承担风险,对于资金紧缺的各高校来说,把风险转移出去比自留更可取。

思考题

1. 简述施工项目风险的概念。施工项目风险的特点是什么?
2. 施工项目风险管理的程序有哪些?
3. 施工项目风险管理的内容有哪些?
4. 施工项目全方位风险管理的内容有哪些?
5. 风险因素识别的原则是什么?
6. 工程项目风险应对计划的内容有哪些?
7. 项目风险预警的方式有哪些?

单元 11　施工项目的组织与协调

教学目标

1. 了解施工项目组织协调的概念和特征；
2. 了解施工项目组织协调关系的基本概念和内容；
3. 熟悉施工项目组织协调的分类；
4. 掌握施工项目组织协调的具体内容。

11.1　施工项目组织协调概述

在施工项目建设过程中，组织与协调工作是十分重要的。所谓组织，是指“按照一定的目的、任务和形式加以编制，安排事物之间的关系，使其形成一定的系统或构成一个整体”；而所谓协调，即协商与调解，指“为了取得一致意见而共同商量”和“周旋于双方之间以便使双方和解”。由此可见，组织与协调的作用就是围绕实现项目的各项目标，以合同管理为基础，组织协调各参建单位、相邻单位、政府部门全力配合项目的实施，以形成高效的建设团队，共同努力去实现工程建设目标的过程。在工程建设的过程中，作为施工项目的管理者，其基本职能主要是围绕着“四控三管一协调”，四控三管有明确的工作内容、具体的工作要求，而组织协调却是贯穿于其中，融会在控制的工作程序之中。可以说，组织协调是控制的润滑剂，组织协调是控制的推进器。

施工项目组织协调是指以一定的组织方式、手段和方法，对施工项目中产生的不畅关系进行疏通，对产生的干扰和障碍予以排除的活动。

施工项目组织协调是施工项目管理中一项重要的职能。管理者应该在项目实施的各个阶段和工作环节中，根据其特点和主要矛盾，动态地、有针对性地通过组织协调，及时沟通，排除障碍，化解矛盾，充分调动有关工作人员的积极性，发挥各方面的能动性，协作努力，提高项目组织的运转效率，保证项目的施工活动顺利进行，更好地实现项目的总目标。

施工项目组织协调的范围可分为内部关系协调和外部关系协调。外部关系协调又分为近外层关系协调和远外层关系协调。内部关系主要包括：项目经理部与企业之间；项目经理部部门之间、人员之间；项目经理部与作业层之间；以及作业层之间的关系。近外层关系主要包括：企业、项目经理部与业主、监理单位、设计单位、供应商、分包单位、贷款人、保险人等之间的关系。远外层关系包括：企业、项目经理部与政府、环保、交通、环卫、绿化、文物、消防、公安等部门之间的关系。

施工项目组织协调的内容很多，大致可分为以下几种：

(1)人际关系的协调。包括监理组织内部的人际关系、项目组织与本公司的人际关系、监理组织与关联单位的人际关系，主要解决人员和人员之间在工作中的联系和矛盾。

(2)组织关系的协调。主要解决监理组织内部的分工与配合问题。

(3)供求关系的协调。包括监理实施中所需人力、资金、设备、材料、技术、信息等供给,主要解决供求平衡问题。

(4)配合关系的协调。包括与业主、设计单位、施工单位、材料和设备供应单位以及与政府有关部门、社会团体、科学研究机构、工程毗邻单位之间的协调,主要解决配合中的同心协力问题。

(5)约束关系的协调。主要是了解和遵守国家及地方政策、法规、制度方面的制约,求得执法部门的指导和许可。

11.2　施工项目组织协调的内容

11.2.1　组织协调的原则

建设工程施工项目主要包含三个主要的组织系统,即项目业主、承包商和监理方,而整个建设项目又处于社会的大环境中,项目的组织与协调工作包括系统的内部协调,即项目业主、承包商和监理之间的协调,也包括系统的外部协调,即与政府部门、金融组织、社会团体、服务单位、新闻媒体以及周边群众等的协调。各种关系的协调均应遵守如下原则:

(1)守法是组织与协调工作的第一原则。必须在国家和各行政主管部门有关工程建设法律、法规的许可范围内去协调和管理,只有这样才能做好组织与协调工作。

(2)组织协调要坚持公正原则。要站在施工项目的立场上,公平地处理每一个纠纷,一切以最大的项目利益为原则。做好组织与协调工作,就必须按照合同的规定,维护合同双方的利益。

(3)协调与控制目标一致的原则。在工程建设中,应该注意质量、工期、投资、环境、安全的统一,不能有所偏废。协调与控制的目标是一致的,不能脱离建设目标去协调,同时要把工程的质量、工期、投资、环境、安全统一考虑,不能强调某一目标而忽视其他目标。

11.2.2　施工项目组织协调的主要内容

在施工项目建设过程中,主要的组织与协调工作包括:协调与政府有关部门的关系;组织与协调监理单位、勘察单位、设计单位的工作;组织与协调各施工单位(包括总承包商、专业承包商、供货商等)的工作;管理工作中存在的问题或争议的协调、处理。

11.2.2.1　做好与政府有关部门的协调

根据我国行业管理的规定、法规、法律,政府的各行业主管部门(如发改委、规划委员会、土地局、园林局、交通局、供电局、电信局、建委、消防局、人防办化验室、节水办公室、街道办事处等),均会对项目的实施行使不同的审批权或管理权,如何能与政府的各行业主管部门进行充分、有效的组织协调,将直接影响项目建设各项目标的实现。根据以往与政府主管部门组织协调工作的经验,建议重点应注意以下几点:

(1)应充分了解、掌握政府各行业主管部门法律、法规、规定的要求和相应办事程序,在沟通前应提前做好相应的准备工作(如文件、资料和要回答的问题),做到“心中有数”。

(2)充分尊重政府行业主管部门的办事程序、要求,必要时先进行事先沟通,决不能“顶撞”

和敷衍。

(3)发挥不同人员的相应业绩关系和特长，不同的政府主管部门由不同的专人负责协调，以保持稳定的沟通渠道和良好的协调效果。

11.2.2.2 做好与勘察、设计、监理单位的组织与协调

施工项目部要根据工程项目的实际，编制本施工项目的合同网络图，在合同网络图中就标明了各参建单位之间的合同关系，明确了各参建单位的协调沟通渠道，并据此组织编制项目进度控制计划、成本控制计划、质量控制计划。其中，进度控制计划要由业主、监理单位、设计和总承包各方进行充分讨论，达成一致意见，经各方签认后发布。成本控制计划、质量控制计划需经业主审核，由业主同意后发布执行。合同网络图、进度控制计划、成本控制计划、质量控制计划即成为项目部与各参建单位组织协调工作的基础。

与勘察、设计、监理单位之间的组织协调是施工项目管理十分重要的内容。在工程实施过程中，勘察、设计、监理单位对工程项目都有监督管理的职能，大家的目标是一致的。要做好组织协调，就要全面掌握设计内容，了解业主意图，对工程管理做到心中有数；要掌握所承担的任务内容、大小、难易程度、采用的主要施工工艺、机具以及工程的施工进度计划；要抓好施工关键部位以及各施工作业的衔接界面，以避免和减少因工作划分不清引起的各种矛盾。此外，要重视开好工程例会等各种会议，做到会前有准备、会中有重点、会后有检查，确保组织协调工作的效果。总之，各单位之间的组织协调都要以合同管理为基础，综合运用技术、经济、法律手段，使各方在各自利益不同的条件下，能以实现项目建设的大目标为原则，及时地沟通、协商，处理相互之间的矛盾和问题，使项目各单位形成一个高效的“建设团队”。

11.2.2.3 做好与各参建方的信息沟通管理

实践证明，在工作中出现矛盾常常是由于信息不畅通，在建设的过程中各有关单位自行其是造成的。因此，我们必须建立有效的沟通体系，使信息在整个工程建设的系统中得到良好的传递，尤其要做好与业主、监理、设计单位的沟通管理。与相关方的沟通管理，应做到以下几点：

(1)与业主的信息沟通管理

①向业主的请示、报告一般应通过项目部经理进行，以保证传递信息的完整、统一；

②项目部经理应直接向业主代表请示、汇报工作；

③向业主提交的报告、发文等均应经项目部经理审核批准并加盖项目部公章后才能发出，发文应有专门立档的签收记录表和有关人员签字；

④业主给项目部的批示、发文等应单独立档保存；

⑤指导日常工作的月、周工作计划，管理月报由信息工程师准时报送业主；

⑥及时收集业主的反馈意见，对业主的投诉和不满应及时向主管领导和总经理汇报，并做出相应处理；

⑦与业主方领导不定期沟通，及时协调处理有关问题。

(2)与监理单位的信息沟通管理

①与监理单位的沟通一般通过会议、发文及口头等方式，按专业对口的原则进行；

②对施工单位现场质量、进度的问题，一般应通过监理单位处理，必要时可组织有监理、施工单位参加的专题会；

③准时参加由总监理工程师组织各相关方的监理交底会、工程例会，在施工现场应注意维

护监理工程师的权威和尊严；

④对施工单位的指示和安排，一般应由监理单位发布和安排；

⑤督促监理单位及时提出有关的监理月报、监理通知及对施工单位申报资料的审批；

⑥项目部经理应加强与总监理工程师及施工总包项目经理的沟通与协调，尤其是对重大问题的处理与决策；

⑦对分包单位现场质量与进度的管理，一般应通过总包进行；

⑧项目部应注意收集监理、施工单位的反馈意见；

⑨与各方的收、发文件均应单独立档保存。

(3)与设计单位的信息沟通管理

①由工程部经理牵头负责与设计单位的沟通、协调；

②对设计图纸等文件的管理信息应由信息工程师统一登记、保存，使用时办理领用手续；

③项目部应及时组织设计单位参加设计交底会、工程例会及其他专题会；

④项目部各专业工程师负责与设计专业负责人协调沟通对设计变更、洽商的确认；

⑤项目部经理应重视与总设计师的沟通、协调；

⑥凡涉及设计单位的工作计划应抄报设计单位；

⑦与设计单位的收、发文件应单独立档保存。

11.3　施工项目内部关系的组织协调

施工项目内部关系的组织协调主要分为施工项目经理部内部关系的协调和施工项目经理部与企业本部关系的协调。

11.3.1　施工项目经理部内部关系的协调内容

(1)人际关系方面

①坚持民主集中制，执行各项规章制度；

②以各种形式开展人际间交流、沟通，增强了解、信任和亲和力；

③运用激励机制，调动人的积极性，用人所长，奖惩分明；

④加强政治思想工作，做好培训教育，提高人员素质；

⑤发生矛盾时，重在调节、疏导，缓和利益冲突。

(2)组织关系方面

①按职能划分，合理设置机构；

②以制度形式明确各部门之间的关系和职责权限；

③制定工作流程图，建立信息沟通制度；

④以协调方式解决问题，缓冲、化解矛盾。

(3)供求关系方面

①通过计划协调生产要求与供应之间的平衡关系；

②通过调度体系，开展协调工作，排除干扰；

③抓住重点和关键环节，调节供需矛盾。

(4)经济制约方面

①以合同为依据,严格履行合同;

②管理层为作业层创造条件,保护其利益;

③作业层接受管理层指导、监督、控制;

④定期召开现场会,及时解决施工中存在的问题。

11.3.2 施工项目经理部与企业本部关系的协调内容

(1)党政管理方面

①执行企业经理、党委决议,接受其领导;

②执行企业有关管理制度。

(2)业务管理方面

①执行企业工作管理制度,接受其监督、控制;

②项目经理部的统计、财务、材料、质量、安全等业务纳入企业相应部门的业务系统管理;

③专业分包或劳务分包都应严格履行分包合同,并应接受项目经理部的监督、控制,服从其安排、调配。

11.4 施工项目近外层和远外层关系的协调

11.4.1 施工项目近外层关系的协调内容

(1)与发包人之间

①双方洽谈、签订施工项目承包合同;

②双方履行施工项目承包合同约定的责任,保证项目总目标的实现;

③依据合同及有关法律法规解决争议纠纷,在经济问题、质量问题、进度问题上达成双方协调一致。

(2)与监理工程师之间

①按《建设工程监理规范》的规定,接受监督和有关的管理;

②接受业主授权范围内的监理指令;

③通过监理工程师与业主、设计人等关联单位经常协调沟通;

④与监理工程师建立融洽的工作关系。

(3)与设计单位之间

①项目经理部按设计图纸和有关文件制定项目管理实施规划,按图施工;

②与设计单位搞好协作关系,处理好设计交底、图纸会审、设计洽谈变更、修改及隐蔽工程验收、竣工验收等工作。

(4)与供应单位之间

①双方认真履行合同,利用合同的作用进行调节;

②充分利用市场的竞争机制、价格调节和制约机制、供求机制的作用进行调节。

(5)与分包单位之间

①选择具有相应资质等级和施工能力的分包单位;

②分包单位应办理施工许可证,从业人员应有上岗证;

③双方应履行分包合同，按合同处理经济利益和责任，解决争议和纠纷；

④分包单位应接受项目经理部的监督、控制。

(6)与公用部门之间

①项目经理部在业主取得有关公用部门批准文件和施工许可证后，方可进行相应施工活动；

②遵守各公用部门的有关规定，合理、合法地施工；

③项目经理部应根据施工要求向各有关公用部门办理各类手续，如到交通管理部门办理通行路线图和通行证，到市政管理部门办理街道临建审批手续，到自来水管理部门办理施工用水设计审批手续，到供电管理部门办理施工用电设计审批手续等；

④在施工活动中主动与各有关公用部门密切联系，取得配合与支持，加强计划性，以保证施工质量、进度的要求；

⑤充分利用发包人、监理工程师的关系进行协调。

11.4.2　施工项目远外层关系的协调内容

(1)与政府建设行政主管部门之间

①接受政府建设行政主管部门的领导、审查，按规定办理好项目施工的一切手续；

②在施工活动中，应主动向政府建设行政主管部门请示汇报，取得支持和帮助；

③在发生合同纠纷时，政府建设行政主管部门应给予调解或仲裁。

(2)与质量监督部门之间

①及时办理建设工程质量监督通知单等手续；

②接受质量监督部门对施工全过程的质量监督、检查，对所提出的质量问题及时纠正；

③按规定向质量监督部门提供有关工程质量文件和资料。

(3)与金融机构之间

①遵守金融法规，向银行借贷、委托、送审和申请，履行借贷合同；

②以建筑工程为标的向保险公司投保。

(4)与消防部门之间

①施工现场有消防平面布置图，符合消防规范，在办理施工现场消防安全资格认可证审批后方可施工；

②随时接受消防部门对施工现场的检查，对存在问题及时改正；

③竣工验收后还须将有关文件报消防部门进行消防验收，若存在问题，及时返修。

(5)与公安部门之间

①进场后应向当地派出所如实汇报工地性质、人员情况，为外来劳务人员办理暂住手续；

②主动与公安部门配合，消除不安定因素和治安隐患。

(6)与安全监察部门之间

①按规定办理相关安全资格认可证、安全生产许可证；

②施工中接受安全监察部门的检查、指导，发现安全隐患及时整改、消除。

(7)与公证签证机构之间

委托合同公证、签证机构进行合同的真实性、可靠性的法律审查和鉴定。

(8)与司法机构之间

在合同纠纷处理中，在调解无效或对仲裁不服时，可向司法机构诉讼。

(9)与现场环境单位之间

①遵守公共关系准则，注意文明施工，减少环境污染、噪声污染，搞好环卫、环保、场容场貌、安全等工作；

②尊重社区居民和环卫环保单位意见，改进工作，取得谅解、配合和支持。

(10)与园林绿化部门之间

①因建设需要砍伐树木时，须提出申请，报市园林主管部门批准；

②因建设需要临时占用城市绿地和绿化带，须办理临建审批手续，经城市园林部门、城市规划部门、公安部门同意，报当地政府部门批准。

(11)与文物保护部门之间

①在文物较密集地区施工，项目经理部应事先与省市文物保护部门联系，进行文物调查或勘探工作，若发现文物要共同商定处理办法；

②施工中发现文物，项目经理部有责任和义务妥善保护文物和现场，并报政府文物管理机关及时处理。

知识拓展

项目沟通管理

项目沟通管理就是为了确保项目信息合理收集和传输，以及最终处理所需实施的一系列过程。包括为了确保项目信息及时适当的产生、收集、传播、保存和最终配置所必需的过程。项目沟通管理为成功所必需的因素——人、想法和信息之间提供了一个关键连接。涉及项目的任何人都应准备以项目“语言”发送和接收信息并且必须理解他们以个人身份参与的沟通怎样影响整个项目。沟通就是信息交流。组织之间的沟通是指组织之间的信息传递。对于项目来说，要科学地组织、指挥、协调和控制项目的实施过程，就必须进行项目的信息沟通。好的信息沟通对项目的发展和人际关系的改善都有促进作用。

项目沟通管理具有复杂和系统的特征。著名组织管理学家巴纳德认为，“沟通是把一个组织中的成员联系在一起，以实现共同目标的手段”。没有沟通，就没有管理。沟通不良几乎是每个企业都存在的老毛病，企业的机构越是复杂，其沟通越是困难。往往基层的许多建设性意见未及反馈至高层决策者便已被层层扼杀，而高层决策的传达常常也无法以原貌展现在所有人员面前。

实践与能力训练

【实训 1】　某综合办公楼，地下 4 层，地上 4 层。占地面积 12058m^2，总建筑面积 108845m^2，其中地上建筑面积 72504m^2，地下建筑面积 36341m^2，建筑高度 51.00m，基底标高 −20.4m。结构形式：基础结构形式为钢筋混凝土筏板基础；主体为钢筋混凝土框剪结构。质量目标：“结构长城杯”。地点位于城市繁华区，施工场地异常狭窄，需租用第二场地解决材料加工及工人食宿等问题，现场无法设置循环车道，车辆调度困难。工期紧张，结构部分 150d。

问题：

1. 负责项目经营合同管理；参与分包合同履约中的协调与结算管理等工作，你认为应该是：①质量部；②技术部；③合约部三者中哪一部门的主要职责？除此之外，该部门还应负责哪几个方面的工作？

2. 若周围居民为施工扬尘问题提出申诉，应如何处理？

3. 项目经理部与企业及主管部门的关系应包括哪些方面？

【实训 2】 某一新型办公、住宅楼工程位于繁华闹市，总建筑面积 $45110m^2$，主体为现浇框架—剪力墙结构。基础结构形式，主体为钢筋混凝土筏板基础，裙房为钢筋混凝土独立柱基。主体建筑地下 3 层，地上 16 层，建筑檐高 62.10m，基底标高－14.20m。工期 700d，施工场地异常狭小，采用了大量新工艺、新技术、新材料，使得施工工艺复杂。

问题：

1. 该项目管理部中技术部的员工主要应负责哪些工作？

2. 应从哪几个方面与监理工程师进行协调才能保证工作的顺利进行？

3. 周围居民就污水排放对施工单位提出申诉，如何处理？

4. 施工过程中如何协调好与劳务作业层之间的关系？

【实训 3】 某综合办公大楼工程由半地下室、裙房、裙房钢结构三部分组成，建筑面积 $22483m^2$，主建筑为 20 层办公楼，塔楼主体为内筒外框架钢结构，外饰全玻璃幕墙。工期要求紧。该项目部所属企业为房屋建筑工程施工总承包公司，项目经理为国家一级项目经理，大中专学生占管理人员总数的 76%，技工、高级技工占员工总数的 62%。

问题：

1. 项目经理部的外部关系协调包括哪几个方面？

2. 施工过程中，如何处理噪声扰民问题？

思考题

1. 简述施工项目组织协调的概念及其涉及的范围。
2. 施工项目组织协调的内容包括哪些？
3. 施工项目组织协调的内部协调包括哪些内容？
4. 施工项目组织协调的外部协调包括哪些内容？

单元 12　施工项目收尾管理

教学目标

1. 了解施工项目收尾管理的定义及其重要性，掌握施工项目收尾管理的主要内容。

2. 了解施工项目竣工验收的定义，掌握施工项目竣工验收的依据、要求、程序和主要工作内容。

3. 了解施工项目竣工结算的定义，熟悉施工项目竣工结算的依据和原则，掌握施工项目竣工结算的程序。

4. 了解施工项目回访的定义，掌握施工项目回访的内容和方式，掌握施工项目保修制度、保修实施的程序和经济责任的处理办法。

12.1　施工项目收尾管理概述

12.1.1　施工项目收尾管理的定义

施工项目收尾管理是指对项目的收尾、试运行、竣工验收、竣工结算、考核评价、回访保修等进行的计划、组织、协调和控制等活动。

项目收尾有建设项目的整体收尾和依据合同结构形成的某个具体的建筑施工项目的收尾之分。建筑施工项目的收尾和一个完整的建设项目的收尾在时间关系上并非完全一致。对建筑施工企业来说，往往并不能承包一个建设项目的全部建筑安装工程，整个建设项目会有多个施工合同。因此，建筑施工项目管理组织要按照业主对项目收尾工作的整体安排，做好本施工项目的收尾工作。

12.1.2　施工项目收尾管理的重要性

收尾阶段的工作对于项目各参与方来讲都是非常重要的，项目各方面的利益在这一阶段常常存在着较大的冲突，特别是在最终费用结算方面。因此，在质量验收、费用的结算、项目交接等过程中，项目管理班子应进行系统的整理，提供翔实、有充分效力的依据，保证自身的利益。

对于项目管理班子来说，项目接近完成时，因大量的施工任务已经完成，往往注意力会转移到新的项目上去，有些成员也要调离，甚至主要力量都会转移到新的工程项目上去，这种流动性在建筑施工企业里是很正常的。而项目收尾工作常常是零碎、繁琐的，且又费时费力，容易被人忽略。因此，项目收尾工作的重要性应当特别强调，否则会给项目及自身带来不利影响，尤其是必须能够组织足够的力量对收尾阶段发生的零星工作及返修项目及时快捷地处理。

12.1.3　施工项目收尾管理的主要内容

一般项目收尾工作主要包括范围核实、行政收尾和合同收尾等子项。

(1)范围核实

范围核实又叫移交和验收,也称为范围确认。项目结束时,项目班子要把已经完成的项目可交付成果交给该项目成果的使用者或其他有权接收的一方,如发起者、项目业主或项目使用者。而在正式移交之前,接收方要对已经完成的工作成果或项目活动成果重新进行审查,核查项目合同规定范围内的各项工作或活动是否已经完成,可交付成果是否令人满意。如果项目提前结束,则应查明有哪些工作已经完成,完成到了什么程度,并将核查结果记录在案,形成文件。

项目范围核实完成后,参加项目范围核实的项目班子和接收方人员应在事先准备好的文件上签字,表示接收方(如业主或发起者)已经正式认可并验收项目全部或阶段性成果。一般情况下,这种认可和验收可以附有条件。

在建设工程项目实际操作中,项目范围核实的工作主要表现为项目的竣工验收和项目交接的工作及项目竣工结算和项目清算工作。对于业主来说,一般还要办理竣工决算。

(2)合同收尾

合同收尾就是了结合同并结清账目,包括解决所有尚未了结的事项。有些项目,合同收尾的具体手续可在合同条款和条件中加以规定。合同提前终止是一种特殊的合同收尾。

在合同收尾之前要整理好合同文件。合同文件至少应包括合同本身及全部有关的合同组成文件,如经过批准的合同变更文件、经过批准的施工组织和施工工艺技术文件、经过签认的中间交工验收文件、收款记录和单据等财务文件以及所有与合同有关的检查结果等。

合同收尾结束时,项目班子应整理出一套完整的合同记录,连同项目记录一起存档。

(3)行政收尾

项目达到目的或因故中途终止时,必须做好行政收尾工作。项目管理班子的行政收尾工作主要有两个方面:一是收集和散发有关信息,编制资料和文件,正式宣布项目的结束;二是项目组织的解体、转移以及物资、设备和机具等的转移、处理。

项目班子首先应检查项目成果并将检查结果形成文件,以便由发包人、业主或用户正式验收项目结果。

在行政收尾时,项目班子应当负责在有关方面的协助下对所有的项目记录进行系统的整理,将完整的项目记录交有关方面存档。项目管理班子要对各种收尾工作所必需的资料进行系统的检查和分析,并对其进行归纳,写出简明扼要的材料。

在收尾阶段,项目组织或解体分散,或转移安排,需要做好善后工作。项目的剩余物资、财务账目和资金需要盘整或清点,项目的设备、机具需要转场和保养,这些工作都应切实认真地做好。

(4)总结评价

在做行政收尾时,项目管理班子还应当找出项目和项目管理的成功和失败之处,研究本项目使用过的哪些方法和技术值得推广到其他项目上去,并考虑为了继续研究因受本项目的启迪而提出的各种方法和技术还需要进行哪些活动,即对项目和项目管理进行总结评价。

12.2　施工项目的竣工验收

12.2.1　施工项目竣工验收概述

12.2.1.1　施工项目竣工验收的定义

建筑工程施工项目竣工验收，是指承包人按照建设工程施工合同的约定，完成设计文件和施工图规定的工程内容，经业主组织验收后办理工程交接手续。施工项目竣工验收是发包人和承包人的交易行为。交工的主体是承包人，验收的主体是发包人。

验收一般有中间验收、单项工程验收和全面竣工验收三种形式。

施工项目的竣工验收有别于建设项目全面竣工验收。建设项目全面竣工验收是指建设单位（项目业主）在建设项目按批准的设计文件所规定的内容全部建成后，向使用单位（国有资金建设的工程向国家）交工，接受使用单位（国家）验收的过程。建筑工程施工项目竣工验收是建设项目竣工验收的一个组成部分。

12.2.1.2　施工项目竣工验收的依据

（1）上级主管部门的有关工程竣工验收的文件和规定；

（2）国家和有关部门颁发的施工规范、质量标准、验收规范；

（3）批准的设计文件、施工图纸及说明书；

（4）双方签订的施工合同；

（5）设备技术说明书；

（6）设计变更通知书；

（7）有关的协作配合协议书；

（8）其他。

12.2.1.3　施工项目竣工验收的要求

施工项目竣工质量验收应按下列要求进行：

（1）建筑工程施工质量应符合《建筑工程施工质量验收统一标准》（GB50300—2001）和相关专业验收规范的规定。

（2）建筑工程施工应符合工程勘察、设计文件的要求。

（3）参加工程施工质量验收的各方人员应具备规定的资格。

（4）工程质量的验收均应在施工单位自行检查评定的基础上进行。

（5）隐蔽工程在隐蔽前应由施工单位通知有关单位进行验收，并应形成验收文件。

（6）涉及结构安全的试块、试件以及有关材料，应按规定进行见证取样检测。

（7）检验批的质量应按主控项目和一般项目验收。

（8）对涉及结构安全和使用功能的重要分部工程应进行抽样检测。

（9）承担见证取样检测及有关结构安全检测的单位应具有相应资质。

（10）工程的观感质量应由验收人员通过现场检查，并应共同确认。

12.2.2　施工项目竣工验收阶段管理的程序和主要工作

12.2.2.1　施工项目竣工验收的程序

施工项目竣工验收虽然是由项目业主(即发包方)来组织进行的,但为使项目能够顺利通过发包方的竣工验收,建筑施工企业和项目经理部需要配合发包方的工作,完成好自己应做的工作,迎接发包方的检查验收。

施工项目竣工验收程序如图12.1所示。

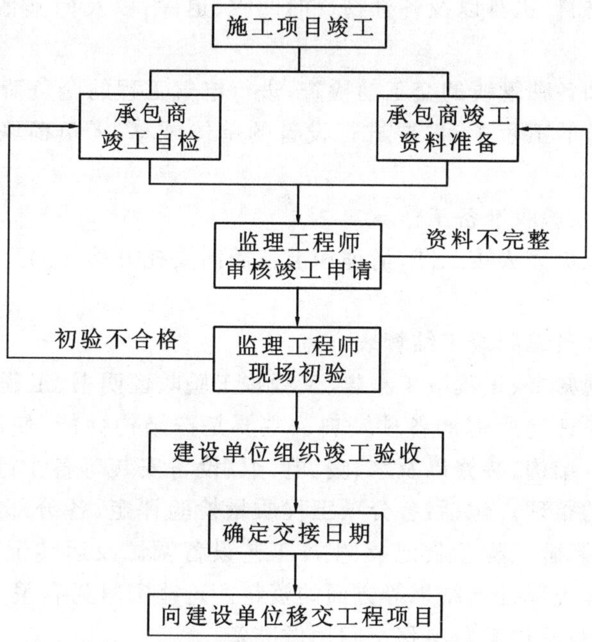

图12.1　施工项目竣工验收程序示意图

12.2.2.2　施工项目竣工验收各阶段的主要工作

参与工程建设的各方均应做好竣工验收的准备工作。其中建设单位应完成组织竣工验收班子,审查竣工验收条件,准备验收资料,做好建立建设项目档案并在竣工验收后及时向建设行政主管部门或其他有关部门移交建设档案,清理工程款项,办理工程结算手续等方面的准备工作;监理单位应协助建设单位做好竣工验收的准备工作,督促施工单位做好竣工验收的准备;设计单位应做好资料整理和工程项目清单等工作;施工单位应及时完成工程收尾,做好竣工验收资料的准备(包括整理各项交工文件、技术资料并提出交工报告等),组织准备工程预验收等工作。

(1)施工项目的收尾工作

在竣工验收阶段,项目经理部应着重做好以下几方面的工作:

①建筑施工项目进入收尾期,项目经理就应开始组织有关人员逐层、逐段、逐部位、逐房间地进行查项,检查施工中有无丢项、漏项。一旦发现,必须立即确定专人定期解决,并按期进行检查。需要注意的是,项目收尾期并不是在项目全部工作都已完成之后才开始。如果等到全部工作都已进行完毕之后才开始项目收尾工作,势必会影响项目竣工验收的进行。

②对已完成的成品进行封闭和保护。已经全部完成的部位或查项后修补完成的部位,

要立即组织清理,保护好成品。依可能和需要,可以按房间或层段锁门封闭,严禁无关人员进入(包括组织内部的人员),防止损坏成品或丢失零配件。尤其是高标准、高级装修的建筑工程(如高级宾馆、饭店等),每一个房间的装修和设备安装一旦作业完毕,就要立即严加封闭,乃至派专人加以看管,而且整个作业过程都应是如此,不仅仅是全部作业完成后才进行封闭保护。

③有计划地拆除施工现场的各种临时设施和暂设工程,拆除各种临时管线,清扫施工现场,组织清运垃圾和杂物。

④有步骤地组织材料、机具以及各种物资的回收、退库,以及向其他施工现场转移和进行处理等项工作。

⑤做好电气线路和各种管线的交工前检查,进行电气工程的全负荷试验。

⑥有生产工艺设备的工程项目,要进行设备的单体试车、无负荷联动试车和有负荷联动试车。

(2)施工方各项竣工验收准备工作

①组织项目技术人员完成竣工图,清理和准备需向委托方移交的工程档案资料,并编制工程档案资料移交清单。

②组织项目财务人员编制竣工结算表。

③准备工程竣工通知书、工程竣工报告、工程竣工验收证明书、工程保修证书等文件。

④准备好工程质量评定所需的各项资料。主要是按结构性能、使用功能、外观效果等方面,对工程的地基基础、结构、装修以及水、暖、电、卫、设备安装等各个施工阶段所有质量检查的验收资料进行系统的整理。包括:各分项工程质量检验评定、各分部工程质量检验评定、单位工程质量检验评定、隐蔽工程验收记录、生产工艺设备调试及运转记录、吊装及试压记录以及工程质量事故发生情况和处理结果等方面的资料。这些资料为有关方面正式评定工程质量提供资料和依据,也为技术档案资料移交归档做准备。

施工项目经理部做好以上工作的基础上,应组织做好完工自检工作。

承包商的完工自检是由承包商的项目经理组织生产技术、质量、合同等方面的人员对照国家、地方政府和合同文件规定的标准和要求对所完成工程的检查。在检查中要做好记录,对不符合要求的部位和项目确定修补措施和标准,并指定专人负责,定期修补完毕。在正式验收之前,进行必要的自检自查工作,预先找出问题和漏洞并尽快解决,有利于正式竣工验收的顺利通过。

(3)验收初验

当工程项目达到竣工验收条件后,施工单位在自检合格的基础上,填写工程竣工报验单,并将全部资料报送监理单位,申请竣工验收。监理单位根据施工单位报送的工程竣工报验申请,由总监理工程师组织专业监理工程师对竣工资料进行审查,并对工程质量进行全面检查,对检查中发现的问题督促施工单位及时整改。经监理单位检查验收合格后,由总监理工程师签署工程竣工报验单,并向建设单位提出质量评估报告。

(4)正式验收

项目主管部门或建设单位在接到监理单位的质量评估和竣工报验单后,经审查,确认符合竣工验收条件和标准,即可组织正式验收。

竣工验收由建设单位组织,验收组由建设、勘察、设计、施工、监理单位和其他有关方面的专家组成,验收组可下设若干个专业组。建设单位应当在工程竣工验收 7 个工作日前将验收的时间、地点以及验收组名单书面通知当地工程质量监督站。

召开竣工验收会议的程序是：

①建设、勘察、设计、施工、监理单位分别汇报工程合同履行情况和在工程建设各个环节执行法律、法规和工程建设强制性标准的情况。

②审阅建设、勘察、设计、施工、监理单位的工程档案资料。

③实地查验工程质量。

④对工程勘察、设计、施工、设备安装质量和各管理环节等方面做出全面评价，形成经验收组人员签署的工程竣工验收意见。参与工程竣工验收的建设、勘察、设计、施工、监理等各方不能形成一致意见时，应当协商提出解决方法，待意见一致后重新组织工程竣工验收，必要时可提请建设行政主管部门或质量监督站调解。正式验收完成后，验收组应形成《竣工验收鉴定证书》，对验收做出结论。

《竣工验收鉴定证书》的主要内容包括：验收的时间、验收工作概况、工程概况、项目建设情况、生产工艺及水平和生产设备及试生产情况、竣工决算情况、工程质量的总体评价、经济效果评价、遗留问题及处理意见、验收组对项目（工程）验收结论，并确定交工日期及办理承、发包双方工程价款的结算手续等。

通过竣工验收程序，办完竣工结算后，承包人应在规定期限内向发包人办理工程移交手续。工程项目移交包括工程实体移交和技术档案文件移交。工程实体移交是建筑物实体和工程项目内所包括的各种设备实件的交接。技术档案文件移交是在完工验收后的一段时间（一般最迟不得超过3个月），由承包商将有关的施工技术资料和工程档案移交给项目建设单位。移交时要办理工程档案资料移交书，由双方单位负责人签章，并附工程档案资料移交清单。移交书及其清单一式两份，双方各自保存一份，以备查对。当工程项目实体移交、技术档案文件移交和工程项目款项结完后，承包商和项目建设单位将在项目移交报告上签字，形成项目移交报告证书，标志着合同工程所有权已移交给项目建设单位。

12.2.3　施工项目竣工图的绘制

竣工图是真实地记录建筑工程情况的重要技术资料，是建筑工程进行交工验收、维护修理、改建扩建的主要依据。它是工程使用单位要长期保存的技术档案，也是国家的重要技术档案内容，要在国家档案部门存档。因此，竣工图必须做到准确、完整、真实，必须符合长期保存的归档要求。

竣工图一般要由施工方来完成，另有约定的除外。但是，当项目进行过程中变更较大和较多时，业主一般会委托原设计单位重新绘制施工图交给施工方。这时，施工方的主要责任是保管好图样和做好工程记录。

（1）对竣工图的主要要求分以下四种情况：

①在施工过程中未发生设计变更，按图施工的建筑工程，可在原施工图样（需是新图）上注明“竣工图”标志，即可作为竣工图使用。

②在施工中虽然有一般性的设计变更，但没有较大的结构性或重要管线等方面的设计变更，而且可以在原施工图样上修改或补充，也可以不再绘制新图样，由施工单位在原施工图样（需是新图）上清楚地注明修改后的实际情况，并附以设计变更通知书、设计变更记录及施工说明，然后注明“竣工图”标志，也可作为竣工图使用。

③建筑工程的结构形式、标高、施工工艺、平面布置等有重大变更，原施工图不再适用，应重新绘制新图样，注明“竣工图”标志。新绘制的竣工图必须真实反映出变更后的工程情况。如果有设计方变更后的设计图样，可以用此图样替换原来的施工图作为竣工图。

④改建或扩建的工程，如果涉及原有建筑工程并使原有工程的某些部分发生工程变更者，应把与原工程有关的竣工图资料加以整理，并在原工程图档案的竣工图上填补变更情况和必要的说明。

(2)除上述四种情况之外，竣工图必须做到以下三点：

①竣工图必须与竣工工程的实际情况完全符合；

②竣工图必须保证绘制质量，做到规格统一，字迹清晰，符合技术档案的各种要求；

③竣工图必须经过项目主要负责人审核、签认。

12.2.4 竣工资料移交

工程档案是建设项目的永久性技术文件，是建设单位生产(使用)、维修、改造、扩建的重要依据，也是对建设项目进行复查的依据。各有关单位(包括设计、施工、监理单位)应在工程准备开始就建立工程技术档案，汇集整理有关资料，把这项工作贯穿到整个施工工程，直到工程竣工验收结束。这些资料由建设单位分类立卷，在竣工验收时移交给生产单位(或使用单位)统一保管。

在施工项目竣工后，项目经理部必须按规定向发包方(业主)移交档案资料。档案资料不全的，承包方必须补齐。如果档案资料缺失，承包方有可能受到经济上的制裁。如有的工程，业主就收取档案保证金。因此，项目经理部自合同签订后，就应派专人负责收集、整理和管理这些档案资料，不得丢失。

凡是列入技术档案的技术文件、资料，都必须经有关技术负责人正式审定。所有的资料、文件都必须如实反映情况，不得擅自修改、伪造或事后补做。工程技术档案必须严加管理，不得遗失损坏，人员调动时要办理交接手续，重要资料(包括隐蔽工程照片)还应分别报送上级领导机关。

应移交的技术资料主要有以下内容：

(1)土建方面：

①开工报告。

②永久性工程的坐标位置、建筑物和构筑物以及主要设备基础轴线定位、水平定位和复核记录。混凝土和砂浆试块的验收报告、砂垫层测试记录和防腐质量检验记录、混凝土抗渗实验资料。

③预制构件、加工件、预应力钢筋出厂的质量合格证明和张拉记录，原材料检验证明。

④隐蔽工程验收记录(包括打桩、试桩、吊装记录)。

⑤屋面工程施工记录、防水材料试配记录。

⑥设计变更资料。

⑦工程质量事故调查报告和处理记录。

⑧安全事故处理记录。

⑨施工期间建筑物、构筑物沉陷和变形测定记录。

⑩建筑物、构筑物使用要点。

⑪未完工程的中间交工验收记录。

⑫竣工验收证明。

⑬竣工图。

⑭其他有关该项工程的技术决定。

(2)安装方面：

①设备质量合格证明(包括出厂证明、质量保证书)。

②设备安装记录(包括组装)。

③设备单机运转记录和合格证。

④管道和设备等焊接记录。

⑤管道安装、清洗、吹扫、试漏、试压和检查记录。

⑥截止阀、安全阀试压记录。

⑦电器、仪表检验及电机绝缘、干燥等检查记录。

⑧照明、动力、电信线路检查记录。

⑨安全事故处理记录。

⑩隐蔽工程验收单。

⑪竣工图。

12.3　施工项目竣工结算

12.3.1　施工项目竣工结算的定义

竣工结算是承包人在所承包的工程按照合同规定的内容全部完工，并通过竣工验收之后，与发包人进行的最终工程价款的结算。这是建设工程施工合同双方为最终确定施工项目价款所开展的工作。

12.3.2　施工项目竣工结算的依据

编制项目竣工结算依据的资料有：

(1)国家有关法律、法规、规章制度和相关的司法解释。

(2)建设工程工程量清单计价规范。

(3)施工承发包合同、专业分包合同及补充合同，有关材料、设备采购合同。

(4)招标投标文件，包括招标答疑文件、投标承诺、中标报价书及其组成内容。

(5)工程竣工图或施工图、施工图会审记录，经批准的施工组织设计，以及设计变更、工程洽商和相关会议纪要。

(6)经批准的开、竣工报告或停、复工报告。

(7)双方确认的工程量。

(8)双方确认追加(减)的工程价款。

(9)双方确认的索赔、现场签证事项及价款。

(10)其他依据。

12.3.3 施工项目竣工结算的原则

编制竣工结算应遵循的原则有：

(1)以单位工程或合同约定的专业项目为基础，对工程量清单报价的主要内容，包括项目名称、工程量、单价及计算结果，进行认真的检查和核对。若是根据中标价订立合同的，应对原报价单的主要内容进行检查和核对。

(2)在检查和核对中若不符合有关规定，应填写单位工程结算书与单项工程综合结算书。有不相符合的地方，有漏算、多算和错算等情况时，均应及时进行调整。

(3)多个单位工程构成的施工项目，应将各单位工程竣工结算书汇总，编制单项工程竣工综合结算书。

(4)多个单项工程构成的建设项目，应将各单项工程综合结算书汇总，编制成建设项目总结算书，并撰写编制说明。

(5)工程竣工结算后，承包人应将工程竣工结算报告及完整的结算资料纳入工程竣工资料，及时归档保存。

12.3.4 施工项目竣工结算的程序

国家工商行政管理局和原建设部制定的《建设工程施工合同(示范文本)》通用条款中对竣工结算作了详细规定。

(1)工程竣工验收报告经发包人认可后28天内，承包人向发包人递交竣工结算报告及完整的结算资料，双方按照协议书约定的合同价款及专用条款约定的合同价款调整内容，进行工程竣工结算。

(2)发包人收到承包人递交的竣工结算报告及结算资料后28天内进行核实，给予确认或提出修改意见。发包人确认竣工结算报告后通知经办银行向承包人支付工程竣工结算价款。承包人收到竣工价款后14天内将竣工工程交付发包人。

(3)发包人收到竣工结算报告及结算资料后28天内无正当理由不支付工程竣工结算价款的，从第29天起按承包人同期向银行贷款利率支付拖欠工程价款的利息，并承担违约责任。

(4)发包人收到竣工结算报告及结算资料后28天内不支付工程竣工结算价款，承包人可以催告发包人支付结算价款。发包人在收到竣工结算报告及结算资料后56天内仍不支付的，承包人可以向发包人协议将该工程折价转让，也可以由承包人申请人民法院将该工程依法拍卖，承包人是该工程折价或者拍卖价款的优先受偿者。

(5)工程竣工验收报告经发包人认可后28天内，承包人未向发包人递交竣工结算报告及完整的结算资料，造成工程竣工结算不能正常进行或工程竣工结算价款不能及时支付，发包人要求交付工程的，承包人应当交付；发包人不要求交付工程的，承包人承担保管责任。

(6)发包人、承包人对工程竣工结算价款发生争议时，可以和解或者要求有关主管部门调解。如不愿和解、调解或者和解、调解不成的，双方可以选择以下一种方式解决争议：

①双方达成仲裁协议的，向约定的仲裁委员会申请仲裁。

②向有管辖权的人民法院起诉。

作为承包人的建筑施工企业，在申请仲裁或起诉阶段，有责任保护好已完工程。

【例12.1】 某独立土方工程，招标文件中估计工程量为100万m^3，合同约定：工程款按月支付并同时在该款项中扣留 5% 的工程预付款；土方工程为全费用单价，10 元/m^3，当实际I程量超过估计工程量 10% 时，超过部分调整单价，为 9 元/m^3。某月施工单位完成土方工程量 25 万 m^3，截至该月累计完成的工程量为 120 万 m^3，则该月应结算工程款为多少万元？

解　在本月完成的 25 万 m^3 中，有 10 万 m^3 已经超过了合同估计工程量的上限（110 万 m^3），因此应采用 9 元/m^3 的单价，其余的 15 万 m^3 采用 10 元/m^3 的单价。

该月应结工程款 $=(15\times10+10\times9)\times(1-5\%)=228$ 万元

12.4　施工项目回访与保修

12.4.1　施工项目回访保修

项目回访保修是指承包人在施工项目竣工验收后对工程使用状况和质量问题向用户访问了解，并按照有关规定及“工程质量保修书”的约定，在保修期内对发生的质量问题进行修理并承担相应经济责任的过程。

12.4.2　施工项目回访

12.4.2.1　施工项目回访的定义

回访是建筑施工企业在项目投入使用后的一定期限内，对项目建设单位或用户进行访问，以了解项目的使用情况、施工质量及设施设备运行状态和用户对维修方面的要求。回访是落实保修制度和保修方责任的一项重要措施。通过回访，根据用户的意见并针对回访发现的问题，可以在保修期内及时进行保修处理。特别是建筑施工单位的流动性质，更需要通过有效的回访措施，履行好保修责任。在保修期内，建筑施工单位对项目业主（或用户）进行回访时必须认真，必须要解决问题，并应做出回访记录，必要时应写出回访纪要。

回访应纳入承包人的工作计划、服务控制程序和质量体系文件。

12.4.2.2　施工项目回访的内容

建筑施工单位对项目业主（或用户）进行回访的主要内容如下：

（1）听取用户对项目的使用情况和意见。

（2）查询或调查现场因自身的原因造成的问题。

（3）进行原因分析和确认。

（4）商讨进行返修的事项。

（5）填写回访记录。

12.4.2.3　施工项目回访的方式

回访的方式一般有以下三种：

（1）季节性回访　大多数在雨季回访屋面、墙面的防水情况，在冬季回访采暖系统的情况。这时较容易发现建筑工程的一些质量通病。

（2）技术性回访　主要是了解在工程施工过程中所采用的新材料、新技术、新工艺、新设备等的技术性能和使用后的效果。回访应以特殊工程施工中采用的新技术、新材料、新设备、新工艺等的应用情况为重点。

（3）保修期结束前的回访　一般是在保修即将期满之前进行，既可解决出现的问题，又标志着保修期即将结束,促使用户注意项目的使用和维护。

(4)对特殊工程的专访。

回访的形式可采取电话询问、登门座谈、访问等方式。

12.4.3 施工项目保修

12.4.3.1 施工项目保修制度

根据《建设工程质量管理条例》的规定,建设工程实行质量保修制度。建设工程承包单位在向建设单位提交工程竣工验收报告时,应当向建设单位出具质量保修书。质量保修书中应当明确建设工程的保修范围、保修期限和保修责任等。

在正常使用条件下,建设工程的最低保修期限为:

(1)基础设施工程、房屋建筑的地基基础工程和主体结构工程,为设计文件规定的合理使用年限。

(2)屋面防水工程、有防水要求的卫生间、房间和外墙面的防渗漏,保修期为 5 年。

(3)供热和供冷系统,保修期为 2 个采暖期、供冷期。

(4)电气管线、给排水管道、设备安装和装修工程,保修期为 2 年。

(5)其他项目的保修期限由发包方与承包方约定。

建设工程的保修期,自竣工验收合格之日起计算。建设工程在保修范围和保修期限内发生质量问题的,施工单位应当履行保修义务,并对造成的损失承担赔偿责任。

建设工程在超过合理使用年限后需要继续使用的,产权所有人应当委托具有相应资质等级的勘察、设计单位鉴定,并根据鉴定结果采取加固、维修等措施,重新界定使用期。

回访保修的责任应由承包人承担,承包人应建立施工项目交工后的回访与保修制度并纳入质量管理体系,听取用户意见,提高服务质量,改进服务方式。

承包人应建立与发包人及用户的服务联系网络,及时取得信息,并按计划、实施、验证、报告的程序搞好回访与保修工作。

保修工作必须履行施工合同的约定和"工程质量保修书"中的承诺。

12.4.3.2 施工项目保修实施程序

承包人应按法律、行政法规或国家关于工程质量保修的有关规定,对交付发包人使用的工程在质量保修期内承担质量保修责任。

质量保修工作的实施,一般包括以下三个步骤:

(1)签订质量保修书

承包人应在工程竣工验收之前与发包人签订质量保修书,作为建设工程施工合同的附件。质量保修书的主要内容包括:

①质量保修项目内容及范围;

②质量保修期;

③质量保修责任;

④质量保修金的支付办法。

(2)检查和修理

在保修期内,业主或用户发现项目出现质量问题而影响使用时,可以用口头或书面方式通知承包人或该建筑施工单位的有关保修部门,说明情况,要求派人前往检查修理。承包人或该建筑施工单位的有关保修部门必须尽快派人前往检查，并会同业主（或用户）及监理方（保修项目实行监理时）共同做出鉴定，需要修理时提出修理方案，并尽快组织人力、物力进行修理。

建筑施工企业如果为更好地履行保修责任，应该把保修责任同该项目的项目经理部分开，由专门的部门承担保修工作。如果把已经转移到新项目上去的项目经理部人员调回来应付保修事务，看起来责任分明，但显然会影响新项目管理工作的运行。

（3）验收

在发生问题的部位或项目修理完毕以后，要在质量保修书的“保修记录”栏内做好记录，并经业主（或用户）和监理工程师验收签认，以表示修理工作完结。整个保修期内，每次保修工作都要按照以上两个步骤去做，直至保修期满。

12.4.3.3　*施工项目保修经济责任的处理*

由于建筑工程情况比较复杂，在保修期内出现的一些问题往往是由于多种原因造成的，因此，进行保修时涉及的保修费用必须根据造成问题的原因和责任归属及具体的返修内容，与业主及有关方面共同商定费用的处理办法，不能全部都由建筑施工单位负担保修期内的保修费用。

保修经济责任应按下列方式处理：

（1）由于承包人未按照国家标准、规范和设计要求施工造成的质量缺陷，应由承包人负责修理并承担经济责任。

（2）由于设计人造成的质量缺陷，应由设计人承担经济责任。当由承包人修理时，费用数额应按合同约定，不足部分应由发包人补偿。

（3）由于发包人供应的材料、构配件或设备不合格造成的质量缺陷，应由发包人自行承担经济责任。

（4）由发包人指定的分包人造成的质量缺陷，应由发包人自行承担经济责任。

（5）因使用人未经许可自行改建造成的质量缺陷，应由使用人自行承担经济责任。

（6）因地震、洪水、台风等不可抗力原因造成损坏或非施工原因造成的事故，承包人不承担经济责任。

（7）当使用人需要责任以外的修理维护服务时，承包人应提供相应的服务，并在双方协议中明确服务的内容和质量要求，费用由使用人支付。

（8）修理项目经检查验证属于建筑施工单位和建设单位（或其他责任方）双方（或多方）的责任共同造成的，双方（或多方）应实事求是地共同商定各自应承担的维修费用。

（9）涉外工程的保修问题，除按照上述办法进行保修费用处理外，还应依照原合同条款的有关规定执行。

12.5　施工项目的考核与评价

12.5.1　施工项目考核评价的定义

项目考核评价是指对已完成的项目（或规划）的目的、执行过程、效益、作用和影响所进行的系统的、客观的分析。通过项目活动实践的检查总结，确定项目预期的目标是否达到，项目或规划是否合理有效，项目的主要效益指标是否实现；通过分析评价找出成功或失败的原因，总结经验教训;通过及时有效的信息反馈,为未来新项目的决策和提高、完善投资决策管理水平提出建议,同时也为考核评价项目实施运营中出现的问题提供改进意见,从而达到提高投资效益的目的。

12.5.2　施工项目考核评价的内容

项目考核评价通常在项目竣工以后项目运作阶段或项目结束之前进行,其内容包括项目竣工验收、项目效益考核评价、项目管理考核评价。

(1)项目竣工验收

项目的竣工验收是投资由建设转入生产、使用和运营的标志,是全面考核和检查项目实践工作是否符合设计要求和达到要求工程质量的环节,是项目业主、承包商向投资者汇报建设成果和交付新增固定资产的过程。在这阶段进行的工作将为以后开展的项目效益考核评价和项目管理考核评价提供基础。项目竣工验收分为竣工验收、竣工决算、技术资料的整理和移交几个方面。

(2)项目效益考核评价

项目效益考核评价是项目考核评价理论的重要组成部分。它以项目投产后实际取得的效益(经济、社会、环境等)以及隐含在其中的技术影响为基础,重新测算项目的各项经济数据,得到相关的投资效果指标,然后将它们与项目动工前预测的有关经济效果值、社会环境影响值进行对比,评价和分析其偏差情况以及原因,吸取经验教训,从而为提高项目的投资管理水平和投资决策服务。它具体包括以下几个方面:经济效益考核评价、环境效益和社会效益考核评价、项目可持续性考核评价、项目综合效益考核评价。

(3)项目管理考核评价

项目管理考核评价是以项目竣工验收和项目效益考核评价为基础,在结合其他相关资料的基础上,对项目整个生命周期中各阶段的管理工作进行评价。目的是通过对项目各阶段管理工作的实际情况进行分析研究,形成项目管理情况的总体概念。通过分析、比较和评价,能知道目前项目管理的水平。通过吸取经验和教训,不断提高项目管理水平,以保证更好地完成以后的项目管理工作,促使项目预期目标很好地完成。项目管理考核评价包括:项目的过程考核评价、项目综合管理考核评价、项目管理者的评价。

12.5.3　施工项目考核评价的方法

项目管理考核评价的方法是项目管理考核评价质量水准的重要保障条件,需要根据具体的评价对象和内容选择科学合理的评价方法。项目管理考核评价的方法有定性的方法,也有定量的方法,如统计调查法、预测法、有无对比法等。

(1)项目成功度评价的方法

成功度评价的方法是进行项目管理综合评价的主要方法。成功度评价是根据评价专家的经验,综合项目评价设置的各项指标,对项目管理的成功程度做出定性的结论。成功度评价是以项目的管理目标和管理效益为核心所进行的全面系统的评价。

(2)成功度的等级划分

项目管理评价的成功度可以分为五个等级。

①完全成功的:项目管理的各项管理目标全部实现或超过,项目管理为企业取得巨大的经

济效益。

②成功的：项目管理的大部分管理目标已经实现，项目管理为企业实现的经济效益达到了预期的要求。

③部分成功的：项目管理实现了原定的部分管理目标，项目管理只为企业取得了一定的经济效益。

④不成功的：项目管理实现的管理目标只实现了很少的一部分，项目管理几乎没有给企业带来效益。

⑤失败的：项目的管理目标无法实现，不能给企业带来效益，甚至导致企业在该项目上亏损。

(3)成功度评价表

成功度评价表包括评价内容及其主要指标，见表12.1。

表12.1 成功度评价表

项目管理实施评价指标	相关重要性	成功度
项目适应性		
管理水平		
组织持续性		
人力资源培养		
预算成本控制		
成本-效果分析		
质量控制		
现场文明施工		
安全度		
技术创新度		
进度控制		
合同管理		
总成功度		

在具体运用时，可以根据具体的评价对象和评价内容设置合适的评价指标。由于所设指标往往不能完全依赖量化数据，所以对每项指标通常采用打分的方法来确定，经重要性加权、汇总得到总成功度的评价结论。

12.5.4 施工项目考核评价的程序

(1)制定项目管理评价办法和计划

项目管理评价计划应在项目管理实施之前就确定下来，在项目管理实施过程中，既可指导实践，又可以按照评价的需要注意收集、建立资料档案。

(2)建立项目管理评价组织，选择评价的人员或机构

如果是自我评价或相互评价，参加评价的人员是比较明确的。如果是他人评价，则需注意

评价成员的组成结构和工作关系。

(3)确定项目管理评价方案,选定评价对象和评价内容

项目管理评价涉及的范围很广,根据计划进行评价时,必须明确本次评价的对象和内容。

(4)实施项目管理评价工作

在进行评价之前,需要把评价的时间、安排及需要协助的事项、要求等通告给被评价者,要按照项目管理评价计划严格、公允地进行。

(5)提出项目管理评价报告

项目管理评价报告是评价结果的汇总。报告文字应准确清晰,内容要全面、可靠。报告的分析要与出现的问题相对应,把经验教训和建议与未来的管理规划和决策联系起来。

12.5.5　施工项目管理总结

建筑施工项目完工后,必须进行总结分析,从而对建筑施工项目管理进行全面系统的技术评价和经济分析,以总结经验、吸取教训,不断提高建筑施工单位的技术和管理水平。对建筑施工项目管理进行总结是项目管理评价的一种类型,是站在建筑施工项目的角度上,对项目的组织实施结果所作的分析、评价和总结,也被称为竣工总结,一般由项目经理部负责组织这一工作。建筑施工项目管理总结也是由业主主持的建设项目总结的一个组成部分。

建筑工程施工项目管理总结包括技术总结和经济总结两个方面。

(1)技术总结

技术总结的内容有:在施工中采用了哪些新工艺、新材料、新设备和新方法,并采用了哪些措施,还可以通过总结制定新的施工方法。技术总结侧重于技术创新和为企业带来的技术进步。

(2)经济总结

经济总结主要是从横向与纵向两个方面比较经济指标的提高与下降情况。其中纵向指企业本身的历史经济数据,横向指同类企业、同类项目的经济数据。经济总结侧重于建筑施工项目管理效绩评价。建筑施工项目管理的效绩评价是对项目管理的最后结果(工程质量、效益、管理水平等)的综合评价。效绩评价的基本方法是经济评价法和专家评价法的综合运用,是把两者的评价结果化为得分并以此为评价尺度,对建筑施工项目管理的绩效进行整体估价。

(3)总结结论

建筑施工项目管理总结应当得出以下结论:

①合同完成情况。即是否完成了工程承包合同,以及内部承包合同责任承担的实际完成情况。

②施工组织设计和管理目标的实现情况。

③项目的质量状况。

④工期对比状况及工期缩短(或延误)所产生的效益(或损失)。

⑤项目的成本节约状况。

⑥项目实施和项目管理过程中提供的经验和教训。

知识拓展

竣工结算与竣工决算

竣工结算与竣工决算是两个不同的概念，也是两项不同的工作。

按照我国全过程造价管理的思想和观念，竣工决算是指所有建设项目竣工后，由业主按照国家有关规定，在新建、改建和扩建工程建设项目竣工验收后期编制的竣工决算报告。竣工决算是以实物数量和货币指标为计量单位，综合反映竣工项目从筹建开始到项目竣工交付使用为止的全部建设费用、建设成果和财务情况的总结性文件，是项目竣工验收管理的重要组成部分，也是正确核定新增固定资产价值、考核分析投资效果、建立健全经济责任制的依据。为了贯彻执行国家法律规定的项目竣工验收制度，正确核定新增固定资产价值，考核项目投资效果，所有建设工程项目竣工后都要编制项目竣工决算。

项目竣工决算综合反映了项目从筹建开始到项目交付使用、投产的全部建设费用，包括建筑工程费用、安装工程费用、设备工器具购置费用和工程建设其他费用以及预备费和投资方向调节税支出费用等。所以，项目竣工决算又是反映项目实际造价和投资效果的综合文件。项目竣工决算属于建设单位项目管理的范围。

项目竣工决算与项目竣工结算，在范围、内容和方法上都完全不同。

项目竣工结算是施工单位核算实际成本、计划成本（预算成本）、降低成本状况，也是考核施工项目管理成果和水平的控制手段。

竣工结算是由施工单位编制，建设单位审查，最终由双方确认，是施工单位与建设单位结清工程价款并完结经济合同责任的依据，为施工单位确定工程的最终收入。竣工结算反映了建筑安装工作量和工程实物量的实际完成情况，是统计竣工率的依据。竣工结算是建设单位落实投资完成额的依据，是结算工程价款和施工单位与建设单位从财务方面处理账务往来的依据。工程竣工结算是建设单位编制竣工决算的基础资料。

实践与能力训练

【实训1】 某施工单位承接了一项办公楼施工任务并顺利完工。施工单位经过初验，认为工程按照设计和合同条款的要求达到了验收条件，随即向建设单位提请竣工验收。

问题：

1. 该办公楼的施工应达到哪些要求条件后方可竣工验收？

2. 请简述工程竣工验收的程序。

3. 如果乙方向甲方送交了竣工验收报告，但由于甲方的原因，在收到乙方的竣工验收报告后，未能在约定日期内组织竣工验收，乙方送交的竣工报告是否应被认可？

4. 如果由于乙方原因未能在工程竣工验收报告经甲方认可后28天内将竣工结算报告及完整的结算资料报送甲方，造成工程结算不能正常进行及工程结算款不能及时支付的，责任在哪方？如果甲方要求交付工程，乙方是否应当交付？

【实训2】 某写字楼是一座现代化的智能型建筑框架-剪力墙结构，地下3层，地上28层，建筑面积5.8万m^2。施工总承包单位是该市第三建筑公司，由于该工程设备先进、要求高，因此该公司将机电设备安装工程分包给外地专业化程度较高的H公司。该写字楼于2010年10月1日竣工验收合格。

问题：

1. 该工程施工技术竣工档案应由谁上交到城建档案馆？

2. H公司的竣工资料直接交给建设单位是否正确？为什么？

3. 该工程施工总承包单位和分包方H公司在工程档案管理方面的职责是什么？2011年1月10日，工程总包单位将该工程的工程档案移交建设单位。请问该总承包单位移交资料的时间合理吗？

4. 建设方在工程档案管理方面的职责是什么？

【实训3】 某工程业主采用固定单价合同方式招标，与市兴华建筑公司签订了建筑安装工程施工合同。其中有甲、乙两个主要分项工程，清单工程量分别为甲分项工程2400m^3、乙分项工程3500m^3。承包商报价中甲分项工程的综合单价为320元/m^3，乙分项工程的综合单价为280元/m^3。现场管理费率为8%，企业管理费率为6%，利润率为5%。施工合同中约定：若累计实际工程量比计划工程量增加超过10%，超出部分不计企业管理费和利润；若累计实际工程量比计划工程量减少超过10%，其综合单价调整系数为1.1；其余分项工程按中标价结算。该承包商各月完成的且经监理工程师确认的各分项工程工程量见表。

月份	1	2	3	4
甲分项工程(m^3)	700	800	700	600
乙分项工程(m^3)	850	750	700	700

问题：

1. 通常工程竣工结算的前提是什么？竣工结算的原则是什么？

2. 工程价款结算的方式有哪些？工程竣工结算方式有哪几种？

3.《建设工程施工合同(示范文本)》对如何进行工程竣工结算做了哪些方面的规定？

4. 该施工单位报价中的综合费率为多少？

5. 甲分项工程结算工程款为多少？

6. 乙分项工程结算工程款为多少？

【实训4】 某综合楼项目为框架-剪力墙结构，设计使用年限为50年。该建筑地下3层，地上30层，建筑面积6万m^2。该工程2007年12月10日主体结构验收合格，2008年6月20日施工单位提交竣工验收报告，2008年7月1日竣工验收合格。在工程保修期间发生了由于施工单位原因引起的屋顶漏水、墙面剥落等问题，业主在多次催促施工单位修理，而施工单位一再拖延，业主便另请其他施工单位维修。

问题：

1. 该建设工程承包单位应何时提交质量保修书？该工程质量保修书应明确哪些主要内容？

2. 建设工程的保修期应从何时起计算？请写明本单位工程各分项的保修期具体起止日期。

3. 本案例中对屋顶漏水、墙面剥落等问题所发生的维修费用该如何处理？并说明理由。

4. 若该工程在超过50年期限后建设单位发现该工程结构完好，打算继续使用可以吗？

思考题

1. 什么是施工项目收尾管理？其重要意义是什么？
2. 施工项目收尾管理的主要内容有哪些？
3. 什么是施工项目竣工验收？施工项目竣工验收的依据和要求有哪些？
4. 施工项目竣工验收阶段管理的程序是什么？有哪些主要工作内容？
5. 如何进行施工项目竣工图的绘制？
6. 移交的竣工资料主要有哪些？
7. 什么是施工项目竣工结算？其程序是什么？
8. 什么是施工项目回访保修？做好施工项目的回访保修有何意义？
9. 施工项目回访的内容有哪些？施工项目回访的方式有哪些？
10. 施工项目质量保修工作实施步骤是什么？
11. 在正常使用条件下，建设工程的最低保修期限是如何规定的？
12. 施工项目保修的经济责任如何处理？

实践与能力训练参考答案

单元 1

【实训 1】 要点分析：

1. 施工项目管理规划可分为施工项目管理规划大纲和施工项目管理实施规划两类。

施工项目管理规划大纲的作用是对施工项目的总目标、施工项目的管理过程和投标过程进行全面规划，争取中标，并签订一个既符合发包方要求，承包商又能够取得综合效益的承包合同。它具有战略性、全局性和宏观性，又显示投标人的技术和管理方案的可行性与先进性的文件。施工项目管理实施规划的作用是用以策划施工项目计划目标、管理措施和实施方案，保证施工合同的顺利实施（相当于标后的施工组织设计）。

该项目应当编制施工项目管理实施规划。

2. 不正确，因为施工单位还未组建项目经理部，施工组织设计还不能在项目经理的主持下正常进行编制。

正确程序是：

(1)施工单位组建项目经理部；

(2)项目经理主持编制项目管理实施规划（或施工组织设计），签字后报企业主管领导审批；

(3)项目经理部报总监理工程师审核批准并就有关事项进行沟通；最后总监理工程师报建设单位。

(4)施工单位按照项目管理实施规划组织施工。

3. 不正确。施工组织设计可以代替施工项目管理实施规划，但施工组织设计的内容深度满足施工项目管理实施规划要求的，可以编制施工组织设计进行代替。

4. 施工项目管理实施规划编制的主要依据有：

(1)施工项目管理规划大纲；

(2)施工项目条件和环境分析资料；

(3)施工合同；

(4)同类施工项目的相关资料等。

5. 施工项目管理实施规划目标控制的内容有：质量目标、成本目标、进度目标、职业健康安全与环境管理目标、合同管理目标、风险管理目标等。

控制的措施主要有组织措施、管理措施、经济措施、技术措施和合同措施。

6. 施工项目管理实施规划应包括如下内容：

(1)工程概况；

(2)总体工作计划；

(3)组织方案；

(4)技术方案；

(5)进度计划；

(6)质量计划；

(7)施工项目职业健康安全与环境管理计划；

(8)成本计划；

(9)施工项目资源需求计划；

(10)施工项目风险管理计划；

(11)施工项目信息管理计划；

(12)施工项目沟通管理计划；

(13)施工项目收尾管理计划；
(14)施工项目现场平面布置图；
(15)施工项目目标控制措施；
(16)施工项目技术经济指标。

单元 2

【实训 1】（略）

【实训 2】要点分析：

1.在本案例中，要约邀请是招标人的投标邀请书；要约是投标人的投标文件；承诺是招标人发出的中标通知书。

2.在该项目的招投标程序中，不符合《招标投标法》有关规定的有以下几方面：

(1)招标人不应仅宣布四家承包商参加投标。《招标投标法》规定，招标人在招标文件要求提交投标文件的截止时间前收到的所有投标文件，开标时都应当当众拆封，宣读。

(2)评标委员会委员不应全部由招标人直接确定。按规定，评标委员会中的技术、经济专家，一般招标项目应采取在国务院有关部门或者省、自治区、直辖市人民政府有关部门提供的专家名册或者招标代理机构的专家库内的相关专业的专家库中随机抽取方式确定，特殊招标项目可以由招标人直接确定，本项目显然属于一般招标项目。

(3)评标过程中不应要求承包商考虑降价问题。按规定，评标委员会可以要求投标人对投标文件中含义不明确的内容作必要的澄清或者说明，但是澄清或者说明不得超出投标文件的范围或者改变投标文件的实质性内容。在确定中标人前，招标人不得与投标人就投标价格、投标方案的实质性内容进行谈判。

(4)中标通知书发出后，招标人不应与中标人就价格进行谈判。按规定，招标人和中标人应按照招标文件和投标文件订立书面合同，不得再另行订立背离合同实质性内容的其他协议。

(5)订立书面合同的时间过迟。按规定，招标人和中标人应当自中标通知书发出之日（不是中标人收到中标通知书之日）起 30 日内订立书面合同，而本案例为第 32 日。

(6)对“评标委员会确定承包商 B 为中标人”要进行分析。如果招标人授权评标委员会直接确定中标人，由评标委员会定标是对的，否则就是错误的。

【实训 3】要点分析：

1.承包商索赔成立必须同时具备如下四个条件：
(1)与合同相比较，已造成了实际的额外费用或工期损失；
(2)造成费用增加或工期损失的原因不属于承包商的行为责任；
(3)造成费用增加或工期损失不是应由承包商承担的责任；
(4)承包商在事件发生后的规定时间内提交了索赔书面意向通知书和索赔报告。
2.索赔根据目的不同可以分为工期索赔和费用索赔两种。
3.见第 2.5.2.4 节施工索赔程序的有关内容。
4.1～8 事件责任方处理方法及原因如下：
事件 1 甲方应批准顺延工期 4 天，其中理由 1 成立，理由 2、3 不成立。
事件 2 甲方应批准顺延工期 11 天，3 项理由均成立，补偿工程量增加费用。
事件 3 甲方供料中质量缺陷，拆除返工费用甲方负责，并顺延工期。
事件 4 乙分包方损失由施工方负责，费用补偿。
事件 5 甲方对已检验合格的施工部位进行复验仍合格由甲方负责相关费用。
事件 6 乙方虽经监理方同意，乙方更换项目经理造成管理混乱，工期拖延不予补偿。

事件7甲方按国内有关规定，因保护现场和地下文物发生的费用由甲方负担，工期顺延。

事件8因不可抗力自然灾害造成材料损失，甲方负责，设备损坏乙方负责，伤亡各自负责。

(1)的费用索赔成立，工期不予延长。因为业主提供的地质资料与实际情况不符是承包商不可预见的。

(2)的费用索赔不成立，工期索赔不成立，该工作属于承包商采取的质量保证措施。

(3)的费用索赔成立，工期不予延长，因为设计方案有误属于业主方责任。

(4)的费用索赔不成立，工期可以延长。因为异常的气候条件变化承包商不应得到费用补偿。

【实训4】 要点分析：

1.关键路线：①—③—⑤—⑥

计算工期：390天，按此计划该工程可以按合同工期要求完工。

2.事件1：不能获得工期补偿，因为工作A的延期没有超过其总时差；可以获得费用补偿，因为图纸未标明的地下障碍物属于建设单位风险范畴。

事件2：不能获得工期和费用补偿，因为基坑边坡支撑失稳属于施工单位施工方案有误，应由承包商承担该风险。

事件3：能获得工期补偿，因为由建设单位承担不可抗力的工期风险；不能获得费用补偿，因不可抗力发生的费用应由双方分别承担各自的费用损失。

事件4：能获得工期和费用补偿，因为建设单位工程变更属建设单位的责任。

事件5：不能获得费用补偿，因该工程是固定总价合同，物价上涨风险应由施工单位承担。

3.施工单位可获得的工期延补偿为30天。因为考虑建设单位应承担责任或风险的事件1工作A延长10天，事件3工作C延长10天，事件4工作E延长30天，新的计算工期为420天，420－390＝30天。

4.施工单位应得到10天的租金补偿，补偿费用为10天×1500元/天＝1.5(万元)，因为工作A的延长导致该租赁机械在现场的滞留时间增加了10天，工作B不予补偿。

5.施工单位可以得到的企业管理费用补偿为：20％－5％＝15％

$$(2+4+3+5)\times 15\%=2.1(\text{万元})$$

【实训5】 要点分析：

1.施工合同按计价方式不同分为总价合同、单价合同、成本加酬金合同三种形式。

从双方签订的合同条款来看，该工程的施工合同可以属于固定价格合同，又可以属于可调价格合同。

2.该合同签订的条款不妥当，因为合同价款的风险范围(条款1.5)与工程价款调整条款(条款19.1、19.2)自相矛盾，建筑面积的增减也是属于工程变更的一种，前后说法矛盾，故不妥当。

第15条施工合同解释顺序不妥。应改正为：施工合同的解释顺序为：合同协议书、中标通知书、投标书及其附件、合同专用条款、合同通用条款、标准规范、图纸、工程量清单。

3.合同当事人在履行施工合同时发生纠纷，通常有和解、调解、仲裁和诉讼四种解决办法。

如果执行上述合同有可能会发生的纠纷：

(1)当实际竣工建筑面积与原设计建筑面积不同的时候应否调整合同价款？

(2)补充施工合同协议条款中的工程价款是包括在合同总价中还是另行计取？

(3)如果补充施工合同协议条款中的工程价款不包括在合同总价中，应该如何调整增加门窗套60型系列某铝合金厂家产品封闭阳台等项目的工程价款？

(4)60型系列铝合金窗与90型系列铝合金窗的价差如何调整？

(5)挑阳台封闭必然增加建筑面积，因此必然增加合同价款。此价款与铝合金门窗封闭挑阳台的价款如何处理？

按照上述有可能出现的工程合同纠纷，处理办法如下：

(1)双方将合同价款修改成可调价格合同；

(2)就可能发生的工程合同纠纷，首先选择和解解决纠纷的方式，明确补充施工合同协议条款的1、2、3项工程内容与施工合同协议条款之间的关系以及价款调整的方式。

单元3

【实训1】 要点分析：

1. 施工项目管理组织的形式有直线制式、工作队式、部门控制式、矩阵式、事业部式五种常用的施工项目组织机构。

直线制式项目组织适用范围：中、小型项目和简单项目。

工作队式项目组织适用范围：大型项目，工期要求紧迫的项目，要求多工种、多部门密切配合的项目。

部门控制式项目组织适用范围：小型的施工项目，简单的项目，专业性强的项目，不需涉及众多部门的项目。

矩阵式项目组织适用范围：大型而复杂的施工项目，同时承担多个项目的施工企业。

事业部式项目组织适用范围：大型项目，远离公司本部的项目或海外项目，适用于现代大型经营性企业。

2. 该项目最适合的项目组织形式是工作队式项目组织。因为该项目较复杂、工期紧、建筑面积大、工种多、需要多个职能部门共同配合工作，属于大型项目；施工企业为大型综合建筑企业，管理水平较高，企业人员素质高，专业人才多。

3. 该施工项目经理部组织机构如下图所示。

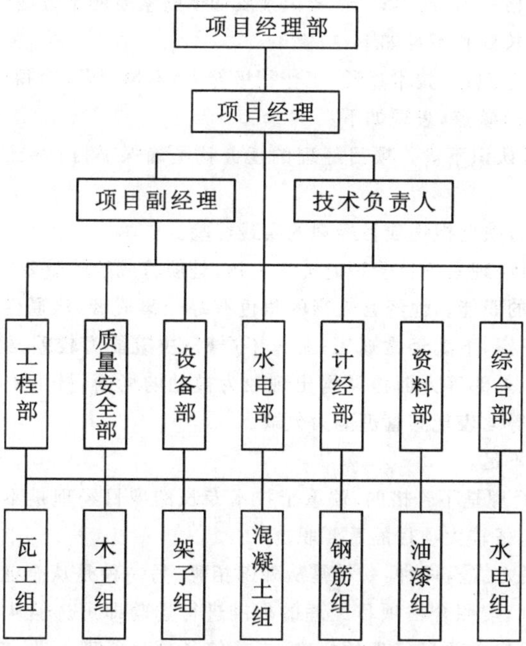

某大型施工项目经理部组织机构图

各职能部门主要职责有：

(1)工程部：由各分项工程工长组成，直接管理和指挥班组施工生产。

(2)设备部：现场机械设备的维护、保养、运行记录。

(3)质量安全部：质量检查、安全检查、文明施工、生活卫生检查。

(4)资料室：资料整理，材料送检。

(5)水电部：水电施工现场指挥。

(6)材料部：材料采购、装卸、保管、发放等。

(7)计经部:负责工程计划、预算等。

(8)综合部:现场保卫、食堂及综合管理。

【实训 2】 要点分析:

1. 项目经理的职责有:

(1)代表企业实施施工项目管理,贯彻执行国家法律、法规、方针、政策和强制性标准,执行企业的管理制度,维护企业的合法权益。

(2)履行"项目管理目标责任书"规定的任务。

(3)组织编制项目管理实施规划。

(4)对进入现场的生产要素进行优化配置和动态管理。

(5)建立质量管理体系和安全管理体系并组织实施。

(6)在授权范围内负责与企业管理层、劳务作业层、各协作单位、发包人、分包人和监理工程师等的协调,解决项目中出现的问题。

(7)按"项目管理目标责任书"处理项目经理部与国家、企业、分包单位以及职工之间的利益分配。进行现场文明施工管理,发现和处理突发事件。

(8)参与工程竣工验收,准备结算资料和分析总结,接受审计。

(9)处理项目经理部的善后工作。

(10)协助企业进行项目的检查、鉴定和评奖申报。

2. 项目经理的素质有:品格素质、能力素质、知识素质和体格素质四个方面。

3. 徐晓作为项目经理,其长处和不足如下:

(1) 其长处是工程设计业务熟练,技术过硬,工作积极努力,不怕艰苦,舍得付出。

(2) 担任项目经理有明显的缺点,表现如下:

①徐晓对项目经理的职责认识不清。项目经理的任务就是确保项目目标的实现,认真实施公司下达的施工任务,让业主满意。

②徐晓原工作是工程设计,缺乏担任项目经理的实践经验。

③其管理能力不足。项目经理是项目管理的关键人物,是项目成败的重要因素。计划、组织、领导、协调、控制、激励是项目经理最重要的职能。他经常充当的角色有综合集成者、沟通促进者、团队领导者、决策制定者和气氛营造者。安排工作不清,下属经常返工;工作不严密;决策能力较差,经常改变原来的工作方案;主动协调意识较差,项目部内部、外部等方面协调均出现较为被动的局面;员工士气不足,关系疏远,内部需求得不到满足,团队缺乏凝聚力等均表现其管理能力欠缺。

④徐晓责任心不够,信心不足。

4. 建筑公司选择的项目经理是不合格的,偏重于技术专长的项目经理是不提倡的。徐晓缺乏担任施工项目经理的实践经验却让其担任较大项目的重要职责。

施工企业选择项目经理的方式有两种:一种是从外部招聘,另一种是从企业内部进行选拔。从外部选拔不需要花很长的时间进行培训,按照合格项目经理的标准进行选聘即可。但从企业内部选拔项目经理必须坚持长期培养的过程。首先是建立项目经理的标准,二是储备项目经理人选,三是全方位进行培养,四是实践训练,五是委以重任。

单元 4

【实训 1】 要点分析:

质量控制的主要对策有:

(1)以人的工作质量确保工程质量;

(2)严格控制投入品的质量;

(3)全面控制施工过程,重点控制工序质量;

(4)严把分项工程质量检验评定关；

(5)贯彻“预防为主”的方针；

(6)严防系统性因素的质量变异。

2. 钢筋连接接头检查要点：绑扎搭接，要检查搭接长度、接头位置和数量；焊接接头，要检查外观质量，取样试件力学性能试验是否达到要求，接头位置和数量。

3. 施工项目质量计划的编制主体是施工承包企业。施工项目质量计划的内容有：

(1)工程特点及施工条件分析(合同条件、法规条件和现场条件)；

(2)履行施工承包合同所必须达到的工程质量总目标及其分解目标；

(3)质量管理组织机构、人员及资源配置计划；

(4)为确保工程质量所采取的施工技术方案、施工程序；

(5)材料设备质量管理及控制措施；

(6)工程检测项目计划及方法等。

【实训 2】 要点分析：

1. 一般情况下，原材料、半成品、成品的检验以专职检验人员为主，生产过程的各项作业的检验则以施工现场操作人员的自检、互检为主，专职检验人员巡回抽检为辅。本案例问题出在自检和互检，在这两个环节上有失控。

2. 影响施工质量的因素有人、机(包括检验器具)、料、法、环五大因素；造成本案例不锈钢管焊接变形过大的主要因素是人。

3. 由于工程施工质量不符合规定标准而引发或造成规定数额以上经济损失、工期延误或造成设备及人身安全，影响使用功能的即构成质量事故。本案例问题可按一般质量问题由施工单位自行处理。

4. 施工质量事故处理的方式有返工处理、返修处理、让步处理、降级处理、不作处理五种，本案例属于返工处理。

【实训 3】 要点分析：

1. 模板分项工程质量预控措施：

(1)绘制关键性轴线控制图，每层复查轴线标高一次，垂直度以经纬仪检查控制；

(2)绘制预留、预埋图，在自检基础上进行抽查，看预留、预埋是否符合要求；

(3)回填土分层夯实，支撑下面应根据荷载大小进行地基验算、加设垫块；

(4)重要模板要经过设计计算，保证有足够的强度和刚度；

(5)模板尺寸偏差按规范要求检查验收。

2. 施工工序控制步骤：实测、分析、判断。

3. 为达到工序质量控制的效果，施工单位在工序质量管理方面应做到：贯彻预防为主的基本要求，设置工序质量检查点，进行预控；落实工序操作质量巡查、抽查及跟踪检查等方法，及时掌握施工质量总体状况；对工序产品、分项工程的检查，应按标准要求进行目测、实测及抽样试验的程序做好原始记录，经数据分析后及时做出合格与不合格的判断；对合格工序产品及时提交监理进行隐蔽工程验收；完善管理过程各项检查记录、检测资料及验收资料，作为工程质量验收的依据，并为工程质量分析提供可追溯的依据。

4. 质量控制的方法主要是审核有关技术文件和报告，直接进行现场质量检验或必要的试验等。

【实训 4】 要点分析：

1. 施工单位未经监理单位许可即采购水泥的做法是错误的。正确的方法是：施工单位运进水泥前，应向项目监理机构提交《工程材料报审表》，同时附有水泥出厂合格证、技术说明书、按规定要求进行送检的检验报告，经监理工程师审查并确认其质量合格后，方准进场。

2. 材料质量控制的方法主要是严格检查验收，正确合理地使用，建立管理台账，进行收、发、储、运等环节的技术管理，避免混料和将不合格的原材料使用到工程上。

3. 材料质量控制的要点是：

(1)掌握材料信息，优选供货厂家：

(2)合理组织材料供应，确保施工正常进行；

(3)合理组织材料使用，减少材料损失；

(4)加强材料检查验收，严把材料质量关；

(5)要重视材料的使用认证，以防错用或使用不合格的材料；

(6)加强现场材料管理。

4. 材料质量控制的内容主要有：材料的质量标准，材料的性能，材料取样、试验方法，材料的适用范围和施工要求。

【实训 5】 要点分析：

1. 该工程施工质量控制过程，天宇建筑公司、华通贸易公司是质量自控主体；华夏集团、方华监理公司、市建筑设计院、丰南区政府监督站为质量监控主体。

2. 施工工序质量控制的内容：

(1)严格遵守工艺规程；

(2)主动控制工序活动条件的质量；

(3)及时检查工序活动效果的质量；

(4)设置工序质量控制点。

3. 施工作业过程质量控制的基本程序：

(1)进行作业技术交底；

(2)检查施工工序程序的合理性、科学性，防止工序流程错误而导致工序质量失控；

(3)检查工序施工条件；

(4)检查工序施工中人员操作程序、操作质量是否符合质量规程要求；

(5)检查工序施工中间产品的质量；

(6)对工序质量符合要求的中间产品及时进行工序验收或隐蔽工程验收；

(7)质量合格的工序经验收合格后可进入下道工序施工。未验收合格的工序，不得进入下道工序施工。

4. 现场质量检查的方法有目测法、实测法和验收法三种。施工现场目测法的手段可归纳为看、摸、敲、照四个字；实测检验法的手段？归纳为靠、吊、量、套四个字。

现场质量检查的内容有：

(1)开工前检查；

(2)工序交接检查；

(3)隐蔽工程检查；

(4)停工后复工前的检查；

(5)分项、分部工程完工后，应经检查认可，签署验收记录后才允许进行下一工程的项目施工；

(6)成品保护检查。

【实训 6】 要点分析：

施工阶段包括施工准备、施工过程、竣工验收三个阶段，工程实体就是通过这三个阶段形成的。监理工程师进行质量控制首先必须依合同办事，在遵循基本法规文件的基础上，依据“按图施工”这一原则对工程有关质量进行检验和控制。

1. 施工阶段质量控制的三个环节是：

(1)施工准备控制；

(2)施工过程控制；

(3)竣工验收控制。

2. 施工阶段监理工程师进行质量控制的依据有：

(1)工程合同文件；

(2)设计文件；

(3)国家及政府有关部门颁发的有关质量管理方面的法律、法规性文件；

(4)有关质量检验与控制的专门技术法规性文件。

3. 采用新工艺、新材料、新技术的工程，应由有权威性技术部门出具技术鉴定书。

【实训7】 要点分析：

1. 该质量问题可不做处理。原因是混凝土试块强度不足是在试块检验中发现的质量问题，而经法定检测机构对实际结构经测试论证后能够达到要求，因此可不做处理。

2. 对该质量问题可处理的方案有：封闭防护、结构卸荷、加固补强、限制使用、拆除重建等。

处理的基本要求是：

(1)处理应达到安全可靠、不留隐患、满足生产和使用要求、施工方便、经济合理的目的。

(2)重视消除事故原因。

(3)注意综合治理；

(4)正确确定处理范围。

(5)正确选择处理时间和方法。

(6)加强事故处理的检查验收工作。

(7)认真复查事故的实际情况。

(8)确保事故处理期的安全。

3. 依据事故的严重程度，工程质量事故分为：

一般事故和重大事故。一般事故指补救当中经济损失一次在1万元以上，10万元以下或者人员重伤2人以下，且无人员死亡的事故。

重大事故指在工程建设过程中，由于责任过失造成工程倒塌、报废、机械设备损坏、人员伤亡或重大经济损失的事故。

该质量事故造成的经济损失1万元，因此属于一般事故。

单元5

【实训1】 要点分析：

1. 施工单位的进度调整后，经网络计算，工期为80天，符合监理要求。

2. ①增加J工作后，进度计划仍然满足工期80天的要求。J工作持续时间26天，是对非关键线路上总时差这一机动时间的利用。②不能满足进度要求。因为E工作结束时间为第60天，而J工作的开始时间为第55天。③会拖延，因为在增加J工作后F工作已成为关键工作，会拖延3天。

【实训2】 要点分析：

1. 塔吊应安排在第31天(上班时刻)进场投入使用。塔吊在工作E与工作G间没有闲置，也不会影响工期(因为E有30天总时差)。

2. 调整方案不合理。可调整为先G后E，这样安排不影响合同工期(因为E有30天总时差)。

【实训3】 要点分析：

分析要点：

1. 图5.10的关键线路是B—C－E－G或①—③—④—⑥—⑦；图5.11的关键线路为B—C－F－H或①—③—④—⑤—⑦。

2. 要求顺延工期18天不合理。因业主原因和不可抗力因素对工作持续时间的影响不全在关键线路上。要求顺延工期5天也不合理，因其中包含了施工单位自身原因所造成的工作持续时间的延长和缩短。

3. 由非施工单位原因造成的工期延长应给予延期。考虑业主原因、不可抗力因素导致的延期作如图5.11所示网络图。

签证顺延的工期为90－84＝6(天)。

【实训4】 要点分析：

(1)项目管理工程师应建议在桥台的施工模板仅有一套的条件下，合理组织施工。因为西侧桥台基础为桩基，施工时间长(25天)，而东侧桥台为扩大基础，施工时间短(10天)，所以应将原计划图5.12中西侧桥台和东侧桥台基础施工完后施工东侧桥台的施工组织方案改为在东侧桥台和西侧桥台基础施工完毕后，组织施工西侧桥台(如下图所示)，这样改变一下组织方式可以将该计划的计划工期缩短到T_c＝55天，小于要求工期T_r＝60天，也不需增加费用。

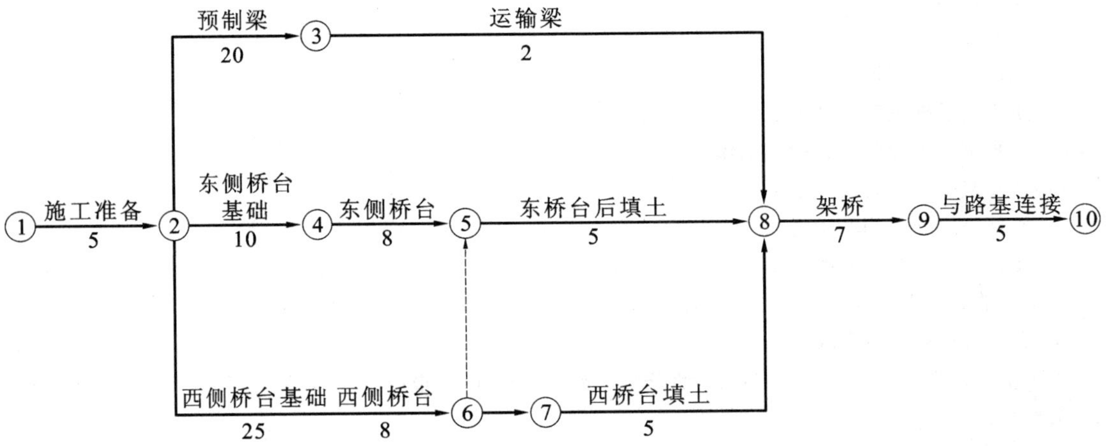

修改后的网络计划图

单元6

【实训1】 要点分析：

1. ①预付款为：840×20％＝168(万元)

②开工后前3个月每月应签证工程款：

第1个月：30＋36＝66(万元)

第2个月：36/2＋15＋33.6＋200/2＋21/2＝177.1(万元)

第3个月：15＋33.6＋200＋21/2＝259.1(万元)

前3个月合计应签证工程款：66＋177.1＋259.1＝502.2(万元)＞50％×846＝420(万元)

而前2个月合计应签证工程款：66＋177.1＝243.1(万元)＜420(万元)

③开工后前3个月监理工程师签署的支付款为：

第1个月：66－10％×66＝59.4(万元)

第2个月：177.1－10％×177.1＝159.39(万元)

前 2 个月扣留保修金:(66+177.1)-(59.4+159.39)=24.31(万元)<5%×840=42(万元)

第 3 个月应签署支付款为:259.1-(42-24.31)-168/3=185.41(万元)

④根据②的计算,动员预付款从第 3 个月开始扣回。

2. N 工作综合单价的确定办法是:第一,合同中已有适用的价格,按合同已有的价格确定;第二,合同中只有类似价格,参照类似价格确定;第三,合同中没有适用或类似价格,由施工单位提出适当的价格在协商后经监理工程师确认。

【实训 2】 要点分析:

根据图 6.13 计算拟完工程计划进度款,根据下图计算已完工程计划进度款和已完工程实际进度款,计算结果列入下表中。

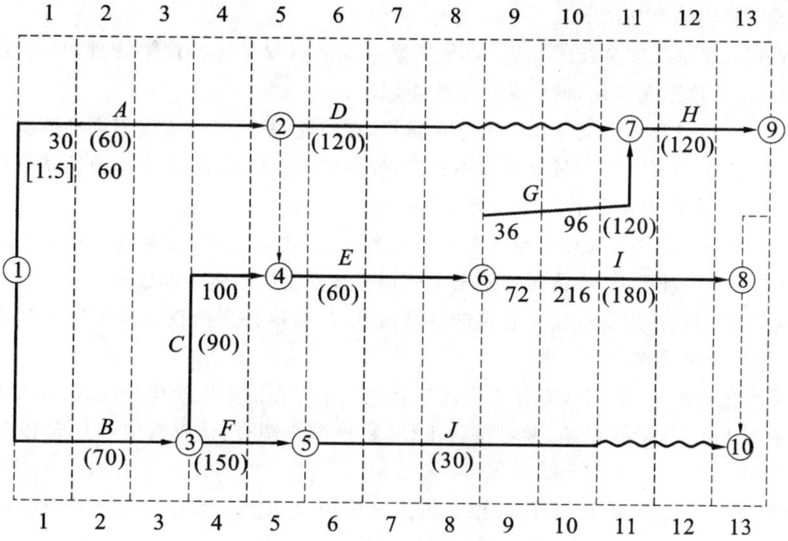

施工进度计划图

工程进度款计算结果表

单位:万元

10 月	合计	2 月	3 月	4 月	5 月	6 月	7 月	8 月	9 月
拟完工程计划进度表	130	130	130	300	750	90	300	300	2130
已完工程计划进度款	100	130	130	300	690	150	138	342	1980
已完工程1991实际进度款	101.5	130	130	310	690	150	150	138	334.2

10 月份进度偏差=2130-1980=150(万元)

10 月份投资偏差=1991.5-2130=-138.5(万元)

单元 7

【实训 1】 要点分析:

1. 施工安全控制的程序是:

(1)确定施工安全目标;

(2)编制项目安全保证计划;

(3)项目安全计划落实和实施;

(4)项目安全保证计划验证;

(5)持续改进；

(6)兑现合同承诺。

施工项目安全管理的目标是减少和消除生产过程中的事故，保证人员健康安全和财产免受损失。具体可包括：

(1)减少或消除人的不安全行为；

(2)减少或消除设备、材料的不安全状态；

(3)改善生产环境和保护自然环境；

(4)实现施工项目职业健康安全管理体系的其他目标。

2. 造成这起事故的原因是：

①该室内装饰工程施工没有建立严密的安全管理责任体系，事前未编制科学的项目安全保证计划，致使该项目安全管理的实施出现混乱。

②施工现场管理人员缺乏安全技术知识，对易挥发的施工材料未进行严格管理，没有采取通风措施，使大量的混合气体聚集，浓度迅速增加，遇明火后发生爆燃。

③作业人员缺乏在特殊环境下安全操作的基本常识，在易燃、易爆气体浓度很高的情况下动用明火作业。

④该企业对施工人员的安全培训教育工作不到位，安全技术交底不清，交叉作业协调管理不力。

3. 项目经理对施工项目的安全生产负全面领导责任。

①在项目施工生产全过程中，认真贯彻落实安全生产方针、政策、法律法规和各项规章制度，结合项目特点，提出有针对性的安全管理要求，严格履行安全考核指标和安全生产奖惩办法；

②认真落实施工组织设计中安全技术管理的各项措施，严格执行安全技术措施审批制度，施工项目安全交底制度和设备、设施交接验收使用制度；

③领导组织安全生产检查，定期研究分析合同项目施工中存在的不安全生产问题，并及时落实解决；

④发生事故及时上报，保护好现场，做好抢救工作，积极配合调查，认真落实纠正和预防措施，并认真吸取教训。

4. 三级安全教育是指公司、项目经理部、施工班组三个层次的安全教育。三级教育的内容、时间及考核结果要有记录。

按照建设部《建筑业企业职工安全培训教育暂行规定》，公司教育内容是国家和地方有关安全生产的方针、政策、法规、标准、规范、规程和企业的安全规章制度等；项目经理部教育内容是工地安全制度、施工现场环境、工程施工特点及可能存在的不安全因素等；施工班组教育内容是本工种的安全操作规程、事故案例剖析、劳动纪律和岗位讲评等。

5. 施工安全技术措施包括安全防护设施和安全预防设施，主要有 17 个方面的内容，如防火、防毒、防爆、防洪、防尘、防雷击、防触电、防坍塌、防物体打击、防机械伤害、防起重设备滑落、防高空坠落、防交通事故、防寒、防暑、防疫、防环境污染等方面的措施。

【实训 2】　要点分析：

1. 一般脚手架搭设作业的安全技术措施有：

①架上作业人员必须戴安全帽、系安全带、穿防滑鞋，并站稳把牢。

②未设置第一排连墙件前，应适当设抛撑以确保架子稳定和架子上作业人员的安全。

③在架上传递、放置杆件时，应注意防止失衡闪失和滑落。

④安装较重的杆部件或作业条件较差时，应避免单人操作。

⑤剪刀撑、连墙件及其他整体性拉结杆件应随架子高度的上升及时装设，以确保整体稳定。

⑥搭设过程中，架子上不得集中超载堆置杆件材料。

⑦搭设过程中应统一指挥、协调作业。

⑧确保构架的尺寸、杆件的垂直度和水平度、节点构造和紧固程度符合设计要求。

⑨禁止使用规格、材质不符合要求的配件。

⑩当有六级及六级以上大风和雾、雨、雪天气时，应停止脚手架搭设作业。

2. 安全隐患通常可以这样处理：

①项目经理部应对存在隐患的安全设施、过程和行为进行控制，确保不合格设施不使用、不合格物资不放行、不合格过程不通过，组装完毕后应进行检查验收。

②项目经理部应确定对事故隐患进行处理的人员，规定其职责和权限。

③事故隐患的处理方式：a. 停止使用、封存；b. 指定专人进行整改以达到规定要求；c. 进行返工，以达到规定要求；d. 对有不安全行为的人员进行教育或处罚；e. 对不安全生产的过程重新组织。

④验证：a. 项目经理部安监部门必要时对存在隐患的安全设施、安全防护用品整改效果进行验证；b. 对上级部门提出的重大事故隐患，应由项目经理部组织实施整改，由企业主管部门进行验证，并报上级检查部门备案。

3. 为避免施工中引发脚手架坍塌事故伤害作业人员，应采取如下措施：

①立即停止使用脚手架。

②迅速补做脚手架设计方案并报请审批，通过后按设计方案搭设，使用前必须进行检查验收，复合要求后方可使用。

③搭设落地式钢管扣件脚手架应采用外径 48～51mm，壁厚 3～3.5mm 的钢管，长度以 4～6.5m 和 2.1～2.3m为宜。钢管有严重锈蚀、弯曲、压扁、裂缝缺陷的不得使用，扣件应采用经国家批准，有出厂合格证明的产品；

④架子的基础必须进行平整、夯实，并有排水措施，遇有不能夯填的部位必须采取技术措施保证架子基础坚实可靠，并用不小于 5cm×20cm×200cm 的脚手板通垫。

⑤有针对性地解决个别立杆悬空问题。

4. 安全检查的主要形式一般可分为定期安全检查，经常性安全检查，季节性安全检查，节假日安全检查，开工、复工安全检查，专业性安全检查和设备设施安全验收检查等。

对查出的安全隐患要做到“五定”，即定整改责任人、定整改措施、定整改完成时间、定整改完成人、定整改验收人。

脚手架定期检查的主要内容有：

①杆件的设置和连接，连墙件、支撑、门洞桁架等的构造是否符合要求。

②地基是否有积水，底座是否松动，立杆是否悬空。

③扣件螺栓是否有松动。

④高度在 24m 以上的脚手架，其立杆的沉降与垂直度的偏差是否符合技术规范的要求。

⑤架体的安全防护措施是否符合要求。

⑥是否有超载使用的现象。

【实训 3】 要点分析：

1. 建筑工程施工现场常见的安全事故类型有高处坠落、物体打击、触电、机械伤害、坍塌事故、火灾爆炸等。

本次事故属于违章指挥造成的坍塌事故。

事故发生的主要原因是：施工前未编制施工方案，施工中模板支架立柱的接长未按有关规定进行，没有将立柱支撑在强度足够和稳定的结构上，高架支模没有设置剪刀撑。项目经理施工前未检查支模方案，未进行支模技术交底及提出注意事项，浇筑混凝土前对模板支撑情况又未进行验收，造成模板失稳。

2. 安全技术交底内容：本施工项目的施工作业特点和危险点；针对危险点的具体预防措施；应注意的安全事项；相应的安全操作规程和标准；发生事故后应及时采取的避难和急救措施。

安全技术交底要求：安全技术交底工作在正式作业前进行，不但要口头讲解，而且应有书面材料，并履行签字手续，施工负责人、生产班组、现场安全员三方各留一份。安全技术交底是施工负责人向施工作业人员进行责任落实的法律要求，要严肃认真地进行，不能流于形式。交底内容不能过于简单和千篇一律，应按分部分项工程和针对具体的作业条件进行。

3. 对模板设计审查验证的主要内容包括：

(1)模板结构设计计算书的荷载取值是否符合工程实际，计算方法是否正确，审核手续是否齐全。

(2)模板设计图(包括结构构件大样及支撑体系、连接件等)设计是否安全合理、是否齐全。

(3)模板设计中的各项安全措施是否齐全。

4. 影响模板钢管支架整体稳定性的主要因素有立杆间距、水平杆的步距、立杆的接长、连墙件的连接、扣件的紧固程度。

现浇混凝土工程模板支撑系统安装的安全技术措施为：

(1)支撑系统的安装应按照设计要求进行，基土上的支撑点应牢固平整，支撑在安装过程中应考虑必要的临时固定措施，以保证其稳定性。

(2)立柱底部支承结构必须具有支承上层荷载的能力。为合理传递荷载，立柱底部应设置木垫板，禁止使用砖及脆性材料铺垫。当立柱支承在地基上时，应验算地基土的承载力。

(3)为保证立柱的整体稳定，在安装立柱的同时，应加设水平拉结和剪刀撑。

(4)立柱的间距应经计算确定，按照施工方案要求进行施工。若采用多层支模，上下层立柱要保持垂直，并应在同一垂直线上。

5. 施工安全事故处理的程序一般为：

①迅速抢救伤员并保护好事故现场；

②组织调查组；

③现场勘查；

④分析事故原因，明确责任者；

⑤制定预防措施；

⑥提出处理意见，写出调查报告；

⑦事故的审定和结案；

⑧员工伤亡事故登记记录。

“四不放过”是指在调查处理工伤事故时，必须坚持事故原因分析不清不放过、员工及事故责任人受不到教育不放过、事故隐患不整改不放过、事故责任人没有受到处理不放过的原则。

【实训4】 要点分析：

1. 建筑施工主要职业危害来自粉尘的危害、生产性毒物的危害、噪声的危害、振动的危害、紫外线的危害和环境条件危害等。

2. 不妥。施工现场污水排放要与所在地县级以上人民政府市政管理部门签署污水排放许可协议，申领《临时排水许可证》。现场产生的泥浆、污水未经处理不得直接排入城市排水设施、河流、湖泊、池塘。

3. 结构施工阶段白天施工不允许超过70dB，夜间施工不允许超过55dB。

项目经理应首先按照《建筑施工场界噪声限值》标准规定停止夜间打桩作业施工。针对居民的投诉事件，项目经理应做好以下几方面的工作：

①施工前公布连续施工时间，向工程周围居民、单位做好解释工作；

②及时与建设行政主管部门和附近居民的上级主管部门联系协商，取得理解和支持；

③按要求报环保部门，测定噪声数据及影响程度、范围，并出具测定报告书；

④建设单位对确定为施工噪声扰民范围内的居民，根据受污染的程度，按有关要求给予适当的经济补偿等；

⑤增强全体施工人员防噪声扰民的自觉意识，采取专门的隔音、降噪措施，尽量降低施工噪声；凡强噪声

施工，按当地有关规定执行，避开正常的休息时间，如中午午休时间、深夜休息时间。

4. 根据建筑产品的不同特点，可以分别对成品采取护、包、盖、封等具体保护措施。

①“护”就是提前防护。就是针对被保护对象的特点采取各种防护的措施。

②“包”就是进行包裹。就是将被保护物包裹起来，以防损伤或污染。

③“盖”就是进行表面覆盖。就是用表面覆盖的办法防止堵塞或损伤。

④“封”就是局部封闭。就是采取局部封闭的办法进行保护。

楼梯间地面成品保护应封闭养护至规定时间后方可上人。

【实训 5】 要点分析：

1. 围挡要坚固、整洁、美观，并沿场地四周连续设置。一般路段的围挡高度不得低于 1.8m，市区主要路段的围挡高度不得低于 2.5m。

2.“五牌一图”即：工程概况牌、管理人员名单及监督电话牌、消防保卫牌、安全生产牌、文明施工和环境保护牌以及施工现场总平面图。

3. 施工现场用水量主要考虑：现场施工用水量（q_1）；施工机械用水量（q_2）；施工现场生活用水量（q_3）；生活区生活用水量（q_4）；消防用水量（q_5）。

4. 施工现场消防安全管理的主要工作有：

①施工现场应建立现场防火制度和火灾应急响应机制，落实防火措施，配备防火器材。

②明火作业应严格执行动火审批手续和动火监护制度。

③高层建筑要设置专用的消防水源和消防立管，每层留设消防水源接口。

④现场应设置消防通道，并畅通。

5. 安全标志一般有禁止标志、警告标志、指令标志和提示标志。

安全色有红、黄、蓝、绿四种。红色表示禁止、停止；黄色表示注意、警告；蓝色表示指令，必须遵守；绿色表示通行、安全和提示。

6. 文明施工的主要内容有：

①规范场容、场貌，保持作业环境整洁卫生；

②创造文明有序、安全生产的条件和氛围；

③减少施工对居民和环境的不利影响；

④保证职工的安全和身体健康；

⑤落实项目文化建设。

施工现场管理是指对施工现场内的活动及空间使用所进行的管理。其主要内容包括规范场容、环境保护、防火保安、卫生防疫、施工现场综合考评等。

单元 8

【实训 1】 （略）

【实训 2】 要点分析：

本例主要考核施工进度计划编制工程量和工作持续的计算。其中：

劳动量＝工程量/产量定额　　或　　劳动量＝工程量×时间定额

1. 办公楼共 5 层，每层分 3 段，各段工程量相等，计算出各施工过程的劳动量后除以 15 可得到各段劳动量。如每段砌筑隔墙劳动量＝600/15＝40 工日/段。计算结果见表 8.5。

2. 因组织全等节拍流水，各段天数相等，考虑到油漆工人数的限制，按 12 人安排油漆工，可计算出每段天数＝60/12＝5 天。

3. 油漆工已经安排12人，其余工种可根据相应施工过程每段劳动量和施工天数计算得出，如瓦工人数=40/5=8人。计算结果见下表。

各施工过程劳动节量、工作天数、工人人数表

施工过程	工程量	产量定额	劳动量	每段劳动量	每段工作天数	工人人数
砌筑隔墙	$600m^3$	$1m^3$/工日	600工日	40工日	5	8
室内抹灰	$11250m^2$	$10m^2$/工日	1125工日	75工日	5	10
安装塑钢门窗	$3750m^2$	$5m^2$/工日	750工日	50工日	5	15
顶、墙涂料	$18000m^2$	$20m^2$/工日	900工日	60工日	5	12

【实训3】 要点分析：

1. 挖土机每立方米土方的挖土直接费各为：

甲机：1000÷400=2.5元/m^3

乙机：1200÷550=2.18元/m^3

丙机：1400÷700=2.00元/m^3，故取丙机便宜。

自卸汽车每立方米运土直接费分别为：

A车：330÷30=10元/m^3

B车：460÷48=9.58元/m^3

C车：730÷70=10.43元/m^3

故取B车。每立方米土方挖运直接费为2+9.58=11.50元/m^3。

2. 每天需挖土机的数量为：9000÷(700×8)=1.6台，取2台(单位具有2台，可满足需要)。挖土时间为：9000÷(700×2)=6.43d，8取6.5d<8d，可以按合同工期完成。

每天需要的挖土机和自卸汽车的台数比例为：700÷48=14.6；则每天安排B自卸汽车数为：2×14.6=29.2台，取29台。即配置丙挖土机2台，B自卸汽车29台(有30台，可以满足需要)。29台汽车可运土方为：29×48×6.5=9048m^3>9000m^3，即6.5d可以运完。(这里实际可以节省半个台班的汽车费用)

3. 按上述安排，每立方米土方的实际挖、运直接费为：

$$(1400\times2+460\times29)\times6.5\div9000=11.66\text{ 元}/m^3$$

【实训4】 要点分析：

1. 根据该工程的情况和施工单位的施工力量情况，相关的生产要素管理安排情况如下：

(1)劳动力组织安排

本工程为高层住宅楼，公司本着结构合理、精干高效的原则，委派具有丰富创优经验的项目经理担任本工程的项目经理，并且由具有同类型工程施工管理经验的高素质的管理人员组成项目经理部。

项目部人员构成如下图所示。

①项目领导层：由项目经理、项目总工程师、生产副经理、经营副经理组成。项目经理是企业法人在本工程上的代表。项目领导层具有人事调度、成本控制、技术决策、设备租赁的权力，对工程进度、质量、安全、文明施工等全面负责。

②项目管理层：分为三大部分，即技术管理部、生产管理部、经营管理部。其具体职能如下：

技术管理部：负责整个工程的全过程技术管理，下设资料、测量等各专业施工管理部门，配备专业管理人员。

生产管理部：负责整个工程生产进度的总控管理，下设水电等各专业施工生产管理部门，配备专业管理人员。

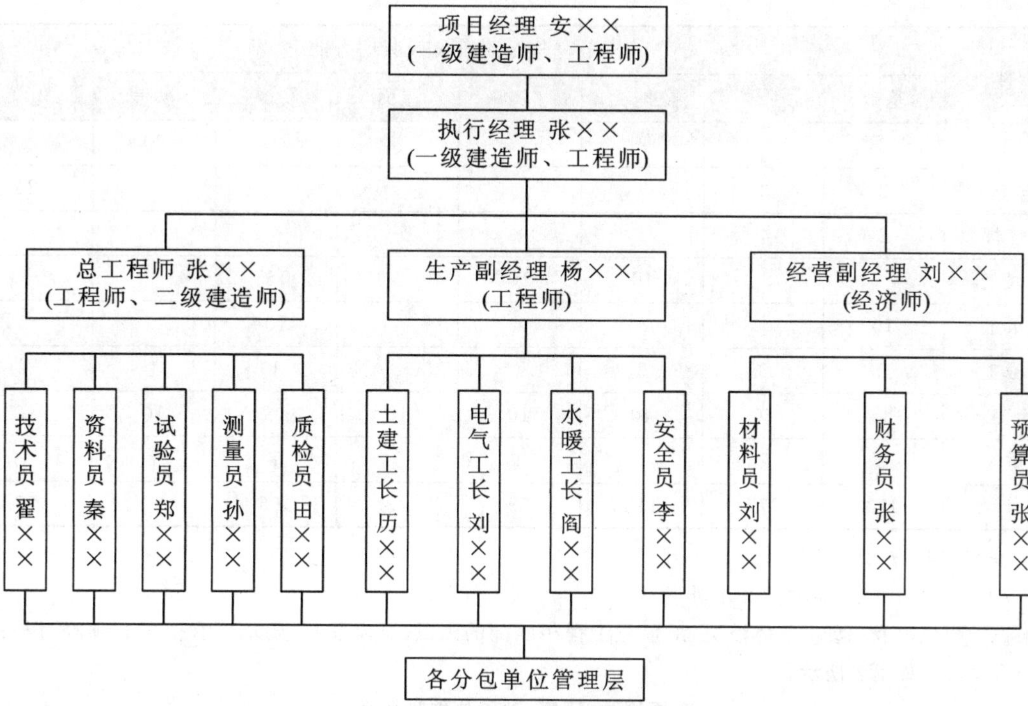

项目部管理人员构成图

经营管理部：负责项目部成本核算和造价管理，下设预算、财务等专业施工管理部门，配备专业管理人员。

③项目作业层：主要为现场一、二线工人，由具有熟练操作技术和丰富经验的施工劳务队伍组成，必须具有相应资质。

(2)主要劳动力计划

本工程将选用和本公司长期合作的劳务施工队伍参与本工程的施工，确保劳动力的素质及按期组织到位是项目管理的关键。

劳动力实行专业化组织，按不同工种、不同施工部位来划分作业班组，使专业班组从事性质相同的工作，提高操作的熟练程度和劳动生产率，以确保工程施工质量和施工进度。劳动力选择操作技术高、人员素质好的施工队伍。

本工程将根据工程各阶段施工配备劳动力，并根据施工生产情况及时调配相应专业劳动力，对劳动力实行动态管理。劳动力包括土方、防水、结构、设备安装等所需劳动力。具体详见下表。

表 8.6 劳动力计划表

工种	按工程施工阶段投入劳动力情况							
	基础	主体	楼地面	门窗	屋面	装饰	水暖	电气
钢筋工	40	50						
木工	30	50		20		20		
混凝土工	25	35	10		7			
瓦工	10	35				10		
抹灰工	5	10	40	5	10	30		
架子工	10	20	5	5		10		

续表

工种	按工程施工阶段投入劳动力情况							
	基础	主体	楼地面	门窗	屋面	装饰	水暖	电气
管工	2	5	3				20	
电工	2	3	3			4		25
电气焊	2	4		2			5	
装修工			10	10	5	15		
防水工	10					10		
机械工	2	3	3	2		1	1	1
壮工	30	60	40	10	10	15	10	10
起重工	2	2	1	1	1	1	1	1
合计	170	277	115	55	43	106	37	37

2. 主要材料检测要求

(1)主要检验、测量、试验仪器计划

根据工程规模及现场的具体情况，配置与工程相匹配的测量、试验器具，要求所有仪器必须经过检测并有检测合格证。如下表所示。

主要检验、测量、试验仪器计划表

序号	名称	规格型号	单位	数量	检测状态
1	光学经纬仪	DJ2	台	2	合格
2	水准仪	DZS3	台	2	合格
3	铝合金塔尺	5m	把	2	合格
4	钢卷尺	50m	把	4	合格
5	绝缘电阻表	EC25-3	台	1	合格
6	盒尺	5m	把	5	合格
7	最高最低温度计		个	1	合格
8	台秤	TGT-1000	台	1	合格
9	环刀	70mm	个	10	合格
10	砂浆试模	70mm×70mm×70mm	组	9	合格
11	坍落度筒	30cm	套	3	合格
12	标养室	$30m^2$		1	合格
13	混凝土试模(mm)	150×150×150	组	18	合格
		100×100×100	组	20	合格
		175/185×150	组	15	合格

(2)人员准备工作

成立以技术员为组长，资料员、试验员、材料员为组员的试验小组。组长组织协调试验小组日常工作，并对其工作质量进行监督；组员负责整个工作的施工试验、取样、送检及试验资料的管理工作。

(3)试验室选择

按工程实际情况在北京市下发的有资格试验室的名单中(有见证及常规)选取三家以上试验对其进行考核，从中择优选取，确定后与监理、甲方办理有见证备案书。

(4)标养室设置

在施工现场设置标养室。

标养室内设备应齐全，温度、湿度控制器运行有效，能把标养室内的温度控制在规范规定数据内，设置有效检测期。

(5)工程施工试验取样计划表(见下表)

工程施工试验取样计划表

序号	试验内容		取样批量	试验数量	见证取样	备注
1	钢筋原材		≤60t	1组	30%	
2	钢筋接头	直螺纹	≤500个接头	3根拉件	30%	
3	混凝土试块	一次浇筑量≤1000m^3，每100m^3为一个取样单位(3块)，每个楼层每个流水段一组			30%	同配比
		混凝土抗渗试块每500m^3为一个取样单位(6块)			30%	同配比
4	砌筑砂浆		每250m^3	6块	30%	同配比
			一个楼层		30%	
5	防水卷材		100卷以内	2组	30%	
			100～499卷	3组		
			500～1000卷	4组		
			大于1000卷	5组		
6	回填土	基坑	50～100m^2	1组		分层取样
		基槽	10～20m	1组		
		级配砂石地基	100m^2	1组		
7	加气混凝土砌块		每1万块	1组	30%	
8	防水涂料		同一生产厂每10t	1组	30%	
9	陶瓷砖		同一生产厂每500m^2	1组		
10	保温		同一批次每350m^3	1组		

注：施工中取样代表批量和取样次数确定依据流水段划分情况和现场实际情况进行。如果材料的使用过程中有变化，将相应增加试验组数。

3.施工机械机具的安排

(1)塔吊的配备

本工程拟在结构施工期间投入三台塔吊，QTZ6515(臂长65m)一台，QTZ5513(臂长55m)两台，用于结构施工的物料运输。同时，塔吊布置能满足现场施工的垂直运输吊次的要求。

塔吊型号及布置位置的选择原则：

①尽可能大地覆盖整个施工区域；

②所处位置对车辆通行、材料堆放及周边设施影响最小；

③塔吊拆除后留下的收尾工作最小；

④便于塔吊安装、拆除。

(2)装修用垂直运输设备的配备

根据砌筑、装修的施工需要，1－1＃、1－2＃、1－3＃各用一台外用双笼电梯；为提高运输效率，外用双笼电梯仅作为运输材料使用，人员主要从楼梯上下。

(3)混凝土施工机械配备

本工程采用商品混凝土，混凝土浇筑采用3台HBT-60A、1台HBT－60C拖式输送泵完成。另外现场设置三台13m臂长布料杆，保证现场混凝土浇筑质量和浇筑的连续性。

本工程施工所用大型机械如下表所示。

本工程主要施工用大型机械表

序号	机械名称	功率(kW)	单位	数量	总功率(kW)	备注
1	塔吊	70	台	3	210	
2	混凝土地泵	110	台	3	330	
3	电锯	5.5	台	4	22	
4	电刨	2.5	台	4	10	
5	切断机	4	台	2	8	
6	切割机	2.2	台	4	8.8	
7	弯曲机	4	台	4	16	
8	套丝机	4	台	5	20	
9	电焊机	22	台	4	88	
10	混凝土振捣器	1.1	台	10	11	
11	蛙式打夯机	1.5	台	6	9	
12	镝灯	3.5	台	10	35	
13	碘钨灯	1	台	15	15	
14	室外电梯	30	台	3	90	
	办公区				80	
	生活区				100	
	合计				1042.8	

本工程基础开挖土方量约为30000m^3，采用机械挖运方案，配置1.6m^3反向挖掘机三部，20t自卸汽车15部。

相关的管理制度及要求略。

单元9

【实训1】 要点分析：

1. 施工项目文件档案资料进行科学管理的意义为：

(1)可以为施工项目管理工作的顺利开展创造良好条件。

(2)可以极大地提高施工项目管理工作效率。

(3)可以为建设工程档案的归档提供可靠保证。

2. 对施工项目文件档案资料管理部门和人员的要求有：

(1)应由项目经理部的信息管理部门专门负责建设工程项目的信息管理工作，其中包括监理文件档案资料的管理。

(2)应由信息管理部门中的资料管理人员负责文件和档案资料的管理和保存。

(3)对信息管理部门中的资料管理人员的要求是：熟悉各项监理业务，全面了解和掌握工程建设进展和施工项目管理工作开展的实际情况。

3. 施工项目文件档案资料管理的主要内容是：

(1)施工管理资料；

(2)施工技术资料；

(3)施工物质资料；

(4)施工测量记录；

(5)工程施工记录；

(6)施工试验记录；

(7)施工验收资料；

(8)竣工图；

(9)工程资料、档案封面和目录。

4. 施工项目信息管理的过程和内容：

(1)施工项目信息的收集；

(2)施工项目信息的加工整理和存储；

(3)施工项目信息的检索和传递。

5. 施工阶段监理工作的基本表式的种类和用途：

(1)A类表10个，为施工单位专用表，是施工单位与监理单位之间的联系表，由施工单位填写，向监理单位提交申请或回复。

(2)B类表6个，为监理单位专用表，是监理单位与施工单位之间的联系表，由监理单位填写，向施工单位发出指令或批复。

(3)C类表2个，为各方通用，是监理单位、施工单位、建设单位等有关单位之间的联系表。

【实训2】 要点分析：

每一分项工程开始实施前均要进行技术交底。作业技术交底是施工单位对其施工组织设计或施工方案的具体化，必须由项目经理部主管技术人员编制，还需项目总工程师批准。

1. 不妥之处和正确做法如下：

(1)不妥之处：工程设计单位的技术人员编制技术交底书。

正确做法：工程项目经理部的主管技术人员编制技术交底书。

(2)不妥之处：技术交底书提交建设单位。

正确做法：技术交底书应提交项目总工程师批准。

(3)不妥之处：经建设单位工程负责人审查后实施。

正确做法：经项目监理单位监理工程师审查后实施。

2. 关键部位或技术难度大、施工复杂的检验批、分项工程施工前，承包单位的技术交底书应报监理工程师。

【实训 3】 要点分析：

通过本案例的分析，目的是充分调动学生的发散思维，培养学生分析问题、勇于创新的能力。

1. 从主要工作已基本完成；客户提出一些小问题；有些问题曾经提出，实际上已经解决了的问题等方面分析发生这件事情可能的原因。

2. 学生围绕发生这件事情的可能原因，提出自己认为可行的方案。

单元 11

【实训 1】 要点分析：

1. 应该是③合约部的主要职责。

合约部还应负责下列工作：主管项目工程合同，认真研究和理解合同的每一条款所表述的内容、含义与责任，对模糊不清的条文要以充分的依据说服业主予以修改或加以明确；掌握施工动态，收集完整的索赔资料，征得业主或监理单位的认可，办理好签证手续，及时收回费用；主管分包合同，每月支付的工程进度款要小于当月实际完成的工作量；对合同外用工要进行严格的审查，对不合理用工所造成的费用应拒付；负责编制项目成本实施计划，经项目经理认可签字后上交公司合约部审批；与分包方结算；与责任工程师配合防止分包方的反索赔；办理工程竣工决算；负责施工期间成本分析(季、年度)及竣工成本分析；与公司合约部商定调整编制项目结算制造成本；负责项目办公费、业务招待费、项目管理费及消费基金的控制使用。

2. 处理方法：施工前公布连续施工时间，向工程周围居民、单位做好解释工作；按要求报批工程所在地的建设行政主管部门审核批准，报公安交通管理部门核发制定行车路线的专用通行证；按要求报环保部门，经环保部门检测并出具检测报告书；及时和当地建设行政主管部门、环保部门、环卫部门、城管部门联系沟通，取得以上部门的理解和支持；提高施工单位员工自觉保护环境的意识，积极采取措施，如对易产生灰尘的砂、回填土等松散材料表面及时覆盖，对进出车辆做好封闭，对“拖泥带水”的车辆在离开工地时做好清理工作等，确保减少扬尘现象的产生。

3. 项目经理部与企业及主管部门的关系包括：一是在党务、行政生产管理上，项目经理部受企业有关职能部、室的指导；项目上生产要素的动态管理要服从于企业主管部门的宏观调控；二是经济往来上，严格以实结算，建立双方合理的经济责任关系；三是业务管理上，项目经理部接受企业职能部、室的业务指导和服务，一切材料准时报送主管部门。项目经理部主要业务管理关系包括：计划统计；财务核算；材料供应；周转料具供应；预算及经济洽商签证；质量、安全、行政管理；测试计量等工作；与水电、运输、吊装分公司之间的关系。

【实训 2】 要点分析：

1. 组织图纸会审和负责工程洽商工作；编制施工组织设计与施工技术方案，呈报公司总工程师审批；编制施工工艺标准及工序设计；特殊工程或复杂工程在企业设计部门的指导下，技术人员应做好土建施工详图和安装综合布线图；编写项目质量计划及质量教育实施计划；负责组织项目技术交底工作；负责引进与推广、指导有实用价值的新技术、新工艺、新材料；负责对工程材料、设备的选型，报批工作及材质的控制；负责做好项目的技术总结工作；参与项目结构验收和竣工验收工作。

2. 要求：①施工过程中，严格按照监理工程师批准的施工组织设计、施工方案进行管理，接受监理工程师的验收及检查；如有问题，按监理工程师要求进行整改。②对分包单位严格管理，杜绝现场施工分包单位不服从监理工程师监理的现象，使监理工程师的一切指令得到全面的执行。③所有进入现场的成品、半成品、设备、材料、器具等主动向监理工程师提交合格证或质保书、复检报告。④严格进行质量检查，确保监理工程师能顺利开展工作，对可能出现工作意见不一致的情况，遵循“先执行监理工程师的指导，后磋商统一”的原则，维护好监理工程师的权威性，一切工作保证监理工程师满意。

3. 施工前公布连续施工时间，向工程周围居民、单位做好解释工作，按要求报请工程所在地的建设行政主管部门审核批准，按要求报环保部门，经环保部门检测并出具检测报告书。如出现不合格现象，及时按要求进行整改。及时和当地行政主管部门、环保部门联系沟通，取得以上部门的理解和支持。若工地周围有市政管线，还应到市政主管部门报批，若工地周围没有市政管线，应按要求设置化粪池。在施工过程中采取如下措施：职工食堂要有隔油池并按要求定期进行清理，将污水排入市政管网或化粪池，对施工用水要经沉淀池沉淀后排入市政管网或化粪池。

4. 由于项目经理部与劳务作业层之间实行两层（管理层和作业层）分离，实质上二者已经构成了甲乙双方平等的经济合同关系，所以在组织施工过程中，难免发生一些矛盾。在处理这方面矛盾时必须做到三个坚持：坚持履行合同；坚持相互尊重、支持，协商解决问题；坚持服务为本，不把自己放在高级地位，而是尽量为作业层创造条件，特别是不损害劳务作业层的利益。

【实训 3】 要点分析：

1. 外部关系协调包括：①协调总、分包之间的关系。②协调好与劳务作业层之间的关系。③协调土建与安装分包的关系。④重视公共关系。施工中要经常和建设单位、设计单位、质量监督部门以及政府主管部门、行业管理部门取得联系，主动争取它们的支持和帮助，充分利用它们各自的优势，为工程项目服务。

2. 及时和建设单位主管工程的部门联系协商，取得业主主管部门的支持；及时和建设行政主管部门、当地派出所、环保部门、街道办事处、城管等单位协商，取得这些部门的理解和支持；增强全体施工人员防噪音扰民的自觉意识，采取专门的隔音、降噪措施，尽量降低施工噪音；凡强噪音施工，避开正常的休息时间；施工噪音超过标准值时，环保部门按要求测定噪音值，确定噪声对周围居民的影响程度、范围，并出具测定报告书；建设单位对确定为施工噪声扰民范围内的居民，根据受噪声污染的程度，按有关要求跟业主协商给予适当的经济补偿。

单元 12

【实训 1】 要点分析：

1. 竣工验收应当具备下列条件：

(1)完成建设工程设计和合同约定的各项内容。

(2)有完整的技术档案和施工管理资料。

(3)有工程使用的主要建筑材料、构配件和设备的进场试验报告。

(4)有勘察、设计、施工、工程监理等单位分别签署的质量合格文件。

(5)有承包商签署的工程保修书。

2. 工程竣工验收应当按以下程序进行：

(1)完工后，施工单位向建设单位提交工程竣工报告，申请工程竣工验收。实行监理的工程，工程竣工报告须经总监理工程师签署意见。

(2)建设单位收到工程竣工报告后，对符合竣工验收要求的工程，组织勘察、设计、施工、监理等单位和其他有关方面的专家组成验收组，制定验收方案。

(3)建设单位应当在工程竣工验收 5 个工作日前将验收的时间、地点及验收组名单书面通知负责监督该工程的工程质量监督机构。

(4)建设单位组织工程竣工验收。

①建设、勘察、设计、施工、监理单位分别汇报工程合同履行情况和在工程建设各个环节执行法律、法规和工程建设强制性标准的情况。

②审阅建设、勘察、设计、施工、监理单位的工程档案资料，实地查验工程质量。

③对工程勘察、设计、施工、设备安装质量和各管理环节等方面做出全面评价，形成经验收组人员签署的工程竣工验收意见。

④参与工程竣工验收的建设、勘察、设计、施工、监理等各方面不能形成一致意见时，应当协商提出解决的方法，待意见一致后，重新组织工程竣工验收。

3. 验收报告应被认可。甲方收到乙方送交的竣工验收报告后 28 天内不组织验收，或验收后 14 天内不提出修改意见，视为验收报告已被认可。同时，第 29 天起，甲方承担工程保管及一切意外责任。

4. 工程竣工结算不能正常进行或工程竣工结算价款不能及时支付的责任由乙方承担。如果甲方要求交付工程，乙方应当交付；甲方不要求交付工程，乙方仍应承担保管责任。

【实训 2】 要点分析：

1. 应由建设单位上交到城建档案馆。

2. 不正确。因为按规定 H 公司的竣工资料应先交给施工总承包单位，由施工总承包单位统一汇总后交给建设单位，再由建设单位上交到城建档案馆。

3. 总包单位负责收集、汇总各分包单位形成的工程档案，并应及时向建设单位移交；分包单位应将本单位形成的工程文件整理、立卷后及时移交总包单位。

不合理。因为对列入城建档案馆（室）接收范围的工程，工程竣工验收后 3 个月内，建设单位应向当地城建档案馆（室）移交一套符合规定的工程档案。因此，施工单位应在工程竣工验收后 3 个月内，向建设单位移交本单位形成的符合规定的工程文件。

4. 建设单位应履行以下职责：

(1)在工程招标及与勘察、设计、施工、监理等单位签订合同时，应对工程文件的套数、费用、质量、移交时间等提出明确要求。

(2)收集和整理工程准备阶段、竣工验收阶段形成的文件，并应进行立卷归档。

(3)负责组织、监督和检查勘察、设计、施工、监理等单位的工程文件的形成、积累和立卷归档工作。

(4)收集和汇总勘察、设计、施工、监理等单位立卷归档的工程档案。

(5)在组织工程竣工验收前，应提请当地的城建档案管理机构对工程档案进行预验收。未取得工程档案验收认可文件，不得组织工程竣工验收。

(6)对列入城建档案馆（室）接收范围的工程，工程竣工验收后 3 个月内向当地城建档案馆（室）移交一套符合规定的工程档案。

【实训 3】 要点分析：

1. 工程竣工结算的前提条件是承包商按照合同规定内容全部完成所承包的工程，并符合合同要求，经验收质量合格。

竣工结算的原则是：完工、验收后结算；依法结算；实事求是地结算；依据合同结算；结算依据要充分。

2. 按照《建设工程价款结算暂行办法》（财建[2004]369 号），工程价款结算的方式有：①按月结算与支付。即实行按月支付进度款，竣工后清算的办法。②分段结算与支付。即当年开工、当年不能竣工的工程按照工程形象进度，划分不同阶段支付工程进度款。

工程竣工结算分为单位工程竣工结算、单项工程竣工结算和建设项目竣工总结算。

3.《建设工程施工合同（示范文本）》关于竣工结算是这样规定的：工程竣工验收报告经发包人认可后，28 天内承包人向发包人提交竣工结算报告及完整的竣工结算资料，双方按照协议书约定的合同价款及专用条款约定的合同价款调整内容，进行工程竣工结算。之后，发包人在其后的 28 天内进行核实，确认后，通知经办银行向承包人结算。承包人收到竣工结算价款后 14 天内将竣工工程交付发包人。如果发包人在 28 天之内无正当理由不支付竣工结算价款，从第 29 天起按承包人同期向银行贷款利率支付拖欠工程款利息并承担违约责任。

4. 施工单位报价中的综合费率为：

现场管理费率：$1\times8\%=8\%$

企业管理费率：$(1+8\%)\times6\%=6.48\%$

利润率：$(1+8\%+6.48\%)\times5\%=5.72\%$

综合费率：$8\%+6.48\%+5.72\%=20.2\%$

5. 甲分项工程结算工程款为：

甲分项工程实际完成工程量合计：700＋800＋700＋600＝2800m^2

(2800－2500)/2500＝12%＞10%

甲分项工程实际完成工程量超过计划完成工程量的10%，所以，根据施工合同规定，应调整甲分项工程超出部分工程综合单价。

甲分项工程需调整单价的工程量为：2800—2500×(1＋10%)＝50m^2

甲分项工程超出部分工程综合单价调整系数为1÷(1.06×1.05)＝0.898

甲分项实际结算工程款为：

2500×(1＋10%)×320＋50×320×0.898＝880000＋14368＝894368元

6. 乙分项工程实际完成工程量合计：850＋750＋700＋700＝3000m^2

(3500—3000)/3500＝14.3%＞10%

乙分项工程实际完成工程量小于计划完成工程量的90%，所以，根据施工合同规定，应调整乙分项工程综合单价。

则乙分项工程结算工程款为：3000×280×1.1＝924000元

【实训4】 要点分析：

1. 建设工程承包单位在向建设单位提交工程竣工验收报告时，应当向建设单位出具质量保修书。

质量保修书中应当明确建设工程的保修范围、保修期限、保修责任和质量保修金的支付办法等。

2. 建设工程的保修期，自竣工验收合格之日起计算。

(1)基础设施工程、房屋建筑的地基基础工程和主体结构工程，为设计文件规定的该工程的合理使用年限。

保修期：2008年7月1日至2058年7月1日。

(2)屋面防水工程、有防水要求的卫生间、房间和外墙面的防渗漏，为5年。

保修期：2008年7月1日至2013年7月1日。

(3)供热与供冷系统，为2个采暖期、供冷期结束。

(4)电气管线、给排水管道、设备安装和装修工程，为2年。

保修期：2008年7月1日至2010年7月1日。

(5)其他项目的保修期限由发包方与承包方约定。

3. 屋顶漏水、墙面剥落等问题所发生的维修费应从乙方保修金中扣取。因为按照《建筑工程质量管理条例》规定，建设工程在保修范围和保修期限内发生质量问题的，施工单位应当履行保修义务，并对造成的损失承担赔偿责任。

4. 可以。但必须符合《建筑工程质量管理条例》规定：建设工程在超过合理使用年限后需要继续使用的，产权所有人应当委托具有相应资质等级的勘察、设计单位鉴定，并根据鉴定结果采取加固、维修等措施，重新界定使用期。

参考文献

[1] 全国二级建造师执业资格考试用书编写委员会.建设工程施工管理.北京:中国建筑工业出版社,2010

[2] 全国二级建造师执业资格考试用书编写委员会.建设工程管理与实务复习题集.北京:中国建筑工业出版社,2010

[3] 中国建设监理协会组织编写.建设工程进度控制.北京:中国建筑工业出版社,2011

[4] 乐云.工程项目管理(上).武汉:武汉理工大学出版社,2008

[5] 邓铁军.工程项目管理(下).武汉:武汉理工大学出版社,2008

[6] 邓铁军.工程建设项目管理.武汉:武汉理工大学出版社,2008

[7] 徐家铮.建筑工程施工项目管理.武汉:武汉理工大学出版社,2005

[9] 蒲建明.建筑工程施工项目管理总论.北京:机械工业出版社,2008

[9] 项建国.建筑工程施工项目.北京:中国建筑工业出版社,2005

[10] 王辉.建筑工程施工项目管理.北京:机械工业出版社,2008

[11] 王卓普,杨高升.工程项目管理原理与案例.北京:中国水利水电出版社,2009

[12] 王锁荣.施工项目管理.北京:高等教育出版社,2006

[13] 张迪.施工项目管理.北京:中国水利水电出版社,2009

[14] 培经丛.工程项目管理.北京:中国建筑工业出版社出版,2007

[15] 周国恩.建筑施工组织与管理.北京:高等教育出版社,2010

[16] 艾永祥.建筑工程施工质量评定标准.北京:中国建筑工业出版社,2005

[17] 全国造价工程师执业资格考试培训教材编审组.工程造价计价与控制.北京:中国计划出版社,2009

[18] 陈俊,常保光.建筑工程项目管理.北京:北京理工大学出版社,2009

[19] 王有志.现代工程项目风险管理理论与实践.北京:中国水利水电出版社,2009